BLUE BOOK OF SHENZHEN
TVE DEVELOPMENT 2016

深圳市职业教育事业发展蓝皮书

—— 2016 ——

深圳市教育局组织编写
李建求　主编

2017年·北京

图书在版编目(CIP)数据

深圳市职业教育事业发展蓝皮书. 2016 / 李建求主编. -- 北京 : 商务印书馆, 2017
ISBN 978-7-100-15706-3

Ⅰ. ①深… Ⅱ. ①李… Ⅲ. ①职业教育—教育事业—研究报告—深圳—2016 Ⅳ. ①G527.653

中国版本图书馆CIP数据核字(2017)第324009号

深圳市职业教育事业发展蓝皮书2016
深圳市教育局组织编写
李建求 主编

商 务 印 书 馆 出 版
（北京王府井大街36号 邮政编码100710）
商 务 印 书 馆 发 行
北京市艺辉印刷有限公司印刷
ISBN 978-7-100-15706-3

2017年12月第1版　　开本787×1092 1/16
2017年12月北京第1次印刷　　印张26¼
定价：150.00元

深圳市职业教育事业发展蓝皮书2016

顾　问： 张基宏　许建领

总策划： 王小玲

主　编： 李建求

副主编： 闫飞龙　冯迪新　罗理广

统　稿： 李建求　魏　明　李亚昕

项目组核心成员：

李建求　闫飞龙　罗理广　杨文明　樊大跃　魏　明

袁　礼　罗　欢　宋　晶　李亚昕　罗　忠　刘仁锋

戴　敏　谢晨辉

目　录

Part 1

第一部分

深圳职业教育质量报告

加快发展现代职业教育，是党中央、国务院作出的重大战略部署，对于深入实施创新驱动发展战略，创造更大人才红利，加快转方式、调结构、促升级具有十分重要的意义。深圳市委市政府紧紧抓住国家加快发展现代职业教育的重要机遇，坚持政府主导、市场导向、产教融合、开放融通的发展思路，以立德树人为根本，以服务经济社会发展为宗旨，以质量提升为目标，以现代职业教育体系建设为主线，聚焦国际合作、创新体制机制、激发办学活力，探索中国特色"双元制"职业教育模式，着力实现我市职业教育突破发展，加快建设世界一流、中国特色、深圳特点的现代职业教育体系和职业教育高地，为促进产业转型升级和建设现代化国际化创新型城市以及国际科技、产业创新中心提供强有力的技术技能人才保障。近年来，我市职业教育改革和发展步伐全面加快，2016 年职业教育办学规模稳步增长，教育质量、社会服务能力显著提升，为城市经济社会发展和民生幸福作出了积极贡献。

第一节　基本情况

一、规模与结构

（一）学校数量与结构

截至 2016 年 12 月 31 日，深圳市共有职业院校 29 所，其中，高等职业学校 4 所，中等职业学校 25 所。① 高等职业学校中有 3 所为公办学校，1 所为民办学校；中等职业学校中 17 所公办学校，8 所民办学校。全市独立法人职业院校 26 所，非独立法人职业学校 3 所，非独立法人职业院校均为中等职业学校。从办学体制上看，深圳市职业院校以公办为主，占职业院校总数的三分之二。如图 1–1 所示。

高等职业学校中有 1 所国家示范学校，1 所国家骨干学校，1 所国家重点技工院校，1 所一般学校。中等职业学校中有 3 所国家示范学校，2 所国家示范学校建设学校，6 所国家重点学校，4 所省级重点学校，15 所一般学校。国家示范、骨干、省重点以上学校占深圳市职业院校总数的 47%。

① 本书将技师学院列入高等职业学校范畴，把技工学校归入中等职业学校范畴，特别说明除外。

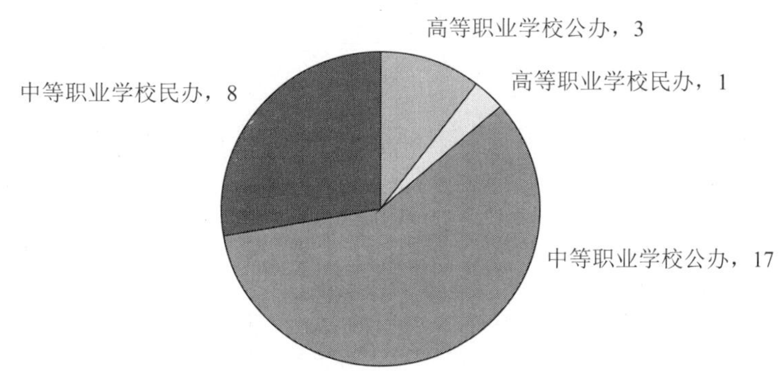

图 1-1　深圳市职业院校结构与数量（单位：所）

注：本部分数据全部来源于“深圳市职业教育状态与质量数据库”，另有标注除外。

2016 年，深圳市高等职业学校有 2 所分布在南山区，2 所分布在龙岗区。中等职业学校相对分布较广，每个区都拥有 1 所或以上中等职业学校，宝安区有 5 所，龙岗区有 4 所，福田区、罗湖区、坪山区各有 3 所，南山区、光明新区各有 2 所，盐田区、龙华区、大鹏新区各有 1 所。如图 1-2 所示。

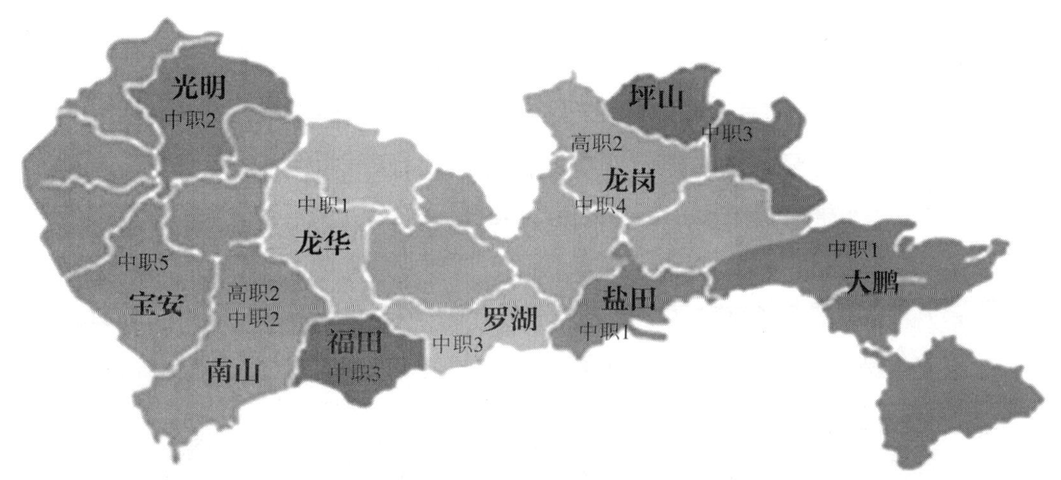

图 1-2　深圳市职业院校区域分布与数量（单位：所）

（二）办学定位与结构

1. 学校发展定位

深圳市高等职业学校有 2 所目标定位为世界一流，1 所目标定位为国内一流、世界知名，1 所目标定位为立足深圳、服务行业或全省。中等职业学校有 2 所目标定位为世界一流，6 所目标定位为国内一流、世界知名，17 所目标定位为立足深圳、服务行业或全省。

2. 学校人才培养定位

深圳市 29 所职业院校的人才培养定位可分为 4 类：第 1 类为复合式、创新型、高素质高技能人才；第 2 类为实践能力强、具有创新精神的中高技能人才；第 3 类为生产、服务、管理一线的初中等技能人才；第 4 类为艺术体育类人才。

4 所高等职业学校中，有 2 所学校定位为培养复合式、创新型、高素质高技能人才，2 所学校定位为培养实践能力强、具有创新精神的中高技能人才。25 所中等职业学校中，有 5 所学校定位为培养实践能力强、具有创新精神的中高技能人才，17 所定位为培养生产、服务、管理一线的初中等技能人才，3 所定位为培养艺术体育类人才。

（三）办学规模与结构

1. 高等职业学校

2016 年，深圳市高等职业学校折合在校生 54083 人，其中，全日制在校生数 52396 人，较上年减少 872 人，成人高职在校生数 3872 人，较上年增加 476 人，本科生数为 1102 人，留学生数为 201 人。如表 1–1 所示。

表 1–1 深圳市职业院校 2016 年在校生规模与结构①

单位：人

折合在校生数	全日制在校生数	成人高职在校生数	本科生数	留学生数
54083	52396	3872	1102	201

2016 年，深圳市高等职业教育包括普通高职和成人高职计划招收新生 19411 人，实际录取 19604 人，实际报到 17365 人，实际报到比例达 88.58%，报到率与上年基本持平。其中，普通高等职业教育计划招生 17970 人，实际报到 15981 人，实际报到率为 88.01%；成人高等职业教育计划招生 1441 人，实际报到 1384 人，实际报到率为 95.71%。成人高等职业教育实际报到比例高于普通高等职业教育约 7 个百分点。

2016 年深圳市普通高等职业教育招生生源中，省外生源 774 人，占实际报到人数的 4.46%；本省生源为 15207 人，占实际报到人数的 95.16%（其中，本市生源为 6499 人，占实际报到总人数的 40.67%）。如表 1–2 所示。

表 1–2 深圳市职业院校 2016 年高职招生规模与结构

<table>
<tr><td rowspan="2">普通高职招生</td><td>计划招生数</td><td>实际录取数</td><td>实际报到数</td><td>实际报到率</td></tr>
<tr><td>17970 人</td><td>18158 人</td><td>15981 人</td><td>88.01%</td></tr>
<tr><td rowspan="2">成人高职招生</td><td>计划招生数</td><td>实际录取数</td><td>实际报到数</td><td>实际报到率</td></tr>
<tr><td>1441 人</td><td>1446 人</td><td>1384 人</td><td>95.71%</td></tr>
<tr><td rowspan="2">招生生源结构</td><td>省外生源</td><td colspan="2">省内生源（不包括深圳市）</td><td>深圳市生源</td></tr>
<tr><td>774 人</td><td colspan="2">8708 人</td><td>6499 人</td></tr>
</table>

① 本表留学生数据只统计深圳职业技术学院 1 所学校，其余学校均未提供相关数据，未列入统计。

2. 中等职业学校

2016年，深圳市中等职业学校在校生61717人，留学生52人。计划招生21449人，实际录取21210人，实际报到20540人，实际报到比例达96.84%，较高等职业学校报到率高。在招生生源中，省外生源5003人，本省生源15537人（其中，本市生源9355人，占实际报到总人数的45.55%）。如表1–3所示。

表1–3　2016年深圳市中职学校在校生、招生规模与结构[①]

中职在校生与留学生	在校生数		留学生数	
	61717人		52人	
中职招生规模	计划招生数	实际录取数	实际报到数	实际报到率
	21449人	21210人	20540人	96.84%
招生生源结构	省外生源	省内生源（不包括深圳市）	深圳市生源	
	5003人	6182人	9355人	

二、设施设备

（一）生均教学行政用房面积

2016年，深圳市职业院校生均教学行政用房面积在1（含）—5平方米之间的学校4所，在5（含）—10平方米之间的学校4所，在10（含）—15平方米之间的学校2所，在15（含）—25平方米之间的学校4所，25平方米及以上的学校8所。如表1–4所示。

表1–4　深圳市职业院校生均教学行政用房面积[②]

生均教学行政用房面积（平方米）	职业院校数（所）	高等职业学校数（所）	中等职业学校数（所）
1（含）—5	4	1	3
5（含）—10	4	1	3
10（含）—15	2	1	1
15（含）—25	4	1	3
25及以上	8	0	8

（二）生均实验室、实习场所面积

2016年，深圳市职业院校生均实验室、实习场所面积在1（含）—5平方米之间的学校10所，在5（含）—10平方米之间的学校6所，在10（含）—15平方米之间的学校1所，15平方米及以上的学校有4所。如表1–5所示。

① 本表在校生总数共统计25所中职学校，其余数据统计24所中职学校，有1所中等职业学校未提供有效数据，未列入统计。

② 本表共统计22所职业院校，有7所中等职业学校未提供相关数据，未列入统计。

表 1–5　深圳市职业院校生均实验室、实习场所面积[①]

生均实验室、实习场所面积（平方米）	职业院校数（所）	高等职业学校数（所）	中等职业学校数（所）
1（含）—5	10	1	9
5（含）—10	6	3	3
10（含）—15	1	0	1
15 及以上	4	0	4

（三）生均教学科研仪器设备值

2016 年，深圳市职业院校生均教学科研仪器设备值在 0.5 万元以下的学校最多，有 6 所学校，在 0.5 万（含）—1 万元的学校有 1 所，在 1 万（含）—1.5 万元的学校有 1 所，在 1.5 万（含）—2 万元的学校有 8 所，在 2.5 万（含）—3 万元的学校有 1 所，3 万元及以上的仅有 2 所。从此看出，职业院校生均教学科研仪器设备值校际间差距较大。如表 1–6 所示。

表 1–6　深圳市职业院校生均教学科研仪器设备值[②]

生均教学科研仪器设备值区间（万元）	职业院校数（所）	高等职业学校数（所）	中等职业学校数（所）
0.5 以下	6	1	5
0.5（含）—1.0	1	0	1
1.0（含）—1.5	1	0	1
1.5（含）—2.5	8	2	6
2.5（含）—3.0	1	0	1
3 及以上	2	1	1

（四）教学资源库

2016 年，深圳市职业院校共有教学资源库 82 个，其中，高等职业学校 5 个，中等职业院校 77 个。资源库数量相比去年增加 51 个，增幅较大。

（五）藏书与数据库

1. 生均纸质图书和期刊

2016 年，深圳市有 3 所高等职业学校生均纸质图书数量在 60 册及以上；有 23 所中等职业学校生均纸质图书在 60 册以下，其中，生均 10 册以下的学校有 11 所，生均 60 册及以上的中等职业学校仅有 2 所。总体看来，高等职业学校的生均纸质图书比中等职业学校要多出数倍。如表 1–7 所示。

① 本表共统计 21 所职业院校。有 8 所中等职业学校未提供相关数据，未列入统计。
② 本表共统计 19 所职业院校，有 10 所中等职业学校未提供相关数据，未列入统计。

表 1–7　深圳市职业院校生均纸质图书数量

生均纸质图书数量（册）	职业院校（所）	高等职业学校（所）	中等职业学校（所）
10 以下	11	0	11
10（含）—30	6	1	5
30（含）—60	7	0	7
60（含）—90	3	2	1
90 及以上	2	1	1

2016 年，深圳市职业院校生均纸质期刊数量少于 0.5 份的学校有 10 所；在 1.0（含）—1.5 份之间的学校有 3 所；在 1.5（含）—2.5 份之间的学校有 1 所；在 2.5（含）—3.0 份之间的学校有 1 所；在 3.0（含）—3.5 份之间的学校有 1 所。总体看来，中等职业学校纸质期刊数量与高等职业学校之间的差距并不像纸质图书那么大。如表 1–8 所示。

表 1–8　深圳市职业院校生均纸质期刊①

生均纸质期刊（份）	职业院校（所）	高等职业学校（所）	中等职业学校（所）
少于 0.1	5	0	5
0.1（含）—0.5	5	2	3
0.5（含）—1.0	0	0	0
1.0（含）—1.5	3	2	1
1.5（含）—2.5	1	0	1
2.5（含）—3.0	1	0	1
3.0（含）—3.5	1	0	1

2. 电子图书和期刊

2016 年，深圳市职业院校电子图书数量在 50 种及以下的学校有 4 所；在 100（含）—200 种之间的学校有 1 所；在 200（含）—700 种之间的学校有 1 所；在 700 种及以上的学校有 5 所。深圳市职业院校之间的电子图书种数差距很大。如表 1–9 所示。

表 1–9　深圳市职业院校电子图书拥有量②

电子图书（种）	职业院校（所）	高等职业学校（所）	中等职业学校（所）
50 及以下	4	2	2
100（含）—200	1	0	1
200（含）—700	1	1	0
700 及以上	5	1	4

① 本表共统计 16 所职业院校，13 所中等职业学校未提供相关数据，未列入统计。
② 本表共统计 11 所职业院校，18 所中等职业学校未提供相关数据，未列入统计。

2016 年，深圳市职业院校电子期刊数量在 100 种及以下的学校有 5 所；在 100—500 种之间的学校有 2 所；在 500 种及以上的学校有 3 所，均为高等职业学校。多数中等职业学校电子期刊数量少于 500 种，中、高等职业学校之间差距较大，如表 1–10 所示。

表 1–10　深圳市职业院校电子期刊拥有量[①]

电子期刊（种）	职业院校（所）	高等职业学校（所）	中等职业学校（所）
100 以下	5	1	4
100—500	2	0	2
500 及以上	3	3	0

3. 数据库

2016 年，深圳市职业院校共有数据库 102 个，较上年增加 33 个。其中，高等职业学校有数据库 92 个，中等职业学校有数据库 10 个。

三、师资队伍

（一）职业院校教职工情况

1. 职业院校教职工数量

2016 年，深圳市 28 所职业院校的教职工共 9021 人，比 2015 年增加了 705 人。其中，4 所高等职业学校教职工 4409 人，比 2015 年增加了 263 人，24 所中等职业学校教职工 4612 人，比 2015 年增加了 442 人。如图 1–3 所示。

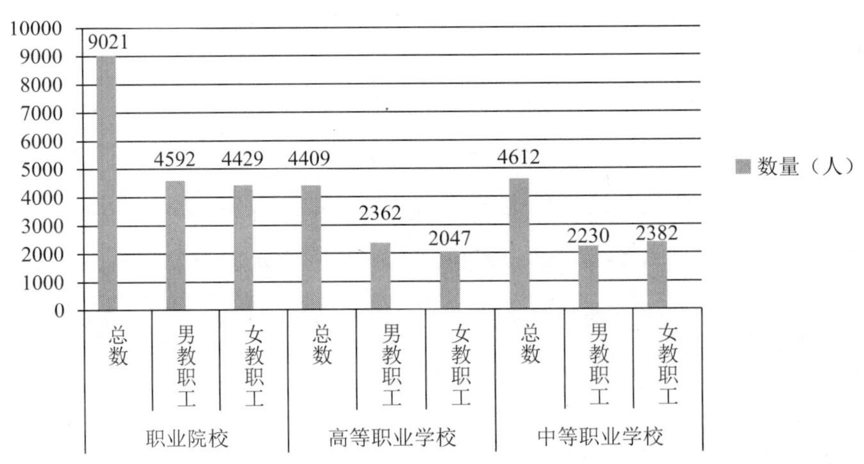

图 1–3　2016 年深圳市职业院校教职工情况[②]

① 本表共统计 10 所职业院校，19 所中等职业学校未提供相关数据，未列入统计。
② 本图表共统计 28 所职业学校，1 所中等职业学校未提供相关数据，未纳入统计。

2. 职业院校校外兼职教师情况

2016 年，深圳市 28 所职业院校中，校外兼职教师 1808 人，比 2015 年增加了 36 人，校外兼职教师占教师总数的 25.48%。高等职业学校校外兼职教师 1686 人，占高等职业院校教师总数的 43.21%。中等职业学校校外兼职教师 122 人，占中等职业院校教师总数的 3.82%。①

按比例区间分布，校外兼职教师占教师总数在 10% 及以下的职业院校有 23 所，在 10%—20% 之间的职业院校有 2 所，在 20% 及以上的职业院校有 3 所。

3. 职业院校获教学名师奖情况

截至 2016 年 12 月 31 日，深圳市 28 所职业院校获教学名师奖的教师累计为 120 人，其中，国家级 16 人、省部级 43 人、市级 61 人。高等职业学校获教学名师奖的教师累计为 16 人，其中，国家级 3 人、省部级 13 人。中等职业学校获教学名师奖的教师累计为 104 人，其中，国家级 13 人、省部级 30 人、市级 61 人。如图 1–4 所示。

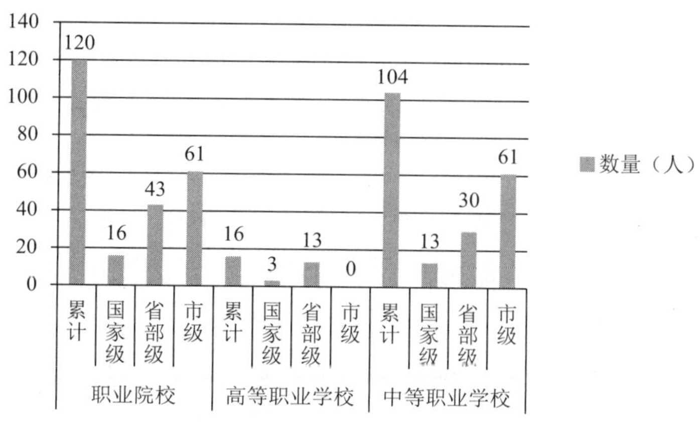

图 1–4　2016 年深圳市职业院校获教学名师奖的教师情况 ②

4. 职业院校教学团队建设情况

截至 2016 年 12 月 31 日，深圳市职业院校由各级政府部门历届遴选认定并发文公布的教学团队累计 40 个，比 2015 年增加 22 个。其中，国家级 7 个、省部级 14 个、市级 19 个。高等职业学校教学团队累计 11 个，比 2015 年增加 5 个，其中，国家级 3 个、省部级 8 个。中等职业学校教学团队累计 29 个，比 2015 年增加 17 个，其中，国家级 4 个、省部级 6 个、市级 19 个。如图 1–5 所示。

① 共统计 28 所职业学校，1 所中等职业学校未提供相关数据，未纳入统计。校外兼职教师比例 = 校外兼职教师数 /（校内专任教师总数 + 校外兼职教师总数）× 100%。

② 本图表共统计 28 所职业学校，1 所职业学校未提供相关数据，未纳入统计。

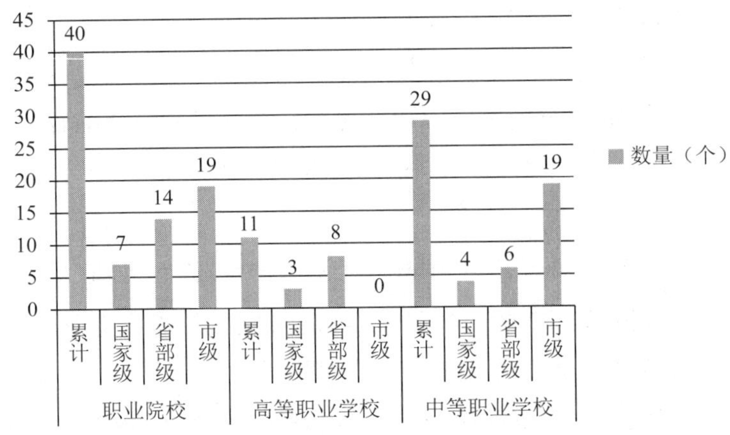

图 1–5　2016 年深圳市职业院校教学团队整体情况 ①

（二）校内专任教师情况

1. 职业院校校内专任教师总体情况

2016 年，深圳市 28 所职业院校中，校内专任教师总数为 5288 人，占职业院校教职工总数的 58.62%。高等职业学校校内专任教师 2216 人，占高等职业学校教职工总数的 50.26%；中等职业学校校内专任教师 3072 人，占中等职业学校教职工总数的 66.61%。

2. 职业院校“双师素质”教师

2016 年，深圳市 24 所职业院校共有“双师素质”教师 2859 人，比 2015 年增加 87 人。“双师素质”教师占职业院校专任教师总数的 54.07%。高等职业学校“双师素质”教师 1793 人，占高等职业院校专任教师总数的 71.62%；中等职业学校“双师素质”教师 1066 人，占中等职业院校专任教师总数的 38.29%。如表 1–11 所示。

按比例区间分布，“双师素质”教师占校内专任教师比例在 30% 及以下的职业院校有 10 所，在 30%—60% 之间的职业院校有 9 所，在 60% 及以上的职业院校有 5 所。

表 1–11　深圳市职业院校“双师素质”教师数及其比例 ②

职业院校		高等职业院校		中等职业院校	
总数（人）	比例（%）	总数（人）	比例（%）	总数（人）	比例（%）
2859	54.07	1793	71.62	1066	38.29

3. 职业院校专任教师的职称结构

2016 年，深圳市 24 所职业院校中，具有正高级职称的专任教师 215 人，占专任教师总数的 4.07%；具有副高级职称的专任教师 1470 人，占专任教师总数的 27.80%；具有中级职称的专任教师 1667 人，占专任教师总数的 31.52%；具有初级职称的专任教

① 本表共统计 28 所职业学校，1 所职业学校未提供相关数据，未纳入统计。
② 本表统计 24 所职业院校数据，5 所职业学校未提交相关数据，未列入统计。

师 820 人，占专任教师总数的 15.51%；无职称的专任教师 1116 人，占专任教师总数的 21.1%。从职称结构来看，2016 年，深圳市高等职业学校中级及以上各职级教师的比例都高于中等职业学校。如图 1–6 所示。

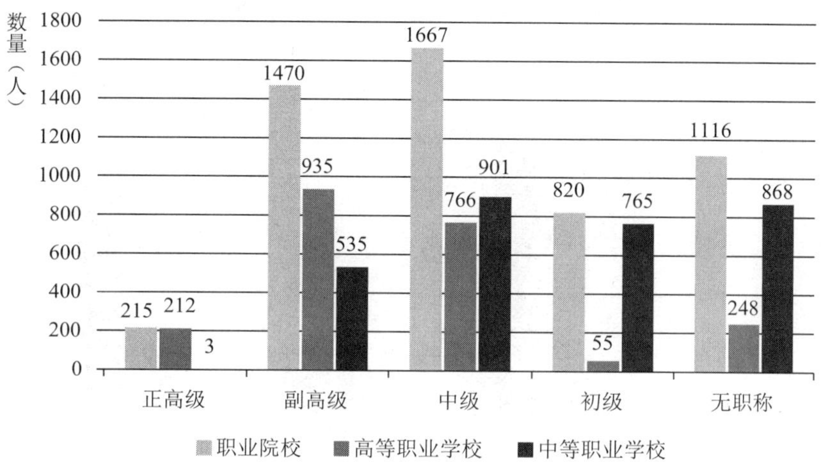

图 1–6　深圳市职业院校专任教师的职称结构[①]

4. 职业院校专任教师学历结构

2016 年，深圳市 24 所职业院校中，具有博士研究生学历的专任教师为 556 人，比 2015 年增加了 35 人，占专任教师总数的 10.51%；具有硕士研究生学历的专任教师为 1617 人，占专任教师总数的 30.58%；具有本科学历的专任教师为 2840 人，占专任教师总数的 53.71%；具有专科及以下学历的专任教师为 275 人，占专任教师总数的 5.20%。如图 1–7 所示。

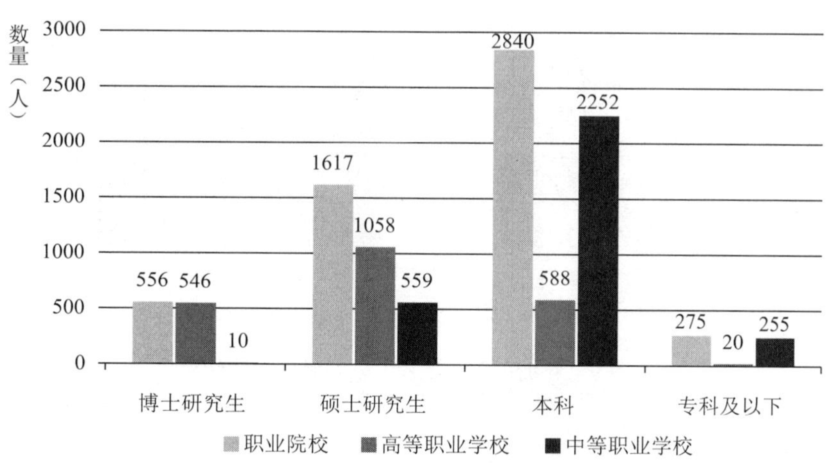

图 1–7　深圳市职业院校专任教师的学历结构[②]

① 本表统计 24 所职业院校数据，5 所职业院校未提交相关数据，未列入统计。
② 本表统计 24 所职业院校数据，5 所职业学校未提交相关数据，未列入统计。

5. 职业院校专任教师的学位结构

2016年，深圳市24所职业院校中，具有博士研究生学位的专任教师为556人，比2015年增加了36人，占专任教师总数的10.51%；具有硕士研究生学位的专任教师1749人，占专任教师总数的33.07%；具有学士学位的专任教师2325人，占专任教师总数的43.97%。如图1–8所示。

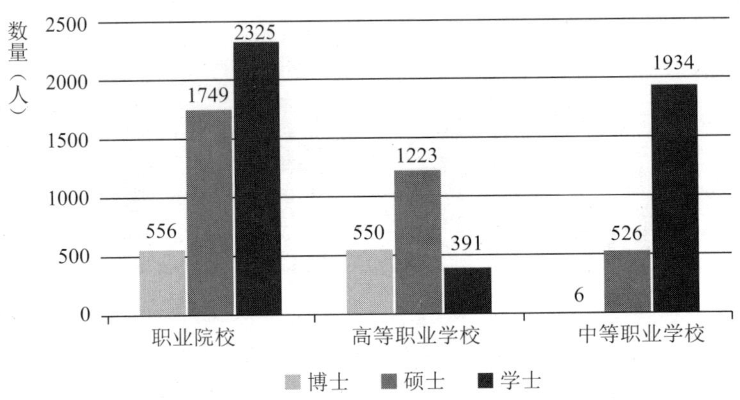

图1–8　深圳市职业院校专任教师的学位结构[①]

6. 职业院校专任教师的年龄结构

2016年，深圳市24所职业院校教师中，35岁及以下年龄段的专任教师2067人，占专任教师总数的39.09%；36—50岁年龄段的专任教师2350人，占专任教师总数的44.44%；51岁及以上年龄段的专任教师871人，占专任教师总数的16.47%。如图1–9所示。

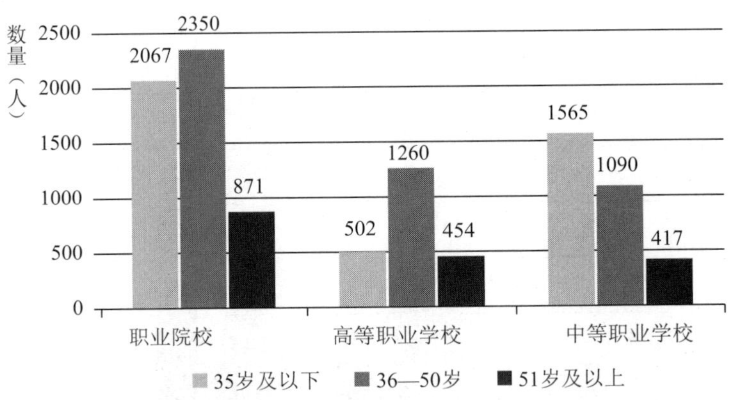

图1–9　深圳市职业院校专任教师的年龄结构[②]

① 本表统计24所职业院校数据，5所职业学校未提交相关数据，未列入统计。

② 本表统计24所职业院校数据，5所职业学校未提交相关数据，未列入统计。

第二节　学生发展

一、学生素质

（一）学生学习情况

学生教学评价分为优、良、中、差四个档次。2016 年深圳市高等职业学校被学生评价为优的公共基础课有 1678 门次，占公共基础课总数的 55.4%；中等职业学校被学生评价为优的公共基础课有 6529 门次，较上年增加近千门次，占公共基础课总数的 61.82%。高等职业学校被学生评价为优的专业技能课有 4151 门次，占专业技能课总数的 66.63%；中等职业学校学生被评价为优的专业技能课有 7759 门次，较上年增加百余门次，占专业技能课总数的 61.95%。评价为差的课程数量比去年有所减少。如表 1-12 所示。

表 1-12　2016 年深圳市职业院校学生对所属高校教学评价

学生评教	按课堂评价分数统计的课程数量（门次）					总数
	分类	优（90 分及以上）	良（89—75 分）	中（74—60 分）	差（59 分及以下）	
高等职业学校	公共基础课	1678	1307	43	0	3028
	专业技能课	4151	1969	107	0	6230
中等职业学校	公共基础课	6529	1843	2156	25	10562
	专业技能课	7759	2539	2198	28	12524

2016 年，深圳市高等职业学校转专业学生有 559 人，与上年同比增加 150 人。中等职业学校转专业学生有 282 人，与上年同比增加 194 人。

2016 年，深圳市高等职业学校有顶岗实习专业累计 185 个，较上年增加 55 个，共有 16502 名毕业生参与顶岗实习，较上年增加 3409 人，占 2016 年毕业总数的 79.75%，其中，企业录用顶岗实习毕业生 12322 人，占顶岗实习毕业生总数的 77.11%，录用率较上年增加 13.76%。毕业生中，专业与顶岗实习岗位对口的学生达 13496 人，对口率达 81.26%，较上年提高 2.72%。

2016 年，深圳市中等职业学校有顶岗实习专业累计 155 个，较上年增加 46 个，共有 9021 名毕业生参与顶岗实习，其中，企业录用顶岗实习毕业生 7080 人，占顶岗实习毕业生总数的 76.6%，较上年下降 4.73%。毕业生中，专业与顶岗实习对口的学生有 6447 人，对口率达 68.7%，较上年下降 18.78%。

2016 年，深圳市高等职业学校学生社团有 417 个，较上年增加 58 个。参加社团的学生有 24133 人，平均每个社团大约 57 人，每个社团活动经费平均为 1672 元，较上年增加 647 元，增幅达 63.12%。

2016 年，深圳市中等职业学校学生社团有 490 个，较上年增加 38 个。参加社团的学生有 17563 人，平均每个社团大约 29 人，每个社团活动经费平均为 2032.52 元，较上年增加 327 元，增幅达 23.12%。

（二）学生获奖情况

1. 深圳市高等职业学校学生获奖情况

2016 年，深圳市高等职业学校学生获各级各类奖 614 项，较上年增加 79 项。获技能大赛奖 387 项，其中，国际级 9 项、国家级 70 项、省部级 206 项、市级 102 项；获科技发明、文化作品奖 140 项，其中，国家级 5 项、省部级 22 项、市级 68 项；获其他大赛奖 87 项，其中，国际级 6 项、国家级 27 项、省部级 15 项、市级 39 项。

2. 深圳市中等职业学校学生获奖情况

2016 年，深圳市中等职业学校学生获各级各类奖 620 项，较上年减少 142 项。获技能大赛奖 422 项，其中，国际级 2 项、国家级 83 项、省部级 97 项、市级 153 项；获科技发明、文化作品奖 145 项，其中，国家级 24 项、省部级 15 项、市级 106 项；获其他大赛奖 53 项，其中，国际级 4 项、国家级 20 项、省部级 9 项、市级 20 项。可见，中等职业学校学生获技能大赛类奖项最多，在科技发明、文化作品方面增幅最大，较去年增加 90 项，增幅达 1.8 倍。如图 1–10 所示。

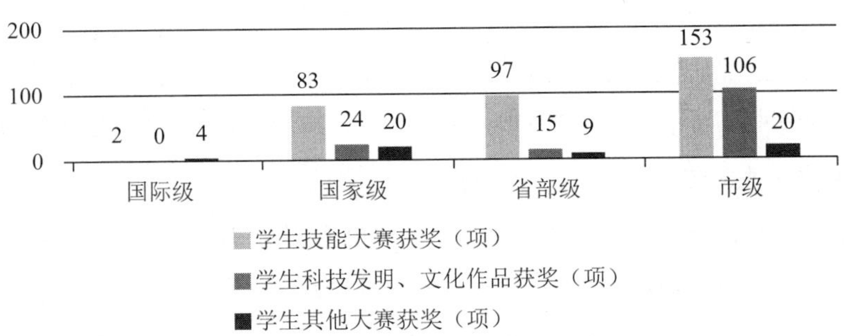

图 1–10　2016 年深圳市中等职业学校学生获奖情况

（三）学生毕业情况

截至 2016 年，深圳市高等职业学校历年毕业生累计为 135386 人。2016 年实际毕业 19652 人，其中，普通高职毕业生为 18111 人，有 16937 人获得毕业证书，毕业率为

93.2%；获得双证书的人数为 8957 人，双证书率 49.46%。成人高职毕业生为 1541 人，有 1488 人获得毕业证书，毕业率为 96.57%。①

截至 2016 年，深圳市中等职业学校历年毕业生累计 156442 人。2016 年实际毕业生为 17618 人，其中，16860 人获得毕业证书，占毕业生总人数的 90.02%；获得双证书的人数 10721 人，占实际毕业生总数的 60.85%。②

（四）毕业生体质合格情况

2016 年，在深圳市职业院校毕业生体质合格率调查中，共收到 3 所高等职业学校和 19 所中等职业学校的有效数据，体质合格率在 90% 及以上的高等职业学校有 2 所，中等职业学校有 13 所；体质合格率在 80%（含）—90% 的高等职业学校有 1 所，中等职业学校有 3 所；体质合格率在 60%（含）—80% 的学校有 3 所，均为中等职业学校。③

（五）毕业生对母校满意度情况

2016 年，在深圳市职业院校毕业生对母校满意度调查中，共回收 22 所学校的有效数据，其中，高等职业学校 3 所，中等职业学校 19 所。毕业生对母校满意程度在 90% 及以上的学校有 17 所，占 77.27%，其中，高等职业学校有 3 所，中等职业学校 14 所。满意度在 80%（含）—89% 的学校有 3 所，均为中等职业学校。满意度低于 70% 的学校有 2 所，均为中等职业学校。总体看来，毕业生对母校总体满意度较高，高等职业学校毕业生对母校总体满意度高于中等职业学校。④

二、就业质量

（一）毕业生就业率

2016 年，深圳市职业院校就业率数据显示，毕业生就业率在 90% 及以上的学校有 18 所，毕业生就业率在 80%（含）—90% 之间的学校有 8 所，毕业生就业率在 70%（含）—80% 之间的学校有 1 所。2016 年深圳市职业院校毕业生就业率较上年有小幅提升。⑤

（二）毕业生去向

2016 年，在深圳市职业院校毕业生去向调查中，共回收 25 所职业学校有效数据。4 所高等职业学校选择就业的毕业生有 16067 人，占当年高等职业学校毕业人数的 92.27%；选择升学的毕业生仅有 48 人，占当年高等职业学校毕业人数的 0.28%；选择创业的毕业生为 133 人，较上年增加 27 人，占当年高等职业学校毕业生总数的 0.76%，如

① 共统计 3 所高等职业院校，1 所高职未提供获得职业资格证数据，未列入统计。
② 共统计 21 所中等职业院校，2 所中职未提供毕业生数据，8 所中职未提供获得双证书数据，未列入统计。
③ 共统计 22 所职业院校，1 所高等职业学校与 6 所中等职业学校未提供相关数据，未列入统计。
④ 共统计 22 所职业院校，1 所高等职业学校与 6 所中等职业学校未提供相关数据，未列入统计。
⑤ 共统计 27 所职业院校，2 所中等职业学校未提供就业率数据，未列入统计。

表 1–13 所示。从数据可以看出，高等职业学校加强创新创业教育取得了明显成效，同时由于高职毕业生升学比例小，仍需继续拓展以提升学历为主的人才成长通道。

2016 年，在 18 所中等职业学校 16680 名毕业生中，选择就业的毕业生有 10401 人，占当年毕业生总数的 62.36%；选择升学的毕业生有 5705 人，占当年毕业生总数的 34.20%；选择创业的毕业生有 194 人，较上年增加 85 人，增幅达 77.98%，可以看出，中等职业学校创新创业教育水平有了显著提升。如表 1–13 所示。

表 1–13　深圳市职业院校毕业生去向、人数及比例①

毕业生去向	高等职业学校		中等职业学校	
	人数（人）	比例（%）	人数（人）	比例（%）
就业	16067	92.27	10401	62.36
升学	48	0.28	5705	34.20
创业	133	0.76	194	1.16
其他	1165	6.69	380	2.28
总计	17413	100	16680	100

（三）雇主对毕业生的满意度

2016 年，在雇主对深圳市职业院校毕业生满意度的调查中，共回收 21 所学校的有效数据，其中，高等职业学校 4 所，中等职业学校 17 所。雇主满意度在 90% 及以上的学校有 14 所，占提交有效数据学校的 67%，其中，高等职业学校 3 所，中等职业学校 10 所；雇主满意度在 80%（含）—90% 之间的学校有 8 所，其中，高等职业学校 1 所，中等职业学校 7 所。由此可见，绝大部分雇主对本市职业院培养的毕业生比较满意。②

（四）毕业生就业后月均收入

2016 年，深圳市 4 所高等职业学校毕业生就业后月均收入（初薪）在 3500 元及以上的学校有 3 所，在 3000（含）—3500 元之间的学校有 1 所。13 所中等职业学校毕业生就业后月均收入（初薪）在 3500 元及以上的学校有 2 所，在 3000（含）—3500 元之间的学校有 3 所，在 2500（含）—3000 之间的学校有 6 所，在 2000（含）—2500 元之间的学校有 2 所。③

① 本表共累计统计 25 所职业院校。其中，就业项有 3 所中职未提供相关数据；升学项有 1 所高职、3 所中职未提供相关数据；创业项有 2 所高职、9 所中职未提供相关数据；其他项有 1 所高职、7 所中职未提供相关数据，未提供相关数据的均未列入统计。

② 共统计 21 所职业院校，8 所中等职业学校未提供相关数据，未列入统计。

③ 共统计 18 所职业院校，11 所中等职业学校未提供相关数据，未列入统计。

第三节　质量保障措施

一、专业布局

（一）高等职业学校

1. 专业设置与数量

2016 年，深圳市 4 所高等职业学校共设有 18 个专业大类，53 个专业类。

2. 专业结构与布局

2016 年，深圳市 4 所高等职业学校共有 56 个专业与深圳四大支柱产业对应。其中，与高新技术产业对应的专业有 30 个，与金融业对应的专业有 4 个，与现代物流业对应的专业有 3 个，与文化创意产业对应的专业有 19 个。①

2016 年，深圳市 4 所高职共有 55 个专业与深圳七大战略新兴产业相对应。其中，与新一代信息技术产业相对应的专业有 20 个，与节能环保产业相对应的专业有 8 个，与新材料产业相对应的专业有 3 个，与文化创意产业相对应的专业有 15 个，与互联网产业相对应的专业有 4 个，与新能源产业相对应的专业有 3 个，与生物产业相对应的专业有 2 个。

2016 年，深圳市 4 所高职共有 39 个专业与深圳六大未来产业相对应。其中，与智能装备产业相对应的专业有 14 个，与机器人产业相对应的专业有 10 个，与可穿戴装备产业相对应的专业有 2 个，与航空航天产业相对应的专业有 4 个，与海洋产业相对应的专业有 1 个，与生命健康产业相对应的专业有 8 个。

3. 特色专业

2016 年，深圳市 4 所高职学校共有 80 个专业实施中高职衔接教育，比 2015 年增加了 19 个；共有 52 个接受国际认证专业，专业数与 2015 年相同。如表 1–14 所示。

① 数据统计中，同一专业不重复计算。

表 1-14　深圳市职业院校特色专业情况

中高职衔接专业		接受国际认证专业	
总数（个）	专业名称	总数（个）	专业名称
80	650121 游戏设计	52	650120 动漫设计
	610202 计算机网络技术		650110 展示艺术设计
	610104 智能产品开发		650103 广告设计与制作
	610301 通信技术		650124 摄影与摄像艺术
	630903 物流管理		580201 包装工程技术
	630701 市场营销		580301 数字图文信息技术
	650118 首饰设计与工艺		580305 数字印刷技术
	560204 数控设备应用与维护		610101 电子信息工程技术
	560308 电梯工程技术		610202 计算机网络技术
	560113 模具设计与制造		610301 通信技术
	560118 工业设计		610103 微电子技术
	510202 园林技术		610307 物联网工程技术
	082800 汽车整车与配件营销		610119 物联网应用技术
	082600 汽车车身修复		610302 移动通信技术
	071500 家具设计与制作		610102 应用电子技术
	130700 中餐烹饪		600308 港口与航运管理
	130800 西餐烹饪		630601 工商企业管理
	580101 高分子材料加工技术		640105 酒店管理
	540701 房地产经营与管理		640101 旅游管理
	600209 汽车运用与维修技术		630701 市场营销
	630702 汽车营销与服务		690206 行政管理
	690104 社区管理与服务		560301 机电一体化技术
	660209 影视动画		560302 电气自动化技术
	660205 影视制片管理		560113 模具设计与制造
	580201 包装工程技术		560103 数控技术
	580301 数字图文信息技术		610203 计算机信息管理
	580305 数字印刷技术		610201 计算机应用技术
	610101 电子信息工程技术		610205 软件技术
	610202 计算机网络技术		540402 供热通风与空调工程技术
	610301 通信技术		540603 给排水工程技术
	610103 微电子技术		540502 工程造价

续表

中高职衔接专业		接受国际认证专业	
总数（个）	专业名称	总数（个）	专业名称
	610307 物联网工程技术		540403 建筑电气工程技术
	610119 物联网应用技术		540501 建设工程管理
	610302 移动通信技术		540101 建筑设计
	610102 应用电子技术		680503 法律事务
	600308 港口与航运管理		630503 国际商务
	630601 工商企业管理		620201 护理
	640105 酒店管理		620501 康复治疗技术
	640101 旅游管理		620102K 口腔医学
	630701 市场营销		620405 口腔医学技术
	690206 行政管理		620407 眼视光技术
	560301 机电一体化技术	52	650111 环境艺术设计
	560302 电气自动化技术		570101 食品生物技术
	560113 模具设计与制造		590107 食品营养与检测
	560103 数控技术		590301 药品经营与管理
	610203 计算机信息管理		620301 药学
	610201 计算机应用技术		510202 园林技术
80	610205 软件技术		670205 商务日语
	540402 供热通风与空调工程技术		670202 商务英语
	540603 给排水工程技术		670211 应用德语
	540502 工程造价		670210 应用法语
	540403 建筑电气工程技术		560703 汽车电子技术
	540501 建设工程管理		
	540101 建筑设计		
	680503 法律事务		
	630503 国际商务		
	620201 护理		
	620501 康复治疗技术		
	620102K 口腔医学		
	620405 口腔医学技术		
	620407 眼视光技术		
	650111 环境艺术设计		
	570101 食品生物技术		

续表

中高职衔接专业		接受国际认证专业	
总数（个）	专业名称	总数（个）	专业名称
80	590107 食品营养与检测		
	590301 药品经营与管理		
	620301 药学		
	510202 园林技术		
	670205 商务日语		
	670202 商务英语		
	670211 应用德语		
	670210 应用法语		
	650121 游戏设计		
	560703 汽车电子技术		
	610205 软件技术		
	610203 计算机信息管理		
	610302 移动通信技术		
	610101 电子信息工程技术		
	610202 计算机网络技术		
	560101 机械设计与制造		
	560304 智能控制技术		

4. 专业动态调整

2016 年，深圳市高等职业学校新增了移动应用开发、物联网应用技术、工程造价、会计信息管理等 7 个专业，无撤销专业。如表 1–15 所示。

表 1–15 深圳市高等职业学校专业变化情况

新增专业		削减专业	
总数（个）	专业名称	总数（个）	专业名称
7	610212 移动应用开发	0	
	610119 物联网应用技术		
	540502 工程造价		
	630304 会计信息管理		
	650105 产品艺术设计		
	540105 风景园林设计		
	610213 云计算技术与应用		

（二）中等职业学校

1. 专业设置与数量

2016 年，深圳市 24 所中等职业学校共设有 14 个专业类。[①]

2. 专业结构与布局

2016 年，深圳市中等职业学校与高新技术产业对应的专业有 37 个，与文化创意产业对应的专业有 27 个，与现代物流业对应的专业有 3 个，与金融业对应的专业有 4 个。[②]

2016 年，深圳市中等职业学校与新一代信息技术产业相对应的专业有 16 个，与节能环保产业对应的专业有 10 个，与新材料产业对应的专业有 6 个，与文化创意产业对应的专业有 16 个，与互联网产业对应的专业有 5 个，与新能源产业对应的专业有 3 个，与生物产业对应的专业有 2 个。

2016 年，深圳市中等职业学校与智能装备产业对应的专业有 14 个，与机器人产业对应的专业有 12 个，与可穿戴装备产业对应的专业有 3 个，与航空航天产业对应的专业有 4 个，与海洋产业对应的专业有 1 个，与生命健康产业对应的专业有 8 个。

3. 特色专业

2016 年，在深圳市 24 所中职学校中，共设有 25 个专业实施中高职衔接专业、8 个专业接受国际认证专业。如表 1–16 所示。

表 1–16　深圳市中等职业学校特色专业情况[③]

中高职衔接专业		接受国际认证专业	
总数（个）	专业名称	总数（个）	专业名称
25	数控技术应用	8	电子与信息技术
	物流服务与管理		计算机应用
	服装设计与工艺		计算机动漫与游戏制作
	汽车运用与维修		珠宝玉石加工与营销
	珠宝玉石加工与营销		美术绘画
	模具制造技术		酒店服务与管理
	会计电算化		会计
	计算机网络技术		社会文化艺术
	软件与信息服务		
	会计		

① 统计 24 所中职学校，1 所中职学校未提交相关数据，未列入统计。

② 同一专业不重复计算，共统计 24 所中职学校，1 所中职学校未提交相关数据，未列入统计。

③ 本表统计 24 所中职学校，1 所中职学校未提交相关数据，未列入统计。

续表

中高职衔接专业		接受国际认证专业	
总数（个）	专业名称	总数（个）	专业名称
25	计算机应用		
	商务英语		
	楼宇智能化设备安装与运行		
	机电设备安装与维修		
	电子商务		
	社会文化艺术		
	家具设计与制作		
	学前教育		
	影像与影视技术		
	音乐		
	电气技术应用		
	酒店服务与管理		
	中餐烹饪		
	西餐烹饪		
	机电设备安装与维修		

4. 专业动态调整

2016 年，深圳市中等职业学校共增加会计、工艺美术、汽车运用与维修 3 个专业，削减了物业管理、金融事务、平面媒体印制技术 3 个专业。①

二、课程建设

（一）高等职业学校

1. 开设课程门类及其比例

2016 年，深圳市 4 所高等职业学校共开设课程累计 8366 门，比 2015 年增加 128 门。其中，核心课程 1770 门，比 2015 年增加 596 门，核心课程占 2016 年课程总数的 21.16%；公共选修课程 730 门，占 2016 年课程总数的 8.73%；双语课程 73 门，占 2016 年课程总数的 0.87%；学校创新创业教育课程 177 门，占 2016 年课程总数的 2.11%。如表 1–17 所示。

① 统计 24 所中职学校，1 所中职学校未提交相关数据，未列入统计。

表 1–17　2016 年深圳市高等职业学校开设课程数量及比例

课程总数（门）		8366
核心课程	总数（门）	1770
	比例（%）	21.16
公共选修课程	总数（门）	730
	比例（%）	8.73
双语课程	总数（门）	73
	比例（%）	0.87
创新创业教育课程	总数（门）	177
	比例（%）	2.11

2. 网络开放课程建设

2016 年，深圳市高等职业学校共开设网络开放课程 1133 门，其中，网络精品课程 226 门，慕课 547 门，微课 360 门。在 226 门网络精品课程中，国家级网络精品课程 103 门，省部级网络精品课程 123 门。如表 1–18 所示。

表 1–18　2016 年深圳市高等职业学校网络开放课程建设情况[①]

单位：门

网络精品课程数	网络精品课程数量小计	226
	（1）国家级	103
	（2）省部级	123
慕课数		547
微课数		360
合计		1133

（二）中等职业学校

1. 开设课程门类及其比例

2016 年，深圳市中等职业学校共开设课程 4626 门，比 2015 年增加 31 门。其中，专业技术课程 2523 门，占课程总数的 54.54%；公共基础课程 1393 门，占课程总数的 30.11%；双语课程 30 门，占课程总数的 0.65%；学校创新创业教育课程 123 门，占课程总数的 2.67%。如表 1–19 所示。

① 本表共统计 3 所高职学校，1 所高职学校未提供相关数据，未纳入统计。

表 1-19　2016 年深圳市中等职业学校开设课程门类及比例 ①

课程总数		4626
专业技术课程	总数（门）	2523
	比例（%）	54.54
公共基础课程	总数（门）	1393
	比例（%）	30.11
双语课程	总数（门）	30
	比例（%）	0.65
创新创业教育课程	总数（门）	123
	比例	2.67%

2. 网络开放课程建设

2016 年，深圳市中等职业学校共开设网络开放课程 449 门，其中，网络精品课程 222 门，慕课 73 门，微课 154 门。在 222 门网络精品课程中，国家级网络精品课程 31 门，市级网络精品课程 191 门。如表 1-20 所示。

表 1-20　2016 年深圳市中等职业学校网络开放课程建设情况 ②

单位：门

网络精品课程数	网络精品课程总数	222
	（1）国家级	31
	（2）省部级	0
	（3）市级	191
慕课数		73
微课数		154
合计		449

三、质量保证

（一）教学质量监测体系建设

2016 年，深圳市 4 所高等职业学校均建立了教学质量保障体系、教学工作定期检查制度、教学督导机构和制度、课程教学评价体系、实验教学评价体系、实习教学评价体

① 本表共统计 23 所中职学校，2 所中职学校未提供相关数据，未纳入统计。
② 本表共统计 23 所中职学校，2 所中职学校未提供相关数据，未纳入统计。

系、毕业综合训练环节评价体系、院（系）或专业教学工作评价制度、学校教学自我评价及质量改进机制以及学生评教制度，3 所高等职业学校已建立了毕业综合训练环境评价体系、学校年度教学工作分析报告制度。由此可见，深圳市高等职业学校非常重视教学质量检测与保障体系以及相关制度的建设。如表 1–21 所示。

2016 年，深圳市建立了教学质量保障体系、课程教学评价体系、实验教学评价体系、实习教学评价体系的中等职业学校各 17 所，已建立了教学督导机构和制度的学校有 18 所，已建立了院（系）或专业教学工作评价制度、学校年度教学工作分析报告制度、学校自我评价及质量改进机制的学校各 15 所，已建立了教学工作定期检查制度的学校有 19 所，近半数学校未建立学生评教制度。由此可见，深圳市中等职业学校在教学质量监测体系建设方面有待加强。如表 1–21 所示。

表 1–21　2016 年深圳市职业院校教学质量监测与保障体系建设情况[①]

单位：所

教学质量监测与保障体系	职业院校	高等职业学校	中等职业学校
教学质量保障体系建设	21	4	17
教学工作定期检查制度	23	4	19
教学督导机构和制度	22	4	18
课程教学评价体系	21	4	17
实验教学评价体系	21	4	17
实习教学评价体系	21	4	17
毕业综合训练环节评价体系	15	3	12
院（系）或专业教学工作评价制度	19	4	15
学校年度教学工作分析报告	18	3	15
学校教学自我评价及质量改进机制	19	4	15
学生评教制度	17	4	13

（二）开展外部质量评价情况

2016 年，深圳市职业院校在开展外部质量评价方面，已开展同行间相互评价的学校有 14 所，已开展专业认证评价的学校有 11 所，已开展专业评估的学校有 12 所，已开展国际评估的学校有 4 所，已开展社会评价的学校有 17 所，已开展第三方评价机构评价的学校有 10 所。由此可见，社会评价和同行间相互评价是学校开展外部质量评价的主要方式，实施国际评估和第三方评价机构评价的学校相对较少。如表 1–22 所示。

① 本表共统计 28 所职业学校，1 所职业学校未提供相关数据，未纳入统计。

表 1–22　2016 年深圳市职业院校开展外部质量评价情况[①]

单位：所

外部质量评价	职业院校	高等职业学校	中等职业学校
同行间的相互评价	14	3	11
专业认证	11	3	8
专业评估	12	2	10
国际评估	4	1	3
社会评价	17	4	13
第三方评价机构评价	10	3	7

第四节　校企合作

一、校企合作开展情况和效果

2016 年，深圳市 28 所职业院校不断深化产教融合，持续推进校企合作与实践，并取得成果，主要体现在以下几个方面：[②]

（1）校企合作的企业达 3155 个，比上年增加 20 个，其中，与高等职业学校合作的企业有 1856 个，与中等职业学校合作的企业有 1299 个。

（2）校企合作共同建设 260 个专业（不含专业方向），比上年增加 6 个，其中，高等职业学校校企合作共同建专业 153 个，中等职业学校校企合作共同建专业 107 个。

（3）校企合作的企业聘用 13754 名毕业生就业，比上年增加 6072 人，其中，聘用高等职业学校 8181 人，聘用中等职业学校 5573 人。

（4）校企合作的企业接收顶岗实习学生 12743 人，比上年减少 1728 人，其中，接收高等职业学校 6811 人，接收中等职业学校 5932 人。

（5）参与校企合作订单培养学生 2905 人，比上年减少 1106 人，其中，高等职业学校 741 人，中等职业学校 2164 人。

（6）校企合作共同开发课程 441 门，比上年减少 284 门，其中，高等职业学校 385 门，中等职业学校 56 门。

① 本表共统计 28 所职业学校，1 所职业学校未提供相关数据，未纳入统计。

② 共统计 28 所职业学校，1 所职业学校未提供相关数据，未纳入统计。

（7）合作企业共同开发教材366种，比上年减少21种，其中，高等职业学校288种，中等职业学校78种。

（8）校企合作的企业支持学校兼职教师1126人，比上年增加111人，其中，在高等职业学校兼职980人，在中等职业学校兼职146人。

（9）校企合作的企业向学校捐赠设备总值635.45万元，比上年有所下降，其中，捐赠高等职业学校437万元，捐赠中等职业学校198.45万元，少数学校有捐赠项目。

二、职业教育集团化办学

（一）集团化办学概况

2016年，深圳全市共有7个职业教育集团。参与集团化办学的高等职业学校有1所，中等职业学校有18所，中等职业学校集团化办学占比较大。

深圳市第一职业技术学校2010年牵头成立深圳第一职业教育集团。集团现有成员单位100家，包括4个专业建设委员会，涉及职业院校、各类企业、培训机构、行业学会、科研单位等领域。6年来，学校通过集团化办学，在资源共享、优势互补、校企合作、互惠共赢等方面彰显出强大的生命力，取得了初步的成效。集团积极探索发展股份制、混合所有制职业学校，大力推进产学研结合，健全多层次人才培养体系，坚持以服务发展为宗旨、促进就业为导向，以建设现代职教体系为引领，以提高人才培养质量为核心。积极参与政府文件制定，将集团化办学过程中的实践经验予以总结和推广，逐步扩大集团化办学的实施范围和规模，逐步建立起政府引导、行业参与、社会支持、企业和职业院校双主体育人的中国特色集团化办学机制。

继深圳市第一职业技术学校之后，深圳市第二职业技术学校与集团内32家企业签订了校企合作协议，通过集团化办学的方式，提升人才培养质量。如汽车维修应用专业、电子商务专业、计算机应用专业与集团内企业深圳市宗正奥迪汽车贸易有限公司、深圳市依谷网电子商务有限公司、阳光雨露信息技术服务有限公司分别签订“订单班”培养合作协议。集团化办学通过加强中职学校和高职院校之间的合作，有效解决现有中高职衔接中存在的培养目标不衔接、课程体系不衔接等问题。深圳市第二职业技术学校与高职院校深圳信息职业技术学院、广东科学技术职业学院签订了“‘三二’分段中高职对接自主招生”协议。

2016年7月，深圳市宝安职业教育集团成立，集团成员包括深圳市宝安职业技术学校（加挂“深圳市宝安职业教育集团第一职业技术学校”“深圳广播电视大学宝安分校”牌子）、沙井职业高级中学（加挂“深圳市宝安职业教育集团第二职业技术学校”牌子）及有关行业组织和企业、科研机构。集团主要做了以下工作：一是通过优质课程展示、校级技能节、毕业生作品展示会、大赛集训交流、集团大赛成果宣传等活动，加强集团成员之间沟通，进一步共享资源；二是紧紧围绕宝安产业升级转型，进一步优化专业设置，进行专业重组，顺应新形势拟开设物联网专业，服务区域经济发展；三是推进龙川对口帮扶工作，进一步增强集团辐射力，按照“精准帮扶，专业对接”原则，确定数控、信息作为主要对接专业，牵头组织德资企业深圳市银宝山新科技股份有限公司与龙川技校共同签署“银宝山新模具制造”现代学徒制订单班三方合作办学协议，数控专业组织骨干师资力量赴龙川技校开展师资对口帮扶，对数控实训室建设提出改进意见；四是探索中德职业教育合作，提高国际化水平，组织集团成员单位赴东莞德马吉机床公司广东点（德资企业）考察学习、与市教科院、区教育局赴江苏太仓有关学校考察中德合作办学经验，以最大化地实现资源共享。

（二）集团化办学存在的问题

第一，职业教育集团化办学的激励政策有待完善。地方政府对职业教育集团的认识有待进一步提升，特别在激发企业参与职业教育的活力的配套政策上有待进一步探索和完善。

第二，职业教育集团运行与管理的组织架构不尽合理。所谓集团是在传统合作关系基础上经牵头单位发起而成立，当前的集团化办学缺少龙头企业和优质企业的参与，集团的平台化作用没有得到应有的体现。

第三，职业教育集团内部管理制度不健全，成员之间的关系不紧密，既没有项目上的共建关系，也没有资源平台汇聚后的产权交易，合作办学尚无具体内容，合作层次和资源共享度较低。

（三）集团化办学的改进策略

1. 创新集团合作模式

职业教育集团的组建至少需要有核心学校、成员学校和若干个企业、行业或其他社会组织，基于校企结合的平台，以签订集团章程的形式联结在一起，各个合作组织所形成的应该是一种网状互联的合作办学关系。因此，职业教育集团化办学应尝试多种合作模式，尝试引入 PPP（Public-Private Partnership）模式，激发社会资本参与，以构建出多元主体参与的深层次合作平台。

2. 完善集团组织治理结构

职业教育本身就涉及多元主体，集团化办学更是会涉及政府、学校、行业、企业等利益相关者，完善集团治理的组织结构需要将各利益相关方吸收到集团决策的体系中来，把理事会或董事会作为政府、行业、企业等各界人士参与学校管理的主要决策平台，引入社会主体参与学校管理与决策，探索建立理事会或董事会决策制度。

3. 坚持服务区域经济发展

职业教育集团要以当地经济社会发展为中心，围绕当地经济社会发展的工作重心和产业结构来调整设置重点专业和教学计划，为当地产业发展培养紧缺的技术技能人才，这样才能提升区域职业教育的整体水平，实现与区域经济发展的良性互动。

第五节 社会贡献

一、技术技能人才培养

2016 年，深圳市高等职业学校毕业生留在当地就业的比例约为 91.5%，其中，到中小微企业就业的比例约为 81.2%，到国家骨干企业就业的比例约为 7.59%。从数据统计情况看，绝大部分高等职业学校毕业生留在深圳，为本地经济社会发展服务。2016 年，中等职业学校毕业生留在当地就业的比例约为 87.1%，其中，到中小微企业就业的比例为 68.92%，到国家骨干企业就业的比例为 6.05%，与高等职业学校毕业生的就业去向类似。①

数据显示，深圳职业院校大部分毕业生就业于本地中小微企业，只有少数毕业生就业于国家骨干企业。具体因素有待进一步调查和分析。

二、社会服务

（一）公益性培训和职业技能鉴定

2016 年，深圳市高等职业学校公益性培训服务总量为 8840 人日，可鉴定工种 / 证书数为 147 种，其中，高级及以上 113 种，社会鉴定总数 122177 人次。中等职业学校公益性培训服务总量为 37472 人日，可鉴定工种 / 证书数为 88 种，其中，高级及以上 74 种，社会鉴定总数 203819 人次。②

与 2015 年度相比，高等职业学校为社会鉴定的数量大幅上升，社会服务能力与水平不断提高，校均培训总量为 2210 人日。从数据上看，高职院校在各类软、硬件资源占优势的情况下，社会公益培训服务方面尚有扩大的空间。

---

① 共统计 25 所职业院校，4 所中等职业学校未提供相关数据，未列入统计。
② 共统计 15 所职业院校，14 所中等职业学校未提供相关数据，未列入统计。

（二）社会服务到账款项情况

2016 年，深圳市高等职业学校横向技术服务到账款总额为 2788.25 万元，纵向科研经费到账款总额为 5113.5 万元，技术交易到账款总额为 1563.87 万元，非学历培训到账款总额为 1693.04 万元。深圳市中等职业学校横向技术服务到账款总额为 24.8 万元，纵向科研经费到账款额为 268.39 万元，技术交易到账款总额为 0.5 万元，非学历培训到账款额为 1165.9 万元。与 2015 年相比，深圳职业院校的科研、技术等社会服务能力显著增强，高等职业学校社会服务优势明显。①

（三）获得专利情况

2016 年，深圳市高等职业学校获得发明专利 141 项，实用新型专利 243 项，外观设计专利 39 项；中等职业学校获得发明专利 11 项，实用新型专利 9 项，外观设计专利 1 项。专利作为学校科研与创新成效的重要指标之一，能够反映学校的科研（技术研发）实力，2016 年这一指标与 2015 年相比有所下降。数据显示，深圳职业技术学院贡献了大部分专利数，包括全市高等职业学校 83.69% 的发明专利数（118 项）、87.65% 的实用新型专利数（213 项）以及 100% 的外观设计专利数（39 项）。②

三、对口支援

我市职业院校认真贯彻落实国务院扶贫工作会议精神，积极响应广东省委省政府、深圳市委市政府号召，根据市对口办部署要求，统筹安排，主动作为，扎实开展职业教育对口帮扶工作，取得明显成效，得到教育部、省教育厅和各受援地的充分肯定和好评。2016 年 12 月，全国第七次推进新疆教育内涵发展暨教育援疆工作会议在北京召开，市委教育工委副书记范坤代表深圳市作了大会发言。

（一）总体情况

1. 主要工作任务。在全国，深圳教育系统主要是对口支援新疆喀什市和塔什库尔干塔吉克自治县（以下简称新疆“一市一县”），西藏林芝市，四川甘孜藏族自治州石渠、德格和甘孜三个县，广西百色市和河池市，重庆巫山县（三峡库区），黑龙江省双鸭山市等地；在广东省内，主要负责对口帮扶河源市和汕尾市。

2. 资金投入情况。据不完全统计，2016 年，除市教育援疆专项经费、市财政专项经费及各区教育局、各学校投入经费外，市教育局投入对口支援经费 730899 元，其中教育援疆投入 568301 元，教育援甘投入 99235.5 元，对口帮扶河源、汕尾投入 20000 元，与黑龙江双鸭山市开展教育合作交流投入 43362.43 元。

---

① 共统计 3 所高职院校和 8 所中职院校，1 所高职学校和 17 所中职学校未提交有效数据。

② 共统计 2 所高职和 3 所中职院校，其余 2 所高职和 22 所中职未提供有效数据。

3. 完成对口支援重点项目情况。根据 2015 年 12 月教育部《南疆职业教育对口支援全覆盖工作方案》，全国 50 所职业院校和新疆南疆 50 所职业院校对口帮扶。2016 年南疆职业教育对口支援全覆盖工作全面启动，各项工作稳步推进，进展顺利；举办深喀学生“1+1”暑期交流活动，200 名新疆青少年学生来深与深圳 200 名青少年学生开展为期一周的交流交往交融夏令营活动；从 2016 年下半年起，根据国家和广东省、深圳市安排，启动与广西百色市和河池市的教育对口帮扶工作；选派名师送教队 4 批次 37 人次分赴西藏林芝市察隅县、四川甘孜藏族自治州、黑龙江双鸭山市及河源、汕尾开展师资培训和示范教学。

（二）省外对口支援

南疆职业教育对口支援工作全面开展。安排了深圳市第二职业技术学校等 4 所深圳市中等职业学校、深圳职业技术学院等 2 所深圳市高等职业学校与喀什地区中职学校开展结对帮扶。2016 年南疆职业教育对口支援工作开局顺利，6 所职业院校工作主动且富有成效。市教育局拨款 40 余万元用于 6 所职业院校对口支援工作。

对口支援新疆喀什职业技术学校。我市与喀什市职业技术学校签署对口支援协议，协议要求，“十三五”期间，援助学校要在学校管理、专业建设、教师培养、实训条件改善、信息化建设、就业创业服务等方面开展工作，对受援学校进行帮扶，并建立协商、沟通机制。

对口支援新疆喀什财贸学校。2016 年，开展四次互访交流，签订对口支援协议，在重点专业建设、师资队伍培养、精品课程建设、实训室建设等方面对喀什财校进行针对性指导，培训喀什管理干部队伍和物流管理专业教师，邀请喀什财贸学校加盟华强职业教育集团，向喀什财贸学校捐赠价值约 5 万元的电脑和图书。

对口支援贵州省大方县毕节同心农工中等职业技术学校。2016 年 3 月与该校签订联合办学协议，毕节同心中等职业技术学校每年选派一定数量的学生采取 1+2 的方式（即一年级在同心职业技术学校，后两年在深圳）来我市学习、实习。2016 年 9 月选定 28 名学生来深就读，为此，龙岗区政府财政专项拨款 50 万，用于这 28 名学生在深学习及生活补助。我市开展献爱心捐款活动，筹措 2 万元交给同心职业技术学校，资助该校贫困生。

（三）省内对口支援

对口支援汕尾职业技术学校。积极开展中层管理干部和专业师资培训，先后培训汕尾职校教师 75 人次；积极对接重点专业和课程建设，选派 3 名骨干专业教师，送教上门，送课进校，帮助汕尾职校完善专业建设方案和品牌课程建设；积极开展学生就业帮扶工作，联系企业，帮助汕尾职校毕业生举办专场推介会。

对口支援龙川职（技）校。组建“银宝山新数控龙川班”，由深圳市宝安职业技术学校牵头与龙川技校联合举办首个“现代学徒制——模具专业订单班”，开班仪式在德资企业深圳市银宝山新科技股份有限公司石岩总部举行。

对口支援海丰职业技术学校。选派教学经验丰富的张君怡老师到海丰职业技术学校支教 1 个学期。党员捐款 1 万元给海丰职业技术学校贫困生。

第六节　国际化发展

一、师资国际化

（一）最终学位在境外取得的教师

2016 年，深圳职业院校教师中最终学位为境外取得的教师共 280 人，占全市职业院校专任教师总数的 5.3%。其中，高等职业学校有 242 人，占高等职业学校专任教师总数的 10.92%；中等职业学校有 38 人，占中等职业学校专任教师总数的 1.24%。如表 1–23 所示。

与 2015 年相比，最终学位在境外取得的教师数量有所增加，尤其是高等职业学校，从 81 人上升到 242 人，增长了 3 倍。但总体上最终学位在境外取得的教师总数并不多，尤其是中等职业学校。

表 1–23　深圳市职业院校最终学位在境外取得的教师情况①

单位：人

学校	总数	博士	硕士	学士
职业院校合计	280	72	202	6
高等职业学校	242	71	168	3
中等职业学校	38	1	34	3

（二）聘请境外教师情况

2016 年，高等职业学校聘请境外教师 37 人，占专任教师总数的 1.67%，其中，教授、副教授各 1 人，其余均为无职称；中等职业学校聘请境外教师 19 人，占专任教师总数的 0.62%，其中，教授 1 人、副教授 3 人、讲师 6 人，无职称教师 9 人。高等职业学校聘请境外教师总数明显多过中等职业学校，但大多数为无职称教师。如表 1–24 所

① 表中共统计 15 所职业院校，14 所中等职业学校未提供相关数据，未列入统计。

示。与 2015 年相比整体情况没有太大变化。从数据统计情况来看，职业院校聘请境外教师总数并不多，水平也不高，需要加大对境外高水平教师的引进力度。

表 1–24　深圳市职业院校聘请境外教师人数①

单位：人

学校	总数	教授	副教授	讲师	无职称
职业院校合计	56	2	4	6	44
高等职业学校	37	1	1	0	35
中等职业学校	19	1	3	6	9

（三）教师境外培训进修与国际交流情况

2016 年，高等职业学校教师境外培训进修共计 294 人次，其中，6 个月以上有 45 人次；境外来访有 84 人次，境外出访有 92 人次。中等职业学校教师境外培训进修共计 27 人次，其中，6 个月以上有 2 人次；境外来访有 58 人次，境外出访有 66 人次。与 2015 年相比，高等职业学校教师境外培训进修人次数有较大增长，反映了高等职业学校越来越重视教师的境外培训与交流；与高等职业学校相比，中等职业学校教师国际交流机会相对较少，有待进一步加强。②

二、学生国际化

（一）学生出入境交流学习情况

2016 年度，全市高等职业学校共接收来华学习的境外学生 583 人次，出境学习（1 个月以上）的学生共有 170 人次，中等职业学校出境学习（1 个月以上）的学生 68 人次。从统计数据上看，目前职业院校学生出境学习机会非常有限，需进一步扩大学生出入境交流学习规模，加大支持力度，以提高学生的国际视野，培养高素质国际化人才。③

（二）外资企业顶岗实习情况

2016 年，深圳市有 3 所中等职业学校有学生在外资企业顶岗实习，接受顶岗实习的外资企业有 31 家，顶岗实习学生有 260 人，平均每家企业接收 8 个学生实习。与 2015 年度数据相比呈现上升趋势，但整体上来看，到外资企业实习的学生数量还是太少。到外资企业实习，不仅可以学习专业知识和技术，还可以积累国际化环境下工作的经验，有利于培养高素质国际化技术技能人才。高等职业学校未提供相应数据，无法统计。④

① 表中共统计 16 所职业院校，1 所高等职业学校和 12 所中等职业学校未提供相关数据，未列入统计。

② 共统计 17 所职业院校，12 所中等职业学校未提供相关数据，未列入统计。

③ 共统计 9 所职业院校，1 所高等职业学校和 19 所中等职业学校未提供相关数据，未列入统计。

④ 只统计了 3 所中等职业学校，其他职业院校未提供相关数据，未列入统计。

三、国际化办学

（一）与境外联合办学

2016 年，深圳市职业院校中外联合培养项目有 15 项（高等职业学校 5 项，中等职业学校 10 项），联合培养学生计 1184 人，项均学生数约为 79 人。如表 1–25 所示。

与 2015 年相比，项目数与每项受惠学生人数大致持平。从数据上看，中外联合培养项目的数量较少，应进一步扩大中外联合培养的深度和广度。

表 1–25　深圳市职业院校国（境）外联合办学情况[①]

学校	联合培养项目数（项）	联合培养学生人数（人）	项均学生人数（人）
职业院校合计	15	1184	79
高等职业学校	5	767	153
中等职业学校	10	417	42

（二）引进境外专业

2016 年，深圳市 5 所中等职业学校引进境外专业累计 6 个，培养学生 351 人，平均每个专业培养学生大约 59 人，与 2015 年度相比有所减少。4 所高等职业学校未提供相应数据，无法统计。[②]

（三）引进境外课程情况

2016 年，深圳市有 5 所中等职业学校引进境外课程，共 18 门，参加课程学习的学生有 2042 人。4 所高等职业学校未提供相应数据，无法统计。[③]

（四）引进境外教材情况

2016 年，深圳市职业院校引进境外教材累计为 18 种。其中，高等职业学校引进 12 种，中等职业学校引进 6 种。使用这些教材的学生有 12674 人，平均使用每种教材的学生数约为 704 人。如表 1–26 所示。

引进境外教材数量与 2015 年相比有所减少，整体上看，职业院校引进教材数量较少。在国外知名职业院校几乎每个专业都有“专用”（或常用）的几本经典教材或学习用书，学校可以考虑适当增加投入，扩大参考和使用的范围，达到学习、借鉴先进知识和技术技能的目的。

① 表中只统计了 1 所高等职业学校和 8 所中等职业学校，其他职业院校未提供相关数据，未列入统计。
② 只统计了 5 所中等职业学校，其他职业院校未提供相关数据，未列入统计。
③ 只统计了 5 所中等职业学校，其他职业院校未提供相关数据，未列入统计。

表 1-26　深圳市职业院校引进境外教材情况[①]

学校	引进境外教材种数（种）	使用教材学生人数（人）
职业院校合计	18	12674
高等职业学校	12	12094
中等职业学校	6	580

（五）引进境外专业教学标准

2016 年，深圳市有 2 所中等职业学校引进境外专业教学标准 7 个，使用这些专业教学标准培养学生 902 人。4 所高等职业学校未提供相应数据，无法统计。[②]

专业教学标准的建立需要长期的积累，在引进过程中，需考虑可复制、移植和借用的适应性。所以学校在引进境外专业教学标准上需谨慎选择，加强质量意识，可以考虑引进世界一流标准，采取先示范、后推广的做法，逐步将标准本土化。

第七节　政府履责

一、把加快发展现代职业教育摆在更加突出的位置，切实做好顶层设计

（一）加强组织领导

市委市政府高度重视现代职业教育发展，将其作为加快城市转型发展、满足产业升级需要的基础性工作来抓。一是明确我市职业教育发展定位。为贯彻 2014 年全国职业教育工作会议精神，许勤市长先后 4 次召开职业教育专题会议并作重要指示，要求明确职业教育定位，打造国际一流职业教育，并认真研究世界发达国家职业教育的经验，明确打造国际一流职业教育的路径，加紧推进职业教育国际化。二是建立统筹职业教育发展工作机制。完善职业技术教育工作联席会议制度，成员单位包括市教育局、人力资源保障局、发展改革委、财政委等 20 个部门，加大职业教育统筹力度，推进职业教育改革发展。三是大力支持职业教育国际化。2016 年 9 月 11 日，深圳市政府、纽伦堡市政府、纽伦堡中法兰肯地区工商会三方在职业技术教育领域达成全面合作意向，并由许勤市长、纽伦堡市市长马力博士和中法兰肯地区工商大会主席冯博文先生在纽伦堡市政厅

① 表中只统计了 1 所高等职业学校、3 所中等职业学校，其他职业院校未提供相关数据，未列入统计。

② 只统计了 2 所中等职业学校，其他职业院校未提供相关数据，未列入统计。

签署《职业教育合作备忘录》。12 日，在许勤市长见证下，深圳市教育局与德国巴伐利亚州文教部签署《职业教育合作备忘录》，提出双方合作共建中德学院、开展中职课程合作、开展职业院校教师赴德培训、合作开展职业教育研究、双方院校间开展交换生项目 5 项内容。

（二）做好顶层设计

一是深入开展职业教育调研。市领导亲自指导，多次率队调研国内外职业教育先进国家和地区的成功经验，多次召开职业教育专题会议，广泛听取人大代表、政协委员及社会各界对职业教育发展的意见。二是进一步明确职业教育发展思路。2015 年 12 月 31 日，市政府办公厅印发《深圳市建设国际一流职业教育体系工作方案》，明确以“建设国际一流职业教育体系”为主线的职业教育发展思路。三是科学制定职业教育政策和发展规划。组织起草《关于加快建设现代职业教育体系的意见》《深圳市职业教育改革发展“十三五”规划》。

（三）加快职业教育国际化步伐

大力推进我市职业院校与德国、瑞士等国家职业院校合作与交流，将此项工作列为市政府重点工作。深圳职业技术学院、深圳信息职业技术学院制订了推进职业教育国际化三年行动计划。深圳职业技术学院进一步加强与联合国教科文组织等国际机构合作，在教科文组织计划框架内开展职业与技术教育研究与合作。深圳市教育局、深圳技术大学筹建办、深圳信息职业技术学院、深圳市教育科学研究院、深圳市第一职业技术学校分别与德国巴伐利亚州文教部和相关院校签署合作协议，相关合作项目正在如期推进。目前，我市职业院校已与德国、瑞士等 30 多个国家和地区 140 多所高校签订校际合作协议。

（四）加大职业教育投入力度

建立以日常办学经费和专项建设经费为主的高职院校经常性投入机制。市属高职院校每年生均经费标准为 1.9 万元，高于省内其他同类高职院校。对纳入广东省一流高职院校建设计划的高职院校，建设周期内给予专项经费支持。实行中职教育免学费政策。自 2011 年起，实行中职教育紧缺专业免学费政策，对 10 个紧缺专业的新生实现了免学费。自 2013 年起，中职教育免学费政策基本覆盖拥有本市户籍和符合我市就读条件的非户籍中职在校生，仅此一项近年来财政累计投入 6 亿多元。2016 年，职业教育财政性投入达到 45.29 亿元。

二、高起点高标准创办职业院校

（一）筹建深圳技术大学

创新与德国、瑞士等国家高水平职业院校合作机制，高标准、高质量建设深圳技术大学，办学规模 2.5 万人。学科专业以深圳先进制造业急需专业为主，对接深圳支柱产业、战略性新兴产业和未来产业需求，深度开展校企合作、产教融合，重点培养应用型本科高水平工程师、设计师，致力打造世界一流的开放式、创新型、国际化的高水平应用技术大学，并为全国高等教育改革创新探索新路。学校位于坪山区，永久校区一期工程已于 2016 年 12 月开工建设。筹建以来，深圳市财政已安排学校部门预算经费 1.65 亿元，校园一期工程建设经费 58.38 亿元。

（二）筹建深圳中德智造学院

坚持“高端引领、国际视野、产教融合、创新发展”的发展理念，对标国际一流的职业院校，努力建成国内领先的技工院校。将“校企合作”确立为基本办学制度，全面引入德国“双元制”教育模式和优质职教资源，致力于教育理念创新、体制机制创新、教育模式创新，探索一条深圳特色的“双元制”技工教育道路。计划通过 5 年左右时间，全日制技工教育在校生规模逐步达到 5000 人左右；在职培训规模逐步达到 5000 人左右。学院拟选址在龙岗区坪地街道六联社区，项目用地面积 12 万平方米，建筑面积 20 万至 30 万平方米。

三、大力提升职业院校办学水平

（一）创新技能人才培养模式

大力借鉴德国“双元制”教育模式，结合深圳实际，探索形成“工”与“学”渐进式交替、螺旋式上升的人才培养模式。深圳职业技术学院着力推行“政校行企四方联动，产学研用立体推进”的办学模式和“文化育人、复合育人、协同育人”系统改革。深圳信息职业技术学院筹建中德学院，与德国相关职业院校合作办学，引进德国“双元制”职业教育标准，努力构建具有深圳特色的产教融合职业教育人才培养模式。宝安职业技术学校创新提出，以培养高素质技术技能人才为目标，以学校和企业作为学习和实践的地点，从入行、懂行到内行为三个学习阶段，以职业认知、职业体验、专业学习、专业见习、岗位训练和顶岗实习作为六个层次，形成工学交替、螺旋上升、在“做中学、学中做”产教融合的人才培养模式（简称“宝安模式”），这一培养模式被教育部列入职业院校教学改革典型案例。深圳市第一职业技术学校是我省唯一入选第一批全国现代学徒制试点的中职学校，与中兴通讯集团开展协同育人。

（二）促进产教深度融合

支持鼓励职业院校学生到企业实习实训，将校外实训基地建设作为市政府民生实事工程和促进职业教育校企深度合作的一项重要举措。2013 年，市政府办公厅出台《关于促进职业教育校企合作的意见》，市教育局、人力资源保障局、财政委联合印发《深圳市职业教育校外公共实训基地认定和管理办法》。该办法在全国率先实行“政府出资补贴、企业出场地、校企共建校外公共实训基地”的新模式，建立职业教育校企合作长效机制。全市现有中央财政支持的职业教育实训基地 36 个，市、区两级财政支持建设的职业教育校外公共实训基地 127 个。校外实习实训基地每年提供 2000 个以上实习岗位。累计投入校外公共实训基地建设补贴和学生实习补贴经费近 2.5 亿元。

（三）加强“双师型”教师队伍建设

实施教师素质提高计划，出台《关于进一步加强教师队伍建设提高教育核心竞争力的意见》，加强职业院校教师队伍建设。以提升教师整体素质为核心，以培养中青年骨干教师为抓手，以建设“双师型”教师队伍为重点，强化教师专业技能和实践教学能力培训，推行专业教师到企业参加实践活动制度，努力打造一支师德高尚、业务精湛、结构合理的教师队伍。为学习职业教育发达国家先进教育理念，2015 年，我市组织赴英国首期职业教育教师海外培训班。目前，我市高等职业院校共有专任教师 1949 人，鹏城学者 7 人，珠江学者 3 人，“双师型”教师比例达 80% 以上；中等职业学校有专任教师 3470 人，“双师型”教师比例达 70% 以上。

第八节　学校党建工作情况

职业院校党建工作开展得怎么样，直接影响到党在职业教育领域的凝聚力、影响力、战斗力的充分发挥，关系到职业教育发展大局，是职业教育供给侧改革的前提和基础。做好职业院校的党建工作，一是要加强思想政治工作，二是要加强基层党组织建设，三是要加强党风廉洁建设，四是要加强干部人才队伍建设。

一、加强思想政治工作

认真学习与贯彻落实党的十八大，十八届三中、四中、五中、六中全会精神以及习近平总书记系列重要讲话精神，落实“五位一体”总体布局和“四个全面”战略布局，以“创新、协调、绿色、开放、共享”的发展理念为引领，巩固党的群众路线教育实践活动成果，积极开展多种形式的思想政治理论学习与实践。

深入开展“两学一做”的理论学习和实践交流，结合工作实际撰写各类心得体会。开展党性锤炼和理想信念教育：学唱《党员廉洁自律歌》、观看中共党史题材影片、开展“重温入党誓词，不忘入党初心”、参观革命圣地和纪念馆等活动，增强党员的凝聚力和向心力。例如，深圳市第一职业技术学校成立“两学一做”学习教育领导小组，印发《学习教育方案》，制订学校年度学习教育指导计划，积极开展“两学一做”学习教育活动。党报党刊下科室到桌面，全年发放党建专题学习材料 800 册。专题讨论 + 理论学习，进一步提高广大党员干部教师的思想政治意识和党性觉悟。深圳市龙岗职业技术学校，以“三会一课”等党的组织生活为基本形式，以落实党员教育管理制度为基本依托，以党支部为基本单位，把学习教育抓在日常、严在经常，突出“两学一做”学习教育经常性特点。

把思想政治教育融入到学校各项工作中，贯穿于人才培养全过程。例如，深圳职业技术学院实施“卓越马克思主义理论人才培养计划”和“大学生马克思主义自主学习行动计划”，培育一批马克思主义教学骨干和一批大学生理论社团；实施“马克思主义学院建设工程”，制定《思想政治理论课教学改革方案》，探索构建思政课、通识课、专业课三位一体的大思政教育课程体系；实施“典型引领计划”“魅力深职计划”，建立舆论引导和舆情监控、研判、预警工作机制，牢牢把握意识形态工作主动权。深圳市博伦职业技术学校组织党员开展志愿服务活动，下属 3 个党支部每月轮流组织党员在学校门口十字路口开展交通劝导服务活动，全年度参加党员志愿服务活动的党员有 700 多人次。

二、加强基层党组织建设

习近平总书记指出，党的工作最坚实的力量支撑在基层，最突出的矛盾问题也在基层，必须把抓基层打基础作为长远之计和固本之举，努力使每个基层党组织都成为坚强战斗堡垒。加强基层党组织建设，能够有效带动基层党员群众更好贯彻党的路线方针政策、落实上级党委决策部署、加强党和群众血肉联系。加强基层党组织建设，要积极立足本职，推进基层党建工作不断创新，更好地发挥战斗堡垒作用。

制定党的建设发展规划和党建责任清单。完善分党委（党总支）书记抓思想政治工作和党的建设述职评议考核制度。以教育平台为载体，推进学习型党组织建设；以品牌建设为引领，加强创新型党组织建设；以服务师生为着力点，促进服务型党组织建设。加大在高层次人才中党员发展力度。及时稳妥处置不合格党员，整顿软弱涣散党支部。完善政策保障和经费支持，提高党建专项经费。例如，深圳职业技术学院制定《关于进一步加强和改进学校基层党组织建设的实施意见》，严格落实《关于新形势下党内政治生活的若干准则》。坚持民主集中制原则，完善党委会议事规则和决策程序。坚持领导干部调查研究、定期接待师生来访等制度，建立健全党委委员联系基层党支部工作机制。设立党群服务中心。坚持“三会一课”、民主生活会和组织生活会、谈心谈话、民主评议党员制度，用好批评和自我批评这个武器。深圳市福田区华强职业技术学校先后组织“抓住机遇、务实进取、开创学校新发展的新局面”“华强校内旗帜扬、党徽闪熠耀荣光”“践行党的标准、做合格党员”等三项活动，实施三个“结对工程”（即：一个支部结对一个教学专业部，一个党小组结对一个备课组，一名党员结对一名教师），通过结对发挥党员带头作用，打造先进的教师群体。深圳市沙井职业高级中学学校党支部以改革精神统揽全局，开展“改革年”活动，重点内容是完善校部二级管理体制下的党建工作，进一步改革管理体制，强化“校部”二级管理，进一步明确职责，健全各项规章制度，改革人事管理工作，建立具有本校特色、符合职业教育办学规律的教师考评制度，为人事职称制度改革奠定了基础，把党建工作落实到相应的负责人、责任人、执行人，为管理体制改革作出保障。

三、加强党风廉洁建设

认真贯彻《中共中央政治局关于改进工作作风密切联系群众的规定》《党政机关厉行节约反对浪费条例》《中国共产党党校工作条例》等政策文件精神，深入落实《中共中央纪委 教育部 监察部关于加强高等学校反腐倡廉建设的意见》和《中共教育部党组2016年党风廉政建设工作要点》，坚持从严治党，从严治教，着眼防范，加强对领导干部和党员的教育、管理和监督，维护学校稳定，推动职业教育事业创新发展。一是抓教育，构筑防腐防变的思想道德防线；二是抓制度，铲除腐败滋生蔓延的土壤；三是抓监督，制约腐败行为的发生；四是抓惩处，维护党纪政纪的严肃性；五是抓作风，提升职业教育的社会形象；六是抓服务，提高职业教育社会服务能力。

加强共产党员先进性、理想信念、宗旨意识、从政道德、党的优良传统和作风、党纪条规和国家法律法规的教育，积极开展警示教育，做到警钟长鸣，防微杜渐，使干部树立正确的世界观、人生观和价值观，增强廉洁自律和接受监督的自觉性。通过抓班子、带队伍，抓机关、带基层，确保干部队伍素质有效提升，增强拒腐防变的意识和能力。强化责任意识，进一步完善党风廉政建设责任制，制定出台党风廉政建设主体责任清单、监督责任清单和基层单位纪检监委员工作职责清单。加强重点领域、关键环节监管，严把招生录取、基建项目、设备采购、财务管理、科研经费使用、校属企业和学术道德七个关口，建立健全与职业教育实际情况相适应的惩治和预防腐败体系。

强化制度管理，认真落实党风廉政建设。制定《党风廉政建设责任制实施办法》，强化“一岗双责”。完善问责办法。例如，深圳职业技术学院制定《抓早抓小工作实施方案》，严格落实《中国共产党党内监督条例》；建立健全提醒谈话、诫勉谈话等党内谈话制度，推动“教育提醒逐级谈”活动常态化；严格执行领导干部个人有关事项报告制度；建立健全党的领导干部插手干预重大事项记录制度；坚持开展中层干部“述责述德述廉”活动。

四、加强干部人才队伍建设

深入学习贯彻习近平总书记关于选人用人和人才工作的重要思想，强化党组织的领导和把关作用。树立强烈的人才意识，把人才作为支撑职业教育发展的第一资源；坚持新时期好干部标准，广开进贤之路，优化干部成长路径，坚持事业至上、公道正派、精准科学选人用人，加强干部人才队伍建设。

深入贯彻落实党中央《关于推进领导干部能上能下的若干规定（试行）》精神，拓展干部选拔任用渠道，优化干部选拔、培养和考核机制，通过激励、奖惩、问责等制度安排，实现“能者上、庸者下、劣者汰”的良好用人导向和制度环境。积极探索领导干部选拔积分制，进一步推动领导干部选拔的民主化、科学化进程。严格落实党委（党组）主体责任、党委（党组）书记第一责任人责任、组织人事部门直接责任和纪检监察机关监督责任，严肃干部人事纪律，抓好选人用人监督检查，对违规问题“零容忍”，保持清净、安静、干净的选人用人环境，以用人环境的风清气正促进政治生态的绿水青山。

从严管理监督干部，认真落实《关于新形势下党内政治生活的若干准则》和《中国共产党党内监督条例》。按照严肃责任不含糊、严守信念不动摇、严抓纪律不放松、严管队伍不懈怠、严惩腐败不手软、严格制度不留情的要求，推进岗位定级规范化，建立健全管理岗位人员轮岗交流机制，建立容错纠错机制。坚持真管真严、敢管敢严、常管常严，进一步管出干部好状态、严出政治好生态。

创新教育培训培养方式，加强专业化能力培训。建立职业院校校长轮训制度和海培计划，设立“名校长工作室”，提升干部的专业知识、专业能力、专业作风、专业精神，促使干部在状态、善作为，成为领导职业院校发展的行家里手。加快年轻干部、女干部、党外干部、教学科研骨干的培养。例如，深圳职业技术学院实施“蹲苗计划”，加强专业（教研室、实训室）主任、综管办主任、学工办主任和机关行政队伍建设；探索把有条件的党务工作者培养成学术带头人，把行政系统主要负责人、学科带头人培养成基层组织负责人。

第九节　主要问题和改进措施

一、职业教育面临的形势与问题

“十三五”时期是全面建成小康社会决胜阶段，也是深圳职业教育转型发展突破时期，机遇与挑战并存，动力与压力同在。当前，国家正大力推进经济结构调整和产业转型升级，推进实施《中国制造 2025》，云计算、大数据、移动互联网、物联网、人工智能等新兴信息技术正在引发新的科技革命和产业革命。深圳市大力实施创新驱动发展战略，正加快建设国际科技、产业创新中心和现代化国际化创新型城市，迫切需要加快发展现代职业教育，构建与深圳产业转型升级相适应的世界一流的现代职业教育体系，为实现职业教育突破发展提供了难得机遇。2016 年是“十三五”开局之年，在市委市政府的坚强领导下，深圳职业教育取得了很大成绩，但是我们也清醒地认识到，我市职业教育还面临一些问题和挑战。

（一）职业教育体系还不够完善

我市目前缺少本科及以上层次的职业教育，满足市民终身学习的职业教育体系尚不完备。学生学历上升途径不畅，中等职业学校学生升读高等职业学校人数不足 30%，高等职业学校毕业生升读本科院校人数不足 1%，既不能满足学生继续发展的需求，也不能满足我市产业发展对高素质劳动者和技术技能人才的需求。

（二）职业教育总体规模仍然偏小

我市职业院校数量较少，培养的技术技能人才少，“十二五”期间职业院校培养的毕业生仅为 12.83 万人，职业院校在校生占常住人口的比例与其他经济发达城市相比是最低的，与我市产业发展对技术技能人才需求量差距大。

（三）职业教育结构不能有力支撑产业发展需要

我市高新技术产业和现代服务业产值占 GDP 的 80% 以上，与之相适应的技术技能人才培养结构还不完善。金融保险、电子商务、文化创意、研发设计、数字传媒、信息服务、现代物流人才，以及国家急需的养老服务业人才培养不足，技术技能人才结构不能完全适应我市产业和社会发展的需要。

（四）校企合作与产教融合水平有待提升

产教融合、校企合作多停留在浅层次，企业参与举办职业教育、培养技能人才的主体性作用未能有效体现，行业、企业未能深入参与院校专业设置与调整，导致专业设置与产业需求、教学过程与生产过程未能形成有效对接。

二、下一步发展思路和改进措施

我市将全面贯彻党的职业教育会议和文件精神，认真落实《深圳市人民政府关于加快建设现代职业教育体系的意见》和《深圳市职业教育改革发展“十三五”规划》，以德国、瑞士等职业教育发达国家为参照，以构建世界一流现代职业教育体系为主线，以高等职业教育带动中等职业教育为基本策略，以“双师型”教师队伍建设为抓手，以创新职业教育体制机制为突破，完善职业教育和培训体系，深化产教融合、校企合作，健全德技并修、工学结合的育人机制，坚持以就业为导向，着力培养学生的工匠精神、职业道德、职业能力和就业创业能力。

到 2020 年，形成适应发展需求，产教深度融合，人才培养层次健全，中职高职衔接，职业教育与普通教育贯通，体现终身教育理念，世界一流、中国特色、深圳特点的现代职业教育体系。到 2025 年，建成 2—3 所具有世界一流水平的职业院校，把深圳建设成为世界一流职业教育高地，为我市建设成为现代化国际化创新型城市及国际科技、产业创新中心提供强有力的技术技能人才保障。

（一）加快构建现代职业教育体系

1. 大力发展本科及以上层次的职业教育。构建包括中职、高职专科、应用技术本科及专业硕士在内的技术技能人才培养体系。到 2020 年，深圳技术大学在校生达到 5000 人。支持深圳职业技术学院、深圳信息职业技术学院扩大与普通高校联合培养应用型本科专业规模，探索建立高职“专本连读”“本硕连读”的人才培养机制。支持我市高校和知名企业与境外一流职业院校或企业合作共建应用技术类大学或二级学院。探索中职—应用本科“直通车”等培养模式。

2. 发展优质专科层次职业教育。加快深圳职业技术学院和深圳信息职业技术学院发展，努力建成国际品牌职业院校。支持广东新安职业技术学院提升办学水平。争取教育部支持深圳广播电视大学转型为“互联网 +”特色的新型开放大学。支持深圳技师学院积极开展专科层次学历教育，建设成为全国示范高等技工院校。推进职业资格证书与学历证书双证融通。实施高等职业教育带动中等职业教育发展战略，支持设立中高职联合学院。扩大五年一贯制职业教育规模。

3. 加快构建开放畅通的人才成长“立交桥”。推进弹性学制，建立学习成果认证和

“学分银行”制度。探索以学分转换和学历补充为核心的职业教育和普通教育互通机制。按照“可比照认定”原则，探索建立职业资格等级与教育学历相衔接的机制，推动落实学历证书和职业资格证书“双证书”制度，支持职业院校通过多种形式，创新“大专+高级工”“本科+技师（预备技师）”“专业硕士+高级技师”的人才培养模式，实现学历证书体系与职业资格证书体系的有机衔接，促进各类人员多途径多方式成才。

（二）着力提升职业教育国际化水平

1. 打造职业教育的深圳标准。借鉴德国、瑞士等职业教育发达国家的先进理念和经验，落实职业教育国际化三年行动计划，打造世界一流的职业院校建设标准、专业教学标准、“双师型”教师队伍标准、实训基地标准和技术技能人才质量标准，形成职业教育的深圳标准体系。

2. 开展职业教育国际合作。落实深圳市与德国等国家职业教育合作协议，加快职业教育国际化步伐。支持深圳技术大学与德国、瑞士、荷兰等职业教育发达国家合作，建成开放式、创新型、国际化应用技术大学。支持深圳职业技术学院与德国合作建设中德智慧制造学院。在福田、龙岗等区新建 2 所以上高水平的国际化中等职业学校，市区财政给予适当支持。

3. 提升国际化技术技能人才培养能力。支持职业院校与境外高水平职业院校开展师生互派互访。支持职业院校引入外籍教师授课，选派专业核心课程任课教师赴境外学习。扩大深圳大运留学生基金对高等职业院校留学生的资助范围和资助力度，鼓励高等职业院校、知名企业设立留学生奖学基金。建立相应的国际职业资格证书体系，为学校和产业提供融合通道。

4. 服务国家“一带一路”发展战略。支持职业院校发起成立“一带一路”职业教育国际联盟。支持沿线国家学生来深圳职业院校留学。支持职业院校配合企业“走出去”，在“一带一路”沿线国家建立办学机构、研发机构。建立一批“一带一路”人才培养基地，助力国际产能合作，为当地培养高素质技术技能人才。举办高新技术领域国际职业技能大赛。

5. 建立国际性职业教育高端平台。加强与联合国教科文组织等国际组织的合作，深化与联合国教科文组织在职业教育领域的合作，建设具有国际影响力的职业教育高端平台。

（三）着力激发办学主体活力

1. 推进办学体制机制创新。开展职业院校产权制度改革试点，积极探索混合所有制办学。支持各类办学主体以资本、知识、技术、管理等要素参与办学，并享有相应权益。

2. 提升职业院校治理能力。扩大职业院校在人事管理、教师评聘、招生考试等方面的办学自主权，激发职业院校办学活力。完善职业院校法人治理结构。积极推进职业教育管、办、评分离。

3. 建立多元投入体制和奖励补助机制。完善公办职业院校生均经费（或公用经费）拨款制度，优化职业教育财政资金的投入方式。鼓励社会力量捐资、出资举办职业教育，拓宽办学筹资渠道。鼓励企业举办或参与举办职业学校，将职业院校全日制学生补贴范围由公办职业院校全日制在校生扩大到民办职业院校（含技工院校）；民办职业院校在读全日制学生顶岗实习，参照公办同类学校学生标准给予相应补贴；建立民办职业院校教师长期从教津贴制度。

4. 完善考试招生制度。中等职业学校实行“学业水平考试＋综合素质评价”的注册入学制度。推进高等职业院校分类考试，突出“文化素质＋职业技能”评价方式。打通高等职业院校面向生产一线招收有实践经验学生的通道。高等职业院校招收中等职业学校毕业生比例达到50%。

（四）大力促进产教深度融合

1. 优化职业院校与产业对接机制。推动专业设置与产业需求对接、课程内容与职业标准对接、教学过程与生产过程对接、学历证书与职业资格证书对接。制定“教育企业”认定标准与办法，建立财政对“教育企业”的资助制度和奖励制度。到2020年，培育100家以上高水平“教育企业”。

2. 支持多元共建职业教育集团。支持行业企业、职业院校、科研机构、社会组织共同成立一批实体化运作的职业教育集团。到2020年，建成3—5个广东省现代职业教育综合改革示范集团和在全国具有示范引领作用的骨干职业教育集团。

3. 构筑职业教育综合服务平台。支持职业院校开展“应用导向的科研服务计划”，为中小微企业技术更新和产业转型升级提供强有力的技术支持。成立社会化运作的校企合作促进平台，为企业提供人才、技术、培训服务，为职业院校提供师资、实习、就业等服务。

（五）创新技术技能人才培养模式

1. 构建中国特色“双元制”人才培养模式。借鉴德国“双元制”职业教育模式，充分发挥企业和职业院校的双元主体作用，开展校企协同育人。扩大校企联合招生、联合培养、一体化育人的现代学徒制试点。针对企业特殊需求，探索“企业个性化定制”培养模式。选择100家企业开展企业新型学徒制试点，并给予相应的财政支持。

2. 提升学生创新创业能力。深化专业教学改革，融创新创业教育于常规教学中，切实增强实习实训效果。加大对职业院校学生创业支持力度，支持举办创新创业大赛，支持建立学生创业基地与平台。

3. 加快信息化建设与应用。实施“互联网 +”专业建设工程，应用信息技术改造传统教学。依托示范性职业院校和大型企业，建设一批特色虚拟仿真实训中心，率先培养互联网时代复合型创新人才。

4. 共建共享多功能实训基地。建设一批集实习实训教学、技能考核、师资及企业职工培训、技能竞赛、教产研发服务“五位一体”的区域性现代职业教育公共实训中心。校企合作共建 300 个高水平实训基地。

（六）着力打造国际一流的师资队伍

1. 建设高素质专业化校长队伍。实施职业院校校长职级制，完善职业院校校长聘用办法，面向国内外公开招聘一批国际水平职业院校校长。支持职业院校聘请企业管理专家担任校企合作副校长。建立职业院校名校长工作室。

2. 建设一流的“双师型”教师队伍。制订“双师型”教师认定办法和职业院校教师退出机制。鼓励行业企业高素质技术人员与管理人员到职业院校任教。完善职业院校教师海外培训和企业实践制度。

3. 建设高水平应用导向科研队伍。加大科研经费投入，改革项目经费管理，增强经费管理自主性和灵活性。鼓励高等职业学校教师通过兼职、离岗、创办科技公司等方式从事科技研发、技术成果孵化、成果转化活动，调动教师的创造性。

（深圳职业技术学院　闫飞龙　罗　欢　宋　晶　李亚昕）

Part 2

第二部分

深圳职业院校教育教学质量年度报告

第一节　深圳职业技术学院2016年度教育教学质量报告

深圳职业技术学院（简称深职院）创办于 1993 年，是经国家教育部备案、广东省人民政府批准，由深圳市人民政府举办的全日制普通高等职业技术学院，是国内最早独立举办高等职业技术教育的院校之一。

深职院坚持“走高职路，举创新旗，打实力牌，以人为本”的办学方针，倡导“文化育人、复合育人、协同育人”的教育理念，形成了“政校行企四方联动、产学研用立体推进”的独特办学模式，致力于培养“德业并进、学思并举、脑手并用”的复合式创新型高素质高技能人才。学校先后荣获“全国高校毕业生就业工作先进单位”“中国十大最具就业力高职院校”“全国毕业生就业工作 50 所典型经验高校”“中国十大创新型高职院校”“全国后勤社会化改革先进院校”“全国职业院校就业竞争力示范校”“全国高校实践育人创新创业基地”以及首批“广东省大学生创新创业教育示范学校”等荣誉称号。深职院是首批高等职业教育国家示范校、全国文明单位、全国精神文明建设工作先进单位、全国职业教育先进单位、广东省文明单位。

2015—2016 学年，学校落实全面从严治党要求，以立德树人为根本，以提高质量为核心，夯实“三育人”内涵，统筹推进各项事业发展，实现了“十二五”圆满收官、“十三五”精彩开局，荣膺首批全国高校实践育人创新创业基地等荣誉。根据中国科学评价研究中心、武汉大学中国教育质量评价中心联合发布的 2016 年中国专科（高职高专）院校竞争力排行榜，学校竞争力在全国 1335 所高职高专院校中位居第一。

一、办学规模与生源

（一）在校生规模

深职院设有电子与通信工程学院、计算机工程学院、经济学院、管理学院、机电工程学院、能源工程学院、应用化学与生物技术学院、艺术设计学院、珠宝学院、应用外国语学院、建筑与环境工程学院、动画学院、汽车与交通学院、媒体与传播学院、医学技术与护理学院、人文学院等 16 个二级学院以及华侨城校区、体育部、工业训练中心等教学单位。现有全日制在校生 22894 人，折合在校生数 23888 人。

（二）招生专业

我校积极适应深圳及珠三角地区经济社会发展及产业转型升级需求，专业设置紧贴深圳高新技术、金融、物流、文化等支柱产业和新能源、物联网、生物等战略性新兴产业，形成了专业设置动态机制和预警机制。目前，学校共设置专业 74 个，覆盖 17 个专业大类，详见表 2–1。经过专业规范化和优化调整，2016 年招生专业为 72 个。

表 2–1 2015—2016 学年深职院专业大类设置与产业结构匹配情况

专业大类代码	专业大类名称	设置专业数量	面向行业 / 产业
52	资源环境与安全	1	环境监测、环境治理
53	能源动力与材料	2	新材料、新能源
54	土木建筑	10	建筑、房地产
56	装备制造	6	模具、机械、自动化
57	生物与化工	3	食品生物、化工
58	轻工纺织	3	包装印刷
59	食品药品与粮食	2	食品营养与检测、药品经营与管理
60	交通运输	3	港口运输、公路运输
61	电子信息	10	计算机技术、通信技术、软件开发
62	医药卫生	7	医学技术、药学、护理
63	财经商贸	6	工商管理、市场营销、财政金融
64	旅游	2	旅游管理、酒店管理、导游
65	文化艺术	9	文化创意、服装设计
66	新闻传播	3	新闻出版、广播影视
67	教育与体育	4	国际商务、文秘
68	公安与司法	1	法律事务
69	公共管理与服务	2	行政管理、社区管理
合计		74	

注：以上专业大类名称依据教育部新修订的《普通高等学校高等职业教育（专科）专业目录（2015 年）》编写。

（三）招生规模

2016 年，我校计划招生 8320 人，实际录取 8311 人。学生报到数 7403 人，总体报到率为 89.07%。招生口径以普通高考为主，占招生总数的 84.49%，自主招生、“3+ 证书”高考、“三二”分段、五专转段作为补充，占 15.51%。见表 2–2。

表 2-2 2016 年深职院不同招生口径的招生数和录取数

招生口径	计划招生数（人）	实际录取数（人）	各类招生口径所占比例（%）
自主招生（普高）	621	474	7.46
自主招生（中职）	72	72	0.87
普通高考（省内）	6410	6610	77.04
普通高考（省外）	620	618	7.45
“3+ 证书”高考	350	303	4.21
“三二”分段	247	234	2.97
合计	8320	8311	100

（四）生源分布及质量

1. 生源分布

我校人才培养在满足深圳市职业教育需求的基础上，逐步扩大在市外省内、省外、协作省份及民族地区的招生计划。2016 年，学校生源 58.61% 来自于深圳市，41.39% 来自于深圳市外。见表 2-3。

表 2-3 2016 年深职院生源地域分布

本市生源（人）	市外省内生源（人）	省外生源（人）	协作省份生源（人）	民族地区生源（人）
4871	2822	618	346	236

注：协作省份是指安徽、河南、贵州、广西、甘肃的生源。民族地区生源是指广西、新疆、贵州、甘肃等省和自治区的生源。

2. 生源质量

近两年，我校生源质量不断提高。从首选比例来看，2016 年第一志愿报考我校的考生比例达到 99.9%。从生源成绩来看，2016 年，生源分数线超本科的比率达到 31.4%，比上学年高出 3.5 个百分点；市外省内生源成绩继续保持优势，市外省内文科生源录取最低分超出控制线 97 分，市外省内理科生源录取最低分超出控制线 85 分。见表 2-4、表 2-5 和表 2-6。

表 2-4 2015、2016 年第一志愿填报深职院人数及所占比例

年度	第一志愿填报数（人）	占实际录取数比例（%）
2016	8301	99.9
2015	8261	99.7

表 2-5　2015、2016 年深职院普通高考生源成绩超过本科线的人数及比率

年度	超本科数（人）	超本科比率（%）
2016	2611	31.4
2015	2405	27.9

注：二本 A、B 线合并，超本科数是指录取新生成绩超过生源所在省份第一次公布的一般本科录取分数线。超本科比率是指超二本人数占普通高考实际录取人数的比例。

表 2-6　2015、2016 年广东省内普通高考录取控制线、录取线一览表

年度	科类	市外省内（3A 批）控制线	市外省内（3A 批）录取线	深圳市内（3B 批）控制线	深圳市内（3B 批）录取线
2016	文科	403	508	270	330
	理科	407	491	280	378
2015	文科	425	517	290	385
	理科	400	472	280	367

二、办学条件与实力

（一）基本办学条件

我校办学条件优越，办学实力强大，各项基本办学指标均高于教育部对高等职业院校人才培养工作评估的标准。见表 2-7、表 2-8。

表 2-7　2015—2016 学年深职院基本办学条件指标总量

占地面积（万平方米）	总建筑面积（万平方米）	教学行政用房总面积（万平方米）	学生宿舍总面积（万平方米）	教学科研仪器设备资产总值（万元）	教学科研仪器设备资产当年新增值（万元）	纸质图书总数（万册）	电子图书总数（GB）
212.2951	58.91985	28.984285	21.514002	72062.03	6423.56	246.80	7700

表 2-8　2015—2016 学年深职院基本办学条件指标生均数

指标	生均数	综合类高职达标指标
生均占地面积（平方米 / 生）	93.69	≥ 54
生均教学行政用房面积（平方米 / 生）	14.13	≥ 14
生均宿舍面积（平方米 / 生）	9.49	≥ 6.5
生均教学科研仪器设备值（元 / 生）	31489.17	≥ 4000
新增教学科研仪器设备所占比例（%）	9.79	≥ 10
生均图书（册 / 生）	108	≥ 80

续表

指标	生均数	综合类高职达标指标
生均年进书量（册 / 生）	6	≥ 3
百名学生配教学用计算机台数（台）	64	≥ 8
生师比	12.20	≤ 16 ∶ 1

（二）办学经费

1. 年度办学经费总收入及其结构

2016 年度，我校办学经费总收入为 117435 万元，主要来源为财政经常性补助收入（35.21%）、中央或地方财政专项投入（43.24%）、学费收入（21.01%）及其他收入（0.54%）。

2. 办学经费支出

2016 年度，我校办学经费总支出为 118915 万元，主要包括日常教学经费（52.30%）、设备采购（11.55%）、图书资料购置（0.67%）、基础设施建设（9.53%）、教学改革及研究（6.52%）、师资建设（0.68%），其余为其他支出。

3. 生均培养成本及收入支出比率

2016 年度，生均财政拨款约为 3.82 万元，生均培养成本约为 4.93 万元，生均财政拨款占生均培养成本的 77.00%。见表 2–9。

表 2–9　深职院办学经费的总收入与支出比率

财政拨款	金额（万元）	培养成本	金额（万元）
财政经常性补助收入	41354	办学经费支出	118915
中央、地方财政专项投入	50781		
财政拨款合计	92135	培养成本合计	118915
生均财政拨款	3.82	生均培养成本	4.93

（三）师资队伍

1. 师资规模与构成

学校现有教师总数 1876 人（折合数）。其中，校内专任教师 1075 人，师生结构比例为 1∶22。本年度新增正高职称 14 人，正高职称总数达到 203 人；新增副高职称 44 人，副高职称总数达到 654 人。其中，专任教师高级职称总数达到 654 人，占 60.84%；博士 262 人，占 24.37%；硕士 661 人，占 61.49%。

2. 高层次人才培养

学校坚持人才强校的战略，大力加强人才的引进与培养力度，高层次人才队伍建设取得实质性进展。2015—2016 学年度，新增国家“万人计划”教学名师 1 人；新增广东省“特支计划”教学名师1人，总数达2人；新增广东省高等职业教育专业领军人才2人，总数达6人；新增广东省优秀青年教师培养计划人选2人，总数达到6人；新增广东省教学名师1人，总数达到6人；新增5名深圳市高层次专业领军人才，高层次领军人才总数达到93人；新增深圳市“孔雀计划”海外高层次人才5人，海外高层次人才总数达到12人。

3. 师资培训

2015—2016学年度，学校加大师资培训力度，选拔2016—2017学年度公派出国（境）研修人员，其中高级研修学者4人，访问学者14人；选派30人参加2016年暑期短期培训。其中，15人赴台湾致理科技大学、15人赴荷兰思腾教育培训集团培训；学校每年例行新入职教师的岗前培训、青年教师教育教学能力培训稳步推进，90%以上的教职工完成了继续教育任务，专任教师培训率达到98%。

（四）现代信息技术应用

1. 校园网建设

校园网建设不断完善。学校教育网出口带宽100Mbps，中国电信出口带宽600Mbps，校内主干带宽10Gbps；校园网用户数29000余个，网络信息点28364个（动态）；网站服务器27台，监管托管服务器24台，虚拟机160个，网站186个，网络出口安全设备49台；核心机房3个，设备间131间，网络设备765台。

2. 教育技术应用

目前，学校数字化教学资源已超过20TB，建有各类信息平台11个，各类网络课程630门，注册人数8.4万，页面点击数达3717万；VOD视频资源4.3万部，页面点击数336万；AOD资源6.7万条，页面点击数55万。学校作为国家资源中心的分中心，积极参与总中心的资源建设，获评2015年度优秀分中心。2015年学校在各类信息化大赛中获得国家级一等奖1项，二等奖2项，三等奖4项，省级一等奖2项，二等奖3项，三等奖1项。

3. 数字化校园建设

信息化管理全面覆盖。共有数字化校园系统24个、数据总量135GB，用户账号4万余个。数字化校园总体实现平稳运行，无重大故障，业务涉及行政办公管理、教务教学管理、招生就业管理、学生管理、顶岗实习管理、教学质量管理、网络课程及教学系统、教学资源库系统、数据管理系统、校园门户系统、网络及信息安全系统等多个方面。

三、教育教学改革

2015—2016 学年，学校坚持把立德树人作为学校教育的根本任务，以培养为地方经济服务的应用型一线技术人才和管理人才为己任，深入推进“文化育人、复合育人、协同育人”系统改革，深入探索有中国特色的“产教融合、校企合作”高等职业教育人才培养模式，逐步完善内涵发展的“深职院模式”，取得显著成绩。

（一）文化育人

1. 文化育人课程建设

2015—2016 学年，学校按照《深圳职业技术学院文化育人实施纲要》提出的构建“6+2+1+4”文化育人课程体系要求，立项“三育人”示范专业 12 个，文化育人示范课程 18 门，校级公共选修通识课程 8 门。2015—2016 学年，在首批立项建设 17 门校级公共选修通识课程后，继续立项建设 7 门校级公共选修通识课，全校公共选修通识课程达到 24 门，继续推动完善文化育人“6214”课程体系建设。

2. 丽湖大讲堂

2015—2016 学年，共举办讲座 53 场，按每学年 8 个月算，平均每月 6 场，每周 1.5 场。

3. 志愿者之校

2015—2016 学年，学校继续推进志愿者之校建设，实现了志愿服务的规模化、常态化。全校注册义工达 21883 名，占在校生总人数的 92.31%，其中，非毕业班志愿者比例达到 92.64%；共开展活动 2881 次，服务人次为 34979 人次，服务总时数为 145988 小时；全校共有志愿者服务基地 64 个，品牌项目 92 个，星级义工 155 人，其中，五星级义工 16 人。志愿精神已逐步成为学校青年学子的固有品格，深职义工已成为深圳“志愿者之城”一张靓丽的名片。

4. 书院建设

2015—2016 学年，学校进一步完善书院制改革，完成三尚、博达 2 所书院的成立及揭牌工作，开展日新、旺棠 2 所新书院的筹建工作，举办思想教育、心理健康、职业发展、学业指导以及音乐、体育、美术体验等专题辅导 120 余次，举办书院讲堂 65 期。“书院文化节”“书院下午茶”“读书沙龙”等书院活动受到学生喜爱。

5. 书香校园建设

2015—2016 学年，学校注重书香校园建设，组织开展以“拥抱阅读，从心开始”为主题的“深职读书月”和“春风十里，不如好书陪你”为主题的“校园悦读季”“礼敬中华传统文化”系列活动。“我最喜爱的书征文大赛”“年度十大好书榜竞猜”“阅读无止境，借书不限量”“深职学生阅读情况调查”“公共空间阅读 show”等精彩活动吸引师生的广泛参与，营造了浓郁的书香文化氛围。

（二）复合育人

1. 拓展专业建设

2015—2016 学年，学校进一步完善了主干专业与拓展性专业叠加的复合式专业平台，建立拓展专业 86 个，其中院级拓展专业 67 个、校级拓展专业 61 个。2013 级共开设拓展专业 68 个，拓展班级 213 个，7239 名学生修读；2014 级共开设拓展专业 72 个，拓展班级 208 个，7238 名学生修读；2015 级共开设拓展专业 74 个，拓展班级 213 个，7431 名学生修读。

2. 重点专业建设

2015—2016 学年，学校扎实推进 7 个省级重点建设专业（工程造价、通信技术、精细化学品生产技术、金融与证券、旅游管理、计算机信息管理、机电一体化技术）的建设工作。第一批省重点建设专业——药学专业通过验收。学校以已建成的 10 个国家示范专业、23 个省级示范专业和 8 个省级重点建设专业为基础，带动相关专业群及其他专业的建设和发展，立项建设第二批 12 个“三育人”示范专业，立项建设 36 个第二批校级拓展专业，为复合育人提供良好的专业平台。本学年，我校 9 个专业获得第一批省级品牌专业建设立项，其中一类品牌专业 2 个、二类品牌专业 7 个。

3. 课程建设

精品课程建设：2015—2016 学年度，学校在推进精品课程向精品开放课程（精品视频公开课、精品资源共享课）建设转型升级方面取得新的成绩，新增 12 门省级精品资源共享课，省级精品开放课程总数达到 38 门；省级以上精品开放课程总数达到 81 门。

慕课建设：为深入推进信息化环境下学习方式和教学模式的创新，充分发挥现代信息技术在提高教学质量方面的独特优势，2015—2016 学年，学校第二批立项建设 5 门慕课，学校慕课总数达到 9 门。

教材建设：2015—2016 学年，我校入选国家“十二五”规划教材总数达到 96 部。

（三）协同育人

为完善科研创新体系，加强科研创新能力建设，切实做好“政校企行、四方联动”，做好学校协同创新能力提升，学校实施深圳职业技术学院协同创新中心的组建计划，促进学校与行业、产业、地方的融合，增强创新能力，为此学校在制度保障、经费支持、人员配备、设备与场地建设等方面大力支持。

1. 制度保障

根据《教育部、财政部关于印发〈2011 协同创新中心建设发展规划〉等三个文件的通知》（教技〔2014〕2 号）和《广东省教育厅、广东省财政厅关于印发〈广东省 2011 协同创新平台建设规划〉的通知》（粤教科〔2015〕1 号）的总体要求，结合学校实际，制定《深圳职业技术学院关于产学研用协同创新的实施方案》，明确规范学校协同创新中心建设的指导思想、总体目标和重点任务，从制度层面给予支撑与保障。

2. 经费支持

学校给予中国职业教育运行机制协同创新发展中心每个协同创新分中心（共 12 个）5 万元的经费资助，总计资助经费达到 60 万元，所有的经费皆为专款专用。

3. 人员配备

每个协同创新中心都组建有专门的团队，负责中心的运行管理。

4. 设备与场地建设

学校对协同创新中心在设备与场地方面大力支持，其中理工类协同创新中心科研用房面积 100 平方米以上，科研仪器设备（含软件）总值（原值）不低于 100 万元。人文社科类协同创新中心办公及研究场所用房面积 50 平方米以上。

5. 运行情况和建设成效

学校中国职业教育运行机制协同创新发展中心已组建 12 个协同创新分中心，2014 年 9 月电子与通信工程学院“信息通信技术协同育人平台”被认定为广东省首批协同育人平台，2016 年 4 月计算机工程学院的“IT 国际化人才培养与技术服务协同育人平台”被认定为广东省协同育人平台。

（四）教学诊断与改进

2015—2016 学年，我校以加快发展现代职业教育为契机，启动教学诊断与改进工作，制定适合学生发展及适应社会需求的人才培养标准，建立科学、有效的教学质量控制系统，形成多元化的教学质量评价机制、顺畅的教学质量信息反馈机制以及有效的教学质量纠偏和激励机制，不断探索在专业、课程、教师、学生等不同层面建立完整且相对独立的自我质量保证机制，切实提升学校教学管理水平和人才培养质量。

1. “一主体、两支持”教学质量评价体系

目前，我校的教学质量监控与评价实行学生评教、督导室、教学单位三方独立测评，以学生为测评主体，以教学督导为测评导向，以教学单位为测评支持。学生按学期对任课教师进行教学质量测评，教学单位按学年度对本单位任课教师进行全员教学建设质量测评，督导室按学年度对任课教师的授课质量和备课质量实行分类测评。学生网上对任课教师测评占总评的 40%，教学督导测评以学生网上评教结果为依据，将任课教师分为“听课测评”和“不听课测评”两类。“听课测评”类教师为每学期学生评教排名前 30% 和后 5% 的教师：由教学督导组成 2 人测评组听课测评；组织教学资料或课程设

计（说课）测评。“不听课测评”类教师由“学生教学信息员”组织学生评教完成测评。学生评教、督导室、教学单位三方评价的比例分别为 40%、40% 和 20%。学生测评为对课程测评（40%），督导测评包括课堂测评（25%）、备课质量测评（15%），教学单位测评为教学建设测评（20%）。

2. 教学督导队伍建设

2015—2016 学年度，学校督导室共有 18 人，其中，专职教学督导 16 人，年龄均在 50 岁以上，教授职称占专职教学督导人数的 68.75%，11 名教学督导为返聘人员，他们在职时大都担任过院（系）或职能处室领导职务。

3. 课程、专业评价

以“一主体、两支持”测评办法为实施框架，筛选“三育人”示范专业、品牌专业、特色专业、校“绿牌”专业为对象，开展以专业和课程为督导对象的教学质量评价和教学支持。以学生评价数据为切入口，实施督导听课，信息员教学信息反馈，与教师、学校联手开展教学研讨，进行两学期教师质量跟踪指导，提升专业教师队伍优秀率。同时，结合麦可思公司的调研数据，参与试点专业“人才培养方案”审视，对该专业“专业定位”“教学计划”“课程体系”“教学环境”“校园文化”等人才培养要素是否支持人才培养目标、是否符合社会需求给予建设性意见，并督促试点专业每年撰写 1 份本专业“人才培养市场需求调研报告”。

4. 教师教学质量综合评价

2015—2016 学年，经过学生、教学单位、督导三方独立测评，督导室综合汇总后，全校在编 / 试用教师参与测评人数 1101 人，测评数据完整人数 1017 人，测评结果为：A+ 等级 86 人，占参评人数的 7.81%；A 级 317 人，占参评人数的 28.79%；B 级 614 人，占参评人数的 55.77%；有 84 位教师因测评数据不完整，无测评等级，按规定为合格评价，占参评人数的 7.63%。

四、学生发展与成长

（一）学生管理

1. 学生辅导员队伍

我校建立了一支“职业化、专业化、专家化”的学生辅导员队伍，现有正式在编一线辅导员 102 人，其中，具有研究生学历者占 100%，具有博士学历者占 25.5%。在辅导员考核工作中，学校高度重视学生评价，实行全网络化、全样本化评价。2015—2016 学年，学校辅导员考核的学生评价优秀率达 90.6%。

2. 民主参与管理

我校高度关心学生成长需求，搭建了师生交流会、院长沙龙、院长信箱、院长微博、微信等多种沟通交流平台，主动倾听学生的声音。广大学生通过各种平台积极参与学校管理和建设。

（二）社团活动

2015—2016学年度，学校发展建立二级分会13个，社团179个，其中学习学术型61个、兴趣爱好型75个、公益服务型21个、体育联盟22个，注册会员万余人，举办特色活动1765项，社团获市级以上奖励62项。各社团积极开展协会会长“菁英训练营”、社团招投标、百团招新、社团巡礼月、达人秀等活动，深受广大师生欢迎。学生社团成为复合式人才培养的重要平台。

（三）学生服务

1. 心理健康教育与咨询

2015—2016学年度，学校为全体新生进行心理健康测试，建立有效心理健康档案7868份。开设“大学生心理健康教育”作为学校必修课，心理健康教育的覆盖率达到100%；另开设校任选课“心理咨询与生活”“朋辈心理咨询”“团体心理训练”“压力情绪管理”“电影文本成长心理学”“人际沟通”6门课程的教学，培训朋辈辅导员共270人；开展个别心理咨询146人次，团体心理辅导8094人次，危机干预12人次。

2. 大学生保险

深圳市教育局每年为在校大学生购买学生人身伤害校方责任险，同时，学校鼓励学生自愿购买大学生医保和人身意外伤害险。2015—2016学年，学校大学生医保参保率为64.54%，人身意外伤害险参保率为96.24%。

（四）关爱工程

我校坚持“以学生为本”的服务理念，采取各种有效措施、多方开拓渠道，构建了以国家奖助学金为主，助学贷款、勤工助学、学校及社会奖助相结合的关爱体系。2015—2016学年，学校共办理奖、助、贷、勤、减、免、补等资助21408人次，总金额达到3024.4097万元。

1. 国家奖助学金

2015—2016学年，我校评选国家奖助学金3730人，总计经费1260万元，国家奖助学金奖励比例达到15.35%。

2. 国家助学贷款

2015—2016学年，我校共有723名学生获得国家助学贷款（其中高校助学贷款395人，生源地信用助学贷款328人），贷款总金额616.727万元。

3. 学校奖助学金

2015—2016 学年，学校评选校级奖助学金 7472 人，总计经费 796.28 万元，学校奖助学金奖励比例达到 30.74%。

4. 勤工助学

2015—2016 学年，学校加大对贫困学生参加勤工助学活动的支持力度，设立千余个勤工助学岗位，帮助贫困学生得到必要的经济资助。学校共有 9155 人次参加校内勤工助学活动，发放勤工助学薪酬 298.2437 万元。

5. 社会资助

学校积极争取行业企业支持，开展社会助学活动，2015—2016 学年，全校共有 289 名学生获得社会奖助学金，总计 49.67 万元。

6. 其他奖助学金

2015—2016 学年，根据相关文件精神，学校为 39 名新疆少数民族学生发放了贫困补助，共计 3.489 万元。

（五）创新创业

1. 学生科技创新

2015—2016 学年，学校学生在各级各类比赛中获奖 460 人次。其中国际与国家级大赛获奖 125 人次，省级大赛获奖 317 人次，市级大赛获奖 18 人次；一等奖获奖 80 人次，二等奖获奖 134 人次，三等奖获奖 174 人次，四等奖获奖 72 人次。

2. 创业教育

创业教育已经初步形成“横向和纵向相联合、主修和拓展相融通”的分阶段、分层次的创业教育体系，构建出创业启蒙教育、创业预科教育、创业职业教育、创业实践教育四个创业人才培养层次。2015—2016 学年创新创业学院培养在校生 1900 余人，其中创业预科教育 1400 余人；创业职业教育，即创新创业学院所开设的校任选拓展专业，有 6 个班 183 人；创业实践教育，即创业中心和创业园的项目，孵化 360 余人。

3. 大学生创意创业园

学校现有学生创意创业园、IT 创客中心、电子精英创客空间等 16 个基地，总面积 5431 平方米，形成从创业苗圃到孵化器一体化的创业实践教育系统。其中，大学生创意创业园 1800 平方米，可同时容纳 54 个创业团队开展创业实践活动。入园企业孵化期最长为两年，免租金，同时提供课程到平台的各类资源支持，实施“企业家成长计划”。自 2010 年开园以来，已累计有 8 批共计 204 个项目先后入园孵化（一期、二期、三期、四期、五期项目已孵化期满退园）。目前园区尚在孵化项目 45 个，其中 IT 信息服务类 7 个，占总比例的 15.6%；文化创意类 13 个，占总比例的 28.9%；综合服务类 21 个，占总比例的 46.7%；智能硬件类 4 个，占总比例的 8.9%。

4. 微观装配实验室（创客中心）

学校于 2014 年 10 月开始筹建微观装配实验室（创客中心），深圳市政府和学校高度重视中心的建设，在人财物等方面给予了极大支持，投入资金 600 万。2015 年 9 月，中心基本建成。创客中心以工程化为导向，帮助创客把创意变成产品，加入全球创客网络组织及知识共享网络，成为立足校园、面向社会的跨界合作平台，为大学生创客提供从创意到设计再到制造的专业支持和全过程服务。目前，创客中心已开设“创客技术”选修课及多门实践性技术课程，支持 40 个创客项目入驻孵化，同时设立创客专项扶持基金。未来，中心将履行创客指导、组织实施、资源配置协调、协同交流及成果转化、人才培养、项目孵化、特色项目展示等职能，使得微观装配实验室真正成为“创客梦工厂”，并以此为推手，促进学校创新创业教育的纵深发展。

五、国际合作

（一）境外合作机构

建校至今，我校与境外 23 个国家和地区的 131 所院校和机构建立了友好合作关系，签署了合作协议和合作意向书，开展中外合作办学、合作科研、师资培训、交换学生、夏（冬）令营、短期研修、校企合作等交流与合作。近两年，学校成功开拓了欧洲及中东国家的高水平合作伙伴关系，与以色列理工大学、意大利都灵理工大学、保加利亚索菲亚科技大学、保加利亚普罗夫迪夫大学、瑞士南方应用科技大学等世界一流大学建立了合作关系。

（二）港澳与内地高等学校师生交流计划

本学年，学校成功申报教育部“2016 港澳与内地高等学校师生交流计划”（简称万人计划）。万人计划是教育部根据内地与中国香港高校代表在 2012 年签署的《香港与内地高等学校关于进一步深化交流与合作的意向书》所设立的一项政府资助计划，旨在促进香港学生到内地高等教育机构开展短、中、长期学习、科研和交流。之前，此项目只在本科院校范围内实施。2014 年起，教育部将该计划的覆盖范围扩大到广东省部分高职院校，我校成为第一个申报项目获批的高职院校。2015—2016 学年度，学校 4 个申报项目全部获得批准，其中，“深港两地高职院校环保人才培养交流与合作”项目已圆满完成；深港联合培养“电气工程”高级文凭项目属长期项目，正在执行中，香港共计 144 名师生来校参与此项目。

（三）中国港澳台学生及留学生

2015—2016 学年度，我校招录中国港澳台学生 67 人，该学年度港澳台在校生共

131 人。

学校留学生由互派交换留学生、出国留学生及来华留学生三部分组成。2015—2016 学年度，我校与国外合作院校互派交换留学生 47 人，出国留学生 104 人，来华留学生 111 人。

（四）赴中国台湾高校研习生

为开阔学生视野，学校每学期均选派优秀学生赴中国台湾各合作院校学习。2015—2016 学年度，共派出 80 名研习生分赴龙华科技大学、朝阳科技大学、辅英科技大学、建国科技大学、亚太创意技术学院等院校学习 1 学期。

（五）中外合作办学

为引进及输出优质教育资源，我校积极与国（境）外高校开展合作办学。目前，学校已有中澳合作国际商务、金融管理，中美合作物流管理、软件技术，及深港合作电机工程高级文凭（电气服务）等 5 个合作办学项目，2015—2016 学年度共招生 317 人。

（六）跨文化交流

2015—2016 学年，学校邀请 9 位国（境）外专家来校开展讲座；21 位教师赴国（境）外参加国际会议；承办国际职业教育深圳论坛；作为 2016 年深圳国际友好城市大学联盟轮值主席单位，成功举办深圳国际友好城市及“一带一路”国家优秀大学生夏令营活动；聘请德国联邦前国防部部长、RSBK 战略咨询顾问有限公司董事长鲁道夫·沙尔平为高级校事顾问、荣誉教授；与境外合作院校互办夏（冬）令营、短期研修等各类短期跨文化交流活动，互访及交流教师合计 499 人次、学生 340 人次。

六、培养质量与评价

学校建立了督导、教研室、学生三方独立评价的质量监控体系及信息反馈系统，并委托麦可思数据（北京）有限公司作为独立第三方，连续七年对毕业生及主要雇主进行追踪调研及分析，形成学校人才培养质量、毕业生就业水平和雇主需求测量与评价报告，探索建立毕业生就业状况监测系统，逐步形成就业和招生、人才培养良性互动的长效机制。

（一）毕业生初次就业率

学校 2016 届毕业生初次就业率为 97.68%，其中，参加就业的人数为 6390 人，已就业的人数为 6242 人，其中包括升学深造 94 人，出国留学 36 人，自主创业 24 人。学校近三年毕业生初次就业率如图 2–1 所示。

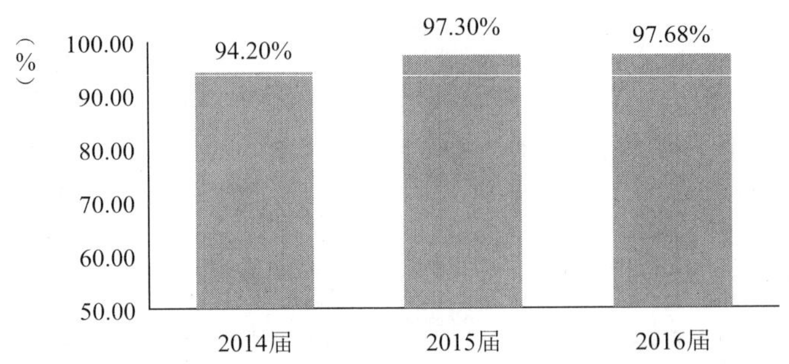

图 2-1　深职院近三年毕业生初次就业率

注：初次就业率是指毕业生在离校前已落实就业单位的比率，其就业形式还包括自主创业、考取研究生或双学位，以及专科生考取本科生、出国留学及出国工作。统计时间一般截止于当年的 9 月 1 日。

（二）毕业生毕业半年后的月收入

第三方调查显示，学校 2015 届毕业生毕业半年后的月收入为 4534 元，比本校 2014 届毕业生毕业一年后高 252 元，比全国示范性高职院校 2015 届毕业生毕业半年后高 1002 元，如图 2-2 所示。本校毕业生月收入水平呈现上升的趋势，且连续高于全国示范性高职院校平均水平，本校毕业生月收入情况较好。

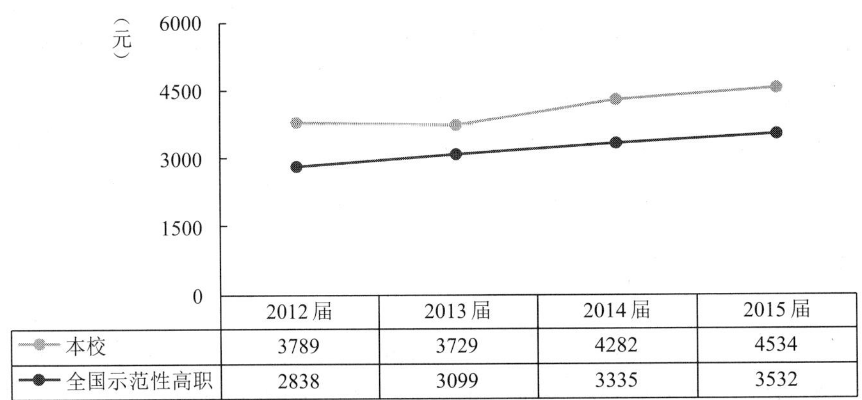

	2012 届	2013 届	2014 届	2015 届
本校	3789	3729	4282	4534
全国示范性高职	2838	3099	3335	3532

图 2-2　深职院近年毕业生毕业半年后月收入情况

注：1. 学校 2012 届、2014 届为毕业一年后数据。2. 月收入是指工资、奖金、业绩提成、现金福利补贴等所有的月度现金收入。毕业一年后的月收入是指大学生毕业一年后实际每月工作收入的平均值。3. 毕业生月收入高，体现了毕业生的市场价值。

（三）毕业生专升本、自主创业

截至 9 月 1 日，我校 94 名 2016 届毕业生成功专升本。根据第三方调查统计显示，学校 2015 届有 4.1% 的毕业生选择毕业后读本科；毕业生自主创业的比例为 3.9%，比本校 2014 届（4.5%）低 0.6 个百分点，与全国示范性高职院校 2015 届（3.8%）基本持平，如图 2-3 所示。

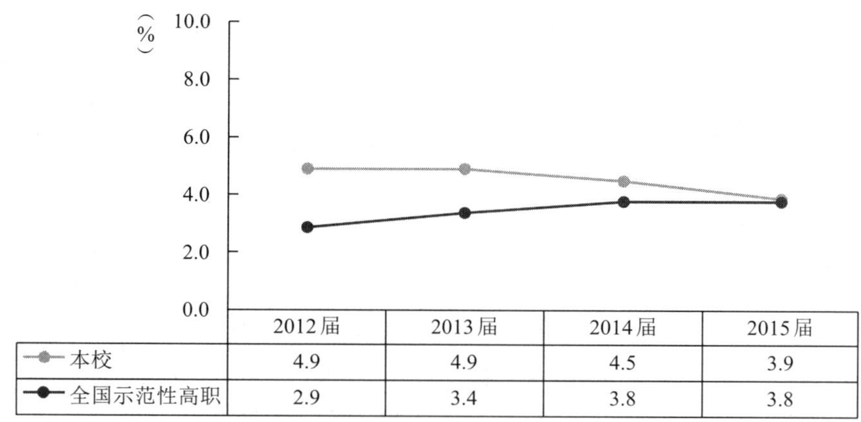

	2012届	2013届	2014届	2015届
本校	4.9	4.9	4.5	3.9
全国示范性高职	2.9	3.4	3.8	3.8

图 2-3　深职院近年毕业生自主创业比例变化趋势

注：本校 2012 届、2014 届为毕业一年后数据。

（四）毕业生就业满意度

第三方调查显示，学校 2015 届毕业生的就业满意度为 68%，与 2014 届基本持平，比全国示范性高职院校 2015 届高 4 个百分点，如图 2-4 所示。学校毕业生的就业满意度呈上升趋势，且近三届连续高于全国示范性高职院校平均水平。结合月收入情况分析，本校毕业生不仅客观就业水平高（月收入高），且就业自身感受较好。

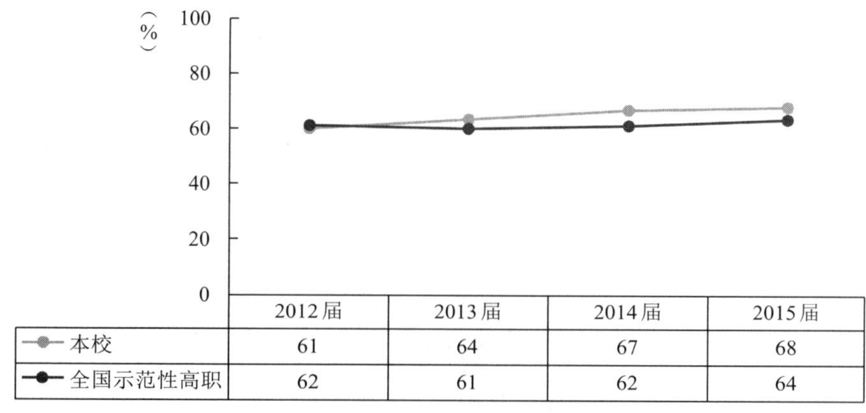

	2012届	2013届	2014届	2015届
本校	61	64	67	68
全国示范性高职	62	61	62	64

图 2-4　深职院近年毕业生就业满意度变化趋势

注：本校 2012 届、2014 届为毕业一年后数据。

（五）毕业生对母校的满意度和推荐度

第三方调查显示，学校 2015 届毕业生愿意推荐母校的比例为 84%，与本校 2014 届（83%）基本持平，比全国示范性高职院校 2015 届（71%）高 13 个百分点；学校毕业生对母校的推荐度呈上升趋势，且连续四届与全国示范性高职院校平均水平相比均具有优势。如图 2-5 所示。

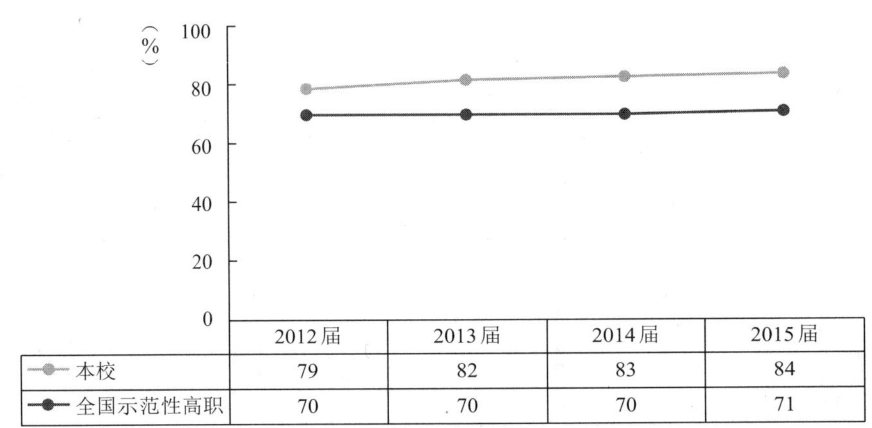

	2012 届	2013 届	2014 届	2015 届
本校	79	82	83	84
全国示范性高职	70	70	70	71

图 2–5　深职院近年毕业生对母校推荐度变化趋势

注：本校 2012 届、2014 届为毕业一年后数据。

校友推荐度是指在同等分数同类型学校条件下，毕业生是否愿意推荐母校给亲戚朋友去就读。推荐度计算公式的分子是回答“愿意推荐”的人数，分母是回答“愿意推荐”“不愿意推荐”“不确定”的总人数。校友满意度是回答满意范围的人数百分比，计算公式的分子是回答满意范围的人数，分母是回答不满意范围和满意范围的总人数。

（六）理工农医类专业毕业生工作与专业相关度

第三方调查显示，学校 2015 届毕业生的理工农医类专业毕业生工作与专业相关度为 59%，比 2014 届（55%）高 4 个百分点。

（七）用人单位对本校应届毕业生的满意度

聘用过学校应届毕业生的用人单位对 2015 届毕业生的总体满意度为 95%。如图 2–6 所示。

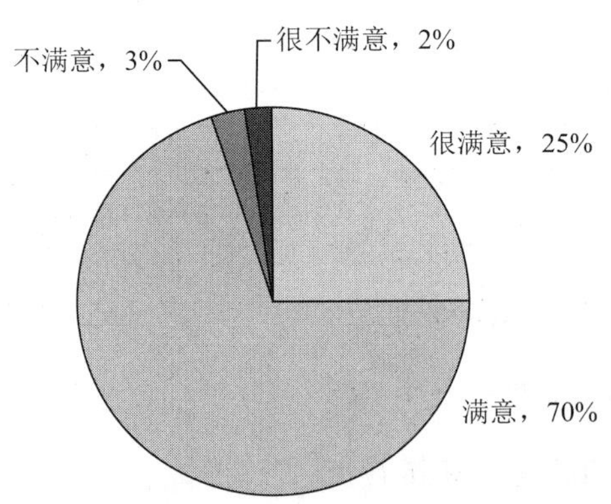

图 2–6　用人单位对深职院 2015 届毕业生的满意度

（八）专业大类月收入

第三方调查显示，学校 2015 届毕业生的月收入按专业大类区分，旅游类、交通运输类、艺术设计传媒类、法律类、文化教育类、轻纺食品类、材料与能源类、生化与药品类等均高于 2014 届平均水平。见表 2–10。

表 2–10　深职院 2014、2015 届毕业生按专业大类划分的月收入情况

单位：元

专业大类	2015 届	2014 届
电子信息大类	5083	4700
艺术设计传媒大类	4674	4457
制造大类	4672	4404
材料与能源大类	4642	4346
文化教育大类	4626	4215
轻纺食品大类	4510	4096
财经大类	4422	4327
旅游大类	4422	4237
交通运输大类	4405	4318
土建大类	4275	4121
公共事业大类	4191	4049
医药卫生大类	4187	3928
法律大类	4157	3713
生化与药品大类	4072	4059
环保、气象与安全大类	4050	4094
农林牧渔大类	3678	3682

注：2014 届为毕业一年后数据。

七、服务贡献

（一）地区贡献

1. 毕业生就业去向

第三方调查显示，学校 2015 届就业的毕业生中，有 95.8% 的人在广东省就业，主要就业城市为深圳（91.3%），其毕业生半年后平均月收入为 4550 元。

第三方调查显示，学校 2015 届毕业生主要就业的用人单位类型是民营企业 / 个体（66%），比本校 2014 届（63%）高 3 个百分点；就业于中外合资 / 外资 / 独资用人单位的比例为 11%，比本校 2014 届（14%）低 3 个百分点，如图 2–7 所示。

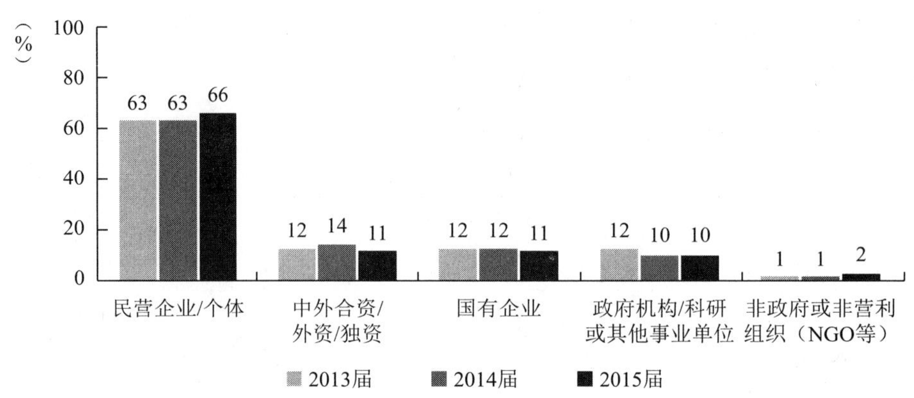

图 2-7　深职院 2015 届毕业生的用人单位类型分布

根据毕业生离校前编制的就业方案来看，学校 2015 届毕业生到中小微企业等基层服务的比例约为 64.8%，到国家骨干企业就业的比例约为 25.2%。

2. 非学历教育

2015—2016 学年，我校非学历教育共培训 8605 人，其中深圳市教师继续教育 4861 人，自学考试助学辅导 3146 人，职业技能培训和职业资格认证培训 598 人。

3. 职业技能鉴定与资格认证

2015—2016 学年，我校完成职业技能鉴定与职业资格认证考试 56 个职业（工种），共计 87273 人次，新考评员培训 9 个职业（工种）36 人（含等级）；完成社区管理、智能交通、新能源系统设计与应用等 3 个新职业（工种）考试大纲、试题库开发。

（二）服务行业企业

1. 对主要行业的人才贡献及质量

第三方调查显示，学校 2015 届毕业生在“媒体、信息及通信产业”“金融（银行 / 保险 / 证券）业”“医疗和社会护理服务业”等相关领域就业的比例均呈上升趋势。在“建筑业”“政府及公共管理”等相关领域就业的比例均呈下降趋势。见表 2-11。

表 2-11　深职院应届毕业生就业主要行业类需求变化趋势

行业类名称	2013 届（%）	2014 届（%）	2015 届（%）	变化趋势
媒体、信息及通信产业	9.1	10.6	13.1	↑
金融（银行 / 保险 / 证券）业	9.6	9.9	10.4	↑
电子电气仪器设备及电脑制造业	8.1	7.2	8.3	—
医疗和社会护理服务业	4.6	5.4	7.1	↑
建筑业	9.4	10.2	6.4	↓
零售商业	7.2	6.3	6.3	—
各类专业设计与咨询服务业	5.9	5.2	6.2	—

2. 主要职业大类月收入情况

第三方调查显示，学校2015届毕业生主要从事的职业类的月收入如图2–8所示。从图中可见，从事互联网、计算机、金融相关职业的毕业生的平均月收入高出本校平均水平较多。

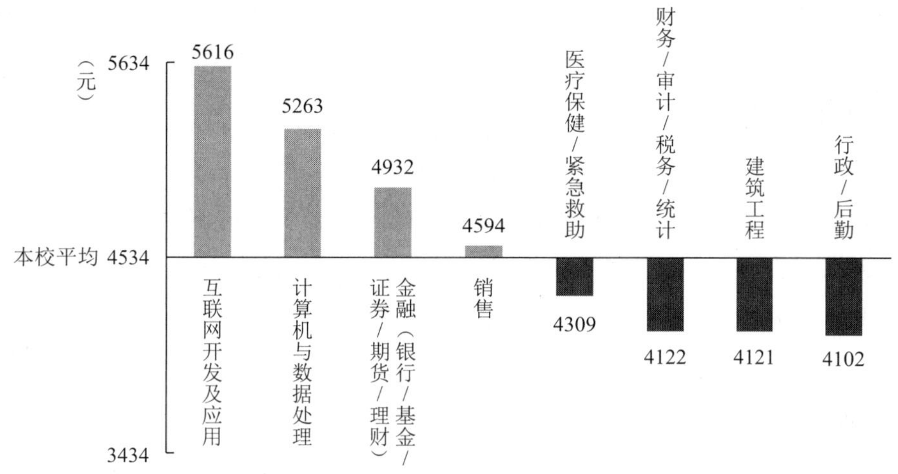

图2–8　深职院2015届毕业生主要职业类的月收入

3. 应用研发

我校坚持应用为主的高职科研特色，以应用性研究和技术开发为重点，推进科研工作。建校以来累计承担横向项目1907项，合同经费20813.6万元，到账经费18758.7万元。2015—2016学年度，学校共承担横向项目208项，合同经费2131.5万元，到账经费2224.29万元。

4. 重点实验室与公共技术服务平台

截至2016年8月，学校共有26个市区级以上科研平台，其中，国家荔枝龙眼综合实验站1个，国家体育总局体育文化研究基地1个，国家职业教育研究院深圳分院1个，省高校工程技术开发中心2个，省非物质文化遗产研究基地1个，省科技厅工程技术开发中心1个，市重点实验室、学科建设实验室4个，市区级公共技术服务平台9个，人才培养支撑平台1个，市级工程技术实验室1个，市级创客创业园科技孵化器2个，南山区技术中心2个。

5. 专利授权及成果转让

我校建校以来累计获得授权专利1048件，其中发明专利211件。2015—2016学年度，获得专利授权和软件著作权登记共276件，其中发明专利29件、实用新型专利144件、外观设计专利54件、软件著作权登记49件，发明专利授权数同比上一学年度增长3.57%，实用新型专利授权数同比上一学年度增长44.0%。

6. 深圳市博士后创新实践基地培养高水平研究人员

经市人社局批准，学校获批深圳市博士后创新实践基地。这是学校在联合培养硕士研究生和博士研究生之后人才培养层次的又一次提升。2015 年 5 月，学校印发《深圳职业技术学院博士后创新实践基地管理办法》（深职院〔2015〕70 号文），突出职业教育与应用技术特色，充分利用博士后工作平台，更多地引进和培养地方和学校发展型人才，努力开创人才工作新局面。目前，已有 5 名博士后进入本基地开展科研工作。

（三）辐射全国

1. 对口支援

在原有帮扶 168 所中职、26 所高职院校的基础上，2013—2016 年，学校重点帮扶、深度支援西藏职业技术学院、乌鲁木齐职业大学、毕节职业技术学院、河源职业技术学院、揭阳职业技术学院、吉安职业技术学院、喀什职业技术学校等全国 5 个地区的 6 所高职院校和 1 所中职学校。

2. 全国高职高专师资培训

2015—2016 学年，学校依托教育部"高职高专教育师资培训基地"共举办全国高职高专师资培训班 12 个，为全国 18 个省、市、自治区的 86 所院校培训教师及教学管理人员 416 人。

八、挑战与对策

与建成立足深圳、服务广东、示范全国的开放式、创新型、国际化的中国特色世界一流的目标相比，学校还存在不小差距，尤其是内涵发展有待深入，改革创新有待深化，规范管理有待进一步加强。下一步，我校将以实施《深圳职业技术学院"创新强校工程"建设规划（2014—2016 年）》和制定、实施《学院"十三五"发展规划》为抓手，应对产业升级、社会转型新要求，契合大众创业、万众创新的新形势，紧抓国家加快发展现代职业教育的重大机遇，以立德树人为根本，以服务发展为宗旨，以质量提升为目标，以改革创新为动力，以文化育人、复合育人、协同育人系统改革为抓手，着力培养德业并进、学思并举、脑手并用的复合式创新型高素质高技能人才，为实施"四个全面"战略提供强有力的技术技能人才支撑。

（一）推进关键领域三大重点改革

一是体制机制改革。以破解制约高等职业教育科学发展的关键领域和薄弱环节为突破口，创新办学体制、人才培养体制、管理运营体制，建设现代大学制度，在"十三五"期间，多元化办学体制改革稳步推进，多学制多层次技能型人才培养体系逐步完善，现代大学制度建设及内部治理进一步完善，形成推动学校转型发展、内涵发展、可持续发展、活力迸发的体制机制。

二是人才培养模式改革。深化“三育人”人才培养模式改革，把“三育人”理念贯穿到教学、科研、管理和服务等各项工作中，实现教职员工在教育教学理念上的根本转变。建成15个省级重点专业、30个“三育人”示范专业、70个校级任选拓展专业，建成60门文化育人示范课程、30门校级通识课程、4门慕课及一批微课单元，开发20门“专业＋行业”文化课程；出版20部专业文化丛书及一批有代表性的“三育人”理论研究成果，完善内涵发展的“深职院模式”。

三是高校人事管理制度改革。以深圳市事业单位综合配套改革试点单位建设为契机，分步分类实行全员聘用制，形成优胜劣汰、合理流动的用人机制。淡化身份，按需设岗，自主聘用，完善校内岗位设置，优化岗位结构和人员结构。按照公平、择优原则推行竞聘上岗，形成“能者上，平者让，庸者下”的局面。探索特聘岗位设置与聘用，鼓励冒尖，破格聘用，为优秀拔尖人员打造脱颖而出的平台。

（二）创新发展九项提升工程

一是创新创业能力提升工程。“十三五”期间，以实践育人创新创业基地建设为契机，筹建混合所有制的特色学院——深圳创业学院，建立开放生源平台，构建“一二三”创新创业教育运行体系，打造孵化中心、创客中心、创交会等创业实践平台，开发50门以上结合专业特色背景的创新创业拓展课，建设50门以上创客项目化课程，率先建立起中国特色、国际接轨的创新创业教育体系，打造一流创新创业平台。

二是应用研发能力提升工程。“十三五”期间，实现科研经费年均增长10%以上，2020年达到1亿元，进入全省高校科研“亿元俱乐部”；主持承担国家、省、市级项目稳步增长，力争在国家级重点项目上实现“零”的突破；应用科技研发经费占科研总经费比例达到70%以上，专利授权总数增长20%，累计达到1000件以上；新增省部、市区级科研平台5个，总数达到28个；立项建设10个校级协同创新平台、10个校级科研创新平台、10个校级科研创新团队，博士后创新实践基地招收20名博士后研究人员，研究生在校人数达到300人左右。

三是社会服务能力提升工程。到2020年，成人高等教育人数达到15000人，师资培训和职业技能培训25000人次，职业技能鉴定与职业资格认证人数达到20万人次，开发和引进职业资格标准10个，重点帮扶省内外欠发达地区高职院校10所，提升学校的社会影响力和辐射力。

四是师资队伍提升工程。实施人才驱动战略，集聚一批具有影响力的专业领军人才。到2020年，专任教师达到1500人左右，其中，博士学历占比达到40%以上，专任教师中有国（境）外学习、工作经历的教师比例达到40%以上，“双师”教师的比例超过 82%。

五是国际化提升工程。以世界一流应用技术大学为标杆，引进先进的国际职业教育理念与标准，深化国际合作，提高教育输出能力，扩大国际影响力，率先成为中国高职教育全球化发展的范例。

六是智慧校园提升工程。以云计算、大数据技术、无线网络等技术为依托，通过促进信息技术与教育教学的深度融合，全面实现“教育环境泛在化”“教育资源多样化”和“信息管理智能化”，打造一个“以学习者为中心”，拥有高效校园管理、智能教学过程和幸福校园生活的创新型智慧校园。

七是基础保障提升工程。加强校园总体建设规划，完善公共服务和基础保障体系，为创建世界一流的应用技术大学提供坚实的基础保障。

八是规范管理与文化提升工程。全面推进依法治校，推进校务公开，探索广大师生员工参与学校民主管理的途径和方法，提高学校决策和管理的民主化、科学化、规范化水平。弘扬核心价值精神，着力锻造特色大学文化，增强学校文化软实力。

九是基层组织建设提升工程。全面贯彻落实党的十八大报告、习近平总书记系列重要讲话精神，深入践行“三严三实”要求，全面加强基层党组织的组织、思想和作风建设，各级基层党组织的战斗堡垒作用和党员干部的先锋模范作用得到充分发挥，争当推进教育综合改革与“四个全面”的尖兵。

（深圳职业技术学院　陈　虹　卿中全）

第二节　深圳信息职业技术学院2016年度教育教学质量报告

深圳信息职业技术学院创办于 2002 年 4 月，是经广东省人民政府批准、教育部备案，由深圳市人民政府举办的公办全日制高等院校。学校现为国家示范（骨干）高职院校、国家示范性软件职业技术学院、教育部“中德职教汽车机电合作项目”试点院校，拥有两个国家级高等职业教育专业教学资源库。

学校对接深圳支柱产业，打造信息技术特色，共设软件学院（兼软件合作学院）、电子与通信学院（兼中兴联通学院）、计算机学院（兼神舟红旗学院）等 10 院 2 部 2 所；开设信息类为主的专业 45 个。学校坚持校企合作办学，协同创新育人，设有“三会两办”推进校企合作，与行业协会、著名企业共建 4 个二级学院。学校用 2 万平方米实训场地引企入校，合作共建实践教学基地。学校建构高素质高技能人才培养机制，不断提升高就业率、高满意度办学效益。学校坚持产教融合、校企合作、因材施教、特色发展。

一、办学基本情况

（一）学校定位

立足深圳，面向珠三角，秉持“求学求真求发展、创新创业创未来”的校园精神，契合区域产业经济转型升级和社会发展需求，上下齐心，勤奋务实，为广东信息技术生产、建设、管理、服务一线培养高素质技术技能人才，力争把学校建设成为国际一流、具有鲜明办学特色的信息技术类高职院校。

（二）教学部门

学校现有 10 个二级学院，2 个教学部。见表 2-12。

表 2-12 深圳信息职业技术学院二级学院、教学部名单

<table>
<tr><th>二级学院</th><th>教学部</th></tr>
<tr><td>软件学院</td><td rowspan="5">思想政治理论课教学部</td></tr>
<tr><td>电子与通信学院</td></tr>
<tr><td>计算机学院</td></tr>
<tr><td>数字媒体学院</td></tr>
<tr><td>机电工程学院</td></tr>
<tr><td>交通与环境学院</td><td rowspan="5">公共课教学部</td></tr>
<tr><td>商务管理学院</td></tr>
<tr><td>财经学院</td></tr>
<tr><td>应用外语学院</td></tr>
<tr><td>继续教育学院</td></tr>
</table>

（三）专业建设

1. 专业设置

学校共设置专业 45 个，2016 年新增招生专业 2 个，66 个专业方向对外招生。

2. 重点或品牌专业

学校依托深圳区域经济的产业特点，重点建设发展 IT 类专业布局，现有国家骨干校重点建设专业 4 个，国家高等职业学校提升专业服务产业发展能力建设专业 2 个，国家高等职业教育教学资源库建设专业（群）2 个，广东省示范性专业 4 个，省级重点建设专业 6 个，省级品牌专业 8 个。

（四）课程建设

学校共开设课程 1501 门，平均每个专业 47 门。学校坚持面向产业定专业，面向岗位定课程，面向学生定教法的“三个面向”教学思路，全校共建设国家级精品资源共享课程 7 门，省级精品资源共享课程 30 门，省级思想政治理论优质建设课程 2 门。

（五）学生规模

2015—2016 学年，学校全日制普通高职在校生总数为 16345 人。

（六）教师队伍

1. 师资结构

学校现有专任教师 518 人，其中，具有高级职称的有 264 人，占专任教师总数的 50.97%。具有研究生学位及以上的专任教师 418 人，占专任教师总数的 80.69%，其中博士（博士后）230 人。学校“双师素质”教师占专任教师的比例为 83.59%。

2. 人才优势

学校拥有国家级教学团队 1 个，获国家级教学名师奖 1 人，获全国“五一”劳动奖章 1 人，获广东省教学名师奖 3 人，广东省“特支计划”教学名师 2 人，省级教学团队 3 个，南粤优秀教师 7 人，广东省“千百十人才培养工程”省级培养对象 6 人，广东省“珠江学者”特聘教授 1 人，深圳市“鹏城学者”2 人，深圳市政府特殊津贴 1 人，黄炎培职业教育杰出教师奖 1 人，深圳市高层次专业人才地方级领军人才 9 人，后备级领军人才 17 人，海外高层次人才 4 人。

（七）条件保障

1. 办学条件

深圳信息职业技术学院办学条件见表 2-13。

表 2-13　深圳信息职业技术学院办学条件一览表

基本监测指标	学校数据值
占地面积	925000 ㎡
教学用房面积	248380 ㎡
行政用房面积	26183 ㎡
教学、科研设备总值	2.72 亿元
校内实训基地	52 个
校外实训基地	252 个
生师比	14.52 ∶ 1

2. 办学经费

本年度学校总收入 6.16 亿元，总支出 6.10 亿元。用于日常教学的经费为 4430.94 万元，教学改革及研究支出为 1541.55 万元。

二、学生情况

（一）生源结构

学校 2016 年计划招生 5500 人，实际录取新生 5565 人。其中，普通高考招生录取 4877 人，自主招生录取 470 人，中职免试 19 人，“三二”分段招生录取 199 人。学校今年 3A 批次及 3+ 证书批次录取分数线相对保持稳定，而 3B 批次招生录取分数线有所下降，尤其是 3B 理科最低录取线低于省控线。

近十年，学校招生工作取得辉煌成绩，招生计划逐年扩大，而各批次录取分数线稳中有升。今年学校普高招生最低录取分数线出现下滑，近四年来，首次出现个别批次最低录取分数线低于广东省录取最低控制线。原因主要有两个：

1. 本年深圳市考生成绩较好，本科上线率较高，尤其是理科的本科上线率（不计降分）达到 71.1%。专科分数线层次的考生较少，所以今年市内两所公办高职院校面临相同的市内生源不足的现象。

2. 对接深圳支柱产业，学校设置的专业理工科类较多，而深圳市专科层次考生文科类偏多，所以今年出现了 3B 批次理科类考生生源不足的情况。

成人大专学历教育是继续教育学院的传统优势办学项目，学院依托学校 IT 特色的优质教学资源，凭借优质的教学质量、规范统一的教学管理，办学规模与社会效益稳步提升。

目前，学校成人大专学历教育共开设工商企业管理、物流管理、会计电算化、商务英语、报关与国际货运、电子商务、文秘、计算机应用技术、计算机控制技术与汽车电子技术等 10 个专业；经广东省教育厅批复备案的教学点有 13 家，送教上门服务辐射罗湖、福田、南山、宝安、龙岗、龙华、光明新区等地；近三年，学院每年的成考招生人数稳定在 1000—1200 人之间，学生中 85% 为市外户籍生源，主要为来深务工人员；学生年龄基本在 18—35 岁之间。我校始终坚持服务区域经济和社会发展，把教学质量放在首位，形成教学标准，抓好规范管理，稳定办学规模，不断提升服务水平。

（二）学生就业

学校 2016 届毕业生共有 5526 人，截至 2016 年 9 月 10 日，2016 届毕业生参加就业的有 5158 人，已就业 5050 人，就业率为 97.91%。其中，4747 人在深圳就业，占已就业人数的 94%，其余的人在广州、汕头、湛江、肇庆、揭阳等地就业。见表 2–14。在全国就业形势比较严峻的情况下，学校超额完成了初次就业率 93% 的目标，从用人单位的数量和质量上看，学校今年就业质量有进一步的提升。

表 2-14 深圳信息职业技术学院 2016 届学校毕业生“记分卡”指标

指标	单位	2015 年	2016 年
就业率	%	96.82	97.91
月收入	元	2831	2949
理工农医类专业相关度	%	83.00	87.01
母校满意度	%	100	100
自主创业比例	%	1.50	1.80
雇主满意度	%	100	100

反映就业质量关键指标的“记分卡”数据显示，学校毕业生就业质量持续提高，其中创业比例继续保持高水平。

就业率：学校 2016 届毕业生继续保持高就业率，达到 97.91%，这充分说明学校专业紧贴深圳市及珠三角区域经济结构以信息产业为主的专业设置原则符合市场需求。

月收入：学校 2016 届毕业生月收入继续增长，达到 2949 元，毕业生月收入明显“跑赢”通货膨胀。

理工农医专业相关度：2016 年度毕业生专业相关度比上届有所提升，为 87.01%，基本反映了学生就业对口状况。

母校满意度：学校毕业生母校满意度继续保持高位，达 100%。

自主创业比例：在当前社会创业激情的影响下，特别是深圳良好的创业环境及学校创业引导政策的鼓励，学校毕业生自主创业比例达 1.80%，与 2015 年相比，学校毕业生自主创业比例有所增加。

（三）职业发展能力

从全校整体情况来看，2016 届毕业生就业质量较好，职业发展前景较好。

从主要培养结果指标来看，表现较好的指标是离职率。学校 2016 届毕业生毕业半年内离职率低于全国骨干校较多，说明毕业生的就业稳定性较好；就业现状满意度高于全国骨干校，从毕业生自身感受反映出就业质量相对较好，职业发展前景较好；月收入高于全国骨干校，超过九成的毕业生选择在深圳就业。

从能力、知识和价值观来看，学校毕业生基本工作能力、知识满足度均较高。从能力的角度看，企业最需要的能力是“说服他人”和“谈判技能”；从知识的角度看，最需要的知识是“销售与营销”，学校在这些方面均对学生有较多培养与提升。在价值观方面，学校帮助提升较多的价值观是“人生的乐观态度”和“关注社会”，同时在“人文美学”“健康卫生”方面提升较多，促进了职业的发展。

从培养过程来看，毕业生对专业核心课程重要性的认知度和满足度均较高。以会计电算化专业为例，该专业毕业生有九成的人认为基础会计课程重要，且此课程被该专业毕业生评价为对个人成长最有帮助的课程。毕业生对基础知识掌握扎实，为职业的跨越式发展奠定了基础。

学校毕业生参加社会实践及公益类社团活动的人数最多且对职业及母校的满意度最高。其中，参加表演艺术类社团活动毕业生的就业现状满意度、基本工作能力满足度、对母校的满意度均较高。社团活动提升了毕业生的人际交流和团队协作能力，为职业发展加大了砝码。

（四）自主创业

在“大众创业，万众创新”的浪潮之下，学校积极响应国家和政府的号召，不断深化创业工作，加强源头创意创新培养，形成了以“2188 创客大赛、2188 创客空间、大学生创业园”为核心，涵盖创新创业教育、创新能力培养、项目实践、企业孵化等各阶段内容，链条式、全局式的创新创业新局面。

学校通过健全组织机构，完善相关规章制度，保障了创新创业工作的开展。积极修订人才培养方案，完善创新创业课程体系，开展特色活动，构建起大学生创新创业教育平台，为学生自主创业打下了坚实的基础。同时，进一步完善以 2188 创客空间和大学生创业园为主体的众创空间建设，逐步加大经费投入，加强导师队伍建设和创新创业辅导，为学校学生自主创业项目从创意到落地提供了一个完善的服务体系。

三、教育教学改革

（一）教学资源

1. 教师资源

2016 年，学校生师比为 14.52 ： 1，本年度学校调整了专任教师与校内兼课人员的统计范围，故生师比较去年有所放大，但学校生师比仍优于全省 16.10 的平均水平。学校“双师素质”教师比例在高位保持稳定，达到 83.59%，该指标远超过全省 54.1% 的平均水平。

2016 年度专任教师下企业继续得到保证，达到了人均 24.8 天，与 2015 年度人均 21.6 天相比增长了 14%。本年度企业兼职教师专业课占比为 31.33%。

2. 生均教学科研仪器设备值

学校本年度生均教学科研仪器设备值为 16637 元，远高于教育部评估优秀标准要求的 5000 元。2016 年度，学校继续加大实训室建设力度，生均教学科研仪器设备值持续增长，较去年提高了 34%，该数据明显高于全国理工农医类高职院校的平均水平 10411 元。

3. 生均校内实践教学工位数

该指标反映校内实践教学设备的满足程度，本年度该数据为 0.59。由于学校专业以信息类为主，日常教学有相当一部分时间在实训室机房进行，所以本项指标总体上比其他高职院校要高。

4. 生均校外实践基地使用时间

该指标反映高等职业教育利用企业场所和设备等资源开展实践教学的状况，本年学校生均在校外实习时间为 128.06 天，高于全省平均值 116.9 天。深圳信息职业技术学院教学资源情况，见表 2–15。

表 2–15　深圳信息职业技术学院教学资源情况表

指标	单位	2015 年	2016 年
生师比	—	12.42	14.52
“双师素质”专任教师比例	%	90.71	83.59
专任教师人均企业实践时间	天	21.60	24.90
企业兼职教师专业课课时占比	%	52.08	31.33
生均教学科研仪器设备值	元 / 生	12414.67	16636.97
生均校内实践教学工位数	个 / 生	0.57	0.59
生均校外实习实训基地实习时间	天 / 生	95.90	128.06

（二）质量工程

学校高度重视教学质量与教学改革工作，以项目为抓手，出台了系列管理和激励措施，不断培育、推进质量工程项目建设。

1. 加强专业与课程建设，制定专业教学标准与课程标准

学校为进一步加强专业和课程建设，全面提高人才培养质量和办学水平，启动并持续更新《专业教学标准》及针对专业支撑课、专业核心课和部分专业拓展课的《课程标准》研制工作。目前，学校共建设专业教学标准 43 个，课程标准 1282 门。

学校在专业教学标准和课程标准研制工作中，始终坚持构建以培养职业能力为主线的课程体系，努力探索和构建信息化环境下的教育教学新模式，积极与有关行业企业开展合作，主动适应深圳市区域经济产业发展战略的新需要，满足国家现代产业发展新体系建设对高素质技术技能人才的新要求，制定的标准科学、规范、可操作性强，不仅强化了专业建设，规范了教学管理，也提高了学校人才培养质量。

2. 各级精品开放课程项目辐射引领课程建设

学校历来重视课程建设工作，把课程建设作为深化教学改革、推进教育创新、提高教学质量、保证人才培养质量的关键常抓不懈。目前，学校共立项建设国家级精品资

源共享课7门，省级精品资源共享课30门，校级精品课程48门，校级精品资源共享课73门。

学校大力支持课程建设工作，对于各级精品开放课程立项项目均给予建设经费支持，并定期组织专家对课程进行指导、评价和监控，促进资源共享与广泛应用，督促课程持续更新完善，保证课程质量。通过各级精品开放课程建设，锻炼课程团队，提高教师教学能力、科研学术水平、校企合作能力，充分发挥精品开放课程建设的良好辐射效应。

学校整体规划课程项目建设，在新建及原有校级精品资源共享课和精品课程的基础上，培育高质量的省级、国家级精品开放课程。力争在工作中“以点带面”发挥项目辐射作用，带动学校整体课程建设工作，提升教学水平，确保人才培养质量。

（三）专业优化

根据深圳区域经济转型升级，结合经济增长点及专业岗位需求的调查，不断拓展新专业，近年增设了“光电子技术应用”“装饰艺术设计”等专业，同时根据行业、企业的发展状况和毕业生的跟踪调查，合理定位，适时调整专业方向。本年度，学校根据教育部《普通高等学校高等职业教育（专科）专业设置管理办法》《普通高等学校高等职业教育（专科）专业目录（2015年）》文件精神，对学校现有45个专业进行整合调整，部分专业更名，3个专业被整合合并到其他专业，通过调整形成了覆盖8个专业大类的专业结构，最终形成以信息特色为主的42个专业，同时完成了42个专业的拟招生专业申报工作。2015—2016学年在校生规模最大的专业为电子信息大类，占42.44%，93.54%的在校生所在专业对应深圳市四大支柱产业，其中51.19%的在校生所在专业对应高新技术产业。结合深圳区域经济产业发展及学校生源特点，以后新增专业考虑在云计算、大数据、智能制造技术等方向进行设置。

深圳市信息职业技术学院各专业大类在校生人数所占比例，如图2-9所示。专业对应产业在校生人数所占比例，如图2-10所示。

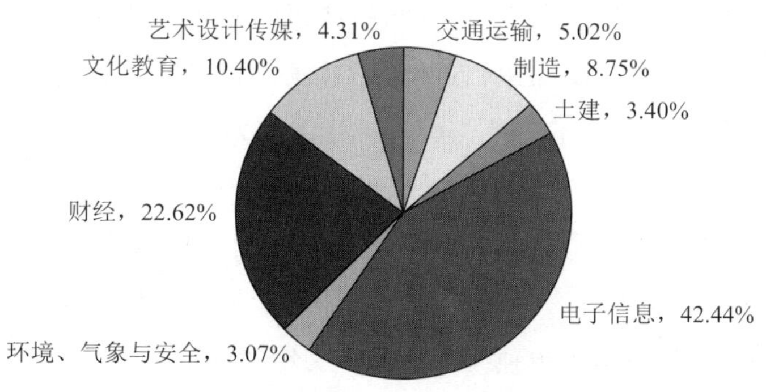

图2-9 深圳信息职业技术学院各专业大类在校生人数所占比例

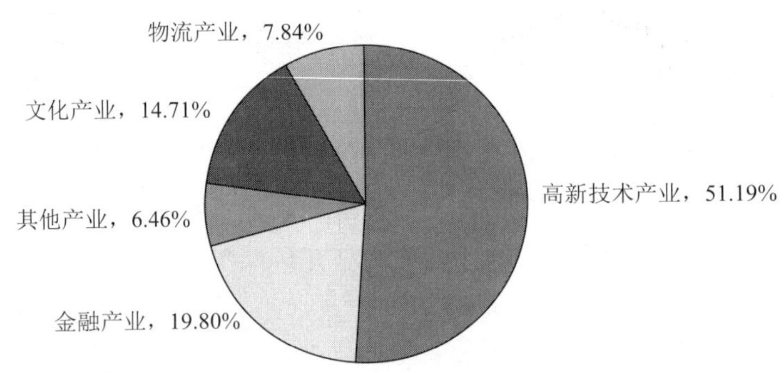

图 2-10　深圳信息职业技术学院专业对应产业在校生人数所占比例

（四）校企合作

学校提出加强实施产教融合，提升社会服务能力，不断完善校企合作的机制，通过“产业＋教育”联动办学体制机制改革创新，充分调动企业、社会参与职业教育，推动高职教育参与产业转型升级，促进地方经济的发展。

首先，学校鼓励各二级学院继续推进校企合作工作。2015 年校内校企合作基地新增先进土木工程技术联合研究中心 1 个，用房 1500 平米，1 个先进土木工程方向的核心团队，设备共有 65 台套，总价值 7808.2 万元，主要用于土木工程材料性能全寿命演化研究，实现材料设计、性能测试分析和性能评估。

其次，学校积极筹建校企合作平台。以现有成果为依托，以学校实训室建设为载体，加强与企业、行业的合作，共同建设研究中心、研发中心、工程中心。主要任务是紧密结合深圳重点产业前景及企业一线需求，开展科技创新、技术攻关、技术开发、工艺开发、产品开发等，推动成果市场化。建设期内在应用电子、移动互联、开源硬件、电视制作、游戏开发、电子商务等领域建设校企合作平台，努力将其打造成集教学、科研、社会服务“三位一体”的新型创新载体。

再次，学校以校企合作技术转移基地为基础，正在筹建深圳东部国际技术转移中心。学校以内部培育为驱动力、以外部引入为催化剂，将学校已有科研成果和国外引入科技成果进行集成配套、熟化提高，加速科技成果的孵化与转移。学校将在现有技术转移平台基础上，建设“深圳东部国际技术转移中心”，实行理事会管理架构，推行市场化运作。加速国内外成熟技术的落地与孵化进程，助力深圳产业发展。

（五）中高职衔接

电子信息工程技术、计算机网络技术等专业是职业院校对口自主招生“三二”分段中高职衔接培养改革试点专业，对口深圳市第一职业技术学校、深圳市福田区华强职业技术学校等。“三二”分段学生单独编班，实行二年学制。

为做好培养工作，“三二”分段专业积极开展行业、企业用人需求调研，按照基于工作过程的工学结合人才培养方案开发方法，以专业调研为起点，分析职业岗位群的职业能力，通过组织召开学生座谈会、教师座谈会和企业专家参与的头脑风暴会议，确定职业工作岗位、职责、任务、流程、能力和职业素养等。现“三二”分段专业均构建了中高职衔接课程体系，专业课程以岗位群职业能力为基础，满足岗位拓展与能力可持续发展的需求，侧重培养专业核心技能、职业核心能力，实现中高职课程体系全面衔接。同时，各专业还配套建设完善专业实训室，并针对“三二”分段学生的特点，配备具有丰富学生工作经验的专职辅导员。

通过 2016 年的工作，“三二”分段专业建立了较完善的中高职衔接教学管理组织机构、教学运行管理机制和质量评价体系，提升了中高职衔接人才培养工作水平。

（六）质量监控

学校十分重视教学质量监测与保障工作，积极实施教学业绩考核，建立绩效评价机制，不断完善内部质量监测与保障体系，本年度完成了对《教师教学质量评价办法》的修订。学校层面实行在教学工作委员会指导下的教学运行与质量监控双线管理模式，根据各类课程教学制定了教学质量评价、监控与保障方面相关制度 20 余个，针对各教学组织机构及工作人员制定了明确的工作职责 15 件，建立三级教学信息采集与反馈人员队伍，即校级专职督导员、院（部）督导小组及学生教学信息员，形成多元化教学信息采集与处理方式，多方合力畅通教学信息反馈渠道。

本学年，学校对全校任课教师 750 人进行评价，学生评教率达 91.70%。根据学年教学评价结果，对全部任课教师进行等级评定，其中教学质量优秀的人员达 342 人。结合实际教学工作进程，组织完成了开学初教学工作自查、实训月教学督查、三阶段教学文件检查等多项专项工作，通过加强教学过程的管理来确保教学质量。

四、保障支持

（一）专项建设与成果

1. 国家骨干高等职业院校建设项目国家通过验收

在国家示范性高等职业院校建设期内，学校的国家高等职业教育计算机网络技术专业教学资源库通过验收，国家高等职业教育数字媒体专业群教学资源库立项；获国家教学成果奖一等奖、二等奖各 1 项；深圳市人力资源和社会保障局同意批准学校设立博士后创新实践基地。2016 年 1 月，教育部、财政部联合发文，学校国家骨干高职院校建设项目国家验收通过，等级为优。

2. 广东省一流高职院校建设项目确认

2016 年 6 月，广东省教育厅、广东省财政厅联合下发了《关于实施广东省一流高职院校建设计划的通知》(粤教高函〔2016〕155号),提出“全面增强我省高职教育的国内和国际竞争力,全力创建全国一流、世界有影响的高职院校”。为创建全国一流具有鲜明办学特色高职院校的需要,结合学校“十三五”建设发展规划,学校积极参与省一流高职院校建设项目申报工作。根据广东省教育厅、广东省财政厅《关于确定广东省一流高职院校建设计划立项建设单位的通知》(粤教高函〔2016〕250号),学校被省厅确认为18所省一流建设项目立项单位之一。未来4年,通过12个子项目建设带动学校整体发展,努力把学校建成全国一流、具有鲜明办学特色的信息技术类高职院校。

3. 主持高等职业教育国家级专业教学资源库项目

2014年被教育部、财政部批准立项的“数字媒体专业群共享型教学资源库”是学校主持建设的第二个国家教学资源库。同一所高职院校主持建设两个国家教学资源库,学校是目前广东省唯一1所,而全国1298所高职院校中仅有4所。2015年,学校分别召开资源库建设研讨会和培训会,28家联合建设单位100余名代表参加会议。深圳市教育工委范志刚副书记希望学校发挥国家级平台优势,建设好数字媒体专业群教学资源库,更好地为深圳社会产业发展服务。研讨会上举行了“中国文化创意产业产教联盟”启动仪式。该资源库项目已于2016年底完成,共有70门课程、14万条资源、17+1个应用子库,其中包含双语和手语课程等特色资源。资源库中的各类素材可以为教学以及自主学习提供丰富、优质的教学资源,也使教师避免了大量的重复性劳动,提高了教师的工作效率和教学效果,提高了人才培养质量,增强了产业服务能力。

(二)自主招生与成效

2016年,学校有12个专业参加自主招生,计划招收510人,实际录取483人。从报名情况来看,报名人数与去年持平。报考人数为5220人,参加笔试的有3719人。从录取比例看,学校自主招生报考与录取比例约为10∶1,竞争相当激烈,生源质量相对较高。

今年在学校自主招生时有19位中职学生提交了获得免试入学资格的相关获奖证书,并通过省教育厅的资格审核,根据《教育部关于积极推进高等职业教育考试招生制度改革的指导意见》(教学〔2013〕3号)的精神,学校根据学生申请,结合学生在中职所学专业及获奖情况,录取此批学生进入学校电子商务等专业学习。学校一直都欢迎免试入学的考生,这部分学生动手能力及专业技能较强,入校后可重点培养参加高职类技能竞赛,并且在学生当中也有良好的示范作用。

(三)政府支持与投入

学校作为深圳市人民政府主办、广东省人民政府批准、教育部备案的公办全日制高职院校,由于地方政府大力支持职业教育的发展,一次性建成了深圳信息职业技术学院新校园。

为实现深圳市政府对学校提出的建一流职业院校的目标，市财政对学校持续进行专项扶持。深圳市政府对学校建设投入的经费主要分为生均拨款、做强专项拨款以及其他政策性专项拨款。2016 年财政安排 1000 万元用于品牌与特色专业建设，以提升人才培养质量，突出创新创业教育；安排 500 万元用于师资队伍建设，以提高教师综合素质；安排 1200 万元用于教学改革，通过加强学校专业建设、课程建设、实训基地建设、教材建设等工作，不断提高学校教学水平；安排 600 万元用于科研、学生创业，利用学校的教育、科研资源和校友资源，以理论结合实际的培训体系为依托，打造大学创新创业实践平台；安排 1100 万元用于提升校内实训条件建设，以加强实践教学环节，提高学生动手能力，打造一流的特色实训室；安排 570 万元用于校外实训基地建设，以促进校企合作，工学结合，培养企业急需人才；安排 300 万元用于资源库建设，实现教学资源共享共用、互融互通；安排 500 万元用于学校运动设施购置，增强大学生体质及身体健康，提高学生运动的兴趣；安排 800 万元用于图书购置，满足教学、科研的需求；安排 2152 万元用于学生实习补贴。

2016 年，学校经费除了满足学校日常运作、常规教学科研以外，学校还重点投入大量经费用于教学改革、师资培养、人才引进、建立特色与品牌专业、加强骨干高职院校后续推广、启动国际化合作办学等工作。深圳市发改委计划于 2016—2018 年三年间共投入 2.85 亿元用于实训基地设备的购置，其中 2016 年投入 1.8 亿元。同时，根据《深圳市人民政府办公厅关于促进职业教育校企合作的意见》，市政府每年在财政生均拨款以外安排专项资金，对深圳市公共实训基地项目安排专项资金扶持：对校外实习实训基地所在企业，按接收实习实训学生实际人数以每人每月 300 元的标准给予补贴，参加实习的学生每人每月可享受 650 元生活补贴和教育部规定的学生实习责任保险。

（四）质量监测与保障

学校十分重视质量监测与保障工作，在做好日常教学质量监控与保障的基础上，通过每年定期填报人才培养状态数据与编制质量年报来反映学校总体质量建设水平。

学校每年都按照教育部和省教育厅的要求，认真组织全校各部门及教职员工填报高等职业院校人才培养工作状态数据，全面收集学校人才培养各方面的基本数据和状况，制定专门文件落实相关工作，确保信息真实、内容完备、材料完整、报送及时。

同时，学校还通过编制《学校人才培养工作质量年度报告》及《企业参与人才培养工作年度报告》《人才培养工作状态数据分析报告》等及时汇总反映全校人才培养总体质量水平，从多方面体现学校办学质量观，并向社会公开发布，促进办学质量的提升。

（五）自我诊断与改进

为引导和促进高职院校不断完善内部质量保证体系建设、提升内部质量保证工作成效、持续提高人才培养质量，教育部于 2015 年 7 月发布《关于建立职业院校教学工作诊断与改进制度的通知》，决定从当年秋季学期开始在全国职业院校推进建立教学工作诊断与改进（简称为“诊改”）制度，全面开展教学诊改工作，并印发《高等职业院校内部质量保证体系诊断与改进指导方案》，公布《高等职业院校内部质量保证体系诊断项目参考表》。该诊改制度包含体系总体构架、专业质量保证、师资质量保证、学生全面发展保证、体系运行效果 5 个诊断项目，含质量保证理念、信息系统、专业诊改、课程质量保证等 15 个诊断要素及 37 个诊断点，并就每个诊断点列出了影响因素参考提示，为各高职院校开展诊断与改进工作提供操作指引。学校为做好“诊改”工作，当前正在落实三项任务：

1. 落实主体责任

学校作为人才培养工作质量保证的责任主体，需建立常态化、周期性的教学工作诊断与改进制度；开展多层面、多维度的诊断与改进工作，为主体责任的落实奠定工作基础；构建校内“三全”（全员、全过程、全方位）质量保证制度体系，为主体责任的落实奠定组织基础。

2. 建立数据支撑系统

为提高教学诊断与改进的科学性和准确性，学校正在充分利用人才培养工作状态数据管理系统，为教学工作的诊断与改进建构技术基础，及时掌握和分析人才培养工作状态。

3. 探索建立校本管理制度和工作机制

2016 年是诊改工作的元年，目前并没有适合所有院校一成不变的成功经验可供借鉴，我们正在探索建立校本化的教学工作诊断与改进制度，将诊断与改进制度列入学校内部质量保证制度体系之中，通过制度建设明确教学自我诊断与改进的目标、原则、时间、路径和要求，将其作为常态化周期性进行的教学必备工作；正在探索建构教学工作诊断与改进的工作机制，将诊断与改进的目标、原则、时间、路径和要求，通过一定的工作流程落到实处。

（六）生均经费与专项

根据深圳市财政教育拨款有关规定，学校 2016 年生均拨款标准由 1.65 万元 / 生提高至 1.9 万元 / 生。按照学校 2016 年在册学生人数 16814 人计算，学校 2016 年生均拨款总计 31946.6 万元。同时，深圳市财政 2016 年投入专项资金 8722 万元。

2016 年，学校按照“十三五”规划，继续坚持以提高人才培养质量、提升社会化服务为主线，树立学校特色文化；明确高职教育定位及人才培养方案；加大专业内涵建设、因材施教，积极开展全人教育；加强创新创业型人才培养；全面推进学校国际化建设速度；基于工程中心与协同创新中心，全力推进产学研合作及社会服务；把学校建成深圳及珠三角地区信息技术研发、咨询及培训服务基地以及教育信息化示范基地。学校生均经费主要用于维持学院日常运作、人员经费、常规教学、教研科研、学生奖助学金、学生活动、招生就业等支出，专项经费专款专用，主要用于师资培养、实训基地建设、教学改革等，进一步提高学校的教学水平、教育质量。

五、服务贡献

（一）助力产业发展

学校坚定不移地走“政产学研用”相结合的办学发展之路，紧密结合深圳支柱产业的发展，加强与周边企业合作，积极探索创新举措，以高质量的学科专业做支撑，培养高素质应用型人才，增强服务地方发展能力，体现大学使命，彰显大学职能。

例如，城市轨道交通运营管理专业秉承“订单培养，优质就业”的校企深度融合模式，为深圳城市发展持续培养高素质技术技能型专门人才。迄今已向深圳地铁输送 425 人，其中近百人次获运营总部以上嘉奖，3 人入选“形象大使”，5 人入选“青春之星”，10 人荣获运营总部“服务明星”称号，为践行“深圳质量，品质交通；公交先行，轨道骨干”提供了有力保障。

机电工程学院与深圳市海目星激光科技有限公司开展产学研合作项目，包括锂离子动力电池极耳高速精密激光切割设备、动力电池电芯激光顶焊智能生产线、脆性材料（含蓝宝石）高速精密切割设备和高端数控自动化生产线和装备，其中，锂离子动力电池极耳高速精密激光切割设备和动力电池电芯激光顶焊智能生产线两类产品，在锂离子动力电池行业的知名度非常高，品牌效应突出，仅 2016 年上半年，就获得了 3.6 亿元以上的订单。

（二）服务中小微企业

2016 年商务管理学院按照学校创建一流高职院校的要求，由学院校企合作办统筹，与电子商务、物流、报关等 6 个专业教研室，对区域内的中小企业在人力资源培训和技术支撑方面开展了卓有成效的社会服务工作。服务的中小型企业主要有：深圳市头狼电子商务有限公司、美集物流深圳分公司、深圳本地宝电商有限公司、深圳优购科技有限公司、深圳百纳九州科技有限公司、顺丰速运有限公司天安营业部等。服务内容包括两方面。一方面是人力资源培训，具体形式有企业实习生培训，包括职业素养和职业技能等方面的培训课程；企业骨干员工及管理层创新课程培训，主要是企业战略管理和企业现代治理模式等方面的课程培训。另一方面是企业业务流程的诊断和技术支撑，包括电商企业采购流程优化、物流企业调度系统优化等。通过以上社会服务，不仅提高了我院教师的实践业务能力，而且也切实改进了企业的运营绩效，为学院赢得了更好的社会声誉，也从广度和深度方面为学校影响力的提升作出了贡献。

（三）技术服务与培训

2015—2016 学年，学校依托各二级学院，以校企合作技术转移基地、校企协同技术转化中心和“2188”创客空间三个载体开展技术服务工作，获得纵向项目 77 项，立项经费达 1781.2 万元，横向项目共 16 项，立项经费达 103.2 万元。

2015—2016 学年，学校依托水质检验工技能鉴定平台，开展深圳水质检验工技能实操考核，由水务集团高级工程师及校内教师担任考评员，完成对多名考生的考核。电子与通信学院充分利用资源优势，开展课程资源共享服务，还建成了 PCB 设计应用工程师、用户通信终端维修员等技能鉴定站与考试站，开展认证培训服务。

学校积极拓展横向技术服务，与企业、高校、政府部门、科研机构等均开展课题研究，课题内容涉及网站建设、软硬件研发、行业发展调研、政府职能部门决策制定等多方面内容。横向项目的开展对服务地方经济建设、促进区域发展和社会进步起到不可忽视的支撑作用。

学校在本学年依托继续教育学院建设创想者学院，与电子工业出版社和国家工业和信息化部人才交流中心主动联系洽谈，三方达成共识，拟联合开展“全国高校移动互联网专业师资培训研修班”，由创想者学院负责师资培训班的课程设置和相关认证证书体系的策划。通过短训和考核的老师，将获得由国家工信部颁发的培训证书。

（四）成人与终身教育

继续教育学院是学校成人学历教育和非学历教育培训的办学管理部门，主要包括成人高等学历教育、高等教育自学考试、现代远程教育、职业技能鉴定、职业资格认证以及校企合作等业务范围。

学院按照“一个平台，两个中心”的建设目标，依托学校的教育资源和学科优势，发挥学校服务社会及区域经济的职能，促进来深建设者的人才素质培养和职业能力提升。一是通过深圳市“百万市民素质提升计划”和广东省“农民工圆梦计划”，积极为来深圳建设者搭建学历提升平台；二是结合深圳区域经济建设与发展，充分发挥学校职业资格认证中心和职业技能鉴定中心的社会服务职能，做好技能认证和中小企业技术工人的培训服务工作，并在此基础上进一步推动校企合作“岗前就业培训”中心的建设。

深圳信息职业技术学院的服务贡献，见表 2–16。

表 2–16　深圳信息职业技术学院服务贡献表

指　标		单位	2015 年	2016 年
1	毕业生人数（合计）	人	4886	5526
	其中：就业人数（合计）	人	4851	5489
	毕业生就业去向（以下三类都填，总和不受 100% 约束）	—	—	—
	A 类：留在当地就业的比例	%	93	94
	B 类：到中小微企业等基层的服务比例	%	87	88
	C 类：到国家骨干企业就业的比例	%	8	8
2	横向技术服务到款额	万元	490.92	58.59
3	纵向科研经费到款额	万元	826.00	1078.10
4	技术交易到款额	万元	0	0
5	非学历培训到款额	万元	1333.15	1500.00
6	公益性培训服务	人日	16899	119560
主要办学经费来源（单选）：省级（　）　地市级（√）　行业或企业（　）　其他（　）				

六、国际合作

（一）拓展职业教育国内外交流项目

学校积极拓展学生的国际视野与国际交流能力，2013 年首次开拓境外交流生项目，所有二级学院均有学生参与交流生项目。中国台湾的科技高校是大陆高职院校的升级本科版，结合高职院校学生外语水平偏低的实际情况，学校近年来重点推广台湾科技高校交流项目。学校开拓这一类学生交流项目，可以让学生通过交流接触先进的职教课程体系，拓宽专业知识结构和视野，很受学生欢迎，也实现了良好的效益。同时，学校也积极寻求向外输出特色优势教学资源，结合国家“一带一路”战略，向东南亚国家留学生提供相关产业知识的培训。学校与西双版纳职业技术学院联手搭建“深圳信息—西双版纳国际留学生基地”。2016 年，国际留学生新技术培训班在基地正式举办，此次受训学员为来自老挝、泰国、缅甸的 65 名留学生，重点培训学生的互联网应用技能和 App 开发技术。这一模式既高效地实现了优势教学资源的输出，同时也很好地锻炼了学校师资队伍的国际人才培养能力，有效提升了学校的国际影响力。

（二）寻求教师研修培训新途径

目前，考虑到国内相关政策约束以及出国研修资源有限、师资境外培训存在名额少、时间短和效益不高的问题，学校积极拓宽思路寻求教师境外研修培训新途径，在资源拓展、政策扶持方面加大力度。如国家留学基金委出国留学研修项目，以往高职院校鲜有教师报名并获得机会，而学校则积极鼓励教师参加该类项目的竞逐。2016 年，我校 4 位教师获得公派出国访学、研修、培训的机会。同时，学校积极寻求境外成班制培训项目。中国香港是一个职业教育处于国际先进水平的地区，学校充分利用毗邻香港的优势，组织成班制骨干教师参加香港职业训练局的职教培训，吸收国际职教精华。2016 年，学校选派 22 名教师赴香港职业训练局参加“悉尼协议培训”项目。学校始终坚持为教师赴国（境）外深造提供帮助，促进师资队伍的国际化发展，并逐步取得效益。

（三）精准推进国际合作项目

2016 年，学校继续将国际化发展作为未来发展的驱动轮之一，并专门制定国际化发展三年行动计划，继续聚焦德国、瑞士职业教育，以德国、瑞士职业教育先进院校为标杆，寻求德国、瑞士先进职业教育院校开展精准项目合作。目前，学校已与德国汉斯·赛德尔基金会、帕绍技术学院签署三方合作协议，在我校成立中德学院，与德方合作引进德国职业教育全模式流程。中德学院既是试验田，同时也是学校职业教育先进模式的辐射中心。同时，学校与瑞士伯尔尼应用科技大学启动学生联合培养项目，预计 2019 年完成第一批赴瑞士学生转段培养；与瑞士南方应用科技大学搭建应用科技研发联合平台，双方院校教师启动科研项目方向对接，预计 2017 年实现科研项目合作突破。

七、问题与展望

（一）外部质量建设与内部质量保障协调发展面临挑战

1. 外部质量建设推进初见成效

高职院校在外部质量建设方面强力推进，在教育部的统筹协调下，通过国家示范校骨干校建设、创建国家级一流高职院校，各高职院校在整体质量建设上取得了长足发展。学校通过国家级骨干校建设，以政校行企多元协同办学体制机制创新为突破口，基本形成了“三会两办”的办学新平台；以校企共建二级学院为推动，深化专业建设，基本形成了工学结合的人才培养模式；以“一师双岗”教师岗位改革为依托，基本建成了一支“双师素质”的师资队伍；以全面发展、全员育人、全体进步的“三全教育”理念为依托，基本建构了校企共管的高素质技术技能人才培养机制。

2. 内部质量保障工作有待改进

培养一大批高素质劳动者和技术技能人才，归根到底要落实到日常教学中去，但是在信息化时代，知识技能的获取不再局限于课堂书本，无处不在的网络与强大的知识搜索功能对学生的学习方式产生了深远的影响，越来越多的学生不满足于教师的传统教学方式，学风建设面临巨大挑战。

同时，随着网络课程、慕课课程等新媒体教学的发展，如何改革教师的传统授课形式，建设富有新技术特征和适应新时期学生学习特点的教学实践平台，让教师主动适应新时期大学生的学习方式，改革教学管理模式，都是高职院校面临的共同挑战。

3. 统筹内外部质量建设的关系

高职院校应主动持续完善内部质量保证体系，根据教育部《关于建立职业院校教学工作诊断与改进制度的通知》，对照《高等职业院校内部质量保证体系诊断与改进指导方案》和《高等职业院校内部质量保证体系诊断项目参考表》，在内部质量保证体系构架、专业质量、师资质量、学生全面发展、运行效果等方面自觉开展诊断，分析诊断要素及诊断点，列出学校日常运行过程中的详细影响因素，建立与人才培养工作状态数据系统相衔接的数据支撑系统，通过工作机制和工作流程实施教学工作持续改进，将内部质量保证落到实处，从而将内部质量保证和外部质量建设协调推进。

（二）创新创业新形势下，学校有关工作亟待突破

1. 提升大学生创新创业能力

虽然“大众创业、万众创新”的局面已经形成，但大学生创业成功率低也是一个不争的事实。除了大学生创业经济环境依然不容乐观等外部原因之外，大学生创业成功率低还由于大学生对创业认识不足，缺乏主动性、实际能力和实践经验等内部原因。对此，今后的创新创业工作中要积极引导学生认清创业形势，更新创业观念，进一步提升创新创业能力。

2. 提高师资队伍的专业水平

虽然学校创业导师队伍建设取得了一定的进展，但仍缺少创新创业教育专业带头人和学术骨干，缺少创新创业优秀教学团队。对此，今后的创新创业工作中需要进一步加强创新创业教育师资队伍的系统、专业的训练，努力打造出一支善于结合实际、激发学生创新创业热情的精良的教师队伍。

3. 完善创新创业课程体系

创新创业教育要实现对于学校学生自主创业素质和技能的培养，课程建设有待进一步完善。当前，学校创新创业教育尚未建立起优质的课程体系，无法满足学校学生创新创业的需要。主要表现在课程体系设置中没有充分体现出对创新能力建设和创业能力的培养，创新创业课程没能与专业课程紧密结合，缺少创业能力培养和创业实务训练，互动体验的实训方法和手段不足。因此，必须尽快通过多渠道、多平台的方式，及时充实和更新创新创业课程内容和素材，通过持续性创新，让学校创新创业教育跟上社会变革的步伐，积极探索创建更多的实践平台和实施的可能性。

（深圳信息职业技术学院　余　斌）

第三节　深圳第二高级技工学校2016年度教育教学质量报告

深圳第二高级技工学校是深圳市政府全额投资建设，直属于深圳市人力资源和社会保障局的高级技工学校。学校肇始于 1993 年创建的深圳市职业技能训练中心，2006 年转制为深圳市技工学校，先后通过了省一类技工学校评估、省重点技工学校评估、国家重点技工学校和高级技工学校评估。经过二十多年的发展，学校已经成为一所融全日制教育、社会化培训、技能鉴定、就业创业服务四项职能为一体的国家重点技工学校，办学质量和办学水平得到了社会的广泛认可。2016 年，在学校领导班子的正确领导和全体教职工的共同努力下，学校教育教学取得了新的成绩。

一、学校概况

（一）办学场地

学校现有福强、侨城、梅林、光明四个校区及高训大厦教学基地，占地面积 11.67 万平方米，建筑面积 15.56 万平方米。其中，福强校区占地面积 33120 平方米，建筑面积 35649.09 平方米；侨城校区占地面积 30013.10 平方米，建筑面积 25659.88 平方米；梅林校区占地面积 6188 平方米，建筑面积 18151 平方米；光明校区占地面积 47384.56 平方米，建筑面积 69965.5 平方米；高训大厦教学基地 6160 平方米。生均教学行政用房面积 23.2 平方米，生均实训实习场地面积 10.89 平方米。

（二）师资队伍

学校现有教职工 385 人，其中专职教师 288 人。专职教师中本科及以上学历的有 236 人，占专职教师总人数的 81.9%；中级及以上职称的有 138 人，占专职教师总人数的 47.9%；技师及以上职业资格的有 203 人，占专职教师总人数的 70.5%。见表 2–17。数十名教师具有全国技术能手、广东省技术能手、深圳市技术能手、五一劳动奖章、南粤名师、国家级烹饪大师等荣誉称号。

表 2–17　深圳第二高级技工学校 2016 年师资结构一览表

结构		数量（人）	比例（%）
职称	高级	35	12.15
	中级	103	35.76
	初级	38	13.19
学历	博士	1	0.35
	硕士	72	25
	本科	163	56.6
职业资格	高级技师	134	46.53
	技师	69	23.95
学位	博士	1	0.35
	硕士	85	29.51
	学士	83	28.82
年龄	35 岁及以下	127	44.10
	36—50 岁	130	45.14
	51 岁及以上	31	10.76
企业工作 3 年以上的教师		206	71.53
校内专任教师总数		288	

（三）专业设置

根据深圳市产业发展特点，学校共设置先进制造产业学院、汽车技术系、创意文化产业系、信息管理系、视光技术系、健康管理系、公共课部等 1 院 5 系 1 部，开设有楼宇智能化技术、家居产品设计与展示、汽车技术服务与营销、现代物流、眼视光技术、烹饪等 19 个专业，开展五年制高级工、三年制高级工以及四年制预备技师培养。见表 2–18。

表 2–18　深圳第二高级技工学校 2016 年专业设置情况一览表

院（系）	专业名称
先进制造产业学院	数控编程
	楼宇智能化技术
	无人机应用技术
	工业机器人应用与维护
	机电一体化
	模具设计与制造
	电气自动化设备安装与维修

续表

院（系）	专业名称
创意文化产业系	家具设计与制造
	家居产品设计与展示
	文化传播
汽车技术系	汽车技术服务与营销
	汽车钣金与涂装
	新能源汽车检测与维修
信息管理系	现代物流
	电子商务
	移动互联网应用技术
视光技术系	眼视光技术
健康管理系	烹饪
	药品营销

（四）办学规模

全日制教学方面，学校现有在校生4563人，学生班级122个。其中，三年制高技班35个，五年制高技班84个，预备技师班3个。职业培训方面，年均培训量达8000多人次。技能鉴定方面，年均技能鉴定量达3万余人次。学校2016年招生情况，见表2–19。

表2–19　深圳第二高级技工学校2016年招生情况一览表

学制	专业名称	计划招生人数	实际报到人数
初中起点五年高技班（全日制）	楼宇智能化技术	40	35
	电气自动化设备安装与维修	40	39
	机电一体化	40	35
	工业机器人应用与维护	40	35
	模具设计与制造	40	30
	数控编程	40	34
	家居产品设计与展示	80	69
	文化传播	35	33
	汽车技术服务与营销	80	71
	现代物流	80	75
	电子商务	80	75
	移动端互联网技术应用	35	35
	眼视光技术	90	82
	药品营销	90	82
	烹饪（中西式面点、中式烹调）	90	74

续表

学制	专业名称	计划招生人数	实际报到人数
高中起点三年高技班（全日制）	电气自动化设备安装与维修	40	44
	无人机智能技术应用	35	39
	工业机器人应用与维护	40	43
	数控编程	40	39
	家具设计与制造	40	40
	汽车技术服务与营销	40	37
	汽车钣金与涂装	40	30
	电子商务	40	42
	眼视光技术	40	48
	烹饪（中西式面点、中式烹调）	80	82
高中起点四年预备技师班（全日制）	楼宇智能化技术	40	32
	数控编程	40	35
	汽车技术服务与营销	40	42
合计		1455	1357

（五）设施设备

学校教学设备投入累计1.7亿元，建有各类高标准实训室137间，校内藏书9.5万册，电子图书1.3万册，生均拥有图书24册，超过普通高校生均图书标准。校内学生生活、学习、体育运动、无线网络等设施一应俱全。

（六）合作企业

学校现有合作企业156家。其中，行业领军企业34家，行业骨干企业78家，外资企业21家，不少企业为国内百强企业和世界知名企业。目前，与学校建立了学生实习转就业合作关系的企业达109家，在校设置冠名班的企业有6家，与学校共建校外实习基地的企业有12家。良好的校企合作关系使得学校毕业生供不应求。见表2–20。

表2–20 深圳第二高级技工学校2016年校企合作情况一览表

院（系）	合作企业			合作形式					
	行业领军企业	行业骨干企业	外资企业	实习基地	冠名班	实习转就业	国际合作	新学徒制	共建实训室
先进制造产业学院	20	47	4	3	3	52	3	1	1
创意文化产业系	1	8	2	3	1	14	3	1	1
汽车技术系	4	9	1	2		12	1	1	
信息管理系		9	6	2	1	15	5	2	

续表

院（系）	合作企业			合作形式					
	行业领军企业	行业骨干企业	外资企业	实习基地	冠名班	实习转就业	国际合作	新学徒制	共建实训室
视光技术系	5	2	2	1	1	7	1	1	
健康管理系	4	3	6	1		9	1		
合计	34	78	21	12	6	109	14	6	2

（七）培训鉴定

学校专设就业技能训练中心常设机电类、服务类、管理类、学历类等四大类共 60 多个培训项目，面向企业在岗职工、户籍人员、新生劳动力、在校大学生、退役士兵等人群提供技能培训服务；设在学校内的“深圳市第一职业技能鉴定所”承担 50 多个工种的技能鉴定工作，鉴定级别从初级工到高级技师，涵盖国家职业资格全部五个级别。学校年培训量达 1 万人次，年鉴定量达 3 万人次。

二、教育教学改革

（一）夯实教学常规

一是重视制度建设。制定教学常规管理一览表，使系部教学管理计划性更强，确保了常规管理无遗漏。二是加强节点管理。建立系部负责人课间巡查机制，加强系部例会管理，使教学例会成为研究破解教育教学难题的研讨会，取得了积极成效。三是强化教研室建设。教研室在系部建设、教学改革及日常管理中已经发挥出了重要作用。

（二）推进课程改革

学校高度重视引进德国“双元制”人才培养模式的成功经验，并自 2009 年开始探索工学一体化课程改革，先后于 2010 年和 2012 年入选国家人社部“工学一体化”课程改革试点单位。目前，全校所有系部 18 个专业课以及部分公共课均已实行一体化教学，并建立了以典型工作任务为载体、以学生为中心、以综合职业能力培养为目标的“工学一体化”课程体系，制定了一体化课程标准及人才培养方案，编写出版一体化教材 14 本，自编校本教材和工作页 151 本，完成了辅助学习资源库的建设，积累了丰富的一体化教学经验。

（三）实施校企双制

为充分发挥企业培养技能人才的主体作用，学校积极引进德国“双元制”人才培养模式，经与企业深入洽谈，学校与博士眼镜连锁股份有限公司、深圳市新大兴工贸有限公司、深圳市飞亚达科技发展有限公司、香港兴利集团、丹马士环球物流（上海）有限公司深圳分公司、东方海外物流（中国）有限公司等 6 家企业签订了合作协议，采取企校合作方式，按照“招工即招生、入企即入校、企校双师联合培养”的模式实施企业新型学徒制。

（四）深化校企合作

一是已有校企合作办学成果得以巩固。学校校企合作办学机制得到企业高度肯定，东部华侨城、香格里拉等一批原有合作企业继续与学校签订合作协议，并在接收实习生规模、实训基地建设等方面有新的扩展。二是合作企业层次不断提升。本学年，学校与深圳电视台财经生活频道现场签约，共同成立创客工作室，打造以电子商务创新创业为核心的创业孵化器；与欧克勒亚公司成立“欧克勒亚汽车诊断实训室”，定期接收实习生；健康管理系学生顶岗实习单位全部为五星级酒店。三是合作领域持续深化。校企合作从以解决学生顶岗实习与就业为目标，逐步转变为以促进办学实力的整体提升为目标，从单一的学生实习实训转变为融培训、实训、科研等产学研相结合的校企合作形式，校企合作的内涵更加丰富。

（五）开拓国际合作

学校高度重视以国际先进职教标准引领学校发展，先后与美国、德国、意大利、丹麦、日本等国家的二十余家世界知名企业及办学机构签订了合作协议，打造了德国陆科思德（中国）新能源汽车特色学院、中德汽车职业资格培训与认证中心、德国费斯托工具（中国）特色学院、中德库卡机器人培训中心、中德凯勒数控培训中心、中德教师培训中心、中德卡尔蔡司产品体验中心等合作成果，为学校全面引进国际先进职教理念和人才培养模式、提高学生专业学习与就业质量等奠定了基础。

（六）强化学生德育

以学生为本，从校园生活中的各种小细节入手，不断开拓德育教育阵地，充分利用学生宿舍、学校广播站、学生德育课堂等德育阵地，营造良好的德育环境。从学生自身成长的阶段性特点出发，开展丰富多彩的第二课堂活动，鼓励学生开展社团活动，定期举行文体节、宿舍节、文明礼貌月等活动，将学生的校园生活与德育宣教紧密联系在一起，使其更加受欢迎。充分利用团委学生会、学生社团联合会等学校各类学生组织，加强班主任队伍建设，建立“全面动员，全员育人”的良好德育工作局面。

（七）完善质量评价

贯彻学校“全员育人，质量立校”的思想，遵循教育教学规律和高技能人才培养规律，构建和完善技工院校高技能人才培养的质量保证体系。一是完善评课标准。全面开展听课评价指标的修订工作，形成了由 50 个是非判断指标组成的听课标准体系，使评价结果更加客观准确。二是健全督导机制。建立了以听课制度、教学交流制度、教师与教学督导培训制度为主线，专职督导、兼职督导与学生信息员队伍为抓手，教师座谈会与学生座谈会为补充，督与导有机结合的督导机制。三是构建教师综合评价机制，建立学生、同行、领导、督导评教的全员评教工作机制和标准体系。

三、学校治理

（一）凝练专业特色

1. 调整专业结构。根据市场及专业特点，学校适时调整专业课程结构与教学资源配置结构，减少课程的重复建设，将有限的资源向优势专业倾斜，大力打造拳头专业。经过深入的市场调研，组建成立“先进制造产业学院”和“创意文化产业系”。此外，新开设了无人机智能技术应用、工业机器人应用与维护、移动端互联网技术应用、文化传播等一批前沿专业。

2. 提升办学层次。学校楼宇智能化技术、数控编程、汽车技术服务与营销三个专业预备技师班首次招生，意味着学校人才培养的层次由高级工提升到预备技师，谱写了学校全日制教育的新篇章。

3. 改进教学方法。一体化教学方法在专业课程教学领域得到全面推广，并登上省级示范课展示平台，得到广大师生的充分肯定。微课、慕课、翻转课堂等多种现代化教学形式得到应用，产生了一批较高水平的教学成果。

4. 规范实训室建设与管理。初步形成了从建设规划到日常使用维护及未来发展的全过程管理机制，建立了以主讲教师负责制为核心、“6S”管理为标准、可视化订制管理为手段的实训室管理模式。

5. 创新型技能精英培养机制。以技能俱乐部为平台带动技能竞赛与技能创新的人才培养机制普遍开展；成立科技创新中心，组建学生维修队，初步形成了融技能创新、技能竞赛与技能应用为一体的人才培养机制。

（二）创新师资管理

为切实建立符合现代技工院校建设与管理的人才机制，学校自 2012 年开始实施一体化教师岗位聘用改革，通过淡化编制和身份区别，突出业绩与贡献，实行岗位管理，逐步实现同工同酬。经深圳市人力资源和社会保障局批准，学校作为深圳市技工学校教师职称制度改革试点单位，组织开展市技工学校教师专业技术资格评审改革工作，建立了以人才“评价、使用、开发”三位一体的教师职称评价制度，并被确定为深圳市事业单位人事制度综合配套改革工作试点单位，率先打破事业单位岗位聘任终身制，实施岗位聘期管理，建立了“岗位管理，同岗同酬，能进能出，能上能下”的人才管理制度。

（三）加快师资队伍建设

学校坚持内涵发展，狠抓师资队伍建设，重视人才开发，通过实施一体化教师岗位聘用改革、职称评聘改革、规范招聘流程、校本培训改革、人才安居房工作、综合保险以及建立评比表彰“一盘棋”的评比机制等举措，特别是以严谨、专注、敬业等的“工匠精神”促进教职工发展，充分调动广大教职工的积极性和创造性，培养出一批获得政府或行业表彰的中青年人才。

（四）推进智慧校园建设

经过 10 年的信息化建设，学校陆续进行了网络主干升级与出口带宽建设、网络安全与防范系统、网络应用、电化教室等信息化建设，实现了万兆主干以太网、出口带宽超过千兆，有线网络和无线网络全部覆盖校园；全校有超过 2000 个信息点、入网微机 2000 余台；建立了以教务、招生、学生管理、人事、财务、档案、固定资产、图书借阅系统、培训和校园一卡通等十大系统为主的校园信息化网络系统，智慧校园建设已初具规模。

四、社会服务

（一）创新技能扶贫

学校自 2011 年开始以“培训一人、就业一人、脱贫一户”为工作目标，先后与贵州黔南州、湖北郧西、省内廉江和汕尾等贫困地区开展对口帮扶技能培养，并招收当地应届高中毕业生，采用灵活的全日制高技能人才培养模式，培养当地经济社会发展急需的高技能人才，改“输血式”扶贫为“造血式”扶贫，先后共计招收贫困生 634 人，得到了社会各界的高度肯定。

（二）夯实技能培训

学校技能培训始终坚持“认真严谨、质量第一”的服务特色，先后与广东核电集团、深圳地铁等 40 余家大型企业建立了合作培训关系，通过送教上门、来人培训、网络学习、免费实训等多种形式帮助企业员工提升岗位工作技能，受到了企业的普遍欢迎；与深圳市总工会、民政局等 11 个政府部门建立合作关系，面向在岗职工、农村转移劳动力、退伍军人等人群提供了技能培训服务，先后被认定为深圳市高技能人才培训基地、广东省高技能人才训练基地、全国重点就业训练中心。学校 2016 年合作培训服务情况，见表 2–21。

表 2-21 深圳第二高级技工学校 2016 年合作培训服务情况一览表

类别	合作单位	合作项目
政府部门	深圳市人力资源和社会保障局	技工院校管理与服务
	汕尾市人力资源和社会保障局	创新创业培训等
	深圳市劳动就业服务中心	创业师资培训
	深圳市、区民政局	退役士兵培训
	深圳市司法局（戒毒二所、深圳监狱）	电子商务、精细木工等
	深圳市高技能人才公共实训中心	课程开发、一体化鉴定、智能楼宇管理师
	宝安区职业能力开发局	职业指导、人力资源管理、创新创业培训
	宝安区石岩安监办	安全培训
	龙岗区职业训练中心	素质提升师资班、新教材试点班、创新创业培训班、眼镜验光培训班
	光明新区社会建设局	电子商务、加工中心操作工
学校	深圳信息职业技术学院	创新创业培训
	深圳石岩成校	安全培训
协会	深圳市酒类行业协会	品酒师
企业	深圳巴士集团	新能源汽车维修
	龙岗区华策控股有限公司	龙岗职业素养员工班
	龙岗区鸿利达模具厂	龙岗职业素养员工班

五、培养质量

（一）学生就业

毕业生就业率始终保持在 98% 以上，就业专业对口率达 89%，毕业生就业家长、企业满意率达 96%。毕业生初次就业薪资普遍在 3000 元 / 月以上，不少专业的学生毕业前就被企业预订一空。目前，学校不少毕业生已成为企业技术骨干或中高级管理人员。

（二）教师教研

近五年来，学校教职工共计 586 项教科研成果获省级以上奖项，其中，获国家级奖项 443 项，获省级奖项 143 项。学校连续五年被中国职协授予“科研工作组织奖”和“优秀科研单位奖”。见表 2-22。

表 2-22 深圳第二高级技工学校近五年教研成果获奖情况

级别	2012 年	2013 年	2014 年	2015 年	2016 年
国家级	19	52	96	143	133
省级	20	21	36	41	25

续表

级别	2012 年	2013 年	2014 年	2015 年	2016 年
合计	39	73	132	184	158
国家级	中国职协优秀教科研成果评选活动				
	全国技工院校优秀实验实训设备类评选活动				
	近五年总计		443		
省级	广东省职协优秀教科研成果评选活动				
	《广东省技工教育研究》优秀论文评选				
	近五年总计		143		
总计			586		

（三）学生竞赛

近五年来，在校学生参与各级各类技能竞赛获奖近 500 人次，其中，在国家级技能大赛中获得一等奖 11 项，获得二等奖 6 项，获得三等奖 18 项。汽车维修项目在全国职业院校技能大赛中连续五年获得一等奖。关天培同学还获得了广东省人力资源和社会保障厅授予的“广东省技术能手”和广东省交通运输厅颁发的“广东省交通技术能手”称号。在全国发明展览会上，学生创新成果获得金奖 8 项，银奖 21 项，铜奖 35 项。

（四）学校荣誉

学校曾先后获得“全国重点就业训练中心”“全国职业教育先进单位”“国家技能人才培养突出贡献奖”等多项国家级荣誉，并连续多年被深圳市评为市技工教育和职业培训系统年度“先进办学单位”，被深圳市民誉为深圳市教育行业市民口碑好、教学质量好、社会责任好的“三好”单位。

（深圳第二高级技工学校　廖小磊）

第四节　深圳市第一职业技术学校2016年度教育教学质量报告

2016 年，深圳市第一职业技术学校认真贯彻《教育部关于深化职业教育教学改革全面提高人才培养质量的若干意见》，落实《国务院关于加快发展现代职业教育的决定》的精神要求，强化学校内涵发展，全面提高人才培养质量。学校秉持“激发生命正能，成就幸福人生”的办学理念，致力于培养复合型、高素质的技能创新人才，积极构建“多元化、多层次、多领域、多地域”的办学体系，努力形成“特色化、优质化、集团化、国际化”的办学格局。学校以“深圳中职教育领跑者”的姿态，积极开展校企合作的现代学徒制试点工作和职普融通的综合高中试验班等试点工作，推进各项事业顺利发展。

一、办学规模与条件

（一）学生情况

1. 招生情况

2016 年共招收 1146 人，其中，职高招收 912 人，综合高中招收 136 人，电子中专招收 98 人。学校 2016 年秋季学期招生统计情况，见表 2–23。

表 2–23　深圳市第一职业技术学校 2016 年秋季学期招生统计情况

专业	计划招生数	实际招生数（9 月 15 日数据）	招生完成率（%）	在校人数（12 月 30 日数据）	巩固率（%）
计算机动漫与游戏制作	100	89	89.00	89	100.00
建筑装饰	100	66	66.00	67	101.52
广告设计与制作	50	41	82.00	41	100.00
电子与信息	150	116	77.33	116	100.00
计算机应用	100	94	94.00	94	100.00
计算机网络技术	50	42	84.00	44	104.76
智能机器管理	50	36	72.00	36	100.00
会计	100	91	91.00	92	101.10
金融事务	100	85	85.00	84	98.82
商务英语	100	75	75.00	76	101.33
电子商务	100	71	71.00	71	100.00
物流服务与管理	100	58	58.00	58	100.00
国际班	100	37	37.00	37	100.00
电子中专	100	98	98.00	98	100.00
综合高中	150	136	90.67	136	100.00

注：在校人数截止至 2016 年 12 月底。

2. 在校生规模

截至 2016 年 12 月 14 日，在校生共有 3584 人，其中，本部职高 2405 人，综合高中 396 人，大鹏校区 452 人，电子中专 331 人。近五年学校招生人数及在校生人数对照表，见表 2–24。

表 2–24 深圳市第一职业技术学校近五年学校招生人数及在校生人数对照表

	2012 年		2013 年		2014 年		2015 年		2016 年	
类别	招生人数	在校生人数	招生人数	在校生人数	招生人数	在校生人数	招生人数	在校生人数	招生人数	在校生人数
职高	953	2063	1010	2478	1170	2933	1079	2912	912	2857
电子中专	132	242	120	329	122	340	118	353	98	331
综合高中	0	0	0	0	145	147	112	261	136	396
合计	1085	2305	1130	2807	1437	3420	1309	3526	1146	3584

注：数据截止至各年度 12 月底。

学生主要来源是参加深圳市中考的初中毕业生，其中，有四分之三是非深圳户籍人口，学习成绩中等偏下。2016 年采取原始分录取，学校综合高中试验班生源较好，录取分数线是 392 分，与普通高中持平，职业高中的录取分数各专业不同，在同类中职学校中排名靠前。

3. 毕业生规模

2016 年共有 1080 名毕业生，其中：职高部 974 人，电子中专 106 人。与上年同比增长了 5%。升学就业人数 974 人，就业率为 100%，其中升入高一级学校 571 人，直接就业 403 人。

（二）教师队伍

截至 2016 年底，学校共有教职工 265 人（不含成人中专），生师比为 12.3 ∶ 1。其中，专任教师 193 人，占教职工总数的 72.8%。职称结构上，专任教师中具有副高以上职称的教师有 42 人，占专任教师总数的 21.8%；具有中级职称的教师有 67 人，占专任教师总数的 34.7%。学历结构上，专任教师全部具有本科及以上学历，其中硕士研究生 35 人，占专任教师总数的 18.1%。学校拥有“双师素质”教师 124 人，占专任教师总数的 64.2%。2016 年，学校实际聘请代课教师 78 人（含大鹏校区 22 人，综合高中 35 人），英语外教 3 人，企业兼职教师 2 人。学校近两年教师队伍对比数据，见表 2–25。

表 2–25　深圳市第一职业技术学校近两年教师队伍对比数据表

年度	教职工数	专任教师数	副高以上教师数	中级职称教师数	硕士研究生数	“双师型”教师数
2015 年	267	195	46	64	40	131
2016 年	265	193	42	67	35	124

（三）设施设备

全校共有实训室面积逾 14000 平方米，共有专业实训室 47 间。全校教室合计 81 间，其中网络多媒体教室 61 间。全校计算机合计 2779 台，其中教学用计算机 1560 台。2016 年以来，学校完成了计算机动漫实训、物流专业创新未来课堂，综合高中物理、化学、生物、历史、地理等 9 间实训室、实验室、学科功能室的建设；完成了机电技术应用专业实训室、电脑机房等 10 间实训室的改造和升级。

2016 年，学校实训设备采购预算为 595 万元（上年数据为 344.8 万元），中央财政及政府以奖代补投入的专业实训设备采购金额为 410 万元（上年数据为 420 万元），全年实训设备采购预算金额达到 1005 万元（上年数据为 764.8 万元）。这将有效提升学校的实训室建设水平，为专业发展和人才培养提供良好的条件。

截至 2016 年 12 月，全校固定资产总值为 13046.46 万元，其中教学、实习仪器设备总值 8616.73 万元，当年新增资产值 888.75 万元，生均教学仪器设备值 2.23 万元。生均实训实习工位数为 0.5 个。纸质图书数量 80843 册，当年新增图书 3695 册，生均纸质图书 20.97 册。学校近两年设施设备对比数据，见表 2–26。

表 2–26 深圳市第一职业技术学校近两年设施设备对比数据表

设备情况	2015 年数据	2016 年数据
固定资产总值	12157.71 万元	13046.46 万元
实习仪器设备总值	8022 万元	8616.73 万元
生均教学仪器设备值	2.29 万元	2.23 万元
纸质图书数量	77148 册	80843 册
生均纸质图书	21.99 册	20.97 册

（四）经费保障

2016 年度，学校经费总收入为 10551.99 万元。其中，财政补助收入 10420.65 万元；事业收入 131.34 万元。市财政拨付助学金 87.9 万元，资助家庭困难学生；拨付学生实习补贴 257.58 万元，极大地调动了学生及企业参与实习的积极性。

2016 年度学校经费总支出 11199.95 万元。其中，日常运行及教学支出（含工资福利及补助）9412.72 万元；教学改革及研究费 314.7 万元；设备购置项目（含软件开发等）支出总额 1358.13 万元；师资培训支出 101.88 万元；图书购置支出 12.52 万元。

为了确保国家的资助政策家喻户晓，学生科通过班级公告栏、校园广播和黑板报等宣传阵地加大对学生资助政策的宣传力度。加强家校联系，让家长了解助学政策，通过家长有效监控学生助学金的使用，防止学生把助学金挪作他用。2016 年春季、秋季在籍学生资助情况，见表 2–27。

表 2–27 深圳市第一职业技术学校 2016 年春季、秋季在籍学生资助情况

时间	类别	在校生人数	助学金人数	免学费人数	特困、残疾人数	总计人数
春季学期	职高	3287	496	3058	2	3556
	综合高中	247	9	0	0	9
秋季学期	职高	3204	395	2875	6	3276
	综合高中	378	20	1	0	21
总计		7116	920	5934	8	6862

2016 年，春季实习学生及实习基地补贴申报工作已圆满结束。经统计，2016 年春季学校共有 507 名学生符合实习补贴申请条件，申请发放学生实习补贴金额共计 1380526.8 元；中通信息服务有限公司实习基地接纳学校实习生 34 名，申请企业接收实习补贴共计 33000 元。2016 年春季实习补贴的发放已经按照有关规定进行公示，并发放到学生个人账户。秋季的实习补贴要到下学期才发放。

二、教育教学改革

（一）开展教学管理制度建设

为使教学管理有“章”可循，有“法”可依，根据学校实际情况不断完善教学管理制度，从而逐步形成规范化、制度化的教学管理。教务科在充分研讨的基础上，补充完善了《教学工作例会制度》《教学常规检查管理制度》《教学质量保证及监控管理办法》《教师行为规范培训实施办法》《教材建设与管理办法》《听课评课暂行规定》《教师进修培训管理制度》《关于教师临时调课的规定》《教师监考守则》《学生考试规则》《学生考试违规处理暂行办法》《教学档案管理规定》等制度，确保常规教学行为的良性循环。

（二）推动专业与课程建设

学校在开设新专业、增强学校专业活力的同时，不断强化原有专业的建设，以课程内容改革为核心，以教学方法、手段改革为重点，严格按照教育部《中等职业学校专业教学标准（试行）》的要求，调整课程设置，优化课程结构，促进专业教学科学化、标准化，促进课程、教材建设的规范化、系列化。

1. 专业动态调整

为使专业培养的人才能够切实符合经济社会转型升级的需要，全面提升学校的人才培养水平，学校建立了专业增设、淘汰、改造的动态调整机制，优化各专业结构与布局，提高专业建设水平。2016 年，学校在充分进行市场调研的基础上，经过充分论证，结合本校的实际情况，在深圳地区率先新增设“机器人应用与维护”专业。该专业与深圳中兴通信公司合作开设“现代通信技术”专业。学校对专业教学计划、教学内容和方法、课程设置等分方向、分层次进行专题研讨，模块化教学、项目教学、专业集中实训、阶段性实习等教学措施为专业的发展和学生的高端就业开辟出一片新天地。两个新增专业在2016年正式开始招生，其中中兴通信合作ICT专业实际招生3个班合计116人，机器人专业实际招生 1 个班 36 人。

2. 打造品牌专业和精品课程

学校成立了品牌专业和精品课程建设领导小组，并由相应的专业建设指导委员会对专业建设全过程实施指导和监控，各申报专业教研组负责项目具体实施，专业发展涉及的品牌专业和几门精品课程建设项目等以及教学团队均有明确的任务。在打造品牌专业思想的指引下，各专业教师均参与到专业建设过程当中，经过前期的大量积累和努力工作，计算机动漫与设计专业、计算机应用专业和会计电算化等 3 个专业首先通过评审成为深圳市首批品牌专业，“网络设备”“PLC 应用”“单片机应用”等 3 门课程评为市级精品课程。

2016 年，深圳市启动第二批品牌专业和精品课程建设，学校又有 2 个品牌专业（商务英语、物流服务与管理）和 4 门精品课程（“网页设计”“影视后期制作”“网络营销”“会计原理与实训”）通过了教科院组织的专家评审并公示立项，制定了建设经费预算方案和计划，有条不紊地推进该项工作。

通过以点带面，品牌专业和精品课程建设成果发挥良好的示范作用，促进了学校的专业建设，同时其他专业与课程打造品牌和精品的工作也正在推广中。学校专业建设成果，见表 2–28。

表 2–28 深圳市第一职业技术学校专业建设成果一览表

序号	专业及课程	成果	负责人
1	计算机应用专业	国家示范专业、省重点专业、市品牌专业	吴彦
2	电子与信息技术专业	国家示范专业、省重点专业	练俊灏
3	会计电算化	市品牌专业	王治
4	计算机动漫与设计专业	市品牌专业	陈丽
5	商务英语	市品牌专业	许朝晖
6	物流服务与管理	市品牌专业	谢文锋
7	网络设备	市精品课程	叶苑华
8	PLC 应用基础	市精品课程	薛娟
9	单片机应用	市精品课程	徐小京

续表

序号	专业及课程	成果	负责人
10	网页设计	市精品课程	王晓俊
11	影视后期制作	市精品课程	陈丽
12	会计原理与实训	市精品课程	王治
13	网络营销	市精品课程	陈苏瑶

（三）探索国际合作中高职课程衔接

自 2007 年开始，学校与新西兰怀卡托理工学院在中等职业教育领域开展学分互认中高职课程衔接的国际合作。双方采用“2.5+1.5+1”的模式，合作的专业有商科和计算机 IT。学生前 2.5 年在学校完成新西兰大专的 6 门专业课程的学分，第 6 学期前往新西兰怀卡托理工学院，在中职获得的 6 门专业课程学分将获得新西兰院方的承认。因此，在英语合格的前提下，学生赴新西兰怀卡托理工学院再学习 1.5 年，修完剩余的课程学分，共修得 150 学分即可获得新西兰大专学历证书。再继续深造 1 年，修满本科阶段的 8 门课 120 学分，即可获得学士学位。而后，还可继续攻读硕士学位。

通过学分互认，开展国际合作中高职课程衔接具有重要意义。一是探索中职学生持续提高学历层次的国际途径，二是建立了中高职课程衔接的新型模式，三是引进了国际优质教育资源，四是培养了一批国际化、高技能人才。

（四）重视教师培养培训

学校高度重视教师培养培训工作，荣获 2015 年教师队伍建设年“先进单位”荣誉称号。按照全市统一部署，学校紧密结合学校实际扎实开展教师培养培训工作。

1. 积极推进教师培训

学校采用走出去和请进来两种模式开展教师培训工作，2016 年总共派出 226 人次外出培训。其中，省外培训 128 人次，省内培训 95 人次，境外培训 3 人次。2016 年暑假，学校以鼓励为原则，派出高考教学、技能大赛辅导教师、教师参赛人员、优秀班主任等共 50 多人外出学习。学校还邀请专家到校讲座，开展第二期教师心理 C 证培训，有 73 人获得心理 C 证。学校教师在深圳市参加继续教育网选课学习 462 人次。2016 年教师队伍建设经费总支出 101.88 万元。

2. 以科研促教师成长

2016 年，学校已经成功结题的课题有 6 项：一是孙克林和陈丽主持的国家级课题“计算机动漫设计专业视频公开课”；二是蔡茂洲、黄燕娜主持的省课题“中职生学校氛围感知、学校投入与学校适应的关系研究”；三是仇淼老师主持的市班主任课题“中职学校班主任主观幸福感调查研究”；还有 3 项是综合高中曾果进老师和高春燕老师指导的市级学生“小课题”，已经于12月底顺利结题。学校目前正在研究的课题有3项，分别是省规划课题“深圳市职业教育职教集团校企合作运行机制研究”“基于网络平台的中等职业学校学生综合素质评价的研究与实践”和省教科院课题“高中课堂基于问题式合作学习模式”。

3. 落实教师继续教育考核制度

学校已建立校本培训登记制度，落实教师继续教育考核制度。本学期教师人手一册《继续教育登记本》，每次做好校本培训记录和考勤，要求参加培训的教师认真总结培训的体会和收获，提交个人培训总结报告一份，与培训期间的读书笔记、《继续教育登记本》等文本资料一起上交存档。将教师继续教育纳入考核与聘任、评先等。通过制度规范教师参加培训的审批、报销和学时要求，促进教职工参加继续教育培训的积极性和主动性。

4. 开展教师关爱行动

学校充分发挥工青妇的力量，开展日常教师关爱行动，慰问生病的教师。妇委会在“三八”节期间组织学校全体在岗女教职工开展妇科“两癌”专项检查，关心女教职工身心健康，积极开展女性健康咨询和计划生育的指导工作。在学校工会领导的大力支持下，从2016年起提高在岗女教职工生育慰问金标准，发放产妇慰问金6500元，体现学校对广大教职员工的关心。工会定期组织教职工文体活动，今年开展了教师每日万步走健康行动。每年开展对退休教师的慰问活动、发放慰问金，向退休教师汇报学校取得的成绩，这一举动得到老同志的赞赏。

（五）规范学生实习管理

1. 将实习安排纳入人才培养方案和教学计划

学生实习是实现职业教育培养目标、增强学生综合能力的基本环节，是教育教学的核心部分。学校坚持将实习安排纳入学校人才培养方案和教学计划，重视理论与实践相结合，加强校企协同育人，提高技术技能人才培养质量和就业创业能力，将职业精神养成教育贯穿学生实习全过程。

2. 严格依照实习管理制度组织实施顶岗实习

学校制定了《学生顶岗实习管理流程》《学生顶岗实习管理细则》《学生顶岗实习期间班主任工作职责》《顶岗实习学生守则》《学生顶岗实习优先推荐规定》《学生顶岗实习安全汇报制度》《学生毕业实习评价方案》等一系列规章制度。

学校严格执行学生实习管理的相关规定，完善学生实习材料并存档。一方面，学校与家长、学生都面签了《学生顶岗实习协议书》《学生校外顶岗实习安全协议书》《实习申请书》。另一方面，学校与实习单位签订了《校企学生顶岗实习协议书》，实习单位在《实习推荐表》《实习接收函》上签章，并交实习单位营业执照复印件，由学校存档。

学校根据教育部教职成司函〔2012〕13 号文件要求，出资为全体实习学生购买了实习责任保险及校方责任保险。

3. 与福田区人力资源局人力市场联合举办校园推介会

对入场招聘企业资质严格把关，本学年学校与福田区人力资源局人力市场联合举办“一职校专场校园推介会”，参会企业及学生均免费参会。招聘单位的资质认定由福田人力资源市场及学校双重审核，不合符要求的企业及中介机构一律不得参会。凡参会的企业，必须与学校签订《校企学生顶岗实习协议书》，明确实习学生的劳动环境、劳动时间、安全教育、薪资报酬、人身保险等。未能达到要求的，不得参会招聘实习学生。

4. 开展学生顶岗实习基本情况的自查

学校实行的是“2+1”教学模式，即两学年的在校教学加一学年的实践教学，第三学年由学生自主选择高考方向或者顶岗实习方向。2016 年秋季，学校职高部 2014 级共有 309 人参加顶岗实习，占年级人数的 30.84%。此外 2014 级“3+2”班 50 人参加顶岗实习。

从 307 份学生实习问卷调查的数据可以看出，学生对今后的上升空间比较看重，学生实习的工资大多超过了 2030 元（占 83.23%），多数学生实习比较稳定（71.57% 的学生没有更换实习单位），对实习满意度达到了 96.73%。见表 2–29。

表 2–29　深圳市第一职业技术学校 2014 级学生实习问卷调查统计表

序号	问　题	选项 1	选项 1 占比（%）	选项 2	选项 2 占比（%）	选项 3	选项 3 占比（%）
1	顶岗实习你最关注什么（多选）	上升空间	69.61	技能提升	64.38	今后就业	37.26
2	企业最关心实习生什么（多选）	综合能力	72.88	社交沟通能力	54.88	思想品德	51.96
3	月薪（元）	2030—3000	62.64	3000—4000	20.59	2030 以下	12.09
4	企业是否进行岗前培训	是	82.68	否	17.32		
5	企业是否指定师傅	是	85.62	否	14.38		
6	更换实习单位	没有	71.57	一次	21.24	二次	4.90
7	实习的作用（多选）	适应社会	80.72	改变思想和行为习惯	50.00	帮助今后就业	36.27
8	工资与预期是否相符	基本一致	79.41	低于预期	16.01	高于预期	4.58
9	实习学生最关心的企业福利（多选）	舒适的工作环境	65.03	免费工作餐	40.85	较短的劳动时间	38.24

续表

序号	问　题	选项 1	选项 1 占比（%）	选项 2	选项 2 占比（%）	选项 3	选项 3 占比（%）
10	学校教师何种实习指导方式最有效	通过 QQ 群指导	82.03	电话指导	28.76	现场指导	24.18
11	对实习的满意度	基本满意	59.15	满意	37.58	不满意	3.27
12	在校获得的证书哪种最重要	计算机等级证书	39.87	专业技能证书	38.89	英语等级证书	21.24
13	顶岗实习是否增强了你的就业信心	增强了	59.48	没有变化	30.39	受到打击	10.13
14	是否被正式录用了	被录用	42.48	试用中	42.16	其他	15.36
15	今后是否准备提升学历层次	是	81.7	否	8.17	没有考虑过	10.13
16	选择何种方式提升学历层次	自考	44.44	成人高考	28.76	其他	18.95

注：1. 2016 年 12 月对 2014 级顶岗实习学生进行问卷调查。回收有效答卷共 307 份。

2. 多选题选项百分比＝该选项被选择次数 ÷ 有效答卷份数。

5. 与实习单位共同加强实习过程管理

一是由欧阳文伟副校长带队，多次深入实习单位调研，与企业代表、学生代表开展座谈，落实教育部等五部门制定的《职业学校实习管理》各项事宜。二是向实习单位及实习学生发放实习情况调查问卷 300 余份，调查内容包含实习环境、专业岗位、工作强度、薪资报酬、专业是否对口等，在回收问卷表逐一检查后，未发现有违反《职业学校学生实习管理规定》的情况。三是充分运用现代信息技术，构建实习信息化管理平台。就业部门组建了实习单位及学生的微信群、QQ 群，加强学校和实习企业及学生的沟通，及时发现和解决问题。

（六）强化学生就业指导

根据 2016 年 8 月《教育部办公厅关于公布首批现代学徒制试点单位的通知》，全国共 27 所中等职业技术学校被确定为首批现代学徒制试点单位，学校有幸成为广东省唯一入围的中职学校。现代学徒制工作试点的全面开展，校企一体化育人模式的引入，为学校学生就业指导及推荐工作提供了一个崭新的思路。

1. 提出就业、创业发展的“四化”工作

学校就业工作坚持“以服务为宗旨，以促进就业为导向”的基本原则，紧紧围绕“就业质量”“对口就业率”等中心问题开展工作，坚持“巩固、提高、指导、拓宽”的思路，加强就业工作指导专业化、推荐系统化、管理服务化、职教扶贫常规化。长期以来，学校根据深圳的社会经济发展状况及学生志愿，积极为学生的就业或创业提供指导和推荐，不断加强对学生的创业教育，着力培养学生的创业意识和创业能力，真正体现“就业有优势，创业有基础”。

2. 帮助学生精选就业岗位，加强就业推荐力度

2016年，为了进一步提高毕业生的就业质量，学校就业指导部门对学生就业岗位进行了精挑细选，层层把关。在“育人为本、学以致用、专业对口、理论与实践相结合”原则的指导下，学校考察了我市数十家企事业单位，并最终与建设银行福田支行、深圳市世纪伟图科技开发有限公司、深圳信鸽科技有限公司、深圳市学而思培训中心、深圳市华正联实业有限公司、深圳市冰洋电子有限公司等多家企业签订校企合作协议，共同负责学生就业的组织和管理。学校与福田区人力资源局人才市场联合举办学校专场招聘会，吸引了58家企业进场招聘。招聘会针对学校学生的特点和专业，特设电子信息、计算机应用、电子商务、计算机网络技术、动漫设计与制作、建筑装饰与环境艺术、会计、金融事务、物流服务等各行工种280个，提供1600个毕业生岗位，学校近300名学生参加了招聘会。

3. 加强学生就业、创业过程指导

2016年，学校加强毕业生就业、创业指导课程的教学，确保各项工作顺利推进。就业、创业指导课程分三个部分集中进行，就学生管理、面试技巧、就业法规政策、就业形势、企业管理制度、人际关系、生产安全教育、诚信教育等多方面内容开设讲座，邀请合作企业资深人力资源专家进行指导；学校社工从心理学角度分析不同的求职心态，就求职面试技巧对学生进行指导；往届优秀毕业生与大家分享自己在工作中、生活中的酸甜苦辣，鼓励师弟师妹们勇于担当，尽快适应工作岗位，成就自己的美好人生。以上举措有效地解决了学生就业中常见问题，提高了学生面试技巧及职业发展能力，为学生融入企业和社会做好准备。

4. 开拓毕业生就业与升学双通道

为解决中职教育面临的教育“终点”的难题，学校积极为就业学生继续教育和终身教育创造条件。2016年学校与深圳大学、广州大学等多家大学的成教学院开展合作，为毕业班的学生开展学历提升专题讲座，鼓励学生踊跃报名参加学历提升再教育。

5. 通过技能大赛促进学生的职业发展

学校历年来对学生参加各级各类职业技能大赛非常重视，给学生提供一个展示职业技能的平台，六年来共获得全国职业院校技能大赛金牌15枚。学生通过参加技能大赛增强了对专业学习的热情，提高了专业技能水平，为今后的职业发展打下了扎实的基础。学校参加全国职业院校技能大赛获奖统计，见表2–30。

表 2-30　深圳市第一职业技术学校参加全国职业院校技能大赛获奖统计

年份	参赛项目数	一等奖	二等奖	三等奖
2016 年	7	3	8	4
2015 年	7	0	2	6
2014 年	6	1	5	1
2013 年	10	3	6	7
2012 年	8	2	3	6
2011 年	10	3	2	7
2010 年	7	3	1	4
合计	55	15	27	35

（七）坚持德育工作落实

1. 重视德育课程建设，加强学生思想政治教育

学校党政一向重视德育课教学工作。全面贯彻落实《教育部关于中等职业学校德育课课程设置与教学安排的意见》《中等职业学校德育大纲》等，执行过程严格且不打折扣。教务科每周定期组织一次两小时的德育课教研活动，学习最新文件、研究有关问题、讨论教学疑点与难题等。老教师对青年教师进行一对一传帮带，学习气氛浓厚，教师们互相听课、评点得失、共同进步。学校德育课按照国家大纲要求足量开设必修课程，在必修课中又根据国家形势发展进行时事政策教育，结合学校德育工作、学生社会实践、专业学习、顶岗实习进行预防艾滋病教育、毒品预防教育、环境教育、廉洁教育、安全教育等。学校德育课程教学安排，见表 2-31。

表 2-31　深圳市第一职业技术学校德育课程教学安排表

年级	学期	课程	学时
一年级	第一学期	职业生涯规划	36
	第一学期	心理健康	19
	第二学期	职业道德与法律	36
	第二学期	心理健康	19
二年级	第三学期	经济政治与社会	36
	第四学期	哲学与人生	36
年级	第五学期	高考备考激励讲座	2
	第六学期	高考考前心理减压讲座	2

2. 重视德育实践活动，强化“文化育人”功能

通过“国旗下讲话”、校园合唱节、社会实践活动（课程）、“文明班级”“进步班级”流动红旗评比、学生军训、文化艺术节、校运会、教室文化节、体育节、毕业典礼等的举办，进一步丰富校园文化生活。如今，升旗仪式已经变成了鲜活生动的大课堂，成为学校一道亮丽的风景线。

2016 年 4 月中旬，学校组织 2014 级 800 多名学生乘坐专列到井冈山革命根据地进行“井冈山红色足迹”主题社会实践活动，让深井两地的学子进行心与心的交流，激发他们心底的爱国热忱。学校还通过新生入学教育和军训工作，帮助新生确定新的学习目标，注入新的学习动力。

根据《教育部等七部门关于进一步开展中等职业学校“文明风采”竞赛活动，促进活动育人的意见》的精神，创新学校德育工作形式，以竞赛形式推动活动育人，展示师生良好的精神风貌和综合素养，呈现职业教育成果，增强职业教育吸引力。学校继续积极组织开展好第 12 届、13 届全国中等职业学校“文明风采”大赛工作，营造“人人参与”“班班参与”的良好氛围。2016 年，1413 班莫佩佩导演、陈莹莹等老师指导的微视频类作品《逆风飞翔》荣获 12 届文明风采大赛国赛一等奖。

学校每年举办一届校园十大歌手比赛活动，深受学生喜爱。2016 年有近 200 人报名参加，经过初赛、复赛、决赛三轮比赛，历时近两个月，最后选出了校园十大歌手。此项活动在校园营造了良好的歌唱氛围，让学生的身心都得到了陶冶。

学校还以深圳读书月为契机，开展校园读书月活动，进一步营造良好的校园文化氛围，使“书香满校园”，努力为学生营造积极向上、清新高雅的校园文化氛围，帮助学生提高人文素养。

2016 年 3 月 19 日，学校与莲花三村社区工作站合作开展“环保集市一职义工活动”，组织学生参与及协助社区举办的环保集市活动。2016 年 4 月 12、19 日，4 月 25、26 日，学校四次与深圳市计生中心青少年健康人格教育项目组合作开展《男孩女孩看过来》活动。6 月 1 日，学校合作开展《未来在手中》职业辅导讲座。

三、院校治理

（一）党建情况

深圳市第一职业技术学校党委成立于 2013 年 10 月，现有党委委员 5 人。下辖在职教师支部 4 个，离退休教师支部 1 个；拥有正式党员 110 名，预备党员 1 名；此外还负责教育管理流动党员（主要是人事关系挂靠人才市场，组织关系又未正式转入学校的党员临聘教师）32 名。党员干部教师数量占全校教职工总人数的一半以上。一年来，在

市委教育工委的领导下，在全校党员干部教师的支持下，校党委严格履行职责，团结一心，齐抓共管，积极做好学校各项工作。

1. 认真学习贯彻党的十八届六中全会精神

通过理论学习会等形式，专题组织中层以上党员干部和各支部书记集中学习习近平总书记重要讲话精神、十八届六中全会精神，要求全体党员干部尤其是中层以上干部要以《关于新形势下党内政治生活的若干准则》《中国共产党党内监督条例》为引领，把学习贯彻相关精神和强力推进学校各项工作紧密结合起来，自觉当好党规党纪的坚定拥护者、模范执行者和有力监督者。党委全年组织专题学习4次，撰写各类心得体会共12篇。

2. 积极深入开展“两学一做”学习教育活动

加强组织领导，建立制度保障。学校成立了“两学一做”学习教育领导小组，印发《学习教育方案》，制定学校年度学习教育指导计划，各党支部结合实际制定支部学习计划，确保“两学一做”学习教育有序开展。学校领导带头，党员干部积极参与，每季度定期组织学习。党报党刊下科室到桌面，全年发放党建专题学习材料800册。采用专题讨论+理论学习的形式，进一步提高广大党员干部教师的思想政治意识和党性觉悟。

3. 严格精准落实党风廉政建设主体责任

首先要认真落实党委主体责任，把从严管党治党各项要求落到实处，认真履行抓党建工作职责，细化责任清单，按季度召开党建工作推进会，及时查找自身与班子成员在党建责任落实方面的问题，逐项制定整改措施，落实工作责任。进一步细化党建工作目标责任，先后召开两次党委专题会议，研究部署党建工作。在此基础上，认真落实党风廉政建设主体责任，强力推进作风建设和正风肃纪工作。学校党委加强中层干部及党委委员的日常教育、监督和管理，指导和督促他们履行“一岗双责”，廉洁从政，管好自己，带好队伍。针对廉政风险重点防控部门的负责人，建立季度谈话制度。

4. 强化党建文化宣传力度

一是构建一系列党建文化宣传平台。通过党员QQ群、支部微信群等传播手段，搭建党员学习交流和展示党建工作的平台，加强对优秀党建微信平台优秀案例的转发力度，关注共产党员网、深圳先锋的人数最高峰值达80人之多。二是开展一系列党建文化活动。结合建党95周年纪念，举行“重温入党誓词，不忘入党初心”宣誓、参观叶挺纪念馆等活动，开展党性锤炼和理想信念教育活动，增强党员的凝聚力和向心力。

5. 大力夯实党建组织基础

一是全面恢复“三会一课”制度。把开展“三会一课”作为“两学一做”学习教育的重要工作，严格按季度、按月份组织好支部党员大会、支部委员会、党小组会和党课，推动学习教育常态化。二是从严党费收缴。落实党费收缴专人负责制，结合党组织关系排查及时摸清党员基数，严格缴纳标准。三是全面建立《党员基本信息登记表》《支部活动记录册》，推进落实党员日常管理标准化、信息化。四是从严领导干部“双重”组织生活会制度。学校党委委员既要参加校党委领导班子的民主生活会，又要以普通党员的身份参加所在党支部组织的生活会。

6. 做好党员发展和党内表彰工作

结合党建日活动，校内评选优秀支部 1 个，评选表彰优秀共产党员 16 名。推荐市委教育工委系统优秀共产党员 2 名，优秀党务工作者 1 名。何伟宁、潘涛两位党员以身作则，勇挑重担，在 2016 年全国职业院校技能大赛上指导学生夺得 3 个一等奖。

（二）管理制度

2016 年，学校《章程》的修改工作基本完成。《章程》以工会法规和工会章程为指导，完善学校工会各种规章制度，完成了教代会换届选举，并召开第十一届教代会第一次会议，审议通过《深圳市第一职业技术学校学校工作报告》《深圳市第一职业技术学校工会工作报告》和《深圳市第一职业技术学校章程》，充分体现民主意识。

1. 提升“智慧校园”管理水平

学校成立由校长担任组长的“智慧校园”建设领导小组，全面提升“智慧校园”应用水平。学校“智慧校园”建设能满足学校三千多学生和两百多教师以及校本部和大鹏两个校区的信息化多层次需要。学校先后与多家公司和出版社合作开发精品课程和教学资源并购置素材、试题库、学科编辑工具等多种形式的备课支撑环境；能将资源库、题库有机集成，支持与多媒体互动教学系统融合。2016 年，学校加强“智慧校园”示范校建设工作，推进教师“易助手”进入学校教学工作，实现无线网络全校覆盖。

2. 加强科研管理和队伍建设

学校规范科研管理制度。经多方征求意见，起草《深圳市第一职业技术学校科研管理办法》和《深圳市第一职业技术学校教科研奖励暂行规定》。加强课题申报管理，开展课题研究工作。完成省规划课题“基于网络平台的中等职业学校学生综合素质评价的研究和实践”中期研讨和外出调研。完成广东省“十二五”规划 2013 年度“深圳市职业教育集团校企合作运行机制研究”中期研讨。

3. 规范财务管理

为保障学校运行规范有序，形成长效机制，2016 年在市财委的统一部署下，学校进行了内控基础建设。通过内控基础型评价找出缺点和不足，通过完善制度流程等方式，加强内部权力制衡，规范内部运行流程。学校先后制定了《深圳市第一职业技术学校财务管理办法》《费用报销暂行规定》《公务卡结算办法》等规范性文件，保证学校财务信息真实完整，同时提高服务的效率和效果。

4. 规范学生管理

2016 年，学生科继续加强学校学生管理的章程建设，健全学校依法办学、自主管理的制度体系；健全科学决策、民主管理机制，在学校形成自由平等、公正法治的育人环境；健全学生权利救济和纠纷解决机制，有效化解矛盾纠纷。2016 年，学生科在充分研讨的基础上，对《学生管理手册》进行了全面修订，对《学生出入校门管理规定》《行政班教室管理规定》《学生仪容仪表规则》《学生奖励条例》《学生考勤管理暂行规定》《学生日常管理扣分细则》进行了修订，制定了《综合高中住宿生管理暂行规定》《关于禁止学生课堂使用手机的暂行规定》等多个规范性内部文件，增强可操作性，为学校严格管理打下了良好的基础。

5. 规范后勤管理

学校以健全制度建设、强化制度执行力度为抓手，进一步完善管理机制、提高管理水平。2016 年，学校建立和健全内部控制体系，完善内部控制环境、预决算管理、资产管理、收入管理、支出管理、合同管理、采购管理、项目管理、经济活动信息化管理等 9 大模块的管理机制，进一步完善采购机制和预算编制工作规程，修订学校资产管理的有关规定，充分发挥现有资产设备服务教育教学和全体师生的作用。

6. 规范安全管理

学校严格执行深圳市教育局有关文件精神及要求，认真开展各项安全防范工作，重点加强学生安全教育，无重大安全事故发生，保障了师生及校园的安全稳定。每学期聘请派出所法制副校长和辅导员到校为学生作安全教育辅导报告，辖区干警定期检查学校安全工作并提出改进意见，效果显著。联合学生科举办有关禁毒安全、交通安全、消防安全、食品安全、校舍安全、活动安全、防溺水安全和防自然灾害安全等一系列安全教育活动，通过每周国旗下的讲话、班会课、“致家长的一封信”等形式，提高师生和学生家长的自身保护能力及安全防范意识，进一步巩固校园及周边的安全。每学期第二周作为学生安全教育周。学校重视卫生疾控管理，严格执行疫情报告制度。严格执行“食品卫生法”，严格控制食品购进渠道，保障食品质量，保证食堂环境卫生安全。

（三）校企合作

1. 组建三个校企合作现代学徒制试点班

学校制定了《深圳市第一职业技术学校现代学徒制试点工作实施方案》，并且组建三个校企合作现代学徒制试点班：电气技术应用班，2015 年招生 51 人；物流服务与管理班，2015 年招生 49 人；中兴学院现代通信技术班，2016 年招生 114 人。学校召开专业学生家长会，重点介绍教育部关于在中职学校中开展现代学徒制的重要意义，以及学校关于开展现代学徒制的思路及实施方案，以此次现代学徒联合招生、联合培养为契机，实现三个专业招生招工一体化和工学结合人才培养，提高教育教学水平和人才培养质量，实现专业设置与产业需求对接，课程内容与职业标准对接，教学过程与生产过程对接，最终达成学校、企业、学生三方共赢的合作局面。

2. 严把“三关”，完善现代学徒制试点工作机制

一是把好企业关，慎重选择参与现代学徒制的试点企业，并签订校企双方现代学徒制试点项目实施协议；二是把好“双师”关，学校与企业共同选拔师德高、技能优的企业师傅、学校教师参与学徒制试点项目；三是把好方案关，组建专家团队，指导、评估校企共同制定的现代学徒制培养方案，通过专业论证，系统推进现代学徒制试点工作。

学校设立现代学徒制管理办公室，负责现代学徒制试点工作规划指导；建立校企合作的工作小组，负责现代学徒制试点的专业指导和教学工作。建立实训评价体系，通过学生个人、企业师傅和实习指导教师按实习初期、中期和终期三个阶段，从学生个人品格、工作态度、工作能力和纪律性四个方面进行多方综合评价，评估现代学徒制试点工作成效。财政专项费用重点保障现代学徒制试点实施费用和师傅的劳务费及奖励经费，承诺参与试点企业可优先到校宣传，优先选聘员工，激励企业积极参与。

3. 开发教学资源库，增强教学实效性

企业与学校紧密合作，开发教学资源库，完成 3 门课程数字化资源和 5 门课程的项目教学案例，完成 3 本校本教材编修。通过现代学徒制导师的培训，打造了一支由专任教师和兼职教师组成的结构合理的技能教学团队。

一方面，试点班引入中兴通讯的企业兼职教师进入课堂教学，将企业的职业精神带入课堂。另一方面，学校 2015 级三个专业的学生到企业进行了为期两个月的实训实习，根据工作岗位特点和项目教学的流程，通过师傅手把手传授各种专业知识和技能，推行现代学徒制培养模式，到后期实训学生已能初步完成岗位日常工作。通过这些专业技能的学习和实训，实训学生将学校所学知识和社会实际需要相结合，巩固所学知识，提高职业综合素质，为今后的工作打下基础。

4. 实现校企合作双方的互利共赢

物流服务与管理专业 2015 级首批 49 个学生于 2016 年下半年进入深圳市志尚励合科技有限公司接受培训，适应企业的工作环境后，就开始正式进入到现代学徒制的学习模式中。目前已经分三批参与到企业“双十一”“双十二”“圣诞元旦”的促销大战中，既锻炼了学生的职业能力，又给企业带来了效益。

电气技术应用专业在 2015—2016 学年度，根据专业特点和校企合作的实际情况，聘请企业工程师做教师，安排此专业的学生到深圳市高训中心参加专业技能的训练和学习，参加深圳市人社局的职业资格考试并取得证书。其中楼宇专业学生考取综合布线模

块和消防系统模块证书，电气应用专业学生考取 PLC 编程员资格证书。通过安排专业学生到深南电路股份有限公司和亚高智能科技有限公司进行学徒制实习，既服务了企业，也培养了学生的技能。

电子与信息技术专业在深圳第一职教集团的牵线下，于 2015 年 1 月与中兴通讯共同签署信息通信技术（ICT）创新基地合作协议，并在 2016 年逐步推进各项工作。合作协议双方按照 1 ： 1 的投资比例共建信息通信技术学院（CITC），推行工学结合、现代学徒制的技术人才培养模式，双方共同参与教学过程、开发课程和教材等教育资源，双方共同培养师资力量、建设品牌专业、锻造精品课程，双方共同招生、安排就业、承办中高职衔接项目。同时，协议双方按照 1 ： 1 的投资比例共建深圳市 ICT 智慧教育行业应用及服务中心，整合双方的教育资源、人力资源、技术资源和市场资源，为深圳市及珠三角地区提供智慧教育的技术开发、技术转让、技术咨询和技术培训。通过校企合作达到了合作双方共赢的局面。

5. 深入探索集团化办学发展模式

学校于 2010 年 12 月牵头成立深圳第一职业教育集团。集团成立五年多来，发挥重点职业院校的示范和辐射作用，加强学校与行业、企业和社会团体的合作，通过集团化办学，在资源共享、优势互补、校企合作、互惠共赢等方面彰显出强大的生命力，取得了初步成效。集团受深圳市教育局的业务指导，采用常务理事会负责制，下设办公室、校企合作部、国际合作部及教科培中心，并成立 4 个专业建设委员会，现有成员单位 100 家，涉及职业院校、各类企业、培训机构、行业学会、科研单位等领域。

2013 年 3 月，深圳市人民政府办公厅《关于促进职业教育校企合作的意见》及其配套文件《深圳市职业教育校外公共实训基地认定和管理办法》正式颁布实施。深圳第一职业教育集团参与了这两个文件的起草、论证、修改等工作，也为文件的出台提供了来自一线的实践探索和成功经验。几年来，本集团坚持为深圳产业转型升级服务，为发展实体经济服务，以促进学生就业为导向，积极搭建校企合作的有效平台，致力于建立促进校企合作的长效运行机制，为推进我市职业教育校企合作向纵深发展做出了一定的贡献。

作为集团牵头单位，深圳市第一职业技术学校与中兴通讯共同签署了信息通信技术（ICT）创新基地合作协议。协议秉承创新、协调、绿色、开放和共享等五大发展理念，积极探索发展股份制、混合所有制职业学校，大力推进产学研结合，健全多层次人才培养体系。协议坚持以服务发展为宗旨、促进就业为导向，以建设现代职教体系为引领，以提高人才培养质量为核心，以深化产教融合、校企合作为重点，充分发挥政府推动和市场引导作用，全面增强集团化办学的运行活力和服务能力，为区域产业转型升级和经济发展培养、培训高素质劳动者和技能型人才。通过深圳市第一职业技术学校与中兴通讯协同培育 ICT 人才这一合作模式的实践，我们可以根据当地的产业发展状况、办学条件、保障措施和企业意愿，选择一批有条件、基础好的行业、企业和职业院校开展协同育人工作，在总结经验的基础上，逐步扩大集团化办学的实施范围和规模，使校企合作成为培养技术技能人才的重要途径，逐步建立起政府引导、行业参与、社会支持，企业和职业院校双主体育人的中国特色集团化办学机制。

四、培养质量

2016 届学校职高部共有毕业生 974 人，升学就业人数 974 人，就业升学率为 100%。其中升入高一级学校的有 571 人，直接就业的人数为 403 人，均比上一年度有所增长。

（一）升学情况

学校 2016 届高考又创新辉煌，学校高职高考上线率 100%，创历史新高。学校高考人数 464 人，其中 460 人被广东各院校录取，录取率为 99.13%；总分 400 分以上的考生全省仅 7 人，我校有 2 人，最高分 407 分。全校有 3 人取得数学满分，成为单科省状元。另外，与深圳信息职业技术学院合作的“三二”分段式办学项目，有 52 名学生被顺利录取；与深圳技师学院合作的“三三”分段式办学项目，有 46 名学生被顺利录取；与新西兰怀卡托理工学院合作的国际班，有 13 名学生被顺利录取。

（二）就业情况

2016 届毕业生有 403 人选择就业，学校开设专场招聘会，学生一次就业率为 100%；对口就业率 99.28%。见表 2–32。

表 2–32　深圳市第一职业技术学校 2016 届职高毕业生升学及就业情况统计表
（不含成人中专及综合高中）

<table>
<tr><th>毕业
生人数</th><th>升学及
就业人数</th><th>直接就业
人数</th><th>就业率</th><th>对口
就业率</th><th>毕业去向</th><th>人数</th></tr>
<tr><td rowspan="4">974</td><td rowspan="4">974</td><td rowspan="4">403</td><td rowspan="4">100%</td><td rowspan="4">99.28%</td><td>机关和企事业单位</td><td>383</td></tr>
<tr><td>合法从事个体经营</td><td>19</td></tr>
<tr><td>其他方式</td><td>1</td></tr>
<tr><td>升入高一级学校</td><td>571</td></tr>
</table>

注：数据的截止时间为 2016 年 9 月 1 日。

深圳市第一职业技术学校 2016 届职高毕业生直接就业学生去向统计，见表 2–33；2016 届毕业生升学情况统计，见表 2–34；2016 届毕业生专业对口升学或就业情况统计，见表 2–35；2016 届毕业生直接就业学生起薪情况统计，见表 2–36；2016 届毕业生获取证书及就业满意度统计，见表 2–37。

表 2-33　深圳市第一职业技术学校 2016 届职高毕业生直接就业学生去向统计表（不含成人中专及综合高中）

就业产业		就业地点		就业区域		就业渠道	
去向	人数	去向	人数	区域	人数	渠道	人数
第一产业	0	本地	396	城区	403	学校推荐	219
第二产业	0	异地	7	镇区	0	中介介绍	0
第三产业	403	境外	0	乡村	0	其他渠道	184
直接就业人数	403						

注：直接就业人数是指直接上岗就业的毕业生数，不包括升入各类高一级学校的毕业生数。

表 2-34　深圳市第一职业技术学校 2016 届毕业生升学情况统计表（不含成人中专及综合高中）

对口单独招生考试升学人数	五年一贯制升学人数	“三二”分段制升学人数	技能拔尖人才免试升学人数	通过普通高考录取升学人数	其他方式升学人数	总计
46	0	52	0	460	13	571

表 2-35　深圳市第一职业技术学校 2016 届毕业生专业对口升学或就业情况统计表（不含成人中专及综合高中）

专业类别	毕业生数	升学及就业人数	专业对口人数
加工制造类	95	95	92
信息技术类	494	494	492
财经商贸类	385	385	383
总计	974	974	967

注：专业类别为《中等职业学校专业目录（2010 年修订）》（以下简称《目录》）划分的 19 个专业类别，各专业就业情况依据《目录》归入相关专业类别中予以统计。

表 2-36　深圳市第一职业技术学校 2016 届毕业生直接就业学生起薪情况统计表

起薪情况						社会保险情况（人）				
平均起薪（元/月）	其中（人）					没有社保	三险	五险	三险一金	五险一金
	1000 及以下	1001—1500	1501—2000	2001—3000	3000 以上					
2030	0	0	0	325	78	0	0	403	0	0

注：三险指养老保险、医疗保险、失业保险；五险指养老保险、医疗保险、工伤保险、失业保险和生育保险；一金指住房公积金。

表 2–37　深圳市第一职业技术学校 2016 届毕业生获取证书及就业满意度统计表

资格证书情况（人）		就业满意度情况（人）				
取得职业资格证书	未取得职业资格证书	无法评估	不满意	比较满意	满意	非常满意
971	3	9	0	38	356	571

（三）学生素质

在校学生除了具备普通高中学生的特点以外，由于受到特殊的环境影响和面临就业的现实情况，还具有自身的特点。绝大多数学生通过参加爱国主义、社会主义思想教育等一系列主题教育活动，以及一些社会实践活动，思想逐步趋于成熟。大多数学生已有一定的理想和信念，他们的正确人生观正在逐步形成，个人的自我价值取向正在向如何适应社会主义市场经济的需求转变，重新树立当代青年形象的风气正在校园形成。

学校为学生搭建了升学、就业、创业、出国留学的成才立交桥，实现了让每一位走进校门的学生“升学有门、出国有途、就业有路、创业有方”的人才培养目标。截至 2016 年 9 月，在校学生文化课合格率为 86.6%，专业技能合格率为 91%，体质测评合格率为 98.7%，毕业率为 92%。

（四）在校体验

学校创设优美的校园环境、优质的实训条件和丰富的校园文化生活，使得在校学生开心、家长放心，学生在校体验满意度较高。

学校充分利用主题班会、黑板报、广播等教育渠道，采取多种形式进行相关法律知识的普及，教育学生学会用法律规范自己的言行，用法律保障自己的合法权益。学校设立心理咨询室和知心姐姐热线，解答学生的心理困惑和心理问题，通过德育课程、主题班会教育，引导中职学生摆正心态，与人为善，接受他人，不孤立自己；自尊、自爱、自强；同时也要宽容、体谅、理解他人。

学校在 12 月底采用网络问卷的形式，对在校学生进行无记名问卷调查，收到有效问卷 1706 份。调查结果显示，学生在校理论学习满意度为 91%、专业学习满意度为 89%、实习实训满意度为 85%、校园文化与社团活动满意度为 86%、生活满意度为 89%、校园安全满意度为 92%、毕业生对学校的满意度为 100%。

（五）学生竞赛情况

学校师生在 2016 年全国职业院校技能大赛中再创辉煌，荣获 3 金 8 银 4 铜的佳绩。乘着胜利的东风，在开学第一天，就已布置落实 2017 年技能大赛安排，竞赛队师生再次负重启航。学校师生依托大赛的项目平台展开教学研讨与交流，加深了理解，拓展了思路，丰富了内涵；通过竞赛，检验了学校教学质量，展现了学校教学水平，尤其是学生的实际操作能力；在训练中坚持将技能竞赛与学习技能、岗位练兵紧密结合，将学、练、赛融为一体，将市级技能竞赛与国赛紧密结合，提高参赛者技术技能以及指导教师团队的整体水平。

（六）用人单位满意度

2016 年 12 月，学生科对中通信息服务有限公司、深圳市学而思培训中心、深圳市华正联实业有限公司、深圳市冰洋电子有限公司等聘用顶岗实习学生较多的 11 家企业发放调查问卷，收回有效答卷 11 份。问卷结果显示，用人单位满意度超过 91%。其结果汇总见表 2–38。

表 2–38　深圳市第一职业技术学校用人单位满意度情况统计表

指标	满意（%）	比较满意（%）	不满意（%）
对实习生综合素质的评价	82	18	0
对实习生诚信守约情况的评价	73	17	0
对实习生专业知识及技能的评价	36.4	63.5	0
对学校就业指导工作的总体评价	91	9	0

从对用人单位的调查中可以看出，企业对学生的整体评价满意度及学校就业工作的整体满意度较高。对比上一年的相关数据，用人单位对学校 2016 级毕业生顶岗实习生诚信守约情况的满意度有显著提升，这证明经过学校岗前教育，学生信守合约的意识有较大提高。同时，调查也反映出，学生在工作能力、吃苦耐劳精神、语言沟通能力、承受工作压力的能力及适应能力上有一定欠缺，这和学生自身专业技能水平不高有关，也和社会大环境、学校教育、家庭教育有一定关联。

五、社会服务

（一）积极开展社会系列培训

2016 年，学校面向社会在计算机技术、电子技术、财贸金融、英语、健康管理类开展职业技能培训 1500 人次，并开设了成考、雅思培训班、单证员职业资格考前辅导等，取得了良好的社会效益。

（二）积极组织各类国家级考试

2016 年，学校作为国家考场，承接了深圳市招考办、深圳市考试中心等多家单位委托的自考、成考和各级各类行业考试 30 多场次，服务考生 3 万多人次，保证考务工作正常有序、服务规范到位无差错。

（三）持续推进全民终身教育活动

由深圳市教育局主办的 2016 年深圳市全民终身学习活动于 2016 年 10 月 18 日至 10 月 24 日举行。我校在市教育局职业与终身教育处的领导下开展了系列宣传和讲座。围绕“推进全民继续教育，建设学习型社会”的活动周主题，学校在阶梯教室面向全校师生和社区居民开设免费的培训和专题讲座。我校的薛娟老师和黄燕娜老师分别讲授《大话西游》和《如何识别与调试心理问题》，中兴通信公司文冰老师讲授《大话通信》。学校全民终身学习活动的目的在于营造人人学习、终身学习的氛围，推进学习型社会的建设，此次活动有效地宣传了终身学习的理念，促进了全民学习氛围的形成。

（四）实施对口帮扶和支援计划

学校认真贯彻国家和地方关于职业教育均衡化发展的政策精神，积极开展面向省内东西两翼和西部地区联合办学，共同搭建深圳与广东英德市、湛江市、紫金市，以及贵州毕节地区的职业教育联合办学平台，创建了对口帮扶联合办学的新模式。学校积极践行国家政策，校长带队定期赴贵州和粤西、粤北地区进行实地考察，交流协调联合办学的招生、教学、就业等各项具体工作，创新了联合办学的学籍管理体制、学制管理体制、教学管理体制、教育收费制度等一系列制度。还将学校更新换代后的汽车、电脑等实训设备支援给贵州中职学校。

2016年，学校在成功扶贫汕尾陆丰长湖村的基础上，又根据市委教育工委的要求，继续开展对陆丰大屯村的“双到”扶贫工作，计划投入教育帮扶资金10万元，首期帮扶资金4.1万元已经到位。

六、问题与展望

（一）“双师型”专业教师短缺的问题

“双师型”专业教师存在引进难、培养难的双重困难。一方面，职业院校教师的来源主要以高等院校应届毕业生为主，几乎没有实践经验。他们接受的大学本科教育主要以专业理论学习为主，其专业实践也以在实验室做实验为主，缺少与社会、企业的联系，且大多缺乏专业实践经验和必需的专业技能。因此迫切需要学校积极创造条件，加强对教师实践动手能力的培养。另一方面，需要完善人事体制及相关的法律法规，为职业学校引进一些高素质的专家型技能人才，破除诸如人事制度等方面的阻力，吸纳优秀人才充实师资队伍。

（二）教师信息技术应用能力急需提高

增强教师教学信息化手段运用的能力，提高教学质量和管理水平，是学校“十三五”规划中一项重要内容。学校教学信息化建设通过近些年的不断发展已取得明显成效，但教师信息化技术水平和应用能力还需提高。教学信息化对教师知识结构、综合素质、信息化能力都提出了更高的要求，急需通过创新与探索加以解决，例如教师在整合教学资源、开发现代教学课程上的主动性不高；对学生信息素质、自主学习能力和创新能力的培养等还要进一步提高。要全面提升教学信息化应用水平，还需要经过不断地学习、实践与积累。

（三）企业参与现代学徒制试点的积极性有待提升

企业更关注眼前利益，而学校更重视学生的长远发展。企业为学徒安排实习岗位、提供师傅进行辅导耗费人力、物力、财力，增加了企业成本，更有可能影响企业的正常生产，而学校投入的经费不足以弥补合作企业成本上的损失；另外，学徒合同到期后学生流失的可能性很大，企业储备员工的愿望得不到有效保障，这也影响了企业培养人才的积极性。所以，在激发企业参与现代学徒制试点的积极性方面急需更为有效的政策措施。

（深圳市第一职业技术学校　林　晓）

第五节　深圳市第二职业技术学校2016年度教育教学质量报告

深圳市第二职业技术学校创建于1984年，地处深圳高新技术产业新城光明新区，总占地面积约12万平方米，总建筑面积约10万平方米，总投资超过6亿元，是深圳建市以来投资规模最大、校园面积最广、办学条件最好的市直属全日制全寄宿制中等职业学校。2011年，学校被认定为广东省重点中等职业学校；同年被教育部指定为全国首批内地新疆中职班承办学校；2013年4月，被教育部认定为国家中等职业教育改革发展示范学校第三批建设单位。2015年12月，学校顺利通过国家中等职业教育改革发展示范学校建设省级整体验收，办学实力与办学效益再上新台阶。

2016年度，学校继续贯彻落实《国家中长期教育改革和发展规划纲要》《国务院关于加快发展现代职业教育的决定》《现代职业教育体系建设规划（2014—2020年）》，以及21世纪第三次全国职业教育工作会议精神，在深圳市教育局的指导下，坚持立德树人，强化学生职业核心能力和综合素质培养，提升后示范建设的办学内涵，全面深化教育教学改革，稳步提升办学水平，创新服务经济社会发展，取得新的显著成绩。

一、学校情况

（一）发展概况

1. 学校文化

学校以“教育成就幸福、技能振兴民族”为办学使命，以“培养幸福的平凡人”为教育目标，大力推行“工学结合、六层推进”的职业教育人才培养模式，致力于打造“广东窗口、全国一流、世界知名”的现代职业技术学校。

学校以“幸福”为核心价值观，确立了“幸福的平凡人”的培养目标，着力探索实践“幸福教育”模式。目前，幸福教育模式已经被列为国家中等职业教育改革发展示范学校特色项目建设任务。

2. 专业设置

截至 2016 年 12 月底，学校共有 9 个专业：会计、电子商务、汽车运用与维修、中餐烹饪与营养膳食、计算机动漫与游戏制作、计算机应用、社区公共事务管理、国际商务、物流服务与管理。

3. 校园面积

截至 2016 年 12 月底，学校总建筑面积为 98295.2 平方米，均为自有校舍。学校建设分三期工程实施，其中一期工程总建筑面为 81739.2 平方米，二期工程总建筑面积为 25088 平方米，三期工程为内地新疆中职班生活服务用房及配套，工程项目建筑面积为 16556 平方米。见表 2–39。

表 2–39　2016 年深圳市第二职业技术学校建设面积统计表

项目	标的物	建筑面积（㎡）
一期工程	连体教学楼	24933
	学生宿舍	18735
	学生食堂	11509
	辅助用房	1232
	设备房	242.2
	一期合计	81739.2
二期工程	实训大楼	16306
	文体楼	5990
	教工宿舍	1299
	运动看台	1493
	二期合计	25088
三期工程	新疆班教学楼	8789
	新疆班学生宿舍楼	6619
	新疆班清真食堂	1148
	三期合计	16556
总计		98295.2

（二）学生情况

1. 招生规模

学校招生人数近三年一直稳居深圳市中职学校前列。2016 年实际招生人数为 1801 人。其中，本市生源为 1125 人，新疆生源为 149 人。学校生源地域分布，见表 2–40。

表 2–40　2016 年深圳市第二职业技术学校生源地域分布

本市生源（人）	市外省内生源（人）	省外生源（人）	协作省份生源（人）	民族地区生源（人）
1125	265	262	0	149

2016 年的招生规模相比于 2015 年，多出 135 人，且各专业招生人数同比上涨的比率较大，仅有一个专业招生比下降，即社区公共事务管理专业。其余专业中招生人数上涨幅度最大的是中餐烹饪与营养膳食专业。学校 2016 年招生情况，见表 2–41。

表 2–41　深圳市第二职业技术学校 2016 年招生情况一览表

序号	专业部	专业名称	2015 招生数	2016 招生数	同比	专业占学校招生比（%）
1	汽车部	汽车运用与维修	149	173	↑ 16.1%	13.58
		中餐烹饪与营养膳食	20	60	↑ 200.0%	4.71
2	电子商务部	电子商务（网络营销方向）	117	131	↑ 12.0%	10.28
		电子商务（电子商务物流方向）	80	88	↑ 10.0%	6.91
3	信息技术部	计算机动漫与游戏制作	99	127	↑ 28.3%	9.97
		计算机应用	125	133	↑ 6.4%	10.44
4	会计部	会计	192	202	↑ 5.2%	15.86
5	教育与国际部	社区公共事务管理	145	125	↓ 13.8%	9.81
		国际商务	39	86	↑ 120.5%	6.75
6	新疆部	汽车运用与维修	90	82	↓ 8.9%	6.44
		物流服务与管理	83	67	↓ 19.3%	5.26
合计			1139	1274	↑ 11.9%	100.00

2. 在校生规模

学校牢固树立以人为本的育人理念，全方位服务学生成人、成长、成才，赢得了广泛的社会赞誉。目前，学校全日制在校生总人数为 3414 人，其中 2014 级在校生 1022 人，2015 级在校生 1118 人，2016 级在校生 1274 人。学生专业分布见表 2–42 所示。

表 2–42　深圳市第二职业技术学校 2016 年在校生情况

序号	专业部	专业名称	2014级	2015级	2016级	在校人数	占在校生数比（%）
1	汽车部	汽车运用与维修	141	149	173	463	13.56
		中餐烹饪与营养膳食	29	20	60	109	3.19
2	电子商务部	电子商务（网络营销方向）	118	117	131	366	10.72
		电子商务（电子商务物流方向）	74	75	88	237	6.94
3	信息技术部	计算机动漫与游戏制作	75	101	127	303	8.88
		计算机应用	119	126	133	378	11.07
4	会计部	会计	184	187	202	573	16.78
5	教育与国际部	社区公共事务管理	76	140	125	341	9.99
		国际商务	104	39	86	229	6.71
6	新疆部	汽车运用与维修	0	89	82	171	5.01
		物流服务与管理	54	75	67	196	5.74
		计算机动漫与游戏制作	48	0	0	48	1.41
合计			1022	1118	1274	3414	100.00

3. 毕业生规模

2016 年，学校 2013 级毕业生共 1335 人（包含分校）。升学、就业人数为 1320 人，升学就业率为 98.88%，其中升学学生数为 599 人，直接就业人数为 721 人。从表 2–43 中就业学生去向的分组来看，机关和企事业单位占比最大，占就业人数的 69%，其中专业对口率达 87.94%。

表 2–43　深圳市第二职业技术学校 2016 届毕业生就业情况

<table>
<tr><th rowspan="2">毕业生数</th><th rowspan="2">就业人数</th><th rowspan="2">直接就业人数</th><th rowspan="2">就业率</th><th rowspan="2">对口就业率</th><th colspan="2">就业学生中：就业去向分组</th><th colspan="2">直接就业学生中：就业产业分组</th><th colspan="2">直接就业学生中：就业渠道分组</th></tr>
<tr><th>去向</th><th>人数</th><th>去向</th><th>人数</th><th>渠道</th><th>人数</th></tr>
<tr><td rowspan="4">1335</td><td rowspan="4">1320</td><td rowspan="4">721</td><td rowspan="4">98.88%</td><td rowspan="4">87.94%</td><td>机关和企事业单位</td><td>499</td><td>第一产业</td><td></td><td>学校推荐</td><td>236</td></tr>
<tr><td>合法从事个体经营</td><td></td><td>第二产业</td><td></td><td></td><td></td></tr>
<tr><td>其他方式</td><td>102</td><td>第三产业</td><td>710</td><td>其他渠道</td><td>415</td></tr>
<tr><td>升入高校</td><td>599</td><td colspan="4"></td></tr>
</table>

4. 学生结构

全校男生共 1841 人，女生共 1574 人，男女比例为 1.17 ∶ 1。学生户籍分布较广，其中深圳户籍共 699 人，广东省内户籍（不含深圳市）共 1734 人，省外户籍 979 人（不含港澳台），港澳台 3 人。

5. 巩固率

2016 年，学校 2016 届毕业生共有 1335 人，2013 年学校招生入学人数为 1409 人，三年累计流失学生 74 人，巩固率为 94.75%。

（三）教师队伍

学校现有教师 234 人，其中，校内专任教师 192 人，专任专业教师 110 人。2016 年度，学校继续推进专业、学科带头人引进工作。本年度，通过公开招考，引进 17 名教师和 2 名教学辅助专业技术人员，参与组织了 2 场教师选聘综合面试会，引进 1 名具有多年企业工作经验的高级会计师、高级经济师的“理实一体化”专业教师和 1 名全国职业院校技能大赛国赛金牌教练，进一步完善人才发展通道与激励机制，为各类优秀人员提供更多发展机会。

1. 生师比

2016 年，学校在校生为 3414 人，教师数为 234 人，生师比为 14.6 ∶ 1，符合相关文件要求，好于 2015 年。见表 2–44。

表 2–44　2015—2016 年深圳市第二职业技术学校生师比

年度	学生人数	教师数	生师比
2016	3414	234	14.6 ∶ 1
2015	3224	210	15.4 ∶ 1

2. “双师型”教师比例

2016 年，学校专任专业教师 110 人，其中“双师型”教师 91 人，“双师型”教师占专任专业教师的 82.7%，相比 2015 年有所提升。见表 2–45。

表 2–45　2015—2016 年深圳市第二职业技术学校“双师型”教师比例

年度	专任专业教师数	“双师型”教师数	“双师型”教师比例（%）
2016	110	91	82.7
2015	116	95	81.9

3. 兼职教师比例

2016 年度，学校共有兼职教师 23 人，其中电子商务部教师兼职人数最多，占学校整体教师兼职的 52%。从教师的来源结构来看，兼职教师大部分来自于企业，占比为 83%。从兼职教师的职称结构来看，初中级职称、副高级职称占比较大。从任课情况来看，兼职教师主要担任专业课、实习指导课程的教师。学校兼职教师比例，见表 2–46。

表 2-46　深圳市第二职业技术学校兼职教师比例

序号	专业名称	总数（人）	教师来源（%）				职称结构（%）			任课情况（%）		
			行业企业	学校教师	退休人员	其他	无职称	初、中级	副高级	专业基础课	专业课	实习指导课程
1	计算机应用	4	75			25		100			75	25
2	电子商务	12	100				25	50	25			100
3	物流服务与管理	2	50			50	50		50		50	50
4	汽车运用与维修	1	100						100		100	
5	计算机动漫游戏与制作	1		100					100			100
6	社区公共事业管理	2	100					100			100	
7	烹饪专业	1	100					100				100

4. 专任教师职称、学历比例

2016 年度，学校专任教师职称结构从数量、比例上有轻微幅度调整，初级职称数量微幅下降，高级职称数量较去年相比，增加了 2.8%。专任教师学位的结构与比例也有微幅调整，拥有硕士学位的比例上涨 1.6%。与去年相比，师资职称、学历水平变化不大，职称比例、学历结构分布合理。2014—2016 年专任教师职称结构情况统计，见表 2-47。2014—2016 年专任教师学历结构情况统计，见表 2-48。

表 2-47　2014—2016 年深圳市第二职业技术学校专任教师职称结构情况统计表

学年	专任教师总人数	高级职称		中级职称		初级及以下职称	
		人数	比例（%）	人数	比例（%）	人数	比例（%）
2015—2016	192	48	25	68	35.4	76	39.6
2014—2015	198	46	23.2	70	35.4	85	41.4

表 2-48　2014—2016 学年深圳市第二职业技术学校专任教师学历结构情况统计表

学年	专任教师总人数	硕士		本科及以下	
		人数	比例（%）	人数	比例（%）
2015—2016	192	68	35.4	124	64.6
2014—2015	198	67	33.8	131	66.2

（四）设施设备

学校办学条件优越，办学实力较强，学校办学条件指标总量、生均数不低于中职学校人才培养工作评估的标准。学校硬件水平，尤其是专业实训场地建设与实训装备水平已经领先深圳同类学校。学校占地总面积 11.8 万平方米；总建筑面积 9.8 万平方米；生均建筑面积 22 平方米；学校建有含 400 米塑胶跑道的综合运动场，体育馆建筑面积 5980 平方米，实训大楼建筑面积 16000 平方米。2016 年度，学校实训设备 5415 台套，设备总值 5438.11 万元，生均教学仪器设备值 1.6 台套；纸质图书 11.6 万册，生均每人 38 册；为提升专业实习实训教学条件，学校持续大规模投入实训设备设施建设资金，近两年通过改建、新建实训室，校内实训基地工位数达到了 3443 个，满足了实习实训教学需求，2016 年，实训实习生均工位数为 1.01 个。学校校内实训基地工位数统计，见表 2–49。学校教学仪器设备总值统计，见表 2–50。

表 2–49　2016 年度深圳市第二职业技术学校校内实训基地工位数统计表

序号	校内实训基地 / 实训室	工位数（个）
1	公共实训室（美术、舞蹈、音乐、钢琴实训室）	157
2	公共机房	618
3	汽车运用与维修专业校内实训基地	136
4	中餐烹饪专业校内实训基地	48
5	社区服务与管理专业校内实训基地	160
6	会计专业校内实训基地	678
7	电子商务专业校内实训基地	576
8	计算机应用专业校内实训基地、联想 3C 实训基地	474
9	动漫游戏与制作专业校内实训基地	261
10	国际商科实训室	146
11	新疆部动漫游戏与制作专业实训室	140
12	新疆部物流服务与管理专业实训室	49
合计		3443

表 2–50　2016 年度深圳市第二职业技术学校教学仪器设备总值统计表

序号	教学仪器（含实训室设备）	设备总值（万元）
1	学校多媒体教室教学仪器设备	221.74
2	学校公共实训室（美术、舞蹈、音乐、钢琴实训室）	89.19
3	学校公共机房设备	454.36
4	汽车运用与维修专业校内实训基地设备	655.98
5	中餐烹饪专业校内实训基地设备	78.85
6	社区服务与管理专业校内实训基地设备	69.10
7	会计专业校内实训基地设备	271.89
8	电子商务专业校内实训基地设备	469.00

续表

序号	教学仪器（含实训室设备）	设备总值（万元）
9	计算机应用专业校内实训基地设备	1419.15
10	动漫游戏与制作专业校内实训基地设备	1016.53
11	国际商科实训室设备	102.00
12	新疆部动漫游戏与制作专业实训室设备	77.53
13	新疆部物流服务与管理专业实训室设备	90.90
14	校外实训基地设备	421.89
合计		5438.11

二、学生发展

（一）学生素质

1. 思想政治状况

2015—2016 年度，学校开展了以“幸福教育”“心理健康”“民族教育”为主题的三项思想政治教育活动。

（1）以幸福教育为核心，扎实做好德育教育工作。利用法制副校长进校园、每周升旗礼、每周主题班会课、讲座、“给家长一封信”、家长微信群、班班通讯等形式开展各种德育主题教育活动，加强思想品德、职业道德、安全与法制教育、家庭教育、心理健康教育，确保师生无意外事故发生。

（2）以健康、阳光为中心，促进学生心理健康发展。2016 年，学校心理健康中心有序稳步提升心理健康课程的开展。同时经过普查、我爱我心理活动周、心理健康知识讲座、高考心理助推、新生入学教育心理助推活动促进学生健康、阳光的心理健康发展，加强学生个别心理辅导。建立班级心理联络员制度，做好心理咨询讲座，做好个案心理辅导，开好班级每月一次的心理课。

（3）以团结、和谐为重点，推进深圳与新疆教育教学民族团结。在全国大力推进民族班混住混教的前提下，民族教育尤为重要。学校在入学教育中，请市民宗局民族问题专家给全体 2016 级学生、全体教职工进行民族知识的普及教育两场次。学校在本学期开始探索新疆籍学生与本地学生在选修课、学生社团及 2014 级高考班开展混班教学、混住管理试点工作。目前，试点工作进展顺利，教育教学秩序正常，新疆籍学生与本地学生已经建立了深厚的情谊，为全面铺开混班工作积累了经验。

2. 学生心理状况分析

2016 年 9 月，学校开展新生入学心理健康的普查活动，本次普查的对象是 2016 级全体学生（包括新疆部）。参与普查的学生共 1279 人（电子商务部 219 人，信息技术部 261 人，会计部 202 人，教育与国际部 211 人，汽车部 174 人，新疆部 212 人）。测查结果表明，在 1279 人（实测人数）中，有心理困扰的学生 327 人，占参加测验学生总数的 25.56%，其中有中重度心理困扰的学生 94 人，占参加测验学生总数的 7.3%。

按全国常模结果，（评分标准为 1—5 的 5 级评分）总分超过 160 分，或阳性项目数超过 43 项，或任一因子分超过 2 分，可考虑筛选阳性，需进一步检查。一般规定 10 个因子中的任一因子分值或总均分≥ 3 分为阳性，表示有中等程度以上的心理健康问题。学校各专业部心理健康普查结果统计，见表 2–51。

表 2–51　深圳市第二职业技术学校各专业部心理健康普查结果统计表

专业部	阳性症状学生（人）	占测评总数的比率（%）	中重度症状学生（人）	占测评总数的比率（%）
电子商务部	50	22.8	14	6.39
信息技术部	85	32.6	16	6.13
会计部	31	15.34	11	5.44
教育与国际部	55	26.06	11	5.21
汽车部	56	32.18	12	6.89
新疆部	44	20.75	10	4.71

从 SCL–90 普查的结果来看（见表 2–52），学校学生的主要心理健康问题表现在人际关系敏感、恐怖、偏执和焦虑等方面，其中，人际关系敏感、恐怖、偏执是学生面临的主要问题。

表 2–52　深圳市第二职业技术学校 SCL–90 各因子普查结果统计表

因子	≥ 3 的人数	占实测人数百分比（%）	排序
人际关系敏感	72	5.62	1
恐怖	54	4.22	2
偏执	51	3.98	3
焦虑	49	3.83	4
躯体化	46	3.59	5
其他	42	3.28	6
精神病性	39	3.05	7
强迫症状	39	3.05	8
抑郁	35	2.73	9
敌对	17	1.32	10

3. 文化课合格率

中职学校文化课是指语文、数学、英语三科课程。2016 年 12 月，学校各专业部文化课合格率的排名及比值得分情况分别是：会计部 95%；电商部 93%；国际部 81%；信息部 78%；汽车部 72%。

4. 专业技能合格率

2015—2016 年度，学校共有 9 个项目的专业技能证书考试。每个专业技能考试的合格率比例不一，专业之间的合格率差距较大。其中，专业技能合格率在90%以上的有：中级中式烹饪烹调师、汽车维修工、用友高级操作员三项。专业技能合格率在 80% 以上的有：图形图像处理、PS 考证、计算机等级考试。如图 2-11 所示。

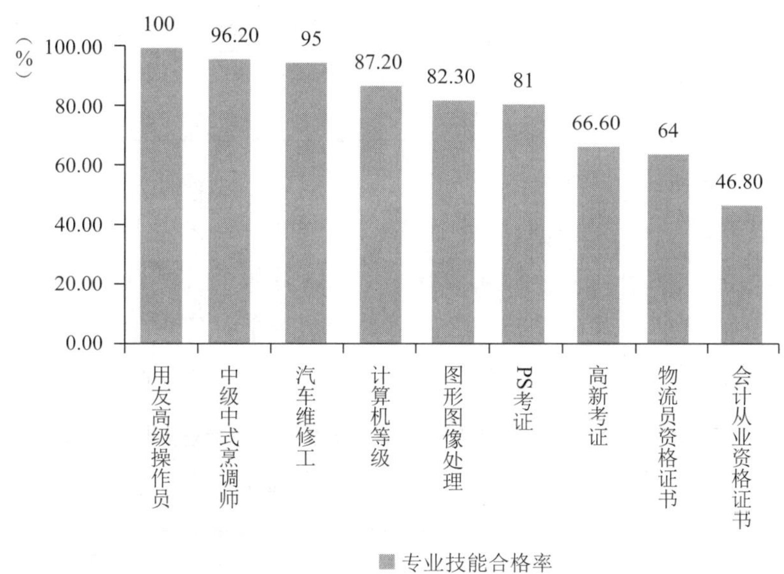

图 2-11　2016 年深圳市第二职业技术学校各专业技能合格率

5. 体质测评合格率

学校 2016 年参加学生体质测试的人数为 3374 人，成绩略比去年好，但没有达到深圳市对学生体质测试的要求。从统计情况可以看出，优良率偏低，不及格人数的比例也超过要求，达 16.6%。根据各项测试成绩显示，男生引体向上及 1000 米成绩最差，女生立定跳远及 800 米成绩最差。根据本年度的测试情况，应对学生进行有针对性的训练以提高明年的测试成绩。

2016 年 11 月，为顺利完成《体质健康标准》的测试工作，提高学校《体质健康标准》测试的成绩，学校体育组制定学校《体质健康标准》各项达标练习计划，要求各达标班级认真开展《体质健康标准》的练习工作，积极发动全体学生踊跃参加体育锻炼。

6. 学生评教

每个学期期末，全校学生对任课教师的教学质量进行网上无记名评价。根据多年的经验，为保证学生评教数据的完整、科学和合理，系统在统计时会取平均值，学生评价分数的平均分为各门课程教师最终的学生评价分。A 代表 95 分及以上,B 代表 90（含）—95 分，C 代表 90 分以下。学生评教好评率非常高，获得 95 分及以上的占比为 63.3%，属于 A 等；获得 90（含）—95 分的比例为 31.04%，属于 B 等；获得 90 分以下的仅占总评价人数的 5.6%，属于 C 等。见表 2–53。

表 2–53　深圳市第二职业技术学校学生评教数据

2015—2016学年	参评学生数（人次）	评价教师数	A		B		C	
			人数	比例（%）	人数	比例（%）	人数	比例（%）
第 1 学期	24372	312	196	63.36	96	31.04	16	5.60
第 2 学期	20616	307	202	66.58	82	27.97	15	5.45

7. 学生“双证”考试通过率

针对教育部要求中职学生考取双证的要求，学校要求在校生除修完学校提供的课程外，根据人才培养方案的规定，必须考取一个相应等级的技能证书，完成相应的技术理论知识和操作技能的培养。同时，学校对考证的学生进行集中培训。2016 年，学校 2014、2015、2016 级学生双证通过率达 92% 以上。学校学生考证人数统计，见表 2–54。

表 2–54　2016 年深圳市第二职业技术学校学生考证人数统计表

时间	2014 届毕业生			2015 届学生			2016 届学生		
	人数	双证	获取率（%）	人数	双证	获取率（%）	人数	双证	获取率（%）
2016 年 6 月 30	584	557	95.37	1260	1176	93.02	/	/	/
2016 年 12 月 31	584	557	95.37	1160	1106	95.00	817	787	96.34

（二）在校体验

2016 年 12 月，学校对学生本年度在校体验满意度进行了调查，本次调查以网络问卷的方式进行，分别对理论学习、专业学习、实习实训、校园文化、校园安全等方面的满意度进行调查，共 1729 人参加调查。满意度结果分析见表 2–55。

表 2–55　深圳市第二职业技术学校学生在校体验满意度总表

项目	非常满意人数	非常满意比例（%）	满意人数	满意比例（%）	不满意人数	不满意比例（%）
理论学习	492	28.46	1094	63.27	143	8.27
专业学习	659	38.11	927	53.61	143	8.27

续表

项目	非常满意人数	非常满意比例（%）	满意人数	满意比例（%）	不满意人数	不满意比例（%）
实习实训	601	34.76	838	48.47	290	16.77
校园文化	623	36.03	896	51.82	210	12.15
校园安全	648	37.48	888	51.36	193	11.16

1. 理论学习满意度

对于学生自己而言，理论学习收获较大，满意度与非常满意度占比 91.73% 以上。学校对理论学习满意度的调查结果，如图 2-12 所示。

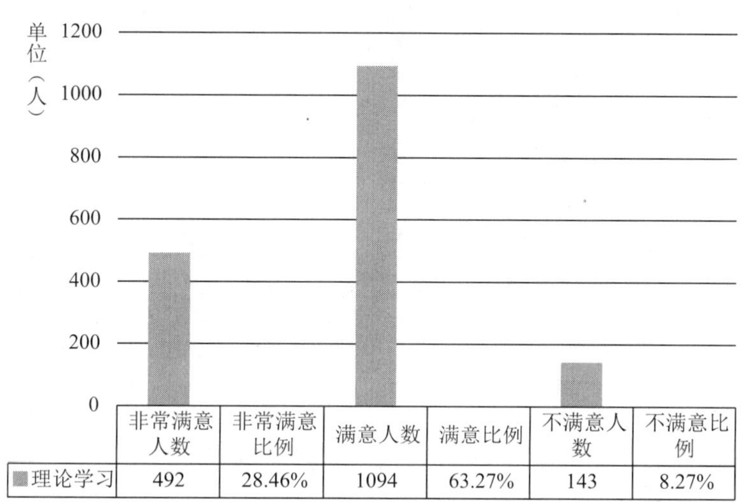

图 2-12　深圳市第二职业技术学校理论学习满意度调查

2. 专业学习满意度

学生中对专业学习非常满意及满意的比例分别是 38.11% 与 58.61%。不满意度指标较低。学校对专业学习满意度的调查结果，如图 2-13 所示。

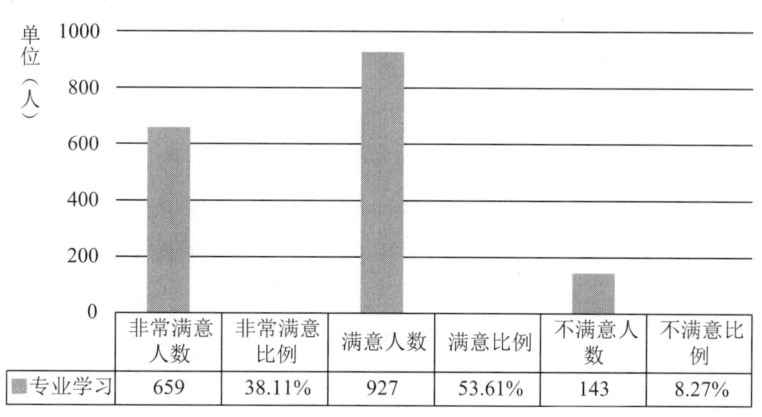

图 2-13　深圳市第二职业技术学校专业学习满意度调查

3. 实习满意度

2016 年 12 月，学校对学生实习情况进行调查，调查内容分为四个方面，第一是对实习前岗位和安全教育的满意度。根据调查结果，学生对实习前岗位和安全教育的满意度是较高的。二是学生对实习指导教师工作的满意度。此项的不满意程度达 27%，是所有不满意度数据中最高的。三是顶岗实习企业任务、内容和时间安排的满意度。四是自我感觉自己实习结果的满意程度。这两方面满意度呈中等水平，说明学校需在实习内容和安排及学生自我感觉这方面做好跟踪指导工作。如图 2–14 所示。

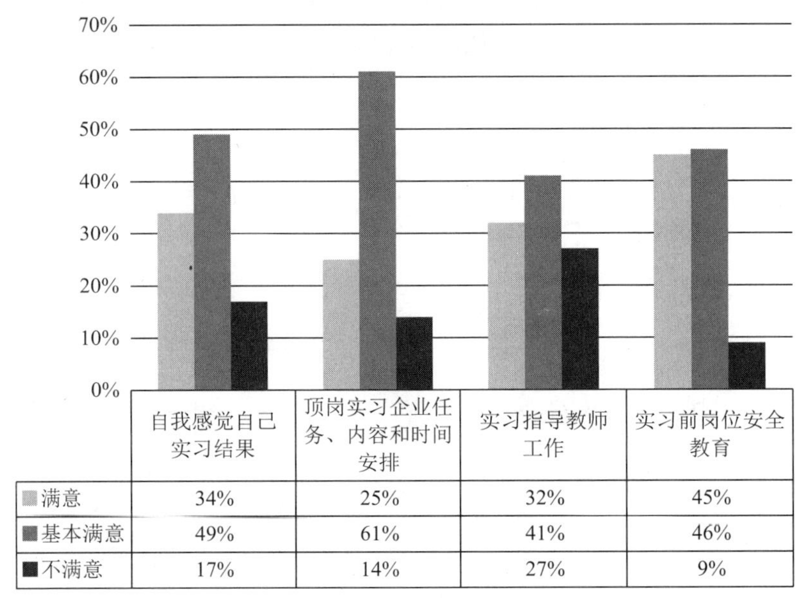

图 2–14　2016 年度深圳市第二职业技术学校学生实习满意度调查

4. 校园文化与社团活动满意度

2016 年校园文化与社团活动满意度调查采用现场问卷的调查方式进行调查和分析研究，共发出问卷 1500 份，回收问卷 1451 份，其中有效问卷 1412 份，有效回收率 97%，从中随机抽取 500 份进行分析研究。调查范围覆盖 2014 级、2015 级、2016 级、新疆班学生。

（1）校园文化活动的兴趣调查

接受调查的学生在回答“你对下列哪些校园文化活动比较感兴趣”时，有 66.4% 的学生选择了“社会实践”，从表 2–56 可以看出，学生对校园文化活动中的“社会实践”情有独钟，此外，文化艺术活动的学生积极性比较高，排在第二位。

表 2–56　深圳市第二职业技术学校学生校园文化活动兴趣调查

活动内容	人数	百分比（%）
社会实践	332	66.4
动漫科技	166	33.2
文化艺术	257	51.4
体育竞技	138	27.6
志愿服务	146	29.2
创业教育	174	34.8
素质拓展	160	32.0
心理健康	157	31.4
其他	4	0.8

（2）参加校园文化活动目的的调查

接受调查的学生在回答“你参与校园文化活动的主要目的”时，82.0% 的学生选择了“提升素质，拓展能力”，其余依次为“休闲娱乐，拓展社交范围”“施展个人特长”等。

表 2–57　深圳市第二职业技术学校参加学校校园文化的目的调查表

内容	人数	百分比（%）
提升素质，拓展能力	410	82.0
休闲娱乐，拓展社交范围	372	74.4
施展个人特长，才艺	167	33.4
综合测评加分	100	20.0
无聊，打发时间	59	11.8
交友	138	27.6
其他	3	0.6

（3）社团活动满意度调查

2015—2016 年学校举行了四大节，分别是艺术节、技能节、体育节、读书节。学生满意度最高的活动分别是体育节和读书节。在访谈当中了解到，学生认为体育节开展体育活动、体育竞技，既能增加班级凝聚力，又能展现学生个人的体育风采，在体育节中，学生收获及参与度都较高。在对读书节的访谈中，学生认为此次读书节学生奖品、读书节设计作品的层次与水平比较高。如图 2–15 所示。

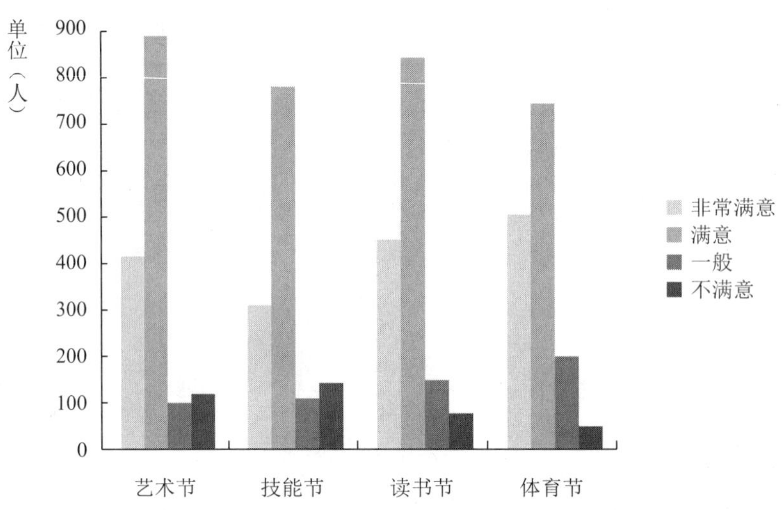

图 2-15　深圳市第二职业技术学校学生对“四大节”活动的满意度

5. 毕业生对学校的满意度

2016 年 6 月，学校开展毕业生对学校满意度的调查。此次随机抽查调研的毕业生共 1320 人，其中就业的有 721 人，升学的有 599 人。2016 届毕业生对学校的满意度是 67%。2015 届毕业生对学校满意度是 63%。如图 2-16 所示。

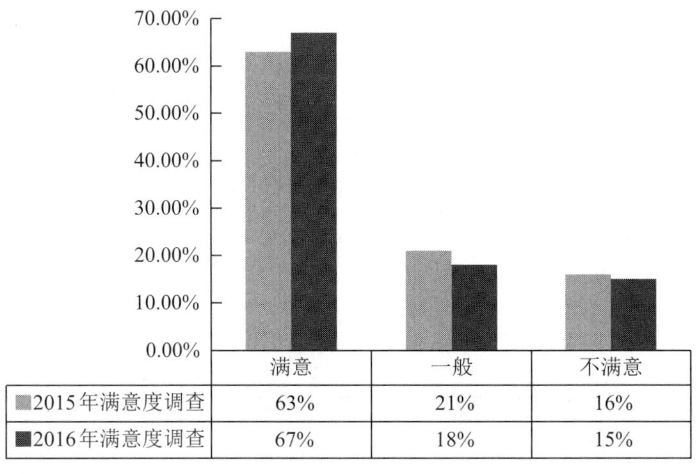

	满意	一般	不满意
2015 年满意度调查	63%	21%	16%
2016 年满意度调查	67%	18%	15%

图 2-16　2016 年度深圳市第二职业技术学校 2015/2016 届毕业生对学校满意度

（三）资助情况

2015—2016 学年，国家助学金资助 2016 级学生 622 人，资助 2015 级学生 591 人，资助金额达 121.3 万元，如期完成国家助学金的发放。学校 2015、2016 级学生资助情况统计，见表 2-58。

表 2–58　深圳市第二职业技术学校 2015、2016 级学生资助情况统计表

学生数统计（人）		国家助学金受助学生人数（人）			资助金额（万元）	受助学生分类统计（人）		
具有正式学籍的全日制在校生数	2015 年和 2016 年市教育局下达的紧缺专业招生计划总数	2016 级	2015 级	小计	（人数 ×1000）	紧缺专业资助政策学生数	家庭经济困难资助学生数	小计
2397	890	622	591	1213	121.3	814	399	1213

（四）就业质量

1. 就业情况

学校 2016 届毕业生共 1335 人，初次就业率为 98.88%。参加就业人数为 1320 人，其中升学 599 人，就业 721 人，专业对口率为 87.94%。

2. 初次就业起薪

2016 年 6 月，学校对毕业生就业去向及初次就业起薪进行了调查。就就业去向而言，学生大部分选择机关事业单位与升学两类。就起薪情况而言，据不完全统计，学校初次就业薪酬水平在 2500—4500 元之间，远高于 2016 年度国家对中职学生薪酬调查的整体水平。学校毕业生就业去向，见表 2–59。学校初次就业起薪，如图 2–17 所示。

表 2–59　深圳市第二职业技术学校毕业生就业去向表

单位：人

机关事业单位	个体经营类	其他形式就业	升学
499	120	102	599

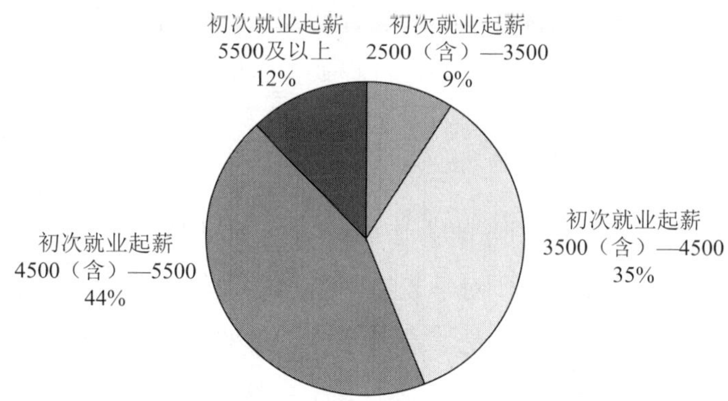

图 2–17　2016 年深圳市第二职业技术学校初次就业起薪

（五）职业发展

1. 学习能力

2016 年 5 月，学校组织在校的相关老师和学生进行访谈、交流。参与访谈的教师 5 人，学生 51 人。学校初步提出中职学习能力评价指标，并得到了他们的认同。通过

访谈最终确定了评价学校中职学生学习能力的评价指标：在专业知识方面的指标有提问、质疑、知识梳理、逻辑思维；职业技能与策略方面的指标为操作技能、操作策略和自我调控。在对学生的访谈调查中，学校发现了学生在学习能力上的不足，主要有以下方面：(1) 厌学情绪严重，对自己丧失信心。这样的情况导致他们进入学校后，在学习方面表现出一系列的问题；(2) 学习缺乏主动性。主要表现为没有明确的学习目标，导致学习意识差；(3) 缺乏意志力。中职学生在课堂上表现得比较消极，上课注意力不集中，特别容易转移注意力和受干扰；(4) 自律性差。中职学生自律意识不强，纪律性差。如何针对学校学生的学习特点改善学校的教学、提升教学质量已经成为迫切需要解决的问题。

2. 顶岗实习适应能力

2016 年 11 月，学校对学生的顶岗实习情况开展了调查。调查对象是企业管理人员、顶岗实习学生，共计调查 347 人，调查走访的企业有创维企业、天虹商场、联想集团等 12 家校企合作企业。学生有 85.8% 在集团公司顶岗实习，有 14.2% 在分公司或一般工厂顶岗实习。

调查结果显示，有 48.8% 以上的学生能较快地适应公司的生活环境、管理和工作，有 89.2% 学生容易融入新集体，但有将近一半的学生需要经过一段时间（1—2 个月）才能适应岗位的要求，适应速度较慢。有 10.8% 的学生不太容易融入新集体。综合地看，有相当数量的学生在企业实习期间，面对与校园环境差异较大的企业文化氛围，显得心理准备不足，不能很好地适应岗位要求，不习惯企业的管理方式方法，学生角色很难转变为“准员工”角色，毕业到就业之间的磨合期较长，因而不适应就业市场的需求。出现这一问题的原因主要是学校的课堂教育过程缺少企业文化的渗透，学生所学知识和工作实践脱节，学校管理与企业管理相比过于松懈。

3. 创业能力调查

为了寻找到更适合中职生创业能力培养的有效途径和方法，学校以校本课题研修为支撑，以本校学生为研究对象，对学校 267 名学生的创业能力进行抽样问卷调查，发放问卷 267 份，收回有效问卷 264 份，有效率为 98.9%。此次调查共涉及 8 个专业，有电子商务专业、新疆物流专业、汽修专业、烹饪专业、社管专业、会计专业、计算机专业、动漫设计专业，在参与调查问卷的人员构成中，男女生比例、新老生比例适中，这一结构比较好地反映了学校的学生结构，有较高的代表性。学校学生创业能力调查，见表 2–60。

表 2-60 2016 年度深圳市第二职业技术学校学生创业能力调查表

对创业的认识			
认识充足	一般性认识	认识不足	
38%	45%	17%	
创业自我能力的评价			
非常满意	满意	不太满意	不满意
15%	41%	32%	12%
创业意愿			
强烈意愿	有过类似意愿与想法	没想过，可以尝试	不想去尝试
18%	31%	42%	9%
创业心理素质			
强	良好	一般	
18%	72%	11%	

根据调查问卷的结果，可以发现学生创业能力总体水平不高。学生对创业的整体认识还可以，认识充分程度为 38%。很多学生虽有创业的想法，但很小比例的人会选择坚持长远的创业奋斗目标，较缺乏内在对创业的求知与关注。学生的创业知识面也较窄，对国内外社会、商业、经济动态不够关注，对自己本专业发展动向兴趣不大。他们在将知识转化为能力的过程中，缺乏必要的知识与技术支持，因而没有强烈的意愿去创业，没想过尝试创业的学生比重达到 51% 以上。学生创业的前瞻意识较弱，对各种困难准备不足，遇到困难时克服困难的决心不够。虽然学生认为个人的创业心理素质较好，但是在创业心理深度访谈中，发现学生的创新精神、批判精神和创新能力还很薄弱，缺乏独立思考和解决问题的能力，较缺乏创业的心理素质。

三、教学质量保障措施

（一）专业动态调整

学校始终将服务区域经济发展，为区域发展建设培养高素质技术技能型人才作为己任，重视专业与行业企业的对接。学校开设有汽车运用与维修、中餐烹饪与营养膳食、电子商务、计算机动漫与游戏制作、计算机应用、会计、社区公共事务管理、国际商务、物流服务与管理共 9 大专业。专业人才培养方案每两年进行一次大的修改，每年进行一次修订。通常每年 5 月份启动新一轮人才培养方案的制订工作，要求专业结合实际开展针对行业企业、兄弟学校、在校学生和毕业学生的全方位多角度的调研调查，通过调研掌握专业对应行业企业发展的变化，熟悉岗位要求，适当调整培养方案。8 月份统一对各专业人才培养方案进行集中答辩验收，确保方案的合理可行。

（二）教育教学改革

学校推行“工学结合，六层推进”人才培养模式，将中职学校学生的培养划分为六个层次。其中，职业认识、基础学习、岗位训练三个层次在学校进行，职业体验、专业实习、顶岗实习三个层次安排在企业进行，按照融合渗透的方式多次交替推进，有效实现学校和企业两个环境培养人才。各专业在此基础上，根据专业实际，科学设计，形成了具有专业特色的人才培养模式。

1. 重构课程体系，丰富课程内容

各专业贴合岗位需求设置专业课程，使学生专业能力培养有保障；平均每学期 80 余门的选修课，覆盖全面，学生个性发展和综合素养提升有支撑；30 多个特色社团，让学生尽显专长；各类主题活动内容丰富，深受学生欢迎。

2016 年以来，学校教师共发表学术论文 93 篇；出版著作、教材 18 部。学校已建成市级品牌专业 3 个，精品课程 10 门，校内优质核心课程 35 门。

精品课程建设：2015—2016 学年度，学校在推进精品课程建设方面取得新的成绩，2016 年 10 月，学校新增 4 门市级精品课程，1 个市级品牌专业。

2. 加强校企合作，保障实习实践

校企合作是职业学校的生存之道，各专业重视与企业的联系，已经建设 8 家经过市级认定的校外公共实训基地，有效保障学生实习和教师的企业实践。各年级学生有计划地到合作企业实习，半年以上的顶岗实习率达到 100%。教师在合作企业高效地开展实践锻炼，平均每两年两个月的企业实践锻炼任务得到落实。

3. 推进教学改革，关注学生幸福

学校狠抓课程教学实施环节，鼓励教师积极进行教学方法改革。推行“建设幸福课堂，享受幸福教育”活动，让学生享受快乐学习；建设丰富的数字资源，提升学生学习过程的幸福感。

在教学方法改革方面，大力推行行动导向教学、任务驱动教学、项目教学法等新型教学方法；在教学手段改革方面，微课、慕课等得到有效运用和全面推广，2016 年底数字化教学资源库总容量达 2T；在高效课堂建设方面，实施“建设幸福课堂，享受幸福教育”系列活动，引导学生养成在快乐中学习、在学习中享受快乐的学习心理、习惯与兴趣；全面推进课堂手机自主管理活动，有效地解决了学生上课玩手机的问题。

4. 探索评价改革，增强学生自信

在探索实行多元评价的过程中，“多元化”教学评价方式日臻完善，在评价目标上关注思想道德素质评价、专业素质评价、身体素质评价、职业素质评价、心理素质评价等；在评价主体上由学生、教师、家长、企业等共同参与；在评价方式上把质性评价与量化评价结合起来，在实施过程中不断完善，以求更全面地考核评价学生。针对传统评价体系下中职生自信心不强的普遍现象，2016年度学校大力探索发展性评价模式，从单纯的学业评价向综合能力评价转型，专业考试从传统的“交试卷”向“交作品”转型；从单一的学校评价向自我评价、学校评价、企业评价、家长评价等多元评价转型，以激励性评价为主，鼓励学生树立自信、自强、自律的意识和能力。

（三）教师培养培训

截至2016年底，学校有专任教师234人，副高及以上职称教师61人，硕士研究生（含在读）78人，“双师素质”教师95人，骨干教师40人。深圳市教学名师、省技术能手、南粤优秀教师共计5人。同时，学校还积极开展校企深度合作，聘任企业高管、行业精英、知名专家、能工巧匠等34人为兼职教师，并从企业引进教师35人，担任导师，形成了一支素质优良、结构合理、专兼结合的“双师型”教师队伍。

1. 整体情况

2016年度，学校继续推进专业、学科带头人引进工作，本年度，通过公开招考，引进17名教师和2名教学辅助专业技术人员，参与组织两场教师选聘综合面试会，引进1名具有多年企业工作经验且具有高级会计师、高级经济师职称的“理实一体化”专业教师和1名全国职业院校技能大赛国赛金牌教练，进一步完善人才发展通道与激励机制，为各类优秀人员提供更多发展机会。

2. 名师培养

2016年度，学校培养深圳市名师2人，广东省技术能手2人；成立了高强名师工作室，谢子建烹饪名师工作室；陈启胜、李世川同志获广东省技术能手荣誉称号。朱素娜同志获得班主任技能大赛深圳市中职组一等奖，广东省三等奖。

3. 教师培训

2016年度，学校在获得深圳市“教师队伍建设年”先进单位的基础上，加大师资培训力度，在专项基金的基础上，将“教师队伍建设年”先进单位奖金全部用于教师培训，继续推荐7人申报2014年高等职业学校专业骨干教师国家级培训项目；选拔2016—2017学年度公派出国（境）研修人员2人次；选派教师参加2016年香港职业训练局专题培训；注重中层干部的培养，举办中层干部能力提升专项培训班；学校每年例行的岗前培训、青年教师教育教学能力培训项目进展顺利，90%以上的教职工完成了继续教育任务，其中专任教师培训率达到98%。

（四）规范管理情况

2016年，学校进一步规范管理，一是对规范管理行为的制度设计取得重大突破；二是在实际操作过程中对管理流程进行了系统优化；三是大力推进政务公开。

在制度设计方面，学校组织制定了《深圳市第二职业技术学校章程》，并如期报送深圳市教育局核准。同时，对学校教育教学行政后勤各项管理制度进行了修订完善。

在流程优化方面，针对校内招投标等业务，学校组建了校内招投标评审专家库，每次组织校内招投标时，均采取随机抽取评审专家参与评标，确保招投标全流程公平公正。

为彻底杜绝人财物资源配置等敏感环节可能隐藏的灰色地带，学校党政班子强力推行"管办分离"模式，在教师入编、干部任免等方面，通过开展听评课、民主评议、公开述职等形式把整个流程完全公开在阳光之下。

（五）德育工作情况

1. 德育课实施情况

"幸福教育"德育课程体系成果在全校范围内推广，着力培养教师的幸福教育能力和学生"正确认识幸福、努力创造幸福、充分享受幸福"的能力。德育课与专业课互相渗透，由四门必修课和两门选修课组成。每门课程的具体安排见表 2–61。

表 2–61　深圳市第二职业技术学校德育课开课情况

课程名称	教学时数	开设时间	备　注
职业生涯规划	36 节	一年级第一学期	必修课
职业道德与法律	36 节	一年级第二学期	必修课
经济政治与社会	36 节	二年级第一学期	必修课
哲学与人生	36 节	二年级第二学期	必修课
心理健康	18 节	一年级	选修课
职业核心能力	18 节	二年级	选修课

2. 文明风采活动开展情况

"幸福教育"德育课程体系中的"四节五礼"（艺术节、技能节、读书节、体育节，入学礼、开学礼、散学礼、毕业礼、成人礼）成为学校德育创新活动的闪光点，同时通过学生自治管理委员会、校长助理团及 45 个学生特色社团的活动，培养学生自我管理、自我服务、自我成长的能力，并在各类活动、竞赛中展现自我、创造幸福、收获快乐。2016 年，学校学生参加第十二届深圳市中等职业学校"文明风采"竞赛获奖率大幅度提升，学校获"优秀组织奖"，刘浚敏、谢辰、王晓媚三位老师获深圳市优秀指导老师奖，学生作品获一等奖 2 项，二等奖 11 项，三等奖 16 项；在第十二届全国中等职业学校"文明风采"竞赛中，学校获全国优秀组织奖，刘浚敏、谢辰、王晓媚三位老师获全国优秀指导老师奖，学生作品获一等奖 2 项，三等奖 1 项，优秀奖 14 项。

3. 校园文化与社团活动

学校致力打造“快乐校园、幸福人生”的校园文化，通过运用网络、报刊、橱窗、电媒等宣传媒介，整个校园呈现出特色鲜明、幸福快乐、健康向上的校园文化氛围。2015—2016 学年度，共发展建立 45 个学生社团，参与人数 2510 人，社团获校级以上奖励 6 项。校社团数量统计，见表 2–62。

表 2–62　2016 年深圳市第二职业技术学校社团数量统计表

单位：个

学年	体育类	兴趣爱好类	公益服务类	职业专业类
2015—2016	11	26	2	6

（六）党建情况

在全党开展“两学一做”学习教育实践活动，是加强党的思想政治建设的重大部署，是面向全体党员深化党内教育的重要实践，是推动全面从严治党向基层延伸的有力抓手。本学年，围绕各级党组织的决策指示，学校保质保量完成了部署的重点任务。2016 年度党建工作开展情况如下：

1. 一人一档，完成组织关系排查

根据市委组织部、市教育工委有关排查要求，2016 年 5 月，学校对全体 111 名党员组织关系进行了全面的梳理排查，逐一核实自 2007 年以来转出的 24 名党员的组织关系落实情况，理清了 6 名“空挂”及“口袋”党员的组织关系。

2. 抓住契机，严肃排查清理违纪违法现象

学校以“两学一做”学习教育为契机，相应处理排查党代会代表和党员违纪违法情况 2 起，让广大干部、群众正确把握党纪国法的内容、特征、要求，自觉规范约束自己的行为，在政治、思想和行动上与党中央保持高度一致。

3. 规范有序，完成党组织换届

学校制定了《基层党组织换届选举指引》，并按要求完成 7 个支部选举换届工作，推动党务工作规范化、程序化。

4. 严肃认真，落实党费收缴专项检查工作

党费承载着党员对党的忠诚，是党员应尽的责任和义务。学校党委以党费收缴专项检查工作为契机，全面开展排查清理与补缴工作，2016 年度学校共补缴党费 81441 元。这项工作增强了党员的党章意识和组织观念。

5. 抓严抓实，开展机关党员干部学习教育工作

截至 2016 年底，学校总共发放《习近平总书记系列重要讲话读本（2016 年版）》、“两学一做”学习教育资料汇编等 323 本，制定了“两学一做”方案，督促各党支部开

展深入学习、组织交流研讨。增设 4 块党务工作宣传栏，加强阵地建设。

考学与培训相结合，强化党员党性修养。学校组织全校 100 名党员参加“两学一做”学习教育考学；推选 7 个党支部书记参加专题培训班，加强党员党性修养，提升党务干部的自身素质。

开展系列活动牢记党员角色，强化党员意识。在 7 个支部 100 名党员中开展“如何做合格党员”主题征文比赛、“唱廉洁歌曲，做合格党员”合唱比赛，通过比赛让学校党员牢记自我角色，强化党员意识。

联系岗位职责，发挥模范作用。学校创建了 4 个党员先锋岗，让教师党员正确把握“教师标准”和“党员标准”，立足本职，创建一流业绩，在自己的工作岗位上发挥先锋模范作用。

对口支援及内地班办学是民族教育的工作重心之一，更是开展民族教育的重要抓手。几年来，我们通过对口支援和内地班办学，有效改善新疆地区的基本教育条件，为当地的经济社会发展培育了一批优秀人才。2016 年 9 月，学校新疆部卢瑞满同志因为表现突出获得“深圳市优秀共产党员”称号。

四、校企合作

经深圳市教育局批准，深圳市第二职业技术学校为牵头单位，在 2013 年 8 月成立了“深圳第二职业教育集团”。深圳第二职业教育集团是集企业、学校、行业协会、培训机构、科研机构及其他社会组织于一体自愿组成的不具法人资格的合作共同体。理事会是集团最高权力机构，下设秘书处，秘书处设在深圳市第二职业技术学校内，具体负责集团的日常事务。集团现有首批成员单位 103 个，其中包括 10 家行业协会、12 所职业院校、13 家培训机构、61 家企业、3 家科研院所及 4 家出版社。

2016 年度，集团全体理事成员单位遵循自愿协商、优势互补、利益共享、过程共管、责任共担的原则，以建设现代职业教育体系为引领，以服务我市区域经济社会发展为目标，在集团内部校企、校校之间展开了形式多样、广泛深入的合作，积极探索集团化办学模式，创新集团治理结构和运行机制，扩大对外交流合作，拓展服务社会的能力，各项工作取得一定成效。

（一）职业教育集团化办学的经验和做法

1. 深化人才合作培养的体制机制

集团化办学通过深化校企合作，创新学校与企业共同培养人才的体制机制，实现了产学结合、优势互补。企业为学校人才培养提供实训场所，承担实践技能培训任务或课程，解决学校学生实训实习和实践技能培养所面临的困难和不足，提升人才培养质量。

深圳市第二职业技术学校与集团内32家企业签订了校企合作协议。

2. 提升职业教育服务产业能力

通过集团内成员间沟通、协商、合作，学校可以更好地对接产业，改善专业结构，准确把握产业升级动向、脉络、趋势动态，使职业教育办学方向更准确；而院校可以为企业提供人才培养和技术服务，解决企业的实际需求。

深圳市第二职业技术学校的汽车运用与维修专业、电子商务专业、计算机应用专业与集团内企业深圳市宗正奥迪汽车贸易有限公司、深圳市依谷网电子商务有限公司、阳光雨露信息技术服务有限公司分别签订“订单班”培养合作协议。

3. 促进现代职业教育体系建设

集团通过加强中职学校和高职院校之间的合作，有效解决了现有中高职衔接中存在的培养目标不衔接、课程体系不衔接等问题。深圳市第二职业技术学校与高职院校深圳信息职业技术学院、广东科学技术职业学院签订了“三二”分段中高职对接自主招生协议。

（二）职业教育集团化办学存在的困难和问题

职业教育集团的支持政策有待进一步完善。地方政府对职业教育集团的认识不够，特别是支持企业参与的政策不配套。

职业教育集团运行的组织架构不尽合理，作用的发挥有待进一步提升。集团是在传统合作关系的基础上经牵头单位发起而成立的，成员单位中缺少能代表行业或区域先进水平的龙头骨干企业，中等职业学校牵头集团很难吸引高职院校和研究机构参与，集团作用难以得到发挥。

职业教育集团内部管理制度不够健全，治理结构有待进一步改善。集团没有明确的考核激励制度，缺乏进入与退出机制。

职业教育集团成员之间纽带关系不紧密，深度合作有待进一步突破。集团还没有鼓励校企合作的政策措施，校企合作缺少外部力量推动，成员之间既没有项目上的共建关系，也没有资源纽带的产权关系，合作办学尚无具体内容，合作资源得不到改善，合作培养处于浅层次低水平状态。

（三）职业教育集团化办学的改进措施和办法

1. 创新技术技能人才培养体系

职业教育集团化办学有利于统筹集团内部各层次的职业教育资源，成员间在签署协议的前提下共同商定人才培养方案，合作开发课程，实现中职、高职专业人才培养的有机衔接。

2. 构建职业教育校企合作模式

校企合作与职业教育集团化办学模式具有相似的目标导向与联结纽带，只是在具体操作形式上，校企合作模式一般是一所学校和一个或若干个企业的线性结合关系；而职业教育集团的组建至少需要有核心学校、成员学校和若干个企业、行业或其他社会组织，基于校企结合的平台，以签订集团章程的形式联结在一起，各个合作组织所形成的是一种网状的合作办学关系。可以说，职业教育集团为实践校企合作的办学思想和操作模式提供了一个更加多方位、深层次的实践平台。

3. 改革集团化办学组织的治理结构

推动职业教育集团成立政府、学校、行业、企业等共同参与的理事会或董事会，把各利益相关方吸收到集团决策体系中来，把理事会或董事会作为政府、行业、企业等各界人士参与学校管理的重要制度平台，探索建立理事会或董事会决策制度，引入社会主体参与学校管理与决策。

4. 提升集团服务区域经济发展的能力

职业教育集团要以当地经济社会发展为中心，围绕当地经济社会发展的工作重心和产业结构来调整重点专业设置和教学计划，为当地产业发展培养紧缺的技术技能人才，整体提升区域职业教育水平，促进区域经济发展。

五、服务贡献

（一）技术技能人才培训

2016 年学校发挥专业优势，积极开展针对外来务工人员及周边企业员工的素质培训及职业证书考证培训，开设了《会计职称证书》及《OFFICES 办公技能》项目培训班，共计培训学员数 190 人。

（二）社会服务

1. 社区培训

学校坚持把服务社区、提升社区文化素质作为学校职能的重要部分。2016 年结合深圳市读书月全民终身学习活动周安排，走访了解周边社区居民的意愿，在社区及企业开设 20 场次讲座及课程，得到社区的大力支持及响应。

2. 文化传承

学校经过 32 年的发展壮大和传承创新，形成了较为系统的办学指导思想体系，确立了“仁爱、发展”的办学理念、“立人、立业”的校训、“教育成就幸福、技能振兴民族”的办学使命、“快乐校园、幸福人生”的校园文化，结合学校发展现状提出了“建设‘广东窗口、全国一流、世界知名’的中等职业教育品牌学校”的办学目标。

（三）对口支援

1. 东西部对口帮扶

2015—2016 年度学校东西部对口帮扶工作主要包括两个方面：

一是承办内地新疆中职班，为新疆维吾尔自治区经济社会发展培养专业技能人才。到 2016 年，现有内地新疆中职班在册学生 413 人；生源来自全疆 16 个民族；现开设物流服务与管理、汽车运用与维修两个专业。内地新疆中职班开办五年多来，高考上线率连续三年稳定在 98% 以上；夏加等 7 名同学被评为广东省“三好学生”；47 名学生在全国中等职业学校文明风采大赛中获奖；11 名学生在深圳市职业院校技能大赛中获奖。

二是承担新疆维吾尔自治区喀什地区喀什市职业技术学校的南疆职业教育对口支援任务。

2. 校际帮扶

2016 年，学校进一步加强对口支援工作。与河源理工学校开展结对帮扶活动 4 次，接收河源理工学校教师跟岗学习 3 人次，向河源理工学校捐赠教学钢琴 6 架；与喀什市职业技术学校开展对口支援活动 5 次，接收喀什市职业技术学校教师跟岗学习 5 人次。

2016 年，学校还与江西省井冈山市旅游职业中等专业学校和江西省井冈山市黄坳中学开展校际帮扶活动 3 次，接收两所学校各 1 名中层干部跟岗学习。

3. 对口扶贫

学校是深圳市教育局“双到”扶贫工作成员单位，承担深圳市教育局下达的广东省汕尾市陆丰市河东镇大屯村“双到”扶贫任务，负责对该村集体和 6 户贫困户进行“双到”扶贫。

六、举办者履责

（一）经费支持

学校 2016 年度的办学经费总收入为 18739 万元，其中，财政拨款 18512 万元，事业收入 227 万元。

学校 2016 年度的办学经费总支出为 18739 万元，其中，人员支出 5626 万元，公用支出 2194 万元，对个人及家庭的补助支出 1628 万元，项目支出 9291 万元。

（1）人员支出 5626 万元，主要是在职人员工资福利支出。

（2）公用支出 2194 万元，主要包括公用综合定额经费、水电费、物业管理费、工会经费和职工福利费等。

（3）对个人和家庭的补助支出 1628 万元，主要是离退休人员经费及住房改革支出等。

（4）项目支出 9291 万元，构成明细见表 2–63，具体包括：

①职业高中教育 4486 万元，主要用于保障常规教育教学正常运行，包括实习实训、技能大赛、科研课题、师资培训等；推动学校各专业开展基于“校企合作、产教融合、工学结合”的课程改革，探索实践“现代学徒制”“企业冠名制”等新型人才培养模式；购买教育服务；校舍安全隐患整治等。

②待支付以前年度采购项目 4523 万元，主要用于 2015 年及以前年度进入政府采购程序（已实施招标）待支付尾款的政府采购项目。

③财政专项资金 282 万元，主要用于职业学校学生实习补贴和实训基地补贴、信息化建设项目、安全设施设备更新、维护支出。

表 2-63　深圳市第二职业技术学校项目经费支出明细表

项目支出明细	经费投入（万元）	经费投入比例（%）	生均支出（元）
设备购置支出	2237.00	24.08	6485.00
教学日常运行支出	2096.00	22.56	6077.00
修缮支出	204.00	2.20	591.00
学生经费支出	171.00	1.84	495.00
信息化系统维护支出	60.00	0.65	173.00
待支付以前年度采购项目	4523.00	–	–

（二）人员支持

2016 年，学校通过公开招考、选聘、直聘、赴外公招应届生的方式，落实 14 位教师编制，特别是本校编外教师转为正编教师得到高度重视。按照深圳市人社局、教育局的文件要求，通过两次公招，共有 10 人转为正编教师，占新入编人数的 71.4%。学校教师编制落实情况对比，见表 2-64。

表 2-64　2015、2016 年深圳市第二职业技术学校教师编制落实情况对比表

年度	教师编制落实人数	公开招考		选聘		直聘		军转干部		赴外公招	
		人数	比例（%）	人数	比例（%）	人数	比例（%）	人数	比例（%）	人数	比例（%）
2016	14	10	71.4	1	7.1					3	21.4
2015	24	16	66.7	2	8.3	1	4.2	1	4.2	4	16.7

七、特色创新

（一）探究“双创教育”，提升培养质量

学校的“双创教育”探究实践，主要通过“创建平台、创造条件、创设机会”三个维度付诸实施。开展“双创教育”探究实践 5 年多来，学生的创业意识得到了充分锻

炼，创新思维结出了累累硕果。“双创教育”对学校发展、对学生成长已经产生了深层次影响。

首先是学生创业意识与创新思维的有效提升。以鼓励创新、宽容失败为舆论导向，以特色纷呈的活动为载体，以精神塑造、能力培养和意识培育“三管齐下”为目标导向的“双创教育”自开始以来，就以其新颖的形式、宽松的氛围、公平的环境、合理的竞争赢得了全校师生的高度认同和积极参与。兴趣是最好的老师，而激发兴趣则是最有效的教育。在全体师生的共同参与下，学生的创业意识与创新思维得到了明显提升。

其次是“双创教育”与常规教学的相互促进。众所周知，学科知识教育一直是职业学校的短板，学生对常规教学的倦怠和抵触近乎常态。通过开展“双创教育”，学生在创业、创新实践中会遇到各种各样的问题或困难，这就倒逼着学生在知识学习和技能训练中不断找寻解决问题的办法，激发学生的学习兴趣。当个人爱好与学习兴趣碰撞形成相互激发的兴趣点时，“双创教育”与常规教学就形成了相互促进的良性循环。

再次是“双创教育”对学生未来可持续发展的有效促进。受制于中等职业教育的学制设计，中职生在社会竞争中一直处于尴尬的境地，尤其是在学历高消费现象极为普遍的就业市场中，中职生不得不面临着大学毕业生的不断碾压，就业环境恶化必然导致成长空间的狭窄。通过持续、深入地开展“双创教育”，既可以让学生提早感受创业的艰辛与创新的不易，使其对未来人生的创业创新提前做好充足的心理准备，养成良好的抗压能力；又可以让学生提早积累创业创新所必须具备的学识水平、社会能力、经验教训，为其未来人生发展奠定基础。

最后是“双创教育”对人才培养质量的整体跃升。通过开展“双创教育”，使其与常规教学形成持续的良性互动，进而使学生在学科知识、专业技能、职业道德、创业意识、创新思维、社会能力等各个领域均具备良好的社会竞争力，这是社会对基于创新时代背景下的技能人才能力素质的必然选择，也是职业院校人才培养的目标导向。

综上所述，在职业院校持续、深入、广泛地开展基于创新时代背景下的人才培养模式创新实践，重点培养学生的创业意识与创新思维，不仅是职业院校提升人才培养质量的有效途径，更是促进技能人才可持续发展的基石。

（二）明确岗位标准，促进良性竞争

为破除职业倦怠，让职业学校教师在工作中体验和养成职业的自豪感、成就感与归属感，借鉴现代人力资源管理理论、结合教师队伍建设的专业特征，系统构建教师队伍建设体系与标准。近年来，学校以明晰岗位任职标准为抓手，全面推行人与岗位的双向选择，致力于在教师队伍中形成竞争激励的“鲶鱼效应”。

2016 年 7 月，学校编制完成了《岗位任职标准》。该标准覆盖了全校共 26 个类别 308 个岗位，每个岗位的工作任务、工作要求、考核办法均形成对应的标准。依托该标准，学校通过推行教职工全员竞争上岗，通过构建公平竞争、优胜劣汰的用人环境，营造主动作为、不甘人后的工作氛围，有效破除了职业倦怠的困扰，一批德才兼备的优秀人才走上了教育教学管理的重要岗位，“把合适的人放在合适的岗位上”理想化的用人机制日渐成型、成熟。

八、主要问题和改进措施

（一）深入推进现代学徒制项目改革

现代学徒制脱胎于德国“双元制”，是近年来备受推崇的职业教育人才培养模式之一。但在实施过程中，存在着一些问题，这主要体现在：其一，企业的参与积极性和参与程度有限，制约了现代学徒制的深化与拓展；其二，学校自主权和经营权的缺失，影响了现代学徒制的大范围推广与可持续发展。

为此，学校及教育行政管理部门应出台相关支持政策，赋予学校相应的自主权和经营权，鼓励和扶持学校开办“校内工厂”“前店后厂”或“引企入校”等多种经营形式，使学校在校园内即可独立开展现代学徒制人才培养实践，进一步拉近专业与行业、课程与岗位的距离，使学校教育资源可创造出更多更好的经济和社会效益。

（二）促进中高职一体化的有效衔接

随着经济社会的快速发展与科学技术的日新月异，中职学历层次的技能人才就业空间日渐狭窄。近年来，“三二”分段中高职衔接自主招生已经得到了大范围的推广。但在中高职衔接自主招生合作办学的过程中，中职与高职的衔接更多的还只是体现在形式上。

中高职一体化发展的有效衔接，应该建立在人才培养标准和课程体系的统一之上。在高职院校与中职学校达成一体化发展的合作关系后，由高职院校牵头制定某个专业的人才培养标准和课程体系，学生在完成三年中职学业后，一部分分流到就业市场，一部分升入高职院校深造。在中高职贯通与有效衔接的人才培养标准和课程体系的指引下，完整的五年或六年一贯制将使高技能人才的培养进一步落到实处。

（深圳市第二职业技术学校　刘惠敏　雷　雄）

第六节　深圳市第三职业技术学校2016年度教育教学质量报告

深圳市第三职业技术学校是深圳市公办教育事业单位，隶属于深圳市总工会，是财政核拨补助（定项）单位。学校前身为成立于1979年的深圳市职工学校，后曾更名为深圳市工会成人中等专业学校。2010年5月，经市编委批准成立“深圳市第三职业技术学校”，同时加挂“深圳市职工继续教育学院”“深圳市总工会农民工学校”牌子，实行“三块牌子、一套班子”管理模式。学校办学职能为：开展全日制中等职业教育；面向深圳职工开展职业技能培训和学历教育；配合市总工会开展工会干部培训。

作为工会主办的教育机构，学校坚持“学历教育与非学历教育并举，职业教育与职工教育并重”的办学方针，在开展全日制中等职业教育的同时，大力开展职工素质教育和技能培训，积极服务于深圳高素质产业工人队伍建设。学校有着鲜明的工会学校办学特色，办学水平和办学能力不断提升。

一、学校情况

（一）基本概况

深圳市第三职业技术学校设有行政部、教学服务与督导部、职工教育部三个职能部门及机电与检测系、计算机信息系、财经管理系、文化与艺术教育系四个专业系，市第二职业技能鉴定所设在本校。现有办学场地建筑面积为11027平方米（不含分教点），分别设在泥岗西路1066号和八卦四路八卦岭工业区425栋。另设有经市教育局审批设立的校外分教点两个，分别为新东星教学点及富士康教学点。正在建设中的学校新校区位于坪山区田头社区，建筑面积为80767平方米，办学规模为全日制学生3000人，由市政府投资3.5亿元建设。

2016年，学校固定资产总值为3034.66万元，办学经费总收入为7482.34万元。其中，财政拨款5230.96万元，其余为上级补助收入和教育培训学费收入；总支出为7445.66万元。学校克服经费紧张、办学场地不足等困难，狠抓内涵建设，紧紧围绕着全面提升学生的综合素养和专业技能的目标，坚持“关爱、理解、欣赏”的教育理念，以“严格教学管理、严格学生管理”双严管理要求，主动适应职业教育发展趋势，大胆进行教育教学改革，积极开展职工教育培训，办学水平稳步提升，办学质量逐年提高。近年来，学校（学院）先后荣获“全国五一劳动奖状”“深圳市先进单位”“深圳市教育系统先进单位”“深圳市中职学校就业工作先进单位”“深圳市高考工作先进单位”等多项国家级及市级荣誉。

（二）学生情况

2016 年是学校办学以来全日制招生人数最多的一年，计划招生 1080 人，实际报到录取 1027 人，报到率为 91.5%。其中，自主招生录取 256 人，录取中考生 426 人，中考平均分数为 238 分，注册入学 345 人。在学生户籍方面，广东省内有 840 人，省外 187 人；深户 264 人，非深户 763 人。学校 2016 年全日制招生情况统计，见表 2-65。

表 2-65　深圳市第三职业技术学校 2016 年全日制招生情况统计

系别	专业名称	各系计划招生	实际招生人数	完成招生比例（%）
财经管理系	会计	150	148	98.7
	物流服务与管理	100	102	102
机电与检测系	机电设备安装与维修	150	149	99.3
	制冷和空调设备运行与维修	40	41	102.5
计算机信息系	计算机动漫与游戏制作	90	89	98.9
	计算机网络技术	150	152	101.3
	电子商务	150	152	101.3
文化与艺术教育系	商务英语	45	24	60
	社会文化艺术	205	170	82.9
合计		1080	1027	91.5

截至 2016 年 12 月 31 日，学校全日制在校生 2760 人（其中一年级 1027 人，二年级 847 人，三年级 886 人），创下历史新高。男生共 1587 人，女生共 1173 人，男女学生比例约为 1.4 ： 1，学生主要集中在电子商务、计算机网络技术、会计、机电设备安装与维修等专业。与 2015 年同期相比，全日制在校生增加 241 人，学生巩固率为 93%。2016 年学校全日制毕业生总数为 723 人，较去年减少 55 人。

（三）教师队伍

学校有教职工 139 人，其中专任教师 115 人（不含外籍教师 1 人）。专任教师中，副高职称 9 人、中级职称 32 人、初级职称 37 人、未定职 37 人，中级及以上职称占 35.3%；硕士 27 人、本科 88 人、专科 1 人，本科以上学历占 99.1%；“双师型”教师 59 人，占专任教师的 51%；在编教师 61 人，临聘教师 54 人；外聘兼职教师 29 人，占任课教师的 20%。生师比约为 20 ： 1。专任教师中，70% 具备教师资格证，47% 持有心理 C 证，40% 持有助理职业指导师证。如图 2-18、图 2-19 所示。

专任教师年龄结构：29 岁及以下 32 人，30—39 岁 54 人，40—49 岁 22 人，50 岁以上7人。专任教师中女性教师69人，男性教师46人，男女教师比为2 ：3。如图2-20所示。

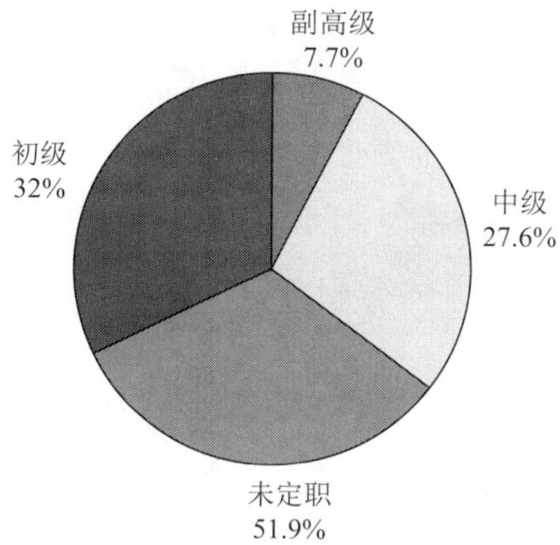

图 2-18　深圳市第三职业技术学校 2016 年专任教师职称情况

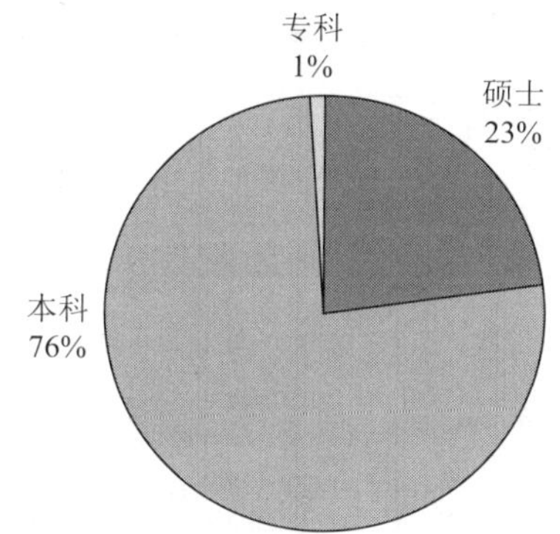

图 2-19　深圳市第三职业技术学校 2016 年专任教师学历情况

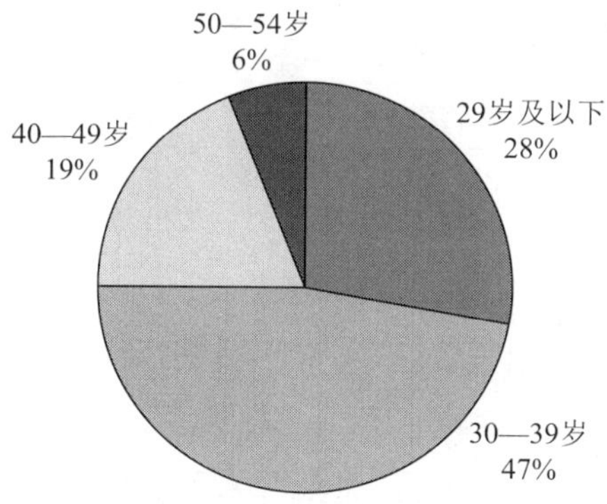

图 2-20　深圳市第三职业技术学校 2016 年专任教师年龄情况

2016 年，学校有全日制中等职业教育班 69 个，配备 60 名班主任。60% 的班级由专业课老师担任班主任。班主任队伍中 30% 具备中高级职称，30% 具有初级职称，其他未进行职称评定。

（四）设施设备

2016 年，学校教学、实习仪器设备资产值为 2943.26 万元，生均教学设备值为 1896.22 元。2016 年学校实训设备采购支出 280 万元，其中中央财政及地方政府以奖代补等形式投入的专业实训设备采购金额 130 万元。

学校有实训室 26 间，2016 年新建 3 间，校外实习实训基地 14 个（其中，市级校外实训基地 7 个），创业创新中心 1 个。校内实训室总工位数为 740 个，有计算机 1580 台。

二、学生发展情况

（一）学生素质

学校以立德树人为根本，始终坚持“关爱、理解、欣赏”的教育理念，学生整体综合素质良好。学生遵纪守法，遵守社会公德和社会秩序，有着较强的集体观念、团队意识，诚实守信、自立自强；文化课学习优秀率为 63%，合格率为 96.6%；学校重视技能和动手能力的培养，坚持推行学生“双证”毕业（毕业证书 + 计算机等级证、英语等级证或专业技能证书），双证率达 95%；学生毕业率为 92.4%。

2016 年，学校参加职业院校技能大赛有重大突破，机电一体化设备组装与调试项目获得全国职业院校技能大赛（中职组）一等奖的好成绩；参加第十二届全国中等职业学校“文明风采”竞赛获 1 个一等奖、2 个二等奖，学校获优秀组织奖。见表 2–66。

表 2–66　深圳市第三职业技术学校 2016 年各类大赛学生获奖情况

类别	获奖项目名称	市赛	省赛	国赛
技能大赛	机电一体化设备组装与调试	一等奖		一等奖
	单片机控制安装与调试	三等奖		三等奖
	幼儿语言教育		二等奖	
	制冷与空调设备组装与调试		三等奖	
	计算机硬件检测与维修	三等奖		
	网络搭建与应用	三等奖		
“文明风采”竞赛	我的工匠梦（视频类）			一等奖
	用工匠晋升打造职业“初心”（征文演讲类）			三等奖
	战台风（才艺展示类舞台类）			三等奖

（二）在校体验

学校在“关爱、理解、欣赏”的教育理念的引领下，一方面在教学上从严要求，着眼于为学生成长奠基，为学生发展铺路，加强学生职业技能。另一方面，学校坚持“活动育人”，通过开展全方位多层次的活动，为学生搭建认识自我、展现自我的平台，提供人生出彩的机会。每年有全校性的十大歌手比赛、文艺汇演、篮球赛、毽球赛，学生社团有涵盖公益服务、兴趣爱好、体育运动的社团 24 个，丰富多彩的活动提高了学生对学校的认同度。经问卷调查，毕业生对学校满意度为 95%。

（三）资助情况

自国家对中职学校学生实施助学政策以来，学校严格按照政策要求，对享受国家助学金、免学费的学生进行学习资助，资助金做到公开公正、及时拨付、按时发放。2016 年，学校在校生 2737 人，其中 2715 人获得国家免学费资助，国家免学费资助率达 99.2%，另有 418 名学生因家庭经济困难就读紧缺专业或连片贫困地区等原因获得国家助学金资助，资助金额共 41.8 万元。

（四）就业质量

学校坚持围绕市场需求，着力培养适应深圳社会和产业发展需求的职业技能人才，毕业生就业质量稳中有升，就业分布较广，用人单位对学生的满意度较高。

学校建立了稳定的校企合作关系和合作办学机制，通过校企合作、订单办学，与企业共同制定人才培养方案，根据企业需求培养和输送技能人才，促进学生就业。同时，学校每年定期举办双向选择就业（顶岗实习）招聘会，提高毕业生的就业质量。用人单位对学生的满意率为 85%。

2016 年学校全日制毕业生 723 人，其中就业 702 人（包含升学 247 人，占毕业生总数的 34%），就业率为 97%，对口就业率达 75%，毕业生平均薪酬为 2943 元 / 月，就业质量稳中有升。相比 2015 年，文化艺术类、信息技术类毕业生的初次就业起薪点变化不大，加工制造类的就业起薪点增长了 8%，财经商贸类的就业起薪点增长了 15%。学校毕业生月均收入情况，见表 2–67。

表 2–67　深圳市第三职业技术学校毕业生月均收入情况

专业类	月均收入（元）
加工制造类	3488
文化艺术类	2700
信息技术类	2800
财经商贸类	2783

（五）职业发展

在学生顶岗实习期间，企业反馈学校学生在可塑性、环境适应能力、沟通能力等方面有着竞争优势。而企业对学生不满意的地方主要集中在学生在岗不稳定与缺乏抗压能力，企业认为学生出现问题的主要原因是学生对个人本身、企业以及社会缺乏充分的认知。

和其他中职学校一样，学校部分学生入学时学习能力较差，学习自觉性不够，自信心不足。为此，学校提出从重视学校专业知识传授、专业技能提升转变为专业技能与综合素养融合培养，通过加大学生人文素养的教育，强化德育课，增设选修课，邀请企业人员来校讲座、组织学生到企业参观等途径全面培养学生的综合能力。

同时，学校借助校内校外各类资源，为学生提供实践机会，并在真实的工作实践环境中不断提升岗位适应能力和岗位迁移能力。如与企业合作办专班，将“综合素养、职业精神”与技能教育高度融合，使学生在“软技能”上能贴近社会、贴近企业的需求，岗位迁移能力明显增强。学校开设的“中外运物流班”“观澜高尔夫机电班”“中海物业机电班”“华侨城物业机电班”等，均取得了显著的成效。

三、质量保障措施

（一）专业动态调整

学校紧密围绕地方经济发展，全面调整和优化专业设置和专业结构。到目前为止，学校开设有财务会计、物流服务与管理、机电设备安装与维修、制冷和空调设备运行与维修、计算机动漫与游戏制作、计算机网络技术、电子商务、商务英语、社会文化艺术等 9 个专业，涉及加工制造类、文化艺术类、信息技术类、财经商贸类等 4 个专业类别。2016 年金融事务专业停止招生。

2016 年，学校大力推进专业建设工作，完善由行业专家、校外专家及校内专业教师组成的各专业建设指导委员会，组织召开专业建设研讨会，对学校现有专业人才培养方案进行研讨论证，进一步明确各专业的培养目标和调整方向。

（二）教育教学改革

学校按教学大纲要求选用正规教材，开足公共基础课，专业设置尽可能围绕地方产业发展和新兴产业发展的需要进行开设。随着办学规模的不断扩大，学校的教职工人数也创出新高。同时，学校教职工的平均学历层次进一步提高，年龄结构上老中青合理递进，专业结构更加适应办学需要，一支适应学校发展的教职工队伍已初具规模。

学校大力加强教师的现代信息技术应用能力培养，开展微课课件建设工作，2016 年本校教师制作微课 25 门，学校教师参加职业院校教师信息化教学大赛获全国三等奖 3 个、广东省一等奖 1 个、深圳市一等奖 1 个。

学校坚持不懈地探索教育教学改革，专业建设取得一定成效。2016 年，电子商务专业被确定为深圳市中等职业学校品牌专业，“计算机组装与维护”课程、“会计基础”课程被评定为市级精品课程。

（三）国际合作办学

学校与加拿大康尼斯托加学院达成合作意向，合作组建两个“中加国际班”。该班学生在校完成中职学业后，可以直接到加拿大康尼斯托加学院攻读大专学位。目前，40名国际班学生正在学校接受中职阶段教育。

2016年3月，学校与德国莱茵TÜV集团联合启动学校“机电设备安装与维修”专业的“双元制”改造。德国职业教育专家与学校机电专业教师组成专业建设小组，共同与企业洽谈，共同设计课程体系、设计机电实训室建设方案等。为确保机电系的专业教师具备“双元制”职业教育教学实施能力，德国专家对专业教师进行教学方法及技巧培训，并制定了专业课教师分批去德国进行培训的计划。该计划于暑期开始实施，首批10名教师赴德国培训。

2016年9月，学校首个“中德机电班”正式成立。该班与深圳创维集团合作，学生除了可以考取国内专业证书之外，还将考取莱茵TÜV PersCert“助理电子工程师”国际个人资格认可证书。学生毕业后可双向选择，优秀学生还可以由德国莱茵TÜV组织去德国深造。

（四）教师培养培训

2016年，学校通过校本学习、外出交流、公开示范课、讲座等多种形式，促进教师队伍综合素养和业务能力的整体提升。学校共举办教研讲座6场，开展优质课展示活动4门次，累计组织教师开展各级各类培训活动356人次，其中国内344人次（含国家级12人次，省级23人次，地市级309人次），海外12人次。

为推动学校职业教育的国际化发展，建设一支具有国际视野、具备先进职业教育教学能力的师资队伍，2016年学校邀请德国专家为全校教师进行了3场先进职教理念、课程设计和教学法的培训。为加强班主任基本功培训，2016年学校举办了3场班主任基本功培训。2016年暑假学校组织10人前往德国学习。

（五）规范管理情况

学校高度重视管理规范化和制度化建设，做到依法治校，制定并认真落实《学校管理能力提升行动计划》。2016年，在新形势的要求下，学校组织了专门的人力对学校的制度进行了梳理，删除了不合时宜的条款，增订了缺失的制度。整理编辑印发了《教师手册》《专业教学计划汇编》《职教文件汇编》《教学管理制度汇编》等专业教学管理制度，整理汇编了《行政管理制度》，使得学校的制度建设工作迈上了一个新的台阶。

1. 教学管理

学校教学管理规范，严格按照教育部的教学大纲，制定并执行教学课程计划，保证按规定开齐课程和开足课时。学校设立教学服务与督导部，作为协调和服务各专业系开展教育教学改革的职能部门，结合学校教学改革中的新情况、新问题，及时调整、不断完善教学管理制度，建立了教学质量保障体系、教学工作定期检查制度等。

2. 安全管理

学校安全办按照年度学校安全工作计划，认真落实各项安全工作制度，切实提高师生安全防范意识，确保了学校安全稳定。全年共组织师生参加安全教育培训 8 次，参加师生总计达到 3500 多人次，累计教育培训时长为 30 多个小时，很好地完成了上级安全部门规定的安全教育培训任务。安全保卫方面，按照辖区派出所要求，购置各种治安防范用具，加强安保值班人员培训，保证了师生的校园安全。

3. 财务管理

严格执行国家财经制度，结合学校的具体情况制定学校财务管理制度。重新修订了学校财务管理制度和固定资产管理制度；执行相关文件共计 49 份；历经各类审计 4 次，评价良好；严格执行各类收费标准，不断降低办学成本。

（六）德育工作情况

2016 年度，学校在德育工作委员会的推动下，以各系为主体，通过每月一活动主题、每月一总结例会、每月一常规抽查，将德育工作做实、做细，充分发挥育人功能。通过周一唱国歌、班级环境评比、板报评比、广播站、学校微信平台等活动和载体，全方位、多角度开展德育工作，着力营造德育氛围，发挥环境育人作用，形成德育合力。坚持落实“关爱、理解、欣赏”的教育理念，关注每一个学生的成长。

注重学生心理健康教育，通过开设学生心理健康课程，举办“阳光心态 快乐成长”心理健康主题教育活动月，开展珍爱生命主题班会课等形式，引导学生热爱生活，珍视生命，帮助学生了解和掌握青春期心理适应的技巧，培养调控心理的能力，促进学生身心健康的全面发展。学校开展 2014、2015 级学生心理普查工作。通过普查，发现心理预警学生 60 人。学校随即开展了预警学生跟踪工作，通过访谈和重点关注，这部分学生的心理健康状况有了很大改善，同时也影响了更多的学生关注自己的心理健康。

充分发挥学校团委、学生会、系学生分会的积极作用，开展优良的班风学风建设活动，倡导和积极推进学生自主管理。加强学生社团建设，营造健康活泼的校园文化，现有 24 个社团运作顺利，学生参与度高。积极组织和参加全国中等职业学校文明风采竞赛，开展丰富多彩的文体活动，营造生动活泼的校园文化。同时，为增强学生对学校的认同感，建立自信心，学校组织各类学生喜闻乐见的文体活动，如校园十佳歌手比赛、“放飞中国梦、唱响校园情”合唱比赛、法制征文比赛、学生辩论赛、班级板报评比大赛和篮球比赛等。通过让学生们自己组织、自主策划、构思节目，锻炼学生的组织能力和交际能力，提高了学生的综合素质。

（七）党建工作情况

2016年度，学校党支部在市总工会机关党委的正确领导下，围绕学校教育教学中心工作，扎实开展各项党建工作，坚持不懈地开展“两学一做”学习活动，不断完善组织架构，充分发挥学校党支部的政治核心作用和战斗堡垒作用。通过邀请市委党校专家做专题宣讲以及全体党员集体学习、分组学习和个人学习等灵活多样的方式，深入贯彻学习十八届六中全会精神。积极开展“两学一做”学习教育，制定《开展“两学一做”学习教育工作方案》，认真落实“三会一课”制度。组织学习《中国共产党廉洁自律准则》《中国共产党纪律处分条例》等文件，完善《党政联席会议制度的实施细则》《廉政风险防控工作实施方案》等制度建设，设立党风廉政建设意见箱，努力营造学校风清气正的良好环境。开展纪律教育月、廉洁读书月、参观深圳监狱等系列教育活动，使全体党员对于党章、党规、党纪有了更深刻的认识，并努力将党性修养体现在日常教学工作中。扎实开展党员排查、党支部换届、发展新党员、党费补缴等基层党建工作。完善党小组学习制度，进一步明确学校党支部组织架构及支部委员分工，提升支部的管理效率和工作水平，使学校党建能更好地服务于教育教学工作。

四、校企合作

（一）校企合作开展情况和效果

2016年度，学校与54家企业开展校企合作，其中包含市级实训基地7家、校级实训基地7家，接纳实习生205人，占全校总实习人数的30%。与校企合作企业共同开发课程5门、开发教材3种。

本年度学校对校企合作情况开展了专项调研，形成了《学校校外实训基地巡查报告》，较全面地总结了校企合作的现状，指出存在的问题，同时也提出了建议与解决问题的办法。学校组织召开了年度实习就业工作研讨会，推动学校实习就业工作的深入开展。本年度学校新增2家市级校外公共实训基地、3家校级校外实训基地，新增12家合作企业。

同时，各系都在积极探索与企业合作办学的新模式。如开展企业订单班，开展企业实训课程进课堂，组织学生与企业合作开展商业实战等，各系的校企合作呈现出百花齐放、推陈出新的局面。

（二）学生实习情况

学校2016届毕业生就业率、对口就业率稳步提升，毕业生受到用人单位的普遍好评和社会的广泛认可。企业反馈学校学生在可塑性、环境适应能力、沟通能力等方面有竞争力。2016年顶岗实习毕业生共523人，其中企业录用508人，顶岗实习对口381人。

（三）集团化办学情况

学校作为深圳市第一职业教育集团成员单位，积极参与集团的各项办学活动。2016年，集团以学校为牵头单位，组建了集团机电专业委员会，努力推进在机电专业领域的集团化办学，实现各成员单位的资源共享、优势互补、携手发展。

五、服务贡献

（一）技术技能人才培养

1. 人才培养情况

学校 2016 年毕业生共 723 人，有 40 名学生因学分未达到标准未能按时毕业，毕业率为 95%，参加高职类高考的有 309 人，被高职学校录取的有 247 人，升学学生占毕业生总数的 34%。其他 66% 的学生毕业后就业。就业岗位的专业对口率为 75%。

2. 资格证书获得情况

学校实行学生“双证”毕业，要求中职学生在毕业时应至少考取一个与专业相关的职业技能证书（计算机等级证、英语等级证或专业相关的职业资格证书）。本年度，学生各类职业资格证书的获得率为 95%。

除取得计算机等级证外，各系毕业生专业技能证书的获取情况，因各种原因有较大差别。其中计算机系相关专业的学生，CoerlDRAW 高级证书通过率达 86%，Photoshop 中级证书通过率达到 91%；财经系会计专业会计上岗证的考证通过率达到 47.2%，远超社会培训机构的通过率，也大幅超过我市其他同类学校该专业学生的平均通过率。但有些专业，如机电设备安装与维护专业，学生专业技能证书获取情况大幅度下降，从 2014 年的 82% 下降到 2016 年的 37%，原因是深圳市有关部门出台政策，不允许 18 周岁以下的学生考取电工上岗证等职业资格证书，致使大部分学生在毕业前无法完成相关考试，这阶段性地拉低了学生专业资格证书的获得比例。学校全日制毕业生获专业职业资格证情况，见表 2-68。

表 2-68　深圳市第三职业技术学校 2016 年全日制毕业生获专业职业资格证情况

系别	专业名称	毕业生数（单位：人）		
		小计	获得职业资格证	比例（%）
财经管理系	会计	95	45	47.4
	金融事务	46	26	56.5
机电与检测系	机电设备安装与维修	110	41	37.3
	制冷和空调设备运行与维修	28	15	53.6

续表

系别	专业名称	毕业生数（单位：人）		
		小计	获得职业资格证	比例（%）
计算机信息系	计算机动漫与游戏制作	83	62	74.7
	计算机网络技术	77	21	27.3
	电子商务	145	93	64.1
文化与艺术教育系	商务英语	42	18	42.9
	社会文化艺术	97	89	91.8
合计		723	410	56.7

注：上表职业资格证不含学生获得的计算机一级等级证及英语等级证书。

（二）社会服务

学校作为市总工会推进职工素质提升工程的重要阵地，积极面向企业和职工开展职工素质教育和技能培训。2016 年，学校共完成各类实名制专项及技能培训 19277 人，其中培训企业班组长 7760 人，培训国际化质量人才 3422 人，职业技能培训 3965 人，培训本市及内地基层工会干部 4130 人。送教上门，学校深入 250 多家企业开展职工农民工素质教育讲座 553 场次，5 万多职工农民工受益。

2016 年，学校作为全国计算机等级考试考点（考点代码 440139）之一，完成校内外共计 1198 名考生的考试工作。

（三）对口支援

学校与贵州毕节市七星关区中等职业技术学校签订协议，开展精准扶贫，承担结对帮扶任务，带动内地薄弱学校共同发展。

六、举办者履责

（一）经费

作为财政差额拨款单位，学校在办学经费供给上与其他市属中等职业学校有所不同，表现为人员经费有一定缺口，需要学校自筹解决。作为学校主办单位，市总工会通过上级补助的方式，支持学校解决部分办学经费之不足；学校也需要面向社会更多地开展培训服务，获取经营性收入。

1. 年度办学经费总收入及结构。见表 2-69。

表 2-69 深圳市第三职业技术学校 2016 年收入情况

项目		2016 年经费收入（元）	占总收入比例（%）	说明
办学总收入		74823447.48		
1	财政拨款收入	52309661.28	69.9	市财政核拨补助经费
2	上级补助收入	15829038	21.2	深圳市总工会核拨专项经费
3	经营收入	2776746	3.7	学校技能培训等短训班收入
4	事业收入	3877004.60	5.2	学校业余中专学费收入以及与天津大学、奥鹏等高校合作开办的专本科学费收入分成
5	其他收入	30997.60	0.04	银行利息收入

2. 年度办学经费支出

2016 年度，学校支出合计 74456589.17 元。其中，工资福利支出 19535970 元，占总支出的 26.24%；商品和服务支出 2358009.6 元，占总支出的 3.17%；对个人和家庭的补助支出 12116605 元，占总支出的 16.27%；项目支出 37669258.57 元，占总支出的 50.59%。经营支出 2776746 元，占总支出的 3.73%。

收支结余 366858.31，提取职工福利基金 110057.49 元，转入事业基金 256800.82 元。

（二）政策措施

1. 制定学校章程

2016 年，学校制定《深圳市第三职业技术学校章程》《深圳市第三职业技术学校理事会章程》，并提交深圳市总工会党组审议通过和市编办审核批准。

2. 落实教师编制

为保障学校办学事业的顺利开展，加强师资队伍建设，市总工会向市编办提出进一步扩大学校编制的申请。同时利用现有编制，通过公开招考和选聘，招聘了 9 名事业编制教师和 19 名临聘教师（劳务外包）。

3. 推进新校区建设

市总工会和学校积极推进学校坪山新校区建设。新校区位于深圳坪山区田头社区，占地面积 86832.8 ㎡，建筑面积 80767 ㎡，办学规模为全日制学生 3000 人，由市政府投资 3.5 亿元建设，市建筑工务署承建。2016 年 10 月主体建筑已全部封顶，2017 年 9 月将投入使用。

七、特色创新

（一）大力推进国际化职工培训

学校在市总工会的支持下，与德国莱茵 TÜV 集团合作，从 2015 年开始推出面向深圳企业职工的国际化质量管理人才专项培训。其中，2016 年度共开设 21 门国际化课程，向全市近 2000 家建立工会的单位发布培训信息，报名人数 5722 人，实际开班 59 期，实名制培训人数 3432 人，覆盖全市规模企业 381 家。学员取得国际资格证书的比例达到 40% 以上，对项目的整体满意率为 97.3%，对课程的综合满意率为 93.9%。本项目既满足了职工培训的品质优化需求，也体现了学校职业教育服务产业发展的特色。

（二）实施第九届“圆梦计划”，打造教育帮扶品牌

由市总工会主办，市职工继续教育学院（市三职校）承办的“圆梦计划”自 2008 年启动以来，到 2016 年已是第九个年头。“圆梦计划”旨在为那些在深圳工作表现优秀、求学上进但家庭困难的职工农民工提供公益性的学习机会，在全国首创对农民工和困难职工实施公益性高等学历教育的范例。九年来“圆梦计划”累计为 6526 名优秀农民工和困难职工提供公益性的高等学历教育学位，为 2 万多名职工农民工提供了公益职业技能培训和中等职业教育学位。市总工会为每位参加成人大专、本科学习的困难职工提供 4000 元学费资助。

作为活动的承办单位，学校精心组织实施第九届“圆梦计划”，学校深入 200 多家规模企业进行推广，组织了 20 多个批次的入学考试，择优录取 500 人，并超额完成技能培训等帮扶任务。在“圆梦计划”实施过程中，学校重点加强学历帮扶的规范运作和培养质量，从社会和企业的广泛发动、入学考试、资格审核、录取公示、教学辅导、学员教育、课程考试等环节严格要求，打造“圆梦计划”质量品牌。

八、问题与展望

（一）师资队伍质量有待提高

目前，学校专任教师共 116 人，其中副高及以上职称 9 人、中级职称 31 人，中高级职称教师占专任教师总数的 34.5%，专任教师职称偏低。学校已向市编办提出扩大学校人员编制、加强师资队伍建设的申请，同时将加大教师的培养力度，不断加强师资队伍建设，提高教师队伍的整体水平。

（二）校企合作深度有待加强

在目前的校企合作模式中，学校既要完成理论课程的教学，还要实施各类实践、实训教学，企业仅被动协助、配合学校的教学任务。如何提高、激励企业的参与度和积极

性仍是一个需要政府、行业企业、学校共同探索的重要课题。学校将加强国际合作、校企合作工作力度，尽快推动学校校企合作水平跨上新台阶。

（三）基础设施建设有待提升

由于学校新校区尚未投入使用，学校校舍严重不足，实训室及各类功能室的建设也受到限制，影响到学校教育教学工作的开展，也影响到学校基础办学能力的提高。加强学校软硬件设施建设，将是学校未来一个时期重中之重的工作任务。

（深圳市第三职业技术学校　刘瑞斌　张　晶）

第七节　深圳市福田区华强职业技术学校 2016年度教育教学质量报告

深圳市福田区华强职业技术学校位于深圳市福田区，下设信息技术部、商贸旅游部、动漫艺术部、财经部 4 个专业部和公共基础部，开设有计算机应用、计算机网络技术、计算机动漫与游戏制作、金融事务、物流管理、涉外旅游、商务礼仪等 12 个专业。

学校创办于 1986 年，2004 年被教育部认定为国家级重点中等职业学校。2010 年被教育部、人力资源和社会保障部授予“全国中职学校德育先进集体”称号。2015 年，学校通过评估验收，正式被确定为“国家中等职业教育改革发展示范学校”，同年入选“中国职业教育百强校”。2016 年，学校被国际环境教育基金会评为“国际生态学校”。

一、办学规模与条件

（一）办学规模

学校拥有五个校区，即主校区和东、南、西、北四个分校区。见表 2–70。

表 2–70　深圳市福田区华强职业技术学校校区分布情况

校区	地址
主校区	福田区景田南四街 1 号
东校区	福田区红荔路 3008 号华新村内
南校区	福田区滨河大道新沙街 2–1 号
西校区	福田区农林路 61 号
北校区	福田区景田北三街 4 号

学校总占地面积为69710平方米（其中校本部占地23516平方米），建筑面积55266平方米。固定资产总计100958982.72元。

（二）学生情况

1. 招生规模

学校2016年招生1159人，与2015年基本持平。

2. 在校生规模

学校现有在校生3431人，其中，2014级1121人，2015级1151人，2016级1159人，巩固率达99.65%。男女生人数基本相当，男生1747人，女生1684人，男女生比例为1.04 ∶ 1。

3. 毕业生规模

学校2015年毕业生995人，2016年毕业生1018人，与上一年相比毕业生人数增长2.3%。

4. 培训规模

为提高毕业生质量，学校制定“学分制”“双证制”等严格的毕业制度，学生须修满规定的学分，并取得与所学专业相对应的职业资格证书方可毕业。2016年毕业生双证率为95%。2016届毕业生获取资格证书情况统计，见表2–71。

表2–71　深圳市福田区华强职业技术学校2016届毕业生获取资格证书情况

职业资格证书名称	获取证书人数	人均获证（个）
全国计算机等级考试一级合格证书	874	2.78
全国英语等级考试一级合格证书	583	
全国英语等级考试二级合格证书	83	
全国计算机信息高新技术办公软件应用模块高级操作员证	393	
广东省中等职业技术教育专业技能课程考试合格证书——会计	262	
广东省中等职业技术教育专业技能课程考试合格证书——美术	189	
保险代理从业人员资格证	126	
锐捷认证网络管理员	89	
会计电算化高级操作员证	88	
广东省中等职业技术教育专业技能课程考试合格证书——音乐综合	46	
广东省中等职业技术教育专业技能课程考试合格证书——旅游	39	
会计从业资格证	35	
初级茶艺师	18	

（三）教师队伍

1. 人员配置

学校现有专任教师 226 人，生师比为 15 ：1。学校聘任兼职教师 9 人，占比 4%。

2. 师资结构

专任教师中拥有本科以上学历的有 224 人，占比 99%；硕士以上学历的有 54 人（含博士 1 人），占比 24%。专任教师中高级职称教师 72 人，占比 32%。专业教师 90 人，其中“双师型”教师 87 人，占专业教师的 96.5%。

3. 建设成效

现任教师中，荣获各级政府行政部门表彰的有 32 人，其中，全国优秀教师 2 人，“南粤优秀教育工作者”称号 1 人，“南粤优秀教师”称号 2 人，省级优秀教师 2 人，“福田区优秀园丁”2 人，市行政部门表彰 16 人，市、区学科带头人及中青年骨干教师 8 人。

（四）设施设备

学校建有设备一流的现代化实训中心，是广东省中等职业教育实训基地，广东省现代教育技术实验学校。

1. 网络技术实训中心优质高效

学校按照规划和信息科学技术的发展，以专业教学、科技发展以及社会化培训需求为依据，整体规划扩建集教学、科研、培训、技能鉴定等多种功能于一体的“网络技术实训中心”，逐步形成了完善的管理制度、基于工作任务的实训项目，培育了一流的指导教师，使网络技术实训中心成为学生实践教学基地、计算机网络技术职业技能训练考核鉴定基地。

2. 设施设备基本满足需求

2016 年设备投入比上年增加 240 万元，实训实习工位数比上一年增加 112 个。学校在原有的网络基础模块实训室的基础上扩建网络实训室，增加网络存储模块、网络安全模块及相应的教学模块。学校新建 1 间云计算实训室和 1 间电子商务实训室，用于云计算专业方向核心课程的开发和电子商务相关课程的实施，并对原有的动漫实训室进行了升级改造。

（五）条件保障

1. 办学经费

2016 年政策性经费全部落实到位，生均拨款 5500 元。项目经费 617.58 万元，主要包括设备购置、校内实训基地建设、师资队伍建设、专业人才培养方案和课程建设、校企合作与社会服务等内容。

2. 发展措施

深圳市委、市政府、市教育局和福田区政府对职业教育在政策层面给予了高度支持，充分保障了学校的可持续发展。2016 年，学校组织写作小组，反复论证修改，群策群力，拟订了《华强职校“十三五”发展规划》并提交教代会讨论，全票表决通过。此规划明确了学校发展思路、发展战略、总体目标和具体目标，提出了主要任务、重点措施以及改革创新的重点项目。

3. 学生资助

学校认真落实国家免学费和助学金政策，2016 年上学期共发放助学金 608000 元，免学费 5204485 元；2016 年下学期共发放助学金 576000 元，免学费 5367175 元。见表 2–72。

表 2–72　深圳市福田区华强职业技术学校 2016 年国家助学金一览表

学期	在校生数（人）	免学费人数	免学费金额（万元）	资助比例（%）	助学金人数	助学金金额（万元）	资助比例（%）
2016 春季	3315	3263	520.4485	98.4	608	60.8	18.40
2016 秋季	3431	3365	536.7175	98.1	576	57.6	16.80

二、教育教学改革

（一）明确“深造、就业+”人才培养目标

为了解决中等职业教育人才出口，学校长期推行“深造 + 就业”人才培养目标。随着学校办学水平的提升，以及社会和用人部门人才需求的变化，2016 年学校将人才培养目标调整为“深造、就业 +”，“+”代表着更好地就业，代表着毕业生走入职场后无限的可能性，代表着学生良好的学习能力、岗位适应能力和岗位迁移能力。为实现这一目标，学校调整了部门工作目标，在教育教学及管理各环节采取了一系列的相应措施。

（二）建立专业动态调整机制

1. 专业结构不断优化

学校现有 12 个专业：计算机应用、计算机网络技术、计算机动漫与游戏制作、艺术设计、商务礼仪、金融事务、会计、电子商务、物流服务与管理、商务英语、旅游服务与管理、酒店服务与管理（与新加坡博伟学院合作）。其中，艺术设计专业是 2016 年根据市场调研及学校师资情况调整设立的专业，目前这一专业已招收一届学生。

2. 拓展国际合作专业

学校经过前期调研论证，结合深圳市职业教育国际化战略，确立与德国开展合作办学，新开设“机器人专业”，将纳入 2017 年招生计划。此外，学校经与泰国博仁大学协

商，将与该校开展国际合作办学。

随着国际合作项目的拓展，学校在原有信息技术部、财经部、动漫艺术部、商贸旅游部等 4 个专业部基础上新增设置国际部，开展国际合作办学研究和教学管理。

（三）促进教师培养培训

学校的核心竞争力在于拥有一支强有力的教师队伍，为了打造有战斗力的师资团队，学校积极打通师资培养通道，帮助教师成长成才。

1.“青蓝工程”助力新教师成长

2016 年学校新入职 9 名教师，为了帮助新教师快速适应岗位，学年初，结合福田区教育局的教师培训活动，学校开展新入职人员系列培训，从学校管理要求、工作生活指导、学科教学标准、学生特点等方面予以指导，并委派专人担任指导教师，一对一跟踪指导新教师全年的岗位工作，让新教师迅速进入工作角色。年度教学测评统计结果显示，全部新入职教师测评分均在 90 分以上。

2. 以赛促训、以训促教，提升教师业务水平

学校积极鼓励教师指导学生参加各类技能竞赛以及参加教师业务竞赛。根据竞赛需求，有针对性地开展项目专项培训，培训形式包括外派学习、团队教研、外聘专家跟队指导。2016 年上半年有李晓雯等 59 人次、下半年有李永剑等 23 人次教师获得“优秀指导教师”奖。罗文静、沈琳老师参加全国中小学信息技术与创新实践活动“班主任信息化技能评优”比赛，双双荣获一等奖；谭祥、任志豪、朱琳、胡云杰、甘丽娜等教师在省、市信息化教学大赛中获得好成绩。唐思思、郑宏丽老师获得广东省中职教师技能比赛二、三等奖。毛晔等 3 位老师获市教师各类技能竞赛特等奖和一、二等奖。2016 年广东省中等职业技术学校田径运动会上，吴剑雄老师被评为广东省“优秀教练员”；梁俊迪老师被评为广东省“优秀裁判员”。

为了让更多的老师能参与各项竞赛活动，学校定期举办业务分享报告会，让有经验的教师分享工作经验，促进教师整体水平的提升。2016 年开展了技能竞赛教练分享报告活动、班主任技能竞赛获奖教师分享报告活动、信息技术提升课堂教学设计课题研究成员微课技术分享活动等等。

3. 立足课堂教研，全面提升教师教学水平

2016 年为了促进常规课堂教学质量，学校邀请区数学、英语等学科教研员到校驻点听课评课，有针对性地研究课堂教学策略，取得了非常好的效果。学校每年举办 1 次青年教师教学竞赛活动、1 次骨干教师优质课展示活动，通过磨课、课堂展示、评课等研讨环节，生动地展示了课堂教学艺术，让教师授课水平在观摩和比较中得到提升。此外，学校邀请市教学评价专家针对电子阅卷系统的质量分析模块进行重点培训，让全体

教师熟练掌握数据分析的技巧，利用数据来分析学生知识与能力模块的掌握情况，从而能及时调整教学内容和授课策略，真正有效地指导课堂教学。

（四）打造教学科研专家团队

学校在深圳市职业院校教育科研专家工作室周跃南工作室的基础上，吸引外部资源，激活内部动力，积极引进广东现代教育研究院作为学术指导机构，并在此基础上成立了华强职业教育研究所。同时，在校内根据职业教育重点研究方向，招募志愿者，成立了“郑娟专业建设研究”工作室、“耿贝中职生职业核心能力培养研究”工作室、“刘蓉蓉班主任工作研究”工作室、“蓝贞珍导生制专业教学研究”工作室。这些工作室依托华强职教集团的专家指导委员会，开展职业教育教学的各项研究工作，打造了一支融学校、企业行业、研究机构于一体的专家团队。

在科研专家团队的支持下，学校老师科研积极性高涨。2016 年学校结题 1 项区级课题，新增 2 项区级课题。目前，有 6 项国家级、市级、区级科研课题以及一批校级课题正在研究实施中。这些课题都是围绕职业教育教学一线的重点难点问题开展的积极探索。2016 年，学校物流服务与管理专业顺利立项为深圳市中等职业学校“品牌专业”建设项目；财经专业“会计电算化”“企业会计岗位核算”2 门课程立项为深圳市精品课程。

（五）规范学生实习管理

1. 按计划完成实习任务

学校 2016 届直接就业学生 219 人，在开学不到三个月的时间，基本都到各个企业参加顶岗实习，实习率 100%。2016 年 9 月，新高三需直接就业学生 140 人，到 12 月止，98% 的学生已到各个企业顶岗实习。用人单位对学生的实习情况亦反映良好，表扬学生素质好、懂礼貌、工作热情主动。学生单位实习鉴定表表明，99% 的学生实习成绩均为优秀。

2. 建立实习跟踪指导制度

学校建立了实习跟踪指导制度，实习指导教师定期到实习单位了解上岗学生的实习情况，掌握学生上岗后的思想动态和用人单位的意见。实习指导期间，教师工作踏实、负责，能克服各种困难，经常和学生及各用人单位沟通、联系，指导学生的思想和业务工作，全面了解实习单位对实习生的岗位职责、业务技能等方面的要求，并及时分析实习学生的工作情况，帮助学生解决实习过程中存在的各种问题。实习指导老师勤奋、踏实、严谨、认真的精神和强烈的责任心，受到学生及许多用人单位的好评。

（六）创新竞赛管理，再创竞赛佳绩

虽然学校技能竞赛取得的成绩越来越突出，但是，在竞赛组织和管理上还是存在不

少漏洞，如奖励制度不够完善、场地设备管理不规范、考勤制度存在漏洞、管理环节缺少细节要求等等。有鉴于此，学校在技能大赛的项目立项、训练辅导、校内外交流、组织参加各级比赛等管理环节上都通过教学研讨会的模式进行研讨，并修订完善了《学生竞赛管理制度》。

1. 实行三级技能竞赛管理制度

（1）学校管理层。由校长、主管竞赛的副校长及教学处主管竞赛项目的主任组成，负责学校师、生技能竞赛的策划和管理工作，组织参加市、省、国家等各级教育行政部门举行的技能大赛，审批参赛项目，准备和协调竞赛训练场地、竞赛场地、竞赛设备，为各级竞赛项目的备赛和竞赛提供后勤保障，担任省、国赛的市级领队，开展对竞赛的总结和奖励。

（2）项目负责人。由专业部的正副部长、科组长或具有丰富竞赛辅导经验的导师组成。每个竞赛项目可设一至两个项目负责人，负责策划和管理所负责的竞赛项目，申报竞赛项目，指导老师的备赛和参赛，对备赛和参赛过程进行常规管理，担任市赛、省赛的校、市级领队，开展所带项目的备赛，负责总结参赛经验和上报项目的参赛结果。

（3）指导老师。由竞赛项目所属专业的专业水平比较高、工作认真负责的骨干教师组成。负责学习竞赛规程，选拔和训练参赛选手并做好训练过程的工作日志，组织所带项目的学生参加竞赛，管理训练场地和设备，填报辅导日志，督促参训学生完成训练周记，进行备赛和参赛过程中的学生管理，总结所带项目的备赛、参赛经验，总结和上报项目的参赛结果。

2. 实现技能大赛分级管理

技能竞赛包括由各级政府或教育部门组织、经学校批准同意参加的技能竞赛，包括教师竞赛和学生专业技能竞赛；其他类型的不属于本管理制度范围内的竞赛，可参照有关文件办理。技能竞赛分为 A 类、B 类和 C 类：A 类为全国或省市教育行政部门组织的大型技能竞赛，采用现场竞赛形式；B 类为全国或省市教育部门职业教育学会组织的大型技能竞赛，采用现场竞赛形式；C 类为全国、省、市、区教育部门组织的学科单项竞赛，采用现场或交作品形式。

3. 细化、模板化管理细节

明确竞赛项目立项流程，将细节管理要求表格化，通过辅导记录建立师生互相监督的考勤制度，加入惩罚原则。辅导期间辅导老师和参训学生按本管理规定的要求做好日志和周记，辅导竞赛期间，虚报辅导时间的，一经查实每天扣 200 元，扣款从当月辅导补助中扣除。三次出现这种情况，报学校通报批评。

2016 年，学校在市、省、国家职业院校（中职组）技能大赛中取得的优异成绩得到了各级教育主管部门领导的高度肯定，全国兄弟学校翘拇指称赞，深圳市各大新闻媒体也做了专题报道。

（七）坚持德育工作落实

学校历来重视学生的思想政治教育，通过多种途径提高学生的思想政治素养。

1. 完善德育工作体系

根据国家教育部的要求，一年级开设了“职业生涯规划”“职业道德与法律”“心理健康”3门课程，引导学生逐步树立理想信念，完善健康人格，学习职业道德和基本法律知识。二年级开设“政治经济与社会”“哲学与人生”2门课程，使学生了解社会、懂基本的哲学原理，引导学生树立社会主义核心价值观，拥护中国共产党的领导。此外，学校还根据社会、企业对中职毕业生的需求开设了特色校本课程《职业核心能力培养》，因贴近实际，深受学生欢迎，对提高学生的思想政治素养起到了很好的主导作用。

2. 彰显校园文化特色

学校以宣传栏、黑板报和校园文化墙为主阵地，打造“书香人雅”文化氛围，培养人文素养，创造丰富多彩的育人环境。在校园、教室、走廊、办公室、会议室及运动场等区域布置文化标识和宣传标语，文明气息处处洋溢，文化氛围浓厚。

3. 培养学生干部的领导力

学校建立健全团委学生干部管理制度，加强培养力度，严格学生会选拔和工作制度，进一步完善考核制度，树立干部形象，提高工作能力。2016年校团委荣获福田区“优秀团支部”称号；两个班获得福田区“优秀团支部”称号；徐懿维老师被评为深圳市“优秀团干”；赖俊博同学获广东省“优秀团员”称号。

4. 社团活动展风采

学校组建了音乐社、舞蹈社、动漫社、绘画社等16个学生社团，社团成员共450余人，举办了社团周汇演活动，效果显著。环保义工社在“全国第十四届‘赛莱默’杯全国中学生水科技发明比赛暨斯德哥尔摩青少年奖中国地区选拔赛总决赛”活动中获得三等奖；魔术社在文明风采竞赛活动中获得才能展示类优秀奖。

三、学校治理

（一）党建工作

中共华强职校党委成立于2013年12月31日。至今，共有党员112名，在职在岗党员95名，下设3个党支部。3个党支部均于2016年7月进行了换届选举，党委于2016年12月6日进行了换届选举，新一任党委成员共7人。党委于2016年12月按时完成了所有党费的补缴工作。

1. 积极开展各项党建活动

认真学习及贯彻落实十八大，十八届三中、四中、五中、六中全会精神以及习近平总书记系列重要讲话精神；定时召开党员大会及支部生活交流会；认真开展了“两学一做”动员会、交流会、学习会及青年党校座谈会；顺利完成了校党委及 3 个党支部的换届选举工作。

落实入党积极分子的培养工作，把好入党积极分子发展关，做到成熟一个，发展一个。2016 年有一位预备党员转正，三名同志向组织递交了入党申请书。继续开展青年党校专题学习，青年党校的学生学习了习总书记关于长征的讲话，发表了自己对长征的理解，并在烈士陵园进行宣誓。

2. 发挥党员先锋模范作用

继续坚持党员目标管理制度和民主测评制度，培养党员树立自我约束意识。在 2015 年底全校职工对在职党员测评的基础上，2016 年学校先后组织“抓住机遇、务实进取、开创学校新发展的新局面”“华强校内旗帜扬、党徽闪熠耀荣光”“践行党的标准、做合格党员”三项活动。

实施三个“结对工程”，即一个支部结对一个教学专业部、一个党小组结对一个备课组、一名党员结对一名教师。通过结对发挥党员带头作用，打造先进的教师群体。

3. 深入细致开展思想政治工作

坚持以人为本，把尊重人、理解人、关心人的理念落实到具体工作中，注重人文关怀，对职工在工作、家庭生活中遇到的问题和困难，尤其是在职务变动、岗位变动、职工家庭生活中出现较大变故时，学校采取领导、党员骨干和群众三结合的方法，先后对 2 名思想波动较大的职工谈心，积极主动地给予真诚的关心和帮助，充分发挥了思想政治工作化解矛盾、克服消极因素、调动积极因素的作用。在党员职工结婚、生育、住院等特殊时刻看望慰问共 7 人次。

（二）制度建设

学校坚持“严格 + 规范”的管理，做到两个结合：一是制度管理与情感管理相结合，制订了一系列规章制度，并用它来约束和规范师生的行为，做到严格依章办事；二是目标管理与过程管理相结合，做到有计划、常总结、勤检查、促落实，力求把问题解决于管理的过程之中。

1. 细化、落实规章制度

2016 年，学校先后出台《华强职校技能大赛备赛管理规定》《华强职校社区学院学员守则》《华强职校社区学院班长行为公约》《华强职校社区学院教师管理规定》等制度。为落实各项规章制度，学校加强管理队伍建设，先后开展了学校中层管理队伍培训、班主任队伍培训。

2. 与时俱进制定学校新章程

2016年，根据上级有关新要求，成立了章程制定领导小组和章程起草小组，起草了《深圳市福田区华强职业技术学校章程》征求意见稿，并广泛征求学校行政管理干部、各处室负责人、教师代表的意见。在此基础上，学校领导、各处室负责人、各校区负责人、法律顾问、教师代表、家长代表、学生代表和特邀的学校章程专家一起开会讨论。根据论证会的意见修改完善后，学校章程在第五届教职工代表大会第三次会议上专题讨论通过，并最后通过福田区教育局核准。

3. 强化校园安全管理

学校制定了突发事故等11个相关应急预案，建有学校安全网站，定期组织师生开展疏散逃生演习。2016年11月28日，学校配合辖区反恐办在学校一楼阶梯课室举行了"《反恐法》进校园宣传活动"，派发了《防范恐怖袭击手册》。

（三）校企合作

1. 校企合作开展情况和效果

学校与200多家企业进行校企合作，如国泰安信息技术有限公司、神州数码网络有限公司、深圳市水晶石科技有限公司、深圳音乐厅、华侨城茵特拉根酒店等。学校与企业在课程开发、资源库建设、教师技能提升、兼职教师队伍建设等方面进行了长期深入的合作，推动了企业进校园，学生进企业的步伐。

2. 不断拓展实习实训基地

2016年，中航物业管理有限公司中心区分公司、广州市福思特科技有限公司、大连中盈创鑫商品经营有限公司深圳市分公司、深圳星载电子有限公司、深圳松大科技有限公司等5家企业和学校签订了校企合作协议。截至目前，已有27家企业成为学校固定实习基地，中国长城计算机深圳股份有限公司、深圳市水晶石数字科技有限公司成为学校实习实训基地。

3. 持续深化校企合作

合作企业——深圳市银雁金融配套服务有限公司每年在学校招聘学生顶岗实习及就业。2016年，该公司对学校财经部两位教师进行了金融客户服务培训，并接受了金融专业一个班学生的实训指导课实训教学工作。这为学生提高就业能力、拓宽就业渠道奠定了良好的基础。

深圳音乐厅是商务礼仪专业重要的校外实习基地，也是学校"真岗实做"的重要示范基地。2016年，学校组织了商务礼仪专业20多位同学在音乐厅接受岗前培训，并开始场务服务实习。学生热情规范的服务得到音乐厅领导和市民观众的称赞。学校与深圳音乐厅的深度合作为培养和提高商务礼仪专业学生的能力、宣传展示学生形象提供了很好的窗口。

（四）集团化办学

2013 年 4 月，经深圳市教育局批准、福田区政府和区教育局同意，由学校牵头组建深圳市华强职业教育集团（简称“华强职教集团”）。华强职教集团是由政府主导，集企业、学校、行业协会、培训机构及其他社会组织于一体自愿组成的合作共同体，以校企合作、共建共享、互惠互利，共赢共长为原则。

2016 年 12 月，华强职教集团从成立初期首批成员单位 58 个发展到 69 个，净增加成员单位 11 个。华强职教集团总部设在我校，集团设理事会和秘书处，下设若干专家委员会、顾问委员会、专业建设委员会、就业指导委员会。理事会为集团最高决策机构，理事会理事长为华强职校周跃南校长。

（五）生态校园工程

针对中职生少了升学的巨大压力、多了动手实践的特点，将环境教育和学校素质教育结合起来，将环境教育和丰富多彩的活动结合起来，开展生态校园工程。发挥学生核心作用，发动全校师生广泛参与。

1. 师生齐参与，营造共建良好氛围

在制定生态章程时，学校采用了更加环保的问卷调查形式，请师生们登录网站或扫二维码答卷。广泛征求学校师生意见，共有 2160 位师生参与问卷调查，确定了学校的生态规章，以口号的形式呈现，即：细微之处保护生态，举手之间彰显文明。告诫师生，养成良好的环保习惯，从衣食住行的细节做起，节能环保，保护生态，彰显文明。

在环境评审过程中，学校设计了《华强职校校园环境评审问卷》，学生问卷发出 2050 份，回收 1667 份，回收率 81.3%；教师问卷发出 200 份，回收 172 份，回收率 86%。正是师生们的广泛参与，才确定了学校创建国际生态学校工作行动计划的主题。

2. 学生唱主角，演出创建精彩大戏

激发学生主观能动性，引导学生创造性开展各项工作，是我们创建生态学校的总原则。在创建工作的每一个环节，学生都是绝对主角，问卷调查、数据采集和统计、落实行动计划、撰写调研报告、监测评估报告等工作，都是由生态委员会的学生成员完成。组织师生参加各项环保实践活动，如参加世界环境日全市大型活动、参观华星光电等，都是由绿色记者站小记者采写稿件、宣传报道。

生态委员会成员由学生、教师、学校管理和维护人员、学生家长、地方政府代表等组成，共计 57 人，其中学生委员 32 人，占 56%。学生不仅积极参与环保实践活动，还认真参与环保教育和科研工作，编辑环保校本教材《垃圾减量分类》。该教材编委共 11

人，其中教师 3 人，学生 8 人。在创建过程中，学生们积极参加各级各类环保比赛，并取得优异成绩，上演着一部部精彩好戏。

3. 环保进课堂，根植绿色校园理念

2016 年 1 月，为了配合国际生态学校创建工作，学校生态学校委员会成员编写出版了校本教材《垃圾减量分类》。与这本校本教材相配套的有垃圾减量分类进课堂、各班召开专题班会等活动，班主任在班会课上介绍相关知识，李三平主任为全校同学开设相关讲座 3 期。

2015 年 12 月，学生环保社开展垃圾减量旧物募捐公益活动，倡议大家将不需要的衣物捐给有需要的农村贫困山区以及偏远地区的孩子们。这次活动得到了全校师生积极的配合和热情的参与，捐赠物品包括旧衣物、旧鞋、旧图书，共募得图书上百本及衣物近百袋。

4. 活动常态化，培养环保良好素养

把“创建国际生态学校”作为学校后示范校建设的重要工作，将环保教育和素质教育融为一体，将课内与课外、校内与校外环保教育融为一体。在创建国际生态学校的过程中，学校通过邀请专家做环保讲座、组织师生参观生态学校、走进华星光电学习节能环保、成立“绿色小记者站”、举办第八届环保知识竞赛、组织学生参加深圳市大型环保活动等，引导师生从身边做起、从自己做起、从小事做起，强化师生低碳节能的环保意识，谋求学校更加广阔的发展空间和展示舞台。学校被评为 2016 年度国际生态学校，成为深圳第一所获此殊荣的职业学校。

四、培养质量

2016 年，200 多名学生在各级各类学生技能大赛中获奖，学生职业技能证书获取率达到 89.9%。丰富的文化知识、娴熟的专业技能和较高的综合素养，提升了学生就读的幸福感与自豪感。

（一）学生素质

1. 学生思想品德良好

学校结合专业特点分阶段对学生开展理想信念、遵纪守法、文明礼仪、职业道德、心理健康和就业创业六大主题教育。利用校内外德育基地和重要节日对学生进行革命传统教育、集体主义爱国主义教育、诚信感恩教育和生命安全教育等。

2016 年，黄泽均同学被评为广东省优秀学生，另有 5 名同学获深圳市“三好学生”，2 名同学被评为深圳市“优秀学生干部”，33 名同学被评为福田区“三好学生”，27 名同学被评为区“优秀学生干部”。全校学生品德操行合格率为 97%。

2. 学生综合素质较高

学校的高职高考成绩全省领先。2016 年，学生参加高职类高考的学生共有 811 人，上线率为 91.11%，远远高于深圳市 75.6% 的上线率。总分在 400 分以上的考生，全省有 7 人，我校有 3 人。学校再次创下高考参考人数最多、上线人数最多的纪录。见表 2–73。

表 2–73　深圳市福田区华强职业技术学校 2016 年高职类高考成绩统计表

报考人数	实考人数	上线人数	上线率	语文均分	数学均分	英语均分	自主招生录取人数
877	811	739	91.11%	96.46	103.19	98.94	47

职业技能大赛创历史纪录。2016 年，在深圳市职业院校技能大赛中，34 名学生参加 12 个项目的比赛，有 17 名学生获得 9 个项目的一等奖，3 名学生获得 2 个项目的二等奖，10 名学生获得 6 个项目的三等奖。总体成绩创深圳市单个职校的最好成绩。学校成为 2016 年参加广东省职业院校（中职组）技能大赛获金牌最多的学校。

在“2016 首届深圳市中学生阅读推广提案大赛”中，1606 班的谢凯凯、郑容铸、何淇淇、邱小玲、沈雅雯、梁雨婷 6 位同学获得全市第一，荣获“年度书虫”称号。2016 年广东省中等职业技术学校田径运动会上，学校田径代表队一举夺得了 25 块金牌，获得男子组总分第一、女子组总分第一和团体总分第一的好成绩。

（二）在校体验

学校举办拔河赛、校运会、爱心义卖、校园十大歌手、校园辩论赛、迎新游园会、环保知识竞赛、关爱月学雷锋活动、一年一度的校园文艺汇演、主持人大赛、关爱扶贫活动等等，基本达到月月有活动、月月有主题。开展主题为“爱心压岁钱”的倡议捐款活动，向深圳市青少年发展基金会和深圳市福田区慈善会发起的“教育扶贫”和“帮困助弱”的项目捐款 6693.3 元。这些活动有效动员了学生的积极性，丰富了校园生活。

通过发放调查问卷了解到，学生在学校的理论学习满意度为 91%，专业学习满意度为 92.5%，实习实训满意度为 93%，校园文化与社团活动满意度为 95.1%，生活满意度为 86%，校园安全满意度为 93%，毕业生对学校的满意度达 95.8%。

（三）就业质量

1. 毕业生总体就业情况良好

2016 年 6 月，我校毕业学生 1018 人，其中升学 799 人，就业 219 人，学生就业率 100%，各专业就业率均为 100%，对口就业率 87.03%，平均初次就业起薪为 2899 元。

2016 年 9 月新升高三总人数为 1121 人，其中参加 2017 年高考的学生有 981 人，直接就业的学生有 140 人。2016—2017 学年度第一学期已有 98% 的学生走上就业岗位。

2. 毕业生就业质量高

截至 2016 年 6 月，毕业生就业单位主要有：工行深圳市分行、建行深圳市分行、中国人寿保险深圳分公司、林夏金融投资有限公司、深圳市银雁金融配套服务有限公司、深圳市中航物业管理有限公司、深圳市华南价格评估公司等企业。

2016 年底，新一届高三毕业生就业单位主要有：深圳市中行、工行深圳市分行、深圳市银雁金融配套服务有限公司、深圳市中航物业管理有限公司、深圳市星载电子有限公司、深圳市通用条码公司等企业。

（四）职业发展

1. 学生创新创业意识强

学校在重点培养学生文化学识和专业技能水平的同时，非常注重培养学生的创新创业意识。在全民终身学习活动周期间，周跃南校长以“从‘双创’活动周谈中国经济”为题开设讲座，向社区市民和学校师生介绍推行创新创业教育的重大意义。

2016 年学校“中职生职业核心能力培养研究工作室”举办“金点子创业计划书策划比赛”，11 位选手带着他们的“金点子”进入决赛，多名同学分获一、二、三等奖。创业计划比赛活动为培养学生的创新创业意识，展示学生的创新能力搭建了成长的舞台。

2. 学生职业发展态势良好

我校毕业生的职业发展态势良好。目前，毕业生职业稳固率为 91.3%，新一届就业学生已迅速适应岗位，其中，35% 的毕业生在上岗职训期间表现优秀。升入高职院校的毕业生，业已迅速适应新的学习生活。原在学校参加技能竞赛训练并获奖的选手中，95% 已成为高职院校技能竞赛的预备队员。

（五）用人单位满意度

学校注重品质、内涵、特色、创新发展，突出创新驱动，强化教学中心地位，着力培养学生综合职业能力和就业竞争力，开展就业创业指导教育活动，进行职业生涯成长规划教育，培养职业能力、职业素养，建立就业创业系统平台，完善实习就业管理制度，建立就业实习学生管理的跟踪和巡视回访，积极为毕业生提供后续管理服务和技术支撑。2016 年，毕业生就业率达到 100%，对口就业率 87.03%，用人单位对毕业生满意度较高。

五、社会服务

学校多次参与市区各种大型活动，为职教事业的发展多作贡献。社区学院不断追求管理创新，取得良好的社会效益。

（一）承办活动

2016 年，学校承办了市职业院校技能大赛部分赛项；6 月，参与深圳人居委和市委宣传部联合主办的“六五”世界环境日宣传月活动暨生态文明建设系列奖项颁授仪式。

（二）为全国大型活动提供礼仪服务

2016 年 10 月，学校参加全民终身学习活动周全国总开幕式，华强职校商务礼仪专业的学生提供了礼仪服务，得到了与会领导的高度评价。

（三）以专业优势服务终身教育体系

在大力发展中等职业教育的同时，学校还服务社区，全面发展，设立成人教育中心，开展技能培训和技能考核认证，年培训考核 3000 多人；开办社区学院，不断加大社会服务工作力度，主动服务经济社会发展大局，依托学校专业优势开设多层次文化科学技术课程，累计培训近万人。2016 年，学校社区学院广泛开展社区居民终身教育免费课程培训，课程涵盖旅游英语口语、成人钢琴、声乐、舞蹈、形体模特、葫芦丝、国画、书法等八大系列，具体见表 2–74 所示。培训人数比 2015 年增加了 648 人次，同比增长 41%。

表 2–74　深圳市福田区华强职业技术学校 2016 年社区学院培训规模

时间	班级数（个）	学员数（人次）
春季	36	1114
秋季	36	1115
合计	72	2229

（四）开展对口支援活动

根据 2015 年 12 月教育部《南疆职业教育对口支援全覆盖工作方案》，全国 50 所职业院校和新疆南疆 50 所职业院校对口帮扶，华强职校对口支援新疆喀什财贸学校。

1. 签订对口支援协议

2016 年，学校与喀什财贸学校交流密切，在学校管理、专业建设、师资培训等多方面进行了初步研讨交流，签订了《华强职校对口支援新疆喀什财贸学校对口支援协议书》，并草拟了《喀什财贸学校与华强职校落实教育对口支援的补充协议》。

2. 积极开展对口帮扶

2016 年，两所学校书记、校长、副校长先后四次带团互访交流，研究讨论《落实教育对口支援工作实施方案》，并对两校师资队伍建设、专业和精品课程建设、实训室建设等方面信息化建设等交换意见，达成了初步共识。学校正式邀请喀什财贸学校加盟华强职教集团。学校为喀什商贸学校捐赠图书和电脑，价值约 5 万元，还为喀什财校物流管理专业的教师开设专业辅导讲座，在专业课程体系、师资队伍、校企合作、校外实训基地和校内实训室的建设等方面进行指导。

六、主要问题和改进措施

近年来，学校综合实力大大增强，社会知名度和美誉度不断提高。但同时，我们也清醒地认识到，与深圳经济社会发展的新形势对中职教育的要求相比，与人民群众对高水平中职教育的需求相比，学校在发展过程中还存在一些亟待解决的问题。

（一）主要问题

1. 办学条件有待进一步优化

学校现有基础设施与师生工作学习需求及学校未来发展需要还存在差距。随着办学规模的逐步扩大，现有的教学用地已无法持续满足实训室、功能室、模拟实验室等设施配备上的要求。

2. 管理体制机制有待进一步完善

与首批典型中职示范校精细化管理相比，学校的管理仍比较粗放，调动全员参与办学积极性的各种管理机制尚未健全。此外，职业教育集团的发展活力尚未得到完全释放，还需进一步探索集团化办学机制。

3. 学校内涵建设有待进一步提升

师资队伍虽然整体水平较高，但是高水平专业领军人物数量不足，教师的科技服务能力和专业研究专利创新能力有待增强。学校专业建设和课程建设方面的特色还不够鲜明，在全国有影响力的品牌专业尚未形成。

4. 校企深度合作的长效机制亟待建立

面对国家强化校企协同育人，拓展“引企入校、引校入企”等校企协同育人的途径与方式，特别是促进中央企业、行业龙头企业直接参与人才培养过程的高标准要求，学校在主动寻求与珠三角地区的大企业合作，并且探索校企深度合作的长效机制建设方面急需突破。

（二）改进措施

1. 改善办学条件

将北校区建设成为国际交流和各专业实训基地，各校区将在现有基础上明确分工、互补联动、优化配置、提升标准，形成一校五校区联动的发展格局。

2. 完善管理体制机制

积极探索学校管理机制创新，统筹“四会”（即教代会、党委会、校长办公会、职教集团常务理事会）、“三中心”（即学生成长中心、教师发展中心、行政保障中心）的决策机制，向管理要效益。探索管理扁平化发展模式，把教工人事权、学生招生就业权、财产管理权逐渐下放到校区和专业部，逐步实行五个校区和各专业部实体化运作。充分利用华强职业教育集团会员单位的优质资源开展校企联动，使各专业部与相关企业建立紧密联系。

3. 全面推进学校内涵建设

继续开展专业调研，开展专业培养目标、人才培养方案的论证。力争所有专业部均建设有市级以上品牌专业、精品课程。实施“三名”（名师、名班主任、名教练）工程，打造一批名师，促进教师在职业、专业、事业三维度纵深发展。完善“研训一体”的教师成长方案，要求教师每年要深入企业，开展行业企业调研，主动参与实习实训指导，亲身体验工艺改进与产品开发。按专业建立兼职教师资源库，培育和选拔兼职教师。

4. 优化校企合作运行机制

在校内组建专家工作室，聘请行业企业专家、技术带头人或企业管理人员参与专业人才培养方案制定、专业教材编写、技能大赛指导、校内教师培训、开办学生讲座和参与日常教学指导工作。根据不同专业的特点创新校企合作模式，以重点建设专业为主设立校外培训基地。让学生在实训过程中体验企业文化、理念及管理制度，掌握专业知识和技能，为适应企业岗位打下坚实基础。利用培训基地让教师与企业专家进行技术研讨、课题攻关等，提升专业能力及科研能力。

（深圳市福田区华强职业技术学校　彭红玉　王朝蓬　李三平　刘存荐）

第八节　深圳市博伦职业技术学校2016年度教育教学质量报告

深圳市博伦职业技术学校是南山区教育局直属的全日制公办中等职业技术学校、广东省重点中等职业技术学校，始创于 1993 年，1998 年与深圳市南头成人中专合并，2000 年与西丽职校合并。2012 年 5 月，市教育局特批加挂“深圳市珠宝学校”牌子，2015 年 8 月学校整体搬迁到现址办学。新校区占地面积 8.17 万平方米，建筑面积 5.95 万平方米，学校主体建筑以白黑两色为主色调，外观设计个性鲜明，是深圳市办学设施较好的中等职业技术学校。

一、办学规模与条件

（一）办学概况

1. 学校文化

学校秉持面向市场、能力为本的理念，提供最适合学生发展的教育，构建人才成长“立交桥”的办学理念，始终坚持“人无我有、人有我优、人优我特”的发展思路，致力于建设学校有特色、专业有特点、教师有特技、学生有特长的“四特”学校。学校坚持发展的多元化、智慧化、集团化与国际化，坚持产教融合、校企合作，弘扬劳动光荣、技能宝贵、创造伟大的时代风尚，为学生未来发展营造就业有路、升学有门、出国有途、创业有方的“四有”格局。学校努力让无助者有助，让有志者成才，让奋进者辉煌，让全体师生都有人生出彩的机会。

2. 专业设置

2016 年 9 月，学校锐意创新，将传统年级制管理改革为校部两级管理，成立了珠宝部、信息部、传媒部、经管部等四大专业部，下设宝玉石鉴定与商贸、首饰设计与加工、计算机、智能电子、影视动画（含美术）、影视演艺、音乐、会计、电子商务、物流管理、食品安全与检验等 11 个专业。其中宝玉石鉴定与商贸是省级示范专业，首饰设计与加工、智能电子、影视动画（动漫）、物流管理、食品安全与检验是学校重点建设专业。

3. 校园面积

总面积 8.17 万平方米，建筑面积 6.98 万平方米（含车库面积 1.01 万平米），拥有 72 间教室，56 间功能室，配备了体育馆、足球场、篮球场、网球场等标准运动设施，拥有学生作品展览中心、会议中心、学生发展中心、学生服务中心、图书馆及可供 3500 人食宿的宿舍和餐厅，安装摄像头近 700 个。

4. 资产情况

新校投资总额为 3.5 亿元，截至 2016 年 12 月，固定资产总额 7042.4 万元，其中，专用设备 1161.5 万元，通用设备 4479.2 万元，文物和陈列品 11.27 万元，图书、档案 153 万元，家具、用具、装具及动植物 846.6 万元，无形资产为 302.6 万元，主要为软件等。

（二）学生情况

1. 招生规模

近年，学校招生规模和质量稳步提升，稳居深圳市中职学校前列。2016 年，实际招生人数为 963 人，其中，本地生源 298 人，非深户生源 665 人。见表 2–75。

表 2–75　深圳市博伦职业技术学校 2016 年招生情况一览表

序号	专业部	专业名称	2015 招生数	2016 招生数	同比	专业占学校招生比
1	珠宝部	宝玉石鉴定与商贸（首饰设计与加工）	383	252	↓ 34.20%	26.17%
2	经管部	电子商务	203	143	↓ 29.56%	14.85%
		国际商务	17	18	↑ 5.88%	1.87%
		食品安全与检验	47	51	↑ 8.51%	5.30%
		会计	135	98	↓ 27.41%	10.18%
		物流管理	149	53	↓ 64.43%	5.50%
3	信息部	智能电子	102	153	↑ 50.00%	15.89%
		计算机应用	125	95	↓ 24.00%	9.87%
4	传媒部	美术设计与制作	36	26	↓ 27.78%	2.70%
		音乐	43	38	↓ 11.63%	3.95%
		影像与影视技术	96	36	↓ 62.50%	3.74%
合计			1336	963	↓ 27.92%	100.00%

2. 在校生规模

坚持生本教育理念，在新校扩招、办学环境和软硬件设施设备得到全面提升的前提下，在校生规模连年增加。当前，学校全日制在校生总人数为 3108 人，其中，2014 级在校生 809 人，2015 级在校生 1336 人，2016 级在校生 963 人。具体分布见表 2–76。

表 2–76　深圳市博伦职业技术学校 2016 年在校生情况一览表

序号	专业部	专业名称	2014 级	2015 级	2016 级	在校人数	占在校生数比（%）
1	珠宝部	宝玉石鉴定与商贸（含首饰设计与加工）	206	383	252	841	27.10
2	经管部	电子商务	0	203	143	346	11.15
		国际商务	62	17	18	97	3.13
		食品安全与检验	38	47	51	136	4.38
		会计	135	135	98	368	11.86
		物流管理	88	149	53	290	9.35
3	信息部	智能电子	82	102	153	337	10.86
		计算机应用	87	125	95	307	9.89
4	传媒部	美术设计与制作	39	36	26	101	3.25
		音乐	36	43	38	112	3.61
		影像与影视技术	36	96	36	168	5.41
合计			809	1336	963	3103	100

3. 毕业生规模

2016 年，我校 2013 级毕业生共 779 人，升学、就业人数为 772 人，升学就业率为 99.09%。其中，升学学生数为 437 人，直接就业人数为 335 人。从表 2–77 中就业学生去向的分组来看，机关和事业单位占比 7.6%，从事个体经营占比 23.28%，企业占 59.1%，是学生就业的主要去向，专业对口率达 86.86%。

表 2–77　深圳市博伦职业技术学校 2016 届毕业生就业情况表

毕业生数	就业人数	直接就业人数	就业率	对口就业率	直接就业学生中：就业去向分组		直接就业学生中：就业产业分组		直接就业学生中：就业渠道分组	
					去向	人数	去向	人数	渠道	人数
779	772	335	99.09%	86.86%	机关、事业单位	59	第一产业	0	学校推荐	289
					合法从事个体经营	78	第二产业	103	中介介绍	
					企业	198	第三产业	232	其他渠道	46
					升入高校	437				

4. 学生结构

我校学生结构较为合理，全校男生共 1638 人，女生共 1470 人，男女比例为 1.11 ∶ 1。学生户籍分布较广，其中，深圳户口共 1061 人，广东省内户籍（不含深圳市）共 1462 人，省外户籍 595 人（不含港澳台），港澳台 2 人。

5. 巩固率

2016 年共有 2016 届（2013 级）毕业生 779 人，2013 年学校招生 796 人，累计流失学生 19 人，巩固率为 97.86%。

（三）教师队伍

学校现有教职员工 277 人，专任教师 216 人，拥有硕士研究生学历的 56 人、本科学历的 174 人，高级职称 68 人，中学一级教师 53 人。“双师型”教师 92 名，“双师型”教师占专业教师、实习指导课教师的比例为 87.6%。学校教职工总数比上年度增加 38 人，其中，基础课教师 17 名，专业课教师 21 名。高级教师总数同比上年增加 20 人，高级教师占专任教师总数的 31.48%。

1. 生师比

截至 2016 年 12 月 1 日，学校在校生为 3108 人，教师数为 277 人，生师比为 11.22 ∶ 1，符合相关文件要求，相比 2015 年略有变好。

2.“双师型”教师比例

2016 年，学校专任专业教师 105 人，其中，“双师型”教师 92 人，占专任专业教师的 87.6%，相比 2015 年提升了 10.6%，提升幅度较为明显。见表 2–78。

表 2–78 深圳市博伦职业技术学校 2015—2016 年专任教师数、“双师型”教师比例

学年	专任专业教师数	“双师型”教师数	“双师型”教师比例(%)
2016	105	92	87.6
2015	87	67	77

3. 兼职教师比例

在不断加强校企合作办学的同时，通过专题讲座、企业优秀师傅到校指导并阶段性参与教学、固定兼职等方式邀请对口企业优秀技术人员参与学校教学和实训实习工作。2016 年，合计举办 43 场次专业专题讲座，邀请 11 位企业师傅驻校指导学生实训教学（珠宝部玉雕实训室），有 7 位固定兼职教师（传媒部、珠宝部和电子商务专业）。

4. 专任教师职称、学历比例

2016 年，专任教师职称结构数量、比例都有微幅调整，初级职称数量微幅下降，高级职称数量较去年相比，增加了 2.8%。专任教师学位结构数量与比例也有微幅调整，硕士比例上调 1.6%。与去年相比，师资职称、学历水平变化不大，职称比例、学历结构分布合理。见表 2–79，表 2–80。

表 2–79 深圳市博伦职业技术学校 2014—2015/2015—2016 学年专任教师职称结构情况统计

学年	专任教师总人数	高级		中级		初级及以下	
		人数	比例(%)	人数	比例(%)	人数	比例(%)
2015—2016	216	68	31.5	53	24.5	95	44
2014—2015	193	53	27.5	64	33.2	76	39.4

表 2–80 深圳市博伦职业技术学校 2014—2015/2015—2016 学年专任教师学历结构情况统计表

学年	专任教师总人数	硕士		本科及以下	
		人数	比例（%）	人数	比例（%）
2015—2016	216	56	26	160	74.1
2014—2015	193	42	21.8	151	78.2

（四）设施设备

学校占地总面积 81605.92 平方米，总建筑面积 69892.42 平方米，生均建筑面积 26 平方米。学校建有 400 米塑胶跑道的综合运动场，体育馆建筑面积 3102.48 平方米，实训大楼建筑面积 19194.30 平方米。2016 年度，学校实训设备 5006 台套，设备总值

3797.7 万元，生均教学仪器设备值 1.53 万元。纸质图书 8 万册，生均每人 25.87 册。为改善专业实习实训教学条件，新校实训设备设施建设资金持续大规模投入，通过改建、新建实训室，校内实训基地工位数达到了 3226 个，满足了实习实训教学需求。2016 年，实训实习生均工位数为 1.04 个。见表 2–81。

表 2–81　深圳市博伦职业技术学校 2016 年度学校教学仪器设备总值统计表

序号	教学仪器（含实训室设备）	设备总值（万元）
1	学校多媒体教室教学仪器设备	453.15
2	珠宝专业校内实训基地设备	1171.97
3	音乐专业校内实训基地设备	186.76
4	影视动漫专业校内实训基地设备	198.69
5	财经专业校内实训基地设备	112.78
6	电子商务专业校内实训基地设备	50.3
7	物流专业校内实训基地设备	148.29
8	食品安全与检测校内实训基地设备	113.26
9	计算机应用专业校内实训基地设备	666.94
10	智能电子专业校内实训基地设备	695.56
合计		3797.7

（五）条件保障

1. 经费支持

（1）政策性经费落实

学校 2016 年度的办学经费总收入为 13432.25 万元，其中财政拨款 13275.79 万元，事业收入 156.46 万元。

学校 2016 年度的办学经费总支出为 13432.25 万元，其中，人员支出 6201.83 万元，公用支出 789.19 万元，对个人及家庭的补助支出 1289.33 万元，项目支出 5151.9 万元。

（2）学生资助

根据省、市关于中职生助学金、学费减免等相关文件精神，本年度合计落实学生助学金的人数有 1878 人，合计 1878000 元（注：已经成功发放 986 人。有 2 人因监护人未能前往激活账户造成资金未到账），落实学生免学费的人数有 6003 人，合计金额 8516302 元。为奖优、奖学，形成良好的学习氛围，学校设立了奖学金，同时，在体育运动会、艺术展演、各级技能大赛等活动中，以各种物质奖励形式对取得优异成绩的班级集体和学生个人进行了表彰和奖励，累计金额达到了 6.97 万元。

2. 人才支撑

2016 年，学校通过公开招考、选聘、直聘、赴外公招应届生的方式，落实 19 位教师编制，特别是本校编外教师转为正编教师得到高度重视。按照深圳市人社局、教育局的文件要求，通过两次公招，共有 10 人转为正编教师，占入编人数的 71.4%。见表 2–82。

表 2–82 深圳市博伦职业技术学校 2015、2016 年教师编制落实情况对比

年度	教师编制落实人数	公开招考		选聘		直聘		军转干部		赴外公招	
		人数	比例（%）	人数	比例（%）	人数	比例（%）	人数	比例（%）	人数	比例（%）
2016	19	4	21.1	2	10.5	0	0	0	0	13	68.4
2015	15	5	33.3	4	26.7	3	20	0	0	3	20

二、教育教学改革

（一）聚力人才培养质量，“质量博伦”工程初步彰显

2016 年，以加强常规教育教学管理为抓手，教务处协同各专业部建立校部两级教学督导体系。各专业部常规教育教学秩序良好，各专业人才培养课程设置均按照中等职业教育专业教学标准。体育课程、美育课程均按照相关要求有序落实。各专业学生对教师教育教学的满意度保持在 89.12% 以上的水平。各专业毕业生就业率保持在 99.8%，对口就业率保持在 77.03% 的良好水平，毕业生初次就业起薪平均超过 2600 元。

1. 狠抓常规管理，确保教育教学质量

学校建立中等职业教育教学质量诊断考评领导小组，由任敏校长任组长，由教务处、德育处、安全处等相关部门牵头，结合职业学校生源实际，进一步加强和探索学生的动态量化管理和考评机制的建立，为学校常规教育教学的有序开展和学生在校期间健康、安全的校园生活以及良好的社会影响奠定良好基础。2016 年学校高考成绩优异，上线率达到 90%，陈鉴冰同学总分 394 分，以数学 150 分满分的成绩成为广东省中职类高考单科状元；参加艺术类普通高考的有 14 人，有 3 名同学达到一本线、10 名同学达到本科线，本科上线率达 92.3%。

2. 教赛结合，积极参与各级技能大赛

学校获市级以上比赛大奖的学生达 80 多人次，其中，5 名同学入选国家板球集训队。68 人参加广东省计算机辅助设计制图员（电子）职业技能鉴定，有 52 人获得中高级技术资格。男、女生篮球队勇夺南山区中学生篮球赛男、女生 4 项冠军。

在 2016 年深圳市第七届职业院校技能大赛中，博伦职校 18 名选手参加了 5 个专业类 8 个赛项的比赛。有 5 个赛项、11 名同学、7 名指导教师获奖；在陶行知研究会主办的“2016 首届青少年创客活动暨第七届少年机器人活动”投篮机器人马拉松创客大赛中，李圳、廖武彪、周慧君和林显健老师指导学生荣获一等奖；魏会朴、李景梅老师参加 2016 年全国中等职业学校商贸类专业“创新杯”教师信息化教学说课大赛荣获三等奖，崔珊珊老师参加 2016 年全国中等职业学校美育专业“创新杯”教师信息化教学说课大赛荣获三等奖；在广东省教育厅组织实施的 2015—2016 年度“一师一优课，一课一名师”广东省级“优课”评选活动中，学校崔珊珊老师的课例《多媒体技术中的关键技术》被评为省级“优课”；在南山区首届教学工具大赛中，学校六位老师报送作品共获得一等奖 2 项、二等奖 1 项、三等奖 2 项，此外，崔珊珊老师还荣获“技术能手”称号，学校荣获“优秀组织奖”；2016 年 5 月 10 日，在南山区班主任专业能力大赛和“百花奖”高中英语比赛中，学校 3 名老师参赛，1 人获特等奖、2 人获一等奖；语文组肖娟老师在深圳市、广东省班主任能力大赛中两次荣获一等奖。见表 2-83，表 2-84。

表 2-83　深圳市博伦职业技术学校学生获奖情况总数统计

国家级	省级	市级	协会
1 项	8 项	5 项	7 项

表 2-84　深圳市博伦职业技术学校教师获奖情况总数统计

国家级	省级	市级	区级	协会
3 项	9 项	9 项	5 项	7 项

3. 通过社团活动，突出艺术教育特色

2016年，由学校团委、传媒部牵头举办的“2016年度社团展演”“2016音乐汇报会”和“2016 迎新音乐会”活动凸显了博伦职校鲜明的艺术教育特色和学生培养质量。12 月 15 日，博伦职校“博艺”社团年度展演在学校体育场华美举办。这场博伦新校投用以来的第一次大型社团年度汇报演出，从筹备到正式演出整个过程均由博伦职校“四点半课堂”暨“博艺”社团学生自编、自导、自演而成。演出结束时，来自南山区的团区委、云南师范大学职业技术教育学院的来访嘉宾和第二届“浙派”中职名校长培训班的校长们、博伦校友会的校友们对整场演出给予了充分肯定！

（二）打造多维创新平台，“创新博伦”建设卓有成效

1. “一体两翼”的创新发展模式

2016 年 11 月 4 日，任敏校长在深港校长论坛（2016）上作了《借“双创”新动力，建“一体两翼”中职教育新体系》的专题发言，围绕中国发达地区“中等职业教育创新

人才培养”问题对学校在培养中职教育创新人才中的实践经验、创新性做法进行了系统介绍，解读了博伦职校以“中等职业教育人才培养‘立交桥’构建”为核心的中等职业学校“一体两翼”发展模式，引发了深圳、澳门教育同仁的深度思考和共鸣。

2.“三二对接”创新培养机制

2016 年 11 月，曾庆庆副校长带队到广东交通职业技术学院沟通中高职衔接事宜，计算机应用专业将于 2017 年与广东交通职业技术学院实行中高职衔接合作培养。2016 年 12 月 23 日，广东省科技职业技术学院体育系开展与博伦职校中高职合作培养专业调研，体育专业特长生将有望直接升入广东科技职业技术学院。

3.“理实一体化”创新教学实践

2016 年 10 月，物流专业师生近 200 人参观第十一届中国（深圳）国际物流与运输博览会，获取设计物流专业人才培养的方向与课程设置的信息来源，为物流专业学生提供了一次理论与实际相结合的最好体验。2016 年 11 月 15 日，美术科组师生走进云南五夫镇古城观景采风，拍摄照片 1000 多张，学生们静心凝神，专注作画，专业实践教学特色鲜明。作为博伦职校的特色专业部之一，珠宝部于 2016 年 11 月 14 日至 18 日组织 2015 级 400 名学生到华南地区珠宝产销地广州、四会见习实习。在为期 1 周的专业实习中，珠宝部专业教师亲自带领学生参观，耐心指导学生鉴别、评价珠宝，学生们展现出饱满的热情，探索钻研并主动去学习。

4. 依据市场需求创新专业发展

学校在调研四会珠宝商会的基础上，决定开展首饰设计与加工专业；在与深圳市南山影视城论证的基础上，开设了影视演艺专业。目前，首饰设计与加工在市场人才需求上具有显著优势，专业实习、实践教学都有较为明显的发展优势。在中等职业教育专业布局调整中，我校走在兄弟院校的前列。

2016 年 9 月，学校锐意创新，将传统年级制管理改革为校部两级管理，成立传媒部、经管部、信息部和珠宝部四大专业部，下设宝玉石鉴定与商贸、首饰设计与加工、计算机、智能电子、影视动画、影视演艺、音乐、财会、电子商务、物流管理、食品安全检测及新西兰国际商务等 11 个专业（新西兰国际商务单列）。其中，宝玉石鉴定与商贸是省级示范专业，首饰设计与加工、智能电子、影视演艺（动漫）、物流管理、电子商务是学校重点建设专业。

5. 科研创新能力建设取得明显成效

教研室以提高专业建设和打造精品课程为中心，在继续抓实日常教研管理的基础上，在制度建设、专业建设、课程改革、师资队伍建设、技能竞赛、校本教材、学术建设等方面，继续积极、有效地推进相关领域的各项工作，取得显著成效。

（1）科研队伍初步形成。本学年，以规范科研管理、形成科研团队为初步目标，教研室在修订科研工作制度的基础上，相继完善了博伦职校学术委员会、教材编写委员会和教学科研骨干团队的建设，良好的教育教学科研氛围初步形成。课题建设方面，以任敏校长主持的全国教育科学规划单位资助教育部规划课题《发达地区中职人才成长立交桥构建的研究》为核心，教研室组织各专业部申报了23个人才培养子课题。

（2）职教刊物成突出亮点。为加强科研平台建设，本学期，博伦职校教师教研刊物《博伦学刊》正式编印。目前，在深圳市公办中等职业技术学校中，《博伦学刊》是为数不多的中职学校教师教学科研刊物。截至2017年1月，《博伦学刊》已经发行2期。刊物的发行也带动了教师们投身科研建设、撰写学术论文的积极性。2016年，教师累计提交教育教学论文147篇，教师学术科研的积极性明显提升。

（三）开展多样活动，促进教师专业化发展

在教师发展中心、教研中心的统筹下，本年度，有9名教师参加了“国培”“省培”师资培训，37名教师参加了新入职教师培训工作；组织了2015、2016两届师徒结对的经验交流活动，有70人参与；组织了五年教龄教师的专题培训，有120人参与；组织了“双师型”教师的培养和培训，有42人参与。8月29日，学校组织“office在教学中的创新应用”的集中学习和培训，有180多名教师完成作业，获得学分。

1.“精品课程”活动

根据深圳市教科院《关于组织评选2016年深圳市中等专业学校品牌专业、精品课程的通知》（深教院通〔2016〕88号）文件精神，开学初组织信息部智能电子专业、信息中心等部门参与精品课程申报工作。9月20日，深圳市教科院发布《关于2016年深圳市中等专业学校品牌专业、精品课程建设项目评审结果的公示》，信息部智能电子专业的“电子电路安装与测试”获评深圳市精品课程建设项目。

2. 校本教材建设

制定并通过了《深圳市博伦职业技术学校校本教材建设管理办法（试行）》，组织教师编写校本教材（含国家珠宝类规划教材）18本，积极组织担任继续教育课程的老师规范编写继续教育教材5本。

3.“好课堂”活动

深圳市全面开展信息化优质课、汇报课、展示公开课、“一师一优课、一课一名师”活动，我校多名教师参与其中。

（1）深圳市优质课。教研室积极组织，举办了“2016年深圳市中等职业学校信息化教学优质课展示活动”，学校参加展示课的教师有5人（文化课老师1人，专业课老师4人）。

（2）新教师汇报课。教研室在 10 月 10 日和 11 月 25 日举办新教师汇报课活动，2016 年 10 月前进入博伦的新教师总计 30 人参加，其中，文化课老师 13 人，专业课老师 17 人。

（3）教研室组织参评广东省“一师一优课、一课一名师”网上“晒课”。学校共有 11 门课程上传参与活动，其中崔珊珊老师的“摄影图像的基本加工与处理”被评选为省级优质课。为迎接“全国中小学责任督学挂牌督学创新区评估认定工作”的督导评估工作，学校高质量地准备了推荐课展示活动课 6 节。

4. 教学竞赛项目

以赛促教，积极做好技能大赛、信息化教学等各类比赛的组织、承办、备赛工作，教师组各项比赛获奖信息见表 2–85。

表 2–85　深圳市博伦职业技术学校教师组各项比赛获奖信息

<table>
<tr><th colspan="4">（1）2016 年深圳市中等职业技术学校信息化教学比赛</th></tr>
<tr><th>姓名</th><th colspan="2">类别</th><th>获奖情况</th></tr>
<tr><td>沈彤、黎建婷和单幼芳老师团队</td><td colspan="2">信息化教学设计公共基础语文课程</td><td>一等奖</td></tr>
<tr><td>钟常君、王英和肖永合老师团队</td><td colspan="2">信息化教学设计专业课程交通运输类</td><td>一等奖</td></tr>
<tr><td>崔珊珊、曾妮和冯益鸣老师团队</td><td colspan="2">信息化课堂教学专业课程文化艺术类</td><td>一等奖</td></tr>
<tr><td>王福平和黄大岳老师团队</td><td colspan="2">信息化实训教学</td><td>一等奖</td></tr>
<tr><th colspan="4">（2）2016 年深圳市第七届职业院校技能大赛</th></tr>
<tr><th>姓名</th><th colspan="2">参加项目</th><th>获奖情况</th></tr>
<tr><td>林显健老师</td><td colspan="2">中职组单片机装置控制安装与调试</td><td>指导教师三等奖</td></tr>
<tr><td>邹翔老师</td><td colspan="2">中职组计算机硬件检测与维修</td><td>指导教师三等奖</td></tr>
<tr><td>王玉丽老师</td><td colspan="2">中职组沙盘模拟企业经营</td><td>指导教师三等奖</td></tr>
<tr><td>周凡璐、史今老师</td><td colspan="2">中职组职业英语技能服务类</td><td>指导教师三等奖</td></tr>
<tr><td>祝子静、周宁老师</td><td colspan="2">中职组职业英语技能其他类</td><td>指导教师三等奖</td></tr>
<tr><th colspan="4">（3）“挑战杯—彩虹人生”全国职业学校创新创效创业大赛</th></tr>
<tr><th>姓名</th><th>作品</th><th>获奖情况</th><th>指导教师</th></tr>
<tr><td>烨锴、廖家舆、
葛镇濠、谭琳</td><td>“双眸视界”VR
“垂直社区”</td><td>一等奖</td><td>冯益鸣、刘秋丹、
魏会朴</td></tr>
<tr><th colspan="4">（4）2016“挑战杯—彩虹人生”广东省职业院校创新创效创业大赛</th></tr>
<tr><th colspan="2">作品</th><th>获奖情况</th><th>指导教师</th></tr>
<tr><td colspan="2">“联盟制 VR 系统创业计划书”</td><td>二等奖</td><td>冯益鸣、刘秋丹</td></tr>
<tr><td colspan="2">“康悦科技有限公司创业计划书”</td><td>二等奖</td><td>冯益鸣、刘秋丹</td></tr>
<tr><td colspan="2">“海钓项目创业计划”</td><td>三等奖</td><td>魏会朴、唐凤娇</td></tr>
</table>

续表

（4）2016“挑战杯—彩虹人生”广东省职业院校创新创效创业大赛		
作品	**获奖情况**	**指导教师**
“网络文学网站企业计划”	三等奖	魏会朴、唐凤娇
（5）全国第六届国际贸易职业能力竞赛		
类别	**获奖情况**	**指导教师**
综合技能	二等奖	杨静华、陈淼、唐凤娇老师
进口业务操作技能（单项）	二等奖	
出口业务操作技能（单项）	三等奖	
（6）2015—2016年度广东省中等职业学校技能大赛		
教师组获奖名单		
姓名	**参加项目**	**获奖情况**
李志勇、邹翔老师	云计算	三等奖
王福平老师	计算机辅助设计（建筑CAD）	优秀奖
指导教师获奖名单		
姓名	**参加项目**	**获奖情况**
刘琛老师	学生组计算机辅助设计（建筑CAD）	指导教师三等奖
刘琛老师	教师组云计算	指导教师三等奖

（四）重视德育课程落实，加强校园文化建设

1. 德育课实施情况

2016年，我校通过广东省心理教育特色学校的评估，以优质的成绩通过督导验收。2016年12月，心理教育有5门课程高分通过省级验收。在常规教学中，学校教务处、德育处联合做好德育课程的开设和论证工作，确保按要求开好德育课程。见表2–86。

表2–86 深圳市博伦职业技术学校德育课开课情况

课程名称	教学时数	开设时间	备注
职业生涯规划	38节	一年级第一学期	必修课
职业道德与法律	38节	一年级第二学期	必修课
经济政治与社会	38节	二年级第一学期	必修课
哲学与人生	38节	二年级第二学期	必修课
心理健康	38节	三年级	选修课
政治	38节	普高班一、二、三年级	必修课

2. 校园文化建设

本年度，以提升学校社会形象为中心的校园宣传文化建设取得较为突出的成绩，在办公室的统筹下，制订了《深圳市博伦职业技术学校 2016—2017 学年宣传工作方案》，成立了学校宣传工作领导小组，明确了学校宣传工作的原则和内容，构建了以“一信一报、一台两站、一橱三刊”为支撑的校内宣传工作平台，建立了新闻稿件绩效化机制，将新闻发布工作纳入奖教奖学覆盖范围。

2016 年 9 月 21 日，举行“第二期校园文化项目设计研讨会”。12 月 26 日，为提炼校园文化的核心内涵，物化、固化校园文化理念，促进校园文化核心价值的认同，进一步引领博伦独特的核心价值取向，学校建筑及相关配套设施命名小组在多次调研和论证的基础上，初步拟定了《博伦校园建筑、楼宇、道路命名方案（征求意见稿）》。

3.“文明风采”竞赛活动

第十二届全国中等职业学校“文明风采”竞赛活动决赛优秀指导教师奖名单：曾秀果、周利沙、黄大岳、冯楚乔。

第十二届全国中等职业学校“文明风采”竞赛活动决赛学生作品及获奖名单：

（1）“牢记历史，爱我中华”主题征文演讲：一等奖

作品名称:《梦系中国魂》。获奖学生：郑丽玲。指导教师：曾秀果。

（2）“奋斗的青春最美丽”微视频：二等奖

作品名称:《十八岁的旋律》。获奖学生：蔡心仪、陈洁、高明涵、沈楚明、李星宙。指导教师：周利沙、黄大岳、冯楚乔。

（3）“奋斗的青春最美丽”微视频：优秀奖

作品名称:《跨界·融合》。获奖学生：余滋炫、彭嘉宝。指导教师：杨磊、曾妮。

（4）“职校美、学习美、劳动美”摄影：优秀奖

作品名称:《深圳湾的早晨》《黑脸琵鹭的呐喊》。获奖学生：吴学斌。指导教师：徐宗意。

4. 社团活动

2015—2016 学年度，学校共有 53 个社团，学生参与人数为 2439 人，社团获校级以上奖励 11 项。校团委积极开展以“博”字为精髓的系列社团活动，深受广大师生欢迎。

三、学校治理

（一）党建情况

2016 年，学校扎实认真落实上级关于“两学一做”的通知、文件、会议精神，先后

4次参加区、局关于“两学一做”的理论学习；先后4次召开学校党员大会，传达学习上级文件，为党员讲党课；先后4次召开党总支委员会（扩大会），安排部署“两学一做”重点工作，带头写“两学一做”心得体会4篇。党总支还组织党员到革命圣地，开展学习实践活动一次。先后3次召开支委会，过问、了解、督促总支及下属4个党支部开展党员组织关系排查情况。目前，学校共转入党员13人，转出党员3人，定居国外1人，先后督促3人在限时内完成组织关系接转工作，完成了总支及支委的换届选举工作。本年度，学校党总支共上交党费117043元。党总支先后3次组织党员开展党员志愿服务活动，下属3个党支部每月轮流组织党员，在学校门口十字路口开展交通劝导服务活动。全年度参加志愿服务活动的党员有700余人次。

（二）制度建设

1. 校部两级管理有序推进

2016年8月28日，由任敏校长担任博伦职校校部两级管理改革推进小组组长，在多次调研和论证的基础上，组建了经管部、传媒部、信息部和珠宝部四个专业部，形成了校级领导统筹领导、职能部门和专业部协同推进的博伦职校校部两级管理体系。自9月校部两级管理实施以来，教育教学、科研管理、德育创新、财务资产等各项工作在校、部两个层面上有序开展，专业教师的专业教学、科研创新在校部两级平台上稳步开展，学校规范化管理得到明显提升。

2. 学校制度建设分级实施

由办公室、教研室、教务处、德育处、督导室等相关部门协同，小组进一步整理学校的教育教学、学生管理等相关管理制度，结合学校和专业发展，在管理创新的基础上，进一步探索和实践校部两级管理制度，并形成与之匹配的制度体系，学校绩效管理规范落实。

教务管理方面，制定了《深圳市博伦职业技术学校期中、期末奖学方案》，对文化课、专业技能课考试优秀和进步大的同学加大奖励力度，突出重视学科教学、奖优促差的导向性，引导学生积极向学，营造浓厚的学习氛围；制定了《深圳市博伦职业技术学校高二分流工作方案》，对高二分流的原则、标准、方法做了制度性规定，避免因标准缺陷或变动带来的困扰；制定了《深圳市博伦职业技术学校课堂安全巡查制度》，针对体育课和部分实训课学生易于到处走动的情况，教务处和德育处、安全办启动校园课堂巡查制度，由干事、保安人员、教官分工协作，对上课期间在学校四处走动的学生进行监管，保证安全。

教育科研方面，制定了《深圳市博伦职业技术学校学术委员会章程》，成立了由任敏校长为主任委员的深圳市博伦职业技术学校学术委员会；制定并通过了《深圳市博伦职业技术学校教育科研课题管理规定》及相关文件，规范了学校的教育科研课题管理。全面开展并规范管理涉及专业建设、课程建设等方面的校本课题，加强标准化、特色化、质量化、品牌化和可持续性建设。制订《深圳市博伦职业技术学校教研团队建设工作实施方案》，完善并修订《深圳市博伦职业技术学校奖教奖学方案（试行）》，制定并通过《深圳市博伦职业技术学校校本教材建设管理办法（试行）》，成立了深圳市博伦职业技术学校教科研团队（工作室）。

财务资产管理方面，组织修订了《深圳市博伦职业技术学校招标采购管理办法》，规范了学校项目招标程序；完成学校资产的统计和调配，确保了设施设备配置到位。

（三）校企合作

2015 年 9 月 1 日，深圳市南山职业教育集团成立大会在博伦职业技术学校隆重举行。目前，集团已有成员单位 102 个，其中院校 18 所，行业协会 9 家，企业 71 家，社会组织 4 家。2015 年 12 月 6 日，深圳市南山区人民政府办公室发出《关于成立南山职业教育指导委员会的通知》，标志着深圳市首家政府职业教育指导委员会——南山职业教育指导委员会成立，也标志着南山区在加快发展现代职业教育方面又进行了新的探索与实践。

深圳市博伦职业技术学校与集团内 15 家企业签订了校企合作协议。职业教育指导委员会要统筹指导南山职业教育的发展，推动职业教育集团把各利益相关方吸收到集团决策体系中来，把南山职业教育集团理事会作为政府、行业企业等各界人士参与学校管理的重要制度平台，探索建立理事会决策制度，引入社会主体参与学校管理与决策。

职业教育集团化办学有利于统筹集团内部各层次的职业教育资源，成员间在签署协议的前提下共同商定人才培养方案，合作开发课程，实现中职、高职专业人才培养的有机衔接。职业教育集团要以当地经济社会发展为中心，围绕当地经济社会发展的工作重心和产业结构来调整重点专业设置和教学计划，为当地产业发展培养紧缺的技术技能人才，整体提升区域职业教育水平，促进区域经济发展。

四、培养质量

（一）学生素质

1. 思想政治状况

本年度，德育处深入践行博伦职校“三实”德育发展模式，在活动中培养，在实践中锻炼，凸显博伦艺术教育特色。以社团活动为引领，学校开展了校运动会、2016 新生入学教育、国防教育活动；以艺术为特色，举办了“2016‘博艺’社团展演”“传媒音乐专场”“2017 迎新音乐会”等大型文艺活动。学生管理工作取得了十分满意的成果，全年没有出现 1 例教学事故和学生安全问题，学生发展呈现出阳光、专业、特色鲜明的态势。学校“三实”德育模式在实践的基础上，越来越有学校的特色，越来越有博伦的特质，德育创新成果越来越丰富。

2. 心理健康水平

2016 年 10 月，学校开展新生入学心理健康的普查活动，普查对象是 2016 级全体学生共 717 人，男生 353 名，女生 364 名。测查结果表明，有重度心理问题的有 9 人，占总体参与测试的人数的 1.26%。

从普查的结果来看，学生的主要心理健康问题表现在过敏倾向、对人焦虑、冲动倾向、身体症状、恐怖倾向等方面，其中过敏倾向、对人焦虑、冲动倾向是学生面临的主要问题。具体分析，见表 2–87。

表 2–87　深圳市博伦职业技术学校各分量表心理健康问题检出率统计

分量表	检出人数	所占比例（%）
学习焦虑	55	7.67
对人焦虑	108	15.06
孤独倾向	47	6.56
自责倾向	62	8.65
过敏倾向	187	26.08
身体症状	79	11.02
恐怖倾向	57	7.95
冲动倾向	92	12.83

本研究采用《学生心理健康测验》，该测验用于检测中小学生心理健康状况，共有 8 个分量表：学习焦虑、对人焦虑、孤独倾向、自责倾向、敏感倾向、身体症状、恐怖倾向、冲动倾向。结果是以全量表总的焦虑倾向的标准分和 8 个内容量表的标准分来表示的。全量表的标准分在 1—64 分之间为正常、没有问题和只有较轻的问题；65 分以上为心理健康问题较严重，需要个别辅导。每个内容量表的标准分在 8 分以上者视为该内容量表的心理问题的检出者，需对该方面进行辅导。

3. 文化课合格率

中职学校文化课是指语文、数学、英语三科课程。2016 年 12 月，学校各专业部文化课的合格率排名情况分别是：传媒部 96.9%；珠宝部 96.2%；信息部 95.8%；经管部 95.6%。

4. 专业技能合格率

2015—2016 学年，学校共有 6 个项目的专业技能考证。每个专业技能考试的合格率比例不一，专业之间的合格率差距较大。其中，专业技能合格率在 90% 以上的有会计证、音乐综合证、食品检测证三项；专业技能合格率在 80% 以上的有物流管理证、电工证。如图 2-21 所示。

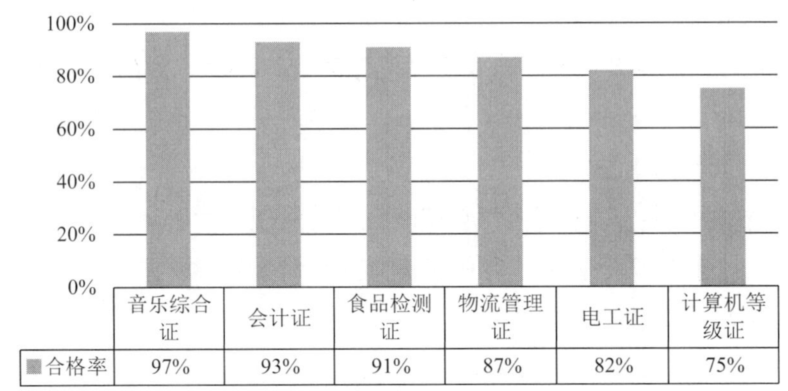

图 2-21　深圳市博伦职业技术学校 2016 年各专业技能合格率

5. 体质测评合格率

2016 年，参加学生体质测试的人数为 3108 人，成绩略比去年好。从统计情况可以看出，优良率偏低，不及格人数达 13.7%。根据各项测试成绩显示，男生引体向上、1000 米最差，女生立定跳远及 800 米最差。根据本年度的测试情况，应进行有针对性的训练以提高明年的测试成绩。

6. 学生评教

每学期末，由教务处组织全校学生对任课教师的教学质量进行网上无记名评教，评教好评率非常高。A 代表 95 分及以上，B 代表 90（含）—95 分，C 代表 90 分以下。见表 2-88。

表 2-88　2015—2016 年度深圳市博伦职业技术学校学生评教数据

	参评学生数（人次）	评价教师数	A		B		C	
			人数	比例（%）	人数	比例（%）	人数	比例（%）
第 1 学期	22697	277	187	67.27	88	31.65	3	1.08
第 2 学期	23265	281	183	65.12	91	32.38	7	2.49

7. 学生“双证”考试通过率

针对教育部对中职学生“双证”（毕业证书 + 英语、计算机等级证书、专业技能证书之一）的要求，学校规定，在校生除修完学校提供的课程外，必须考取相应等级的技能证书（英语、计算机、专业证之一），完成相应技术理论知识、操作技能学时。学校对考证的学生进行分部集中培训，2016 年学校 2014、2015、2016 届学生双证平均通过率达 90% 以上。见表 2-89。

表 2-89　深圳市博伦职业技术学校 2016 年学生考证人数统计表

时间	2014 届毕业生			2015 届学生			2016 届学生		
	人数	双证	获取率（%）	人数	双证	获取率（%）	人数	双证	获取率（%）
2016 年 6 月 30 日	809	706	87.26	1336	1229	91.97	/	/	/
2016 年 12 月 31 日	809	706	87.26	1336	1229	91.97	963	注：新生未考证	

（二）在校体验

2016 年 12 月，学校对学生本年度在校体验满意度进行了调查，本次调查以网络问卷方式进行，分别对理论学习、专业学习、实习实训、校园文化、校园安全方面的满意度进行调查，共 3108 人参加。满意度结果分析见表 2-90。

表 2-90 深圳市博伦职业技术学校在校生体验满意度总表

项目	非常满意人数	非常满意比例（%）	满意人数	满意比例（%）	不满意人数	不满意比例（%）
理论学习	838	27	1924	62	341	11
专业学习	775	24	1955	63	403	13
实习实训	963	31	1675	54	465	15
校园文化	1055	34	1672	53.9	376	12.1
校园安全	881	28.4	1725	55.6	497	16

1. 理论学习满意度

以 2015 级、2016 级在校学生期中、期末考成绩为基础调研和统计，学校理论教学满意率（满意以上占 89%）较高。根据不同专业的分析表明，实践课程和动手操作课程的满意度高过一般基础理论课程的满意度，在今后的课程设置和教育教学研究中，这是一个值得注意的现象。如图 2-22 所示。

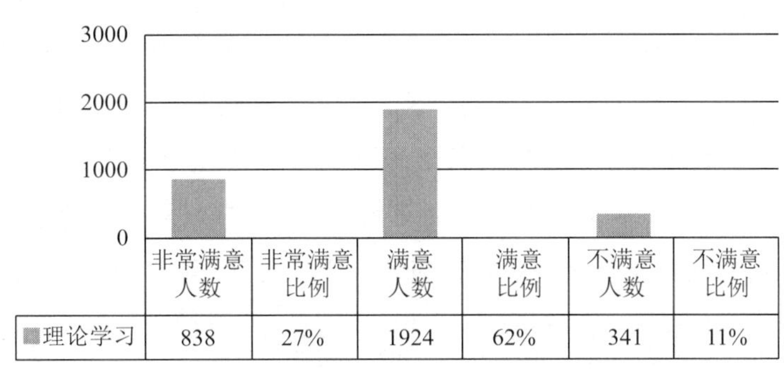

图 2-22　深圳市博伦职业技术学校理论学习调查表

2. 专业学习满意度

专业学习满意度详情如图 2–23 所示，学生对专业学习表示非常满意及满意度的比例分别是 38.11% 与 58.61%。不满意度比例较低。

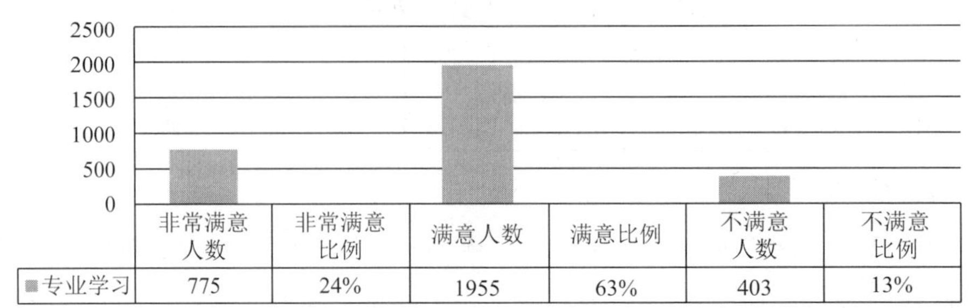

	非常满意人数	非常满意比例	满意人数	满意比例	不满意人数	不满意比例
■专业学习	775	24%	1955	63%	403	13%

图 2–23　深圳市博伦职业技术学校专业学习满意度调查

3. 实习满意度

2016 年 6 月，为进一步做好 2014 级学生的顶岗实习工作，职教集团就业班对 2013 级毕业生部分实习学生进行问卷调查。调查对象 228 人，全部为 2013 级实习学生。根据调研和分析，学生对前期实习的意见情况如下：

（1）实习专业及岗位对口情况。调查显示，228 名学生中，岗位及专业对口或基本对口的为 163 人，占 71.49%。在 163 名学生中，由学校推荐去企业岗位实习的有 141 人，占调查对象的 61.82%。调查表明，目前在中职生实习实训工作中，学生自主岗位的专业对口度较低，学校推荐在专业对口度方面占据优势。

（2）实习工资待遇情况。在实习岗位待遇调查中，实习工资待遇是比较令人满意的指标。在 228 名学生中，实习工资达到 2000 元及以上的为 194 名，平均实习工资为 2126.65 元。另外 34 名未达到 2000 元实习工资的学生中，有 6 名学生为在校实习学生，16 名学生在家族企业实习，实习工资未统计。

（3）企业师傅跟岗指导情况。调查发现，82.36% 的学生反映企业为他们安排了实习跟岗指导企业师傅，有 62.47% 的学生对跟岗师傅的技术指导和工作指导十分满意。同时也发现，在学生家族企业和学生自主落实的实习单位中，跟岗师傅的指导存在不及时、不规范和不到位的问题。这对我们未来的实习工作提出了十分有价值的参考指标。调查也显示，学生更愿意在学校的统一组织和安排下完成实习、实训和见习任务。

（4）实习教师的实习指导情况。调查发现，学生对实习教师的指导情况较为满意。学生反映，实习指导教师能够落实对安全管理、实习任务进行及时的安排和指导，能够定期到实习企业看望慰问学生，及时与实习企业联系，解决实习（实训）中出现的问题。但目前，根据教育部关于职业院校专业教师企业实践等相关规定，学校存在专业教师任课任务繁重，实习指导教师在校教学与实习指导工作互相冲突等问题，因此学校正在与区教育局、区编办等相关部门协调。2016 年度学生实习满意度调查结果，如图 2–24 所示。

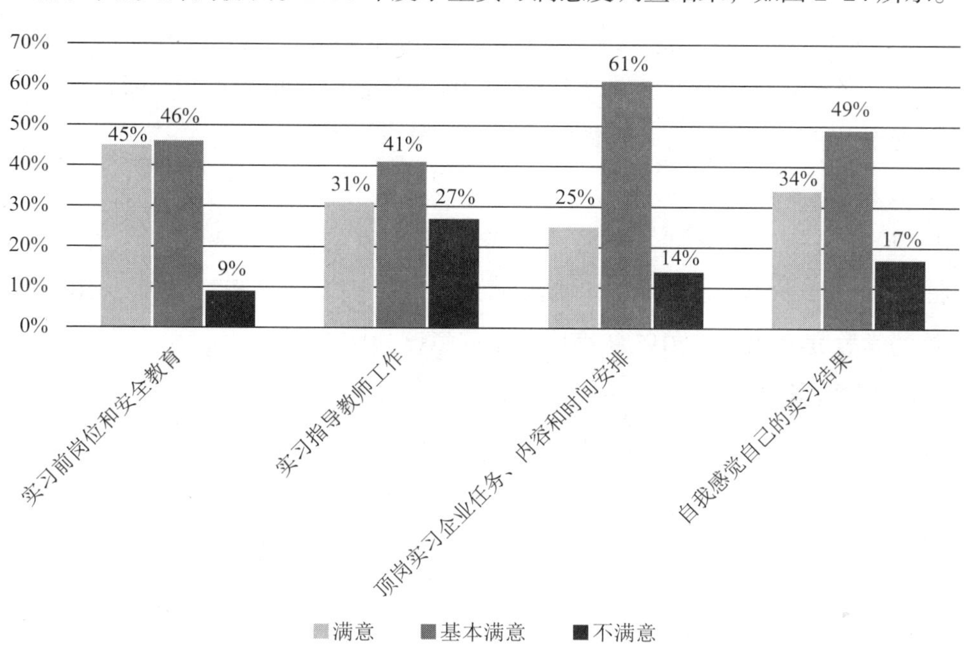

图 2–24　深圳市博伦职业技术学校 2016 年度学生实习满意度调查

4. 校园文化与社团活动满意度

校园文化与社团活动满意度调查采用现场问卷调查方式，共发出问卷 1800 份，回收问卷 1691 份，其中有效问卷 1647 份，有效回收率 97.4%，从中随机抽取 500 份进行分析研究。调查范围覆盖 2014 级、2015 级、2016 级；调查对象涉及全校学生。

（1）校园文化活动的兴趣调查。接受调查的学生在回答“你对下列哪些校园文化活动比较感兴趣”时，有 72.4% 的学生选择了“文化艺术”，有 54.8% 的学生选择了“体育竞技”，其余依次为“动漫科技”（52.6%）、“社会实践”（45.6%）、“素质拓展”（27.6%）、“创业教育”（25.4%）、“心理健康”（25%）、“志愿服务”（23.8%）、“其他”（2.2%）。可以看出，学生对校园文化活动中的“文化艺术”情有独钟，对“体育竞技”的积极性比较高。

（2）参加校园文化活动的目的调查。接受调查的学生在回答“你参与校园文化活动的主要目的”时，89.6% 的学生选择了“提升素质，拓展能力”，之后依次为：“休闲娱乐，拓展社交范围”占 66.4% ，“施展个人特长，才艺”占 52.6%，“交友”占 39.6%，“综合测评加分”占 35.8%，“无聊，打发时间”占 22.6%，“其他”占 2.8%。由此可见，学生多认为提升素质，拓展能力是参与校园文化活动的主要目的，其次是拓展社交范围、提高人际交往能力和适应社会能力。

（3）社团活动满意度调查。2015—2016 年学校团委举办以“博”字为特色的系列社团活动："博力杯"拔河比赛、"博姿杯"校园十大歌手比赛、"博文杯"诗文朗诵（演讲）比赛、"博伦之声"主持人大赛、"博识杯"摄影大赛、"博艺"社团汇报演出，深受学生喜爱。学生满意度最高的活动分别是"博艺"社团汇报演出和"博资杯"十大歌手比赛。学生对社团活动的满意率普遍较高，达到 98.2%。

5. 毕业生对学校的满意度

2016 年 11 月，学校开展了毕业生对学校满意度的调查，调研毕业生共 1668 人（2016 届毕业生和部分往届生），其中就业 1062 人，升学 606 人。学校 2016 年度毕业生对学校的满意度为 91%，2015 年度毕业生满意度为 82%。

（三）就业质量

1. 就业情况

2016 届毕业生共 772 人，总毕业数 779 人，初次就业率 99.1%，其中，就业 335 人，升学 437 人，待业 7 人；对口就业 291 人，专业对口率为 86.86%。

2. 初次就业起薪

2016 年 6 月，学校对毕业生就业去向及初次就业起薪进行了调查。升学学生 437 人，占毕业生总数的 56.6%。直接就业的学生中，个体经营（部分在家族或者亲戚企业就业）和企业就业（含其他形式就业）的学生占多数，机关事业单位就业的仅 59 人，占 7.6%。就起薪情况而言，毕业生初次就业薪酬水平在 2500—4000 之间，平均起薪 2500 元 / 月，高于 2016 年度国家对中职学生薪酬调查的整体水平。见表 2–91，表 2–92。

表 2–91　深圳市博伦职业技术学校毕业生就业去向

就业去向	人　数
机关事业单位	59
个体经营类	78
企业就业	198
升学	437

表 2–92　深圳市博伦职业技术学校 2016 年学校初次就业起薪

起薪档次	人　数
1000 元及以下	0
1001~1500 元	0
1501~2000 元	6
2001~3000 元	320
3000 元以上	9

（四）职业发展

1. 学习能力分析

2016 年 11 月，学校团委、德育处组织对 2015、2016 级在校学生进行访谈、交流。访谈教师 18 人，学生 376 人。调研显示，学校师生对学校办学现状和专业设置较为满意，对学校教育教学质量和教学组织表示认可。同时，通过学生学习力和学习行为习惯分析，在对学生的访谈调查中，发现了学生在学习能力上的不足，不足之处主要显示在以下方面：

（1）学习目标意识不强。调查显示，在校 2015 级、2016 级学生中，2016 级有 57.16% 的学生表示自己有较强的学习目标，专业学习的动力很足；2015 级学生中，此项指标的数据为 69.45%。调查表明，相比 2016 级新生，2015 级高二年级学生的学习目标性更好一些，但依然没有达到令人满意的水平。

（2）没有养成好的学习习惯。调查显示，由于前期基础较差，在校学生中每天有学习计划并且按照计划稳定学习的学生只占 29.46%，每天使用手机时间超过 1.5 小时的占 77.19%，每天使用手机时间超过 2.5 小时的占 66.23%，每天使用手机时间超过 4 小时的则占 45.22%。由于没有明确的学习目标，导致学习欲望差，学习消极，不求上进；实训时，眼高手低，不懂也不问；学习习惯不好，在调查访谈中，几乎没有学生能在课前预习课程，在课后能做到及时复习的也是寥寥无几。

（3）战胜困难的意志力弱。由于大部分学生招生录取时的分数均在 230 分左右，有 60% 以上的学生表示在专业学习、基础课程学习中存在学习问题和困难，但由于学习习惯以及学习意志力问题，只有 23.59% 的学生表示可以克服困难努力学习。

（4）可塑性强。根据对 2015、2016 级学生在校学习成绩的分析发现，在高一新生身上表现出较强的可塑性。在教务处和专业部的配合下，2016 年对专业学习兴趣的调查显示，有 76.77% 的学生表示很喜欢实训课堂，86.97% 学生表示老师教授的理论知识和专业技能较为有趣，通俗易懂。

（5）情商发展较好。调查发现，职业学校学生在与教师、同学及企业岗位相关人员的沟通中，表现出较强的沟通协调、动手操作和表达能力，情商发展较好。在班级事务管理、校级重大活动开展中表现出较强的组织、协调、计划和自我管理能力。在博伦职校学生会运作、社团组织管理中，学生们发挥了积极的作用。

2. 顶岗实习岗位适应能力

2016 年 10 月，学校对学生的顶岗实习情况开展了调查。调查对象 336 人，调查走访的企业有车经纪、华润商场、凯东源等多家校企合作企业，所调查的学生都在分公司或一般工厂顶岗实习。综合来看，相当数量的学生在企业实习期间，面对与校园环境差异较大的企业文化氛围，显得心理准备不足，不能很好地适应岗位要求，不习惯企业的管理方式方法，学生角色很难转变为“准员工”角色，毕业到就业之间的磨合期较长，不适应就业市场的需求。其主要原因是学校的课堂教育过程缺少企业文化的渗透，学生所学知识和工作实践脱节，学校管理与企业管理相比过于松懈。

3. 创业能力

对学校 220 名学生的创业能力的现状进行了一次抽样问卷调查，发放问卷 220 份，收回有效问卷 220 份，有效率为 100%。此次调查共涉及 7 个专业，有电子商务专业、物流专业、珠宝加工专业、珠宝销售专业、会计专业、计算机专业、动漫设计专业。在参与调查问卷的人员构成中，男女生比例、新老生比例适中。见表 2–93。

表 2–93 深圳市博伦职业技术学校 2016 年度学生创业能力调查表

<table>
<tr><th colspan="4">对创业的认识</th></tr>
<tr><td>认识充足</td><td colspan="2">一般性认识</td><td>认识不足</td></tr>
<tr><td>42%</td><td colspan="2">48%</td><td>10%</td></tr>
<tr><th colspan="4">自我创业能力的评价</th></tr>
<tr><td>非常满意</td><td>满意</td><td>不太满意</td><td>不满意</td></tr>
<tr><td>4%</td><td>38%</td><td>42%</td><td>6%</td></tr>
<tr><th colspan="4">创业经历及意愿</th></tr>
<tr><td>强烈意愿</td><td>有过类似意愿与想法</td><td>没想过，可以尝试</td><td>不想去尝试</td></tr>
<tr><td>8%</td><td>33%</td><td>46%</td><td>13%</td></tr>
<tr><th colspan="4">创业心理</th></tr>
<tr><td>强</td><td colspan="2">良好</td><td>一般</td></tr>
<tr><td>14%</td><td colspan="2">76%</td><td>10%</td></tr>
</table>

五、服务贡献

（一）人才培训

2016 年，职教集团培训部会同博伦职校与集团成员单位进行了广泛的联系，共走访企业 16 家、职业院校 4 家，积极开展针对外来务工人员及周边企业员工的素质培训及职业证书考证培训，开设《会计职称证书》及《OFFICES 办公技能》项目培训班，共计培训学员数 2190 人。

（二）社会服务

1. 培训服务

按照国家职业教育“十三五”规划以及区教育局领导对职教集团发展的定位，集团理事会与秘书处紧密结合南山区职业教育发展实际情况和企业需求，创造性地提出了“一体两翼”的发展思路，以职教集团和博伦职校为一体，以学历教育和非学历教育为两翼，在抓好职业高中教育的本职工作以外，重点将非学历教育纳入职教集团的工作范畴，目标定位于为南山区和深圳市培养基层人才提供服务。非学历教育与培训的有机结合，不仅为学校的专业教育提供了有力保障，还将成为职教集团成员单位员工培训的重要平台，利用职教集团和博伦职校的专业优势，还可以面向南山区的居民开展公益培训，为“文化南山”建设添砖加瓦。如图 2-25 所示。

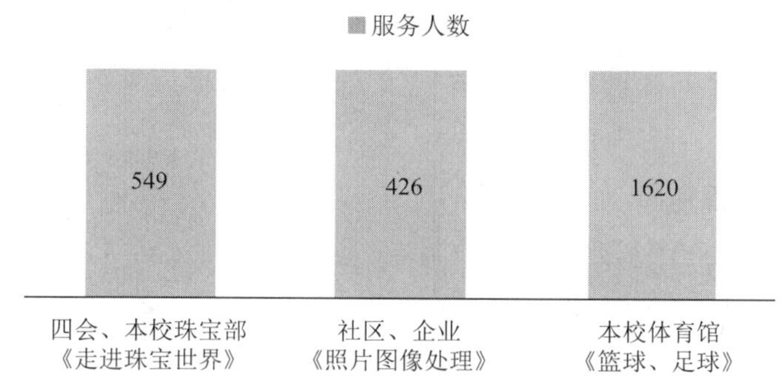

图 2-25　深圳市博伦职业技术学校 2016 年度学校对外开展讲座的服务人数

2. 文化传承

博伦职校在其 23 年的发展历程中，从原南山区成人中专学校，到 1999 年、2000 年与南头成人中专、西丽职业技术学校先后合并，再到 2012 年，经深圳市政府、深圳市教育局批准挂牌举办“深圳市珠宝学校”的历程中，学校始终致力于培养特色鲜明、质量优秀的专业技术人才，全力探索“中等职业教育的人才成长立交桥”人才培养模式，形成了比较完善的办学思路理念体系。“四特”理念解决了学校的发展特色和发展内涵问题，“四化”思想解决了学校的发展方向和阶段化目标问题，“四有”提法解决了学生培养的目标和出路问题。

2016 年 11 月 4 日，在深港校长论坛上，任敏校长进一步提出博伦职校的“一体两翼”发展模式，一体要优质成长，两翼要均衡发展，这是学校办学思想的提升，是学校办学理念的一路发展和沿袭。

（三）对口支援

1. 东西部对口帮扶

2016 年 4 月，学校与南山区职业教育集团理事单位——新疆喀什职业技术学校签订了友谊学校合作共建意向书。2016 年 8 月，与云南瑞丽“样样好”国际珠宝有限公司建立了学生定点考察、实训实习关系，目前，该企业是南山区职业教育集团成员单位、博伦职校校级实训实习基地。2016 年 11 月，与四会珠宝商会签订了学生定点实习协议书，与四会珠宝企业“文宝斋”签订了校外实习基地协议。

2. 校际帮扶

2016 年 9 月 24 日，学校与内蒙古工程学校签订校际帮扶协议，就兄弟学校合作、对口专业南北跨域共建进行交流探讨，提出双方学校在三个方面合作的建议。一是探索和博伦职校在学生培养上的合作。采取“2+1”“2.5+0.5”等模式合作培养，促进内蒙古工程学校学生更好地实习、就业。二是推进双方专业师资的深入交流。采取双方互派教师、中层专业建设指导等方式，共同推进专业师资建设。三是加强课程、教材领域的共同研发，推动珠宝、智能电子、电子商务等专业在专业建设以及技能大赛、国际化办学等项目上的交流，促成中等职业教育领域内两个有鲜明特色学校的“跨域”合作。

3. 对口扶贫

学校参加了广东省东西部对口帮扶活动。对口支援的对象为河源市连平县油溪镇的两个五保户家庭。从 2003 年以来，学校每年均派出学校工会慰问工作小组在年末到帮扶对象家庭看望和慰问。2016 年 12 月 28 日，工会主席张华林、办公室文泽绵老师代表学校到两个帮扶家庭，为每个家庭送去慰问金 2500 元。

六、工作重点与展望

在 2017 年学校的主要工作中，学校提出重点推进职业教育“一体两翼”办学模式，由职教集团牵头做好社区培训、成人培训等各种非学历教育培训，响应区委区政府“文化南山”建设，发挥职业教育资源，对接社区教育、成人教育和普通中小学教育，发挥最大办学效益。在推动“一体两翼”办学模式的过程中，还需要从政策层面配合和支持。

2017 学年，学校将在以下方面重点推进：助力学校品牌发展、特色发展、优质发展，继续做好“十三五”规划论证和编撰工作，继续强化质量意识，继续加强校企合作、集团化办学，继续加强创新发展，继续加强校本教材建设，促使更多课程和教材能够申报省市精品课程，促使教师学历结构、专业结构、能力结构的有效提升。

（深圳市博伦职业技术学校　边昭彬）

第九节　深圳市宝安职业技术学校2016年度教育教学质量报告

深圳市宝安职业技术学校是宝安区人民政府于1985年创办的，属公办全日制中等职业学校。2009年成为“国家级重点中等职业技术学校”，2011年在西校区基础上扩建新校区，2014年成为首批“国家中等职业教育改革发展示范学校”，2014年获国家教学成果二等奖1项。2016年牵头成立“深圳市宝安职业教育集团”。2016年7月迁入新校区，总占地面积为124932.71平方米。建成国家级数控技术应用专业实训基地1个。

学校秉持“以人为本，协调发展”的办学理念，实行“校部二级”管理，设行政部和财经、机电、信息、商贸、艺术等5个专业部。推行工学结合“六层推进”人才培养模式。学校认真贯彻落实《职业院校管理水平提升行动计划》《关于深化职业教育教学改革 全面提高新人才培养质量的若干意见》等文件精神，提升发展内涵，深化教育教学改革，全面提高职业人才培养质量。

一、学校情况

（一）学生情况

现有全日制在校学生4025人，较去年增加124人，增长3%。2016年毕业生人数为1260人，比去年增长2.4%。学校2016年在校生分性别统计，见表2–94。

表2–94　深圳市宝安职业技术学校2016年在校生学生数

年级	人数		总计
	男	女	
2014	762	534	1296
2015	753	551	1304
2016	812	613	1425

2016年，学校计划招生1356人，实际录取1439人，超计划招生83人，实际招生人数较上年增加9人，实际报到1439人，报到率100%。其中，自主招生录取357人，实际报到357人，较去年增长94人，增长35.7%。

学校人才培养是在满足宝安区人才需求的基础上，逐步扩大到区外。学校面向全市招生，生源主体主要来自于宝安区。

（二）师资队伍

学校现有教职工354人，其中专任教师280人。专任教师中，“双师型”教师196人，占专任教师的70%；在编教师218人，临聘教师62人；男（140人）女（140人）教师性别比为1 ：1；研究生43人，占15.4%，本科生236人，占84.3%。

专任教师中按职称划分，中学高级教师56人，中学一级教师99人，中学二、三级教师93人，未定职级教师32人。

年龄结构上，35岁及以下的教师102人，36—50岁的教师128人，51岁以上50人，年龄结构不断优化。

从专任教师的学历、职称、年龄等结构来看，本科、中级职称、中青年教师是学校教育教学工作的主体。详见表2–95、表2–96、表2–97、表2–98。

表2–95　深圳市宝安职业技术学校专任教师职称情况表

高级		中级		初级		无职称	
数量（人）	比例（%）	数量（人）	比例（%）	数量（人）	比例（%）	数量（人）	比例（%）
56	20	99	35.4	93	33.2	32	11.4

表2–96　深圳市宝安职业技术学校专任教师学历情况表

博士研究生		硕士研究生		本科		专科及以下	
数量（人）	比例（%）	数量（人）	比例（%）	数量（人）	比例（%）	数量（人）	比例（%）
0	0	43	15.4	236	84.3	1	0.3

表2–97　深圳市宝安职业技术学校专任教师学位情况表

博士		硕士		学士	
数量（人）	比例（%）	数量（人）	比例（%）	数量（人）	比例（%）
0	0	36	12.9	176	62.9

表2–98　深圳市宝安职业技术学校专任教师年龄情况表

35岁及以下		36—50岁		51岁及以上	
数量（人）	比例（%）	数量（人）	比例（%）	数量（人）	比例（%）
102	36.4	128	45.7	50	17.9

（三）设备设施

学校办学条件优越，依托新校区的建设，各项设备设施先进。2016年7月，学校整体搬迁至新校区，原东校区由政府收回处置。占地面积由原来约16万平方米缩减至目前约12万平方米，生均占地面积、教学和行政办公用房面积虽相对减少，但学生宿舍生均面积、实训场所面积、实训工位数有了较大提高。生均图书为25.8册，相对于去年增长了近5册，但仍然低于生均30册的有关标准。学校基本办学条件指标总量，见表2-99。学校基本办学条件指标生均数，见表2-100。

表2-99　2016年深圳市宝安职业技术学校基本办学条件指标总量

校园占地面积（平方米）	总建筑面积（平方米）	校外实习、实训基地数（个）	教学资源库（个）	藏书量				
				纸质		电子		
				生均图书（册）	生均期刊（份）	电子图书种数（种）	电子期刊种数（种）	数据库总数（个）
124932.71	110526.85	7	14	25.8	0.05	25000	0	1

表2-100　2015、2016年深圳市宝安职业技术学校基本办学条件指标生均数

指标	2015年	2016年
生均占地面积（平方米/生）	41.02	31.4
生均教学行政用房面积（平方米/生）	20.96	17.79
生均宿舍面积（平方米/生）	5.64	6.93
生均实验室、实习场所面积（平方米/生）	1.25	2.8
生均图书（册/生）	20.66	25.8
百名学生配教学用计算机台数（台）	31	26
生师比	14.20 ∶ 1	15.23 ∶ 1
生均实习实训工位数	/	0.75

二、学生发展

（一）学生素质

中职学生处于青春期阶段，各方面还不够成熟，对基础文化课的学习缺乏主动性，职业生涯规划认识不够清晰。学校通过课程、校园文化活动努力改变学生的学习状态，不断提高其综合素质。

（二）在校体验

抽样调查反映，学生对在校生活的满意度达95%，对校园安全的满意度达96%，毕业生对母校的满意度为86%，对校园文化与社团活动的满意度为96%。

学校还开展学生评教活动，共有参评公共基础课107门、专业技能课123门。其中，公共基础课优秀率为93.5%，专业技能课优秀率为95.9%。公共基础课和专业技能课均没有差等。见表2-101。

表 2-101　2016 年深圳市宝安职业技术学校学生评教情况表

课程类别	公共课				专业课			
分数档次	优（90 分及以上）	良（89—75 分）	中（74—60 分）	差（59 分及以下）	优（90 分及以上）	良（89—75 分）	中（74—60 分）	差（59 分及以下）
课程门数	100	7	0	0	118	5	0	0

（三）资助情况

2015—2016 学年第二学期助学金获得者有 1054 人，免学费学生 3882 人；2016—2017 学年第一学期，助学金获得者有 1178 人，免学费学生 4020 人。除极少数学生因不符合政策要求外，其他都能享受助学金、免学费政策，为家庭经济困难的学生减轻了负担。

（四）就业质量

1. 就业情况

2016 年学校全日制毕业生人数为 1260 人，其中升学 669 人，就业 591 人（含参军 3 人），毕业生初次就业率为 99.8%，初次就业率 100% 的专业有 6 个。平均专业对口就业率达 82.2%，其中对口就业率最高的专业是服装专业，达 87.8%。见表 2-102。

表 2-102　2016 年深圳市宝安职业技术学校各专业学生就业情况

专业类名称	就业率（%）	对口率（%）
051400 数控技术应用	98.6	79.5
082500 汽车运用与维修	100	80.3
090500 计算机网络技术	100	83.5
120100 会计	100	82.4
121900 物流服务与管理	100	79.3
141700 动漫游戏	100	84.4
142400 服装设计与工艺	95.1	87.8
180700 物业管理	100	80.6

2. 收入情况

总体来看，各专业月均收入较去年都有所增加。2016 届毕业生月均收入 2831 元，较去年月平均收入增长 13.6%，较广东省 2015 年直接就业中职生月均收入增长 13.4%。

根据 2015 年《广东省中等职业技术学校就业情况分析报告》统计数据显示，月薪 2001—3000 元的中职毕业生占总数的 32.87%，月薪 3000 元以上的占 17.87%。我校动漫游戏专业毕业生月薪超 3000 元。

从各专业收入来看，增幅最高的专业为服装专业，达到 20%；月均收入最高的专业是动漫游戏，达到3200元。该两个专业去年毕业生月均收入也相对较高。

从专业大类来看，文化艺术类的平均月收入最高，为3100元；其次为财经商贸类，2850元；第三为信息技术类，为2750元。去年专业大类中，平均月收入最高的为加工制造类。见表2-103、表2-104。

表2-103　深圳市宝安职业技术学校2015、2016届各专业毕业生月收入情况表

专业类名称	2015年（元）	2016年（元）	增长比例（%）
数控技术应用	2580	2700	4.7
汽车运用与维修	2300	2650	15.2
通信技术	2300	/	/
会计	2600	2850	9.6
计算机网络技术	2400	2750	14.6
物流服务与管理	2500	2850	14
动漫游戏	2800	3200	14.3
服装设计与工艺	2500	3000	20
物业管理	2450	2650	8.2
学前教育	2500	/	/
平均月收入	2493	2831	13.6

注：模具制造技术、会计电算化及软件信息服务为2015年新增专业，2016年没有毕业生；通信技术停止招生，2016年没有毕业生。

表2-104　深圳市宝安职业技术学校2015、2016届部分专业毕业生月均收入情况

专业类月均收入			
专业类	2015年（元）	2016年（元）	增长比例（%）
05加工制造类	2580	2700	4.7
08交通运输类	2300	2650	15.2
09信息技术类	2350	2750	14.5
12财经商贸类	2550	2850	11.8
14文化艺术类	2650	3100	17
18公共管理与服务类	2450	2650	8.2

（五）职业发展

学生基础知识不够扎实，学习主动性欠佳。学校经过对学生三年的学习规划和实践，学生的动手能力、岗位适应能力得到加强，学生在校期间能迅速融入实习实训环节，了解熟悉岗位的要求，锻炼岗位能力，岗位迁移能力也得到了提升。但学生创新创业能力还需要加强。

三、质量保障措施

(一)专业动态调整

各专业根据市场的发展，及时调整专业人才培养方案，调整专业结构。2016 年，物业管理专业停止招生，物流管理与服务专业的招生人数随之扩大，以更好地满足市场人才需求。各专业根据实际发展情况，在有关规定下，满足正常开课需要，及时调整专业核心课程、公共基础课程、实践课程、创新创业课程等。

(二)教育教学改革

1. 技能大赛

2016 年，学校有 30 位学生、20 位教师参加了 5 个专业 11 个项目的市赛，承办市赛 3 个项目，获一等奖 4 个，二等奖 11 个，三等奖 11 个。28 位学生、24 位教师参加 6 个专业 13 个项目的省赛，获二等奖 4 个，三等奖 6 个。参加全国职业院校技能大赛，获一等奖 2 个，二等奖 6 个，三等奖 6 个。见表 2–105。其中，信息部石玮锋同学获得第 44 届世界技能大赛广东省选拔赛“网站设计”和“商务软件解决方案”两个项目的参赛资格。

表 2–105　2016 年深圳市宝安职业技术学校学生技能大赛获奖情况

获奖级别	奖项	获奖数量
国家级	一等奖	2
	二等奖	6
	三等奖	6
省级	一等奖	0
	二等奖	4
	三等奖	6
市级	一等奖	4
	二等奖	11
	三等奖	11

2. 专业设置

学校开设会计、会计电算化、物流服务与管理、物业管理、计算机网络技术、软件与信息服务、汽车运用与维修、数控技术应用、模具技术应用、服装设计与工艺、计算机动漫与游戏制作等 11 个专业，涉及加工制造类、交通运输类、信息技术类、公共管理与服务类、财经商贸类、文化艺术类等 6 个专业类别。其中 2 个专业面向第二产业，占 18.18%；9 个专业面向第三产业，占 81.82%。面向二、三产业的专业数比是 2 ∶ 9。学校各专业大类设置情况，见表 2–106。

表 2–106　2016 年深圳市宝安职业技术学校各专业大类设置情况

专业类名称（代码）	专业名称（代码）
05 加工制造类	051400 数控技术应用
	051500 模具制造技术
08 交通运输类	082500 汽车运用与维修
09 信息技术类	090500 计算机网络技术
	090800 软件与信息服务
12 财经商贸类	120100 会计
	120200 会计电算化
	121900 物流服务与管理
14 文化艺术类	142400 服装设计与工艺
	141700 动漫游戏
18 公共管理与服务类	180700 物业管理

注：中等职业教育专业都是“无大类”。

3. 课程建设

（1）总体情况。2016 年度，学校开设课程 352 门，其中专业核心课程 95 门，占 27%；公共基础课程 137 门，占 38.9%；实践课程 120 门，占 34.1%；创新创业课程 11 门，占 3.1%；精品课程 11 门，占 3.1%。

（2）各专业情况。教育部办公厅《关于制订中等职业学校专业教学标准的意见》（教职成厅〔2012〕5 号）规定：“中等职业教育是高中阶段教育的重要组成部分，其课程设置分为公共基础课和专业技能课程两类，专业技能课包括专业核心课和专业（技能）方向课”，“专业技能课程内容要紧密联系生产劳动实际和社会实践，突出应用性和实践性”。从表 2–108 中可以看出，学校按照教育部的有关规定开设相关课程，其中，公共基础课程基本达到各专业课程的三分之一。

从各专业来看，计算机网络技术、软件与信息服务这两个专业核心课程开设得较少；11 个专业中，有 4 个专业未开设创新创业课程；2016 年，市级精品课程新增 6 门，达到 11 门。学校各专业课程开设情况，见表 2–107。

表 2-107　2016 年深圳市宝安职业技术学校各专业课程开设情况表

专业名称（代码）	专业开设课程总数（门）	核心课程数（门）		公共基础课程数（门）		实践课程数（门）		创新创业教育课程数（门）		精品课程数(门)			
		总数	占课程总门数的比例（%）	总数	占课程总门数的比例	总数	占课程总门数的比例（%）	总数	占课程总门数的比例（%）	总数	国家级	省级	市级
120100 会计	30	11	36.7	13	43.3	3	10	3	10	1	0	0	1
082500 汽车运用与维修	30	9	30	12	40	15	50	1	3.3	0	0	0	0
051400 数控技术应用	30	8	26.7	12	40	16	53.3	1	3.3	2	0	0	2
051500 模具制造技术	30	8	26.7	12	40	16	53.3	1	3.3	2	0	0	2
120200 会计电算化	30	11	36.7	13	43.3	3	10	3	10	0	0	0	0
090500 计算机网络技术	34	4	11.8	12	35.3	23	67.7	1	2.9	2	0	0	2
090800 软件与信息服务	14	2	14.3	8	57.1	9	64.3	1	7.1	1	0	0	1
142400 服装设计与工艺	35	6	17.1	18	51.4	11	31.4	0	0	3	1	0	2
141700 动漫游戏	36	9	25	13	36.1	14	38.9	0	0	1	1	0	0
121900 物流服务与管理	42	15	35.7	12	28.5	5	12	0	0	0	0	0	0
180700 物业管理	41	12	29.2	12	29.2	5	12	0	0	0	0	0	0
合计	352	95	27	137	38.9	120	34.1	11	3.1	11	2	0	10

（3）学分设置。学校 11 个专业中，总学分数都在 170 分以上。物流、物业、服装、动漫、会计、会计电算化 6 个专业毕业所需最低学分未做调整，其他 5 个专业学分都有下调。根据《教育部办公厅关于制订中等职业学校专业教学标准的意见》（教职成〔2012〕5 号）规定的“3 年制总学分不少于 170 分”的要求，所有专业都符合教育部规定的专业教学标准。实践教学学分比重悬殊，其中 8 个专业实践教学比重在 60% 以上（含 60%），低于 60% 的有 3 个专业（物业管理专业于 2016 年停止招生）。见表 2–108。

表 2–108　2016 年深圳市宝安职业技术学校各专业人才培养情况表

专业名称（代码）	毕业所需最低学分		本专业在校生数	2016 年本专业计划招生数	2016 年本专业招生实际报到人数	2016 年本专业毕业生数	2016 年本专业毕业生就业人数
	总学分	其中实践教学学分比重（%）					
051400 数控技术应用	178	62.9	382	120	112	160	73
051500 模具制造技术	178	62.9	157	80	83	0	0
082500 汽车运用与维修	174	61	417	120	140	117	61
090500 计算机网络技术	175	67.7	534	135	148	276	127
090800 软件与信息服务	176	64.3	245	135	146	0	0
120100 会计	176	60	534	138	145	243	108
120200 会计电算化	176	60	282	138	142	0	0
121900 物流服务与管理	178	31.4	562	250	263	166	82
142400 服装设计与工艺	177	67	362	120	131	112	41
141700 动漫游戏	177	52	359	120	129	77	32
180700 物业管理	173	11.5	197	0	0	109	67
合计			4025	1356	1439	1260	591

注：模具制造技术、会计电算化、软件信息服务为新增专业，2016 年没有毕业生。

4. 信息化建设

校园网 Internet 出口带宽 300M，校园主干最大带宽 10000M，网络信息点 2480 个，上网课程 16 门，监控点 841 个，教学资源库 14 个。见表 2–109。学校大力推行数字化校园建设和教师信息化教学工作。龙雨老师获得全国职业院校信息化教学大赛（决赛）教学设计一等奖。

表 2-109　深圳市宝安职业技术学校信息化建设情况表

接入互联网出口(Mbps)	校园网主干最大带宽(Mbps)	网络信息点(个)	现有管理信息系统总量(软件系统)	上网课程数(门)	监控点(个)	一卡通使用数(个)
300M	10000M	2480	16 套	16	841	4605

5. 实训基地

学校现有 7 家“区级校外实习实训基地”，36 家校外实习实训基地与学校有合作关系。根据专业发展需要，2016 年新增 2 家校级实习实训基地，分别是深圳市长江财税（中国）有限公司、深圳市财华财务代理有限公司。这 2 家公司与学校进行了校企合作签约授牌仪式，开展校企双方多层次、多形式、多领域的合作。见表 2-110。

表 2-110　深圳市宝安职业技术学校校外实训实习基地统计表

序号	专业部	专业	企业校区名称	接收顶岗实习学生(人)
1	商贸部	物业管理	深圳市花样年物业管理有限公司	0
2	信息部	计算机网络技术	深圳市高新奇科技股份有限公司	0
3	财经部	会计	深圳市正则信企业管理咨询有限公司	42
4	艺术部	计算机动漫与游戏制作	深圳市雨桥动漫有限公司	42
5	财经部	会计	深圳市德永信税务师事务所	36
6	机电部	数控技术应用	深圳市三叶精密机械服务有限公司	40
7	机电部	汽车运用与维修	深圳市怡丰汽修综合服务公司	30

6. 教材选用

按照国家、省、市等有关部门的规定选用教材，鼓励教师自主编写专业教材，通过正规出版社出版，将这种适合学生实际情况的教材推广并用于教学，以提高教育教学效果。

7. 国际合作

2016 年，学校推荐 18 名学生前往韩国永进专门大学学习，3 月份 14 名、9 月份 4 名。经过半年的韩语学习，已有 9 名学生通过韩语测试，分别就读计算机系、室内装潢建筑系、电子系、经营系、机械系及韩国语等。其他 9 名学生继续学习韩语，直到能够通过韩语测试，再选择专业学习。学校学生出国情况，见表 2-111。

表 2-111　深圳市宝安职业技术学校学生出国情况表

	出国学习学生总数（人）	就读专业名称	出国学习学生数（人）
本校学生分专业 2016 年出国学习（一个月以上）学生数	18	韩国语	10
		计算机系	3
		室内装潢建筑系	2
		电子系	1
		经营系	1
		机械系	1

（三）教师培训情况

2016 年，学校共组织教师 186 人次参加校外各级各类培训。其中基础课程教师 60 人次，专业课教师 115 人次，其他 11 人次。

教师继续教育培训开设 53 门课程 825 个学时，共计 4118 人参加；社会培训中，开设 18 门课程 625 个学时，819 人参加。见表 2-112。

表 2-112　深圳市宝安职业技术学校承担培训情况表

时间	教师继续教育			社会培训		
	课程（门）	总学时	总人数	课程（门）	总学时	总人数
2016 年	53	825	4118	18	625	819

（四）规范管理情况

1. 教学管理

学校严格执行课程计划，按照国家和省、市规定的课程方案和课程计划等组织教学活动，保证按规定开齐课程和开足课时。专业部每月进行教学常规检查，通过对教案本、作业本、第二课堂记录本、听课记录本、考勤记录的检查，提高认识，加强管理，明确规范，加紧培训，切实从教学常规入手，提高教学质量和水平。

学校建立教学质量保障体系，定期检查教学工作，进行课程、实践、实习、毕业综合训练、专业教学等评价体系，分析年度教学工作，进行自我评价及质量改进，学生、企业积极参与评价。

2. 科研管理

学校有完善的课题管理和经费保障制度，并成立了学校学术委员会负责科研项目的评审。教师申报校本课题 17 项，承担区级规划课题 6 项，新增市规划课题 1 项。科研管理队伍建设上一新台阶，建有 3 个市级名师工作室，1 个深圳职业院校教育科研专家工作室，1 个市级名班主任工作室。建立了专业教学指导委员会、专业部专业建设委员会、学校专业建设管理委员会，强化专业建设和课程建设的指导工作，提高专业建设和课程建设的水平，形成了相对完善的中高职衔接课程体系研究，保证中高职“三二”分段的实施。新增市级品牌专业 1 个（建设项目），市级精品课程 4 门（建设项目）。

3. 财务管理

学校严格执行预算制度，严控超预算、无预算开支，建立健全公共财政预算拨款、财政专户管理收入各项对应关系，理顺财政支出来源。落实国库集中采购，认真执行财政费用上线支付手续和结算工作。根据中央八项规定，制定并执行会议费管理和差旅费管理制度。

遵照上级新规定开展招标采购工作，严明纪律、保障供货质量。严格落实校产的登记与管理，借助信息技术加强耗材出入库、修缮管理，严控水电用量。

4. 安全管理

学校实行“以块为主，条块结合”的管理模式。强化“一岗双责”的安全责任，加强迁入西校区后的安防工作，加强安全档案建设，完善“人防、物防、技防”工作；制定安全管理预案，开展安全教育体验式活动，提高师生的应急处理能力。

5. 后勤管理

学校依章对校内、外教育教学场所校产进行盘点，确保账账相符、账物相符。聘请第三方审计机构，按要求对资产管理情况进行清查审计。按规定和程序完成了一批损坏、过期资产的处置。聘请第三方监管机构开展食堂运营情况监管，在校园网每月公布一次监管报告。

6. 信息化管理

数字化校园建设不断完善，系统运行平稳。学校运维和开发门户网站、校内办公平台、学分制系统、OA 审批系统、校讯通、晨检直报系统、网上报修系统、功能室预定系统、精品课程平台、职业素养量化评价系统、招生系统、心理咨询网站、职业介绍网、市名师工作室网站等。

（五）德育工作情况

行政部学生处统筹全校德育工作，各专业部设分管德育副部长具体实施；校团委统筹全校社团、学生会建设，各专业部设团总支具体实施。

1. 课程开设情况

学校开设哲学与人生、经济政治与社会、职业道德与法律、职业生涯规划、心理健康教育等德育必修课程。并根据学生发展实际，每周一开设班会课，选取一个主题，让学生参与管理。通过每周一的升旗礼全校集会、学生国旗下演讲、行政干部总结、分专业部集会，让德育教育“贴近实际、贴近生活、贴近学生”。

2016 年度，学校共配备德育教师 24 名，占专任教师总数的 8.7%；配备专业心理咨询教师 2 名，开设心理互动室，帮助学生解决学习、生活中碰到的心理问题；配备班主任 87 名，负责每个班级日常的管理工作。同时，通过发挥学生会自治的作用，充分发挥学生的自主性。

现任班主任、专业副主任及 35 岁及以下非班主任教师等共 147 名，从事班主任工作的年限平均 4.5 年。其中，35 岁及以下青年教师约占三分之二，从事班主任工作的年限平均约 3.5 年；直接来自企业的教师约占三分之一；非师范类毕业生超过一半。

表 2–113　2016 年深圳市宝安职业技术学校各专业德育教师配置情况表

专业部名称	本专业所属德育教师数	各专业德育教师配置情况											
		职称结构					学位结构				年龄结构		
		高级	副高级	中级	初级	无职称	博士	硕士	学士	无学位	35 岁及以下	36~50 岁	51 岁及以上
120100 会计	3	0	2	0	1	0	0	0	1	2	0	1	2
082500 汽车运用与维修	2	0	1	1	0	0	0	0	2	0	0	1	1
051400 数控技术应用	2	0	1	0	1	0	0	0	2	0	1	0	1
051500 模具制造技术	1	0	0	0	1	0	0	0	1	0	1	0	0
120200 会计电算化	2	0	1	1	0	0	0	1	1	0	0	2	0
090500 计算机网络技术 090800 软件与信息服务	5	0	5	0	0	0	0	1	2	2	0	3	2
142400 服装设计与工艺 141700 动漫游戏	4	0	0	3	0	1	0	1	3	0	3	0	1
121900 物流服务与管理	4	0	0	3	1	0	0	2	1	1	1	3	0
180700 物业管理	1	0	0	1	0	0	0	0	0	1	1	0	0
合计	24	0	10	9	4	1	0	5	13	6	7	10	7

2. “文明风采”活动开展

2016 年，共有 64 名学生参加国家、深圳市中等职业学校“文明风采”竞赛征文演讲、职业规划、摄影、校园情景剧、微视频、才艺展示六大类别的活动，获国家二等奖 2 项、三等奖 4 项，深圳市一等奖 2 项、二等奖 14 项、三等奖 5 项。

3. 社团活动开展

在社团活动方面，今年新建社团 32 个，占社团总数的 65.3%。社团成员总人数 1369 人，社团平均活动经费约 1000 元。社团数量、成员人数、平均活动经费在去年的基础上增加一倍有余。这得益于学校大力推行“百团战略”，投入大量的人力、经费，充分发挥学生的自主性，支持学生开展各式各样的活动。

但分部管理的专业部社团建设制度，使得社团雷同情况难免出现。从统计来看，5个专业部一共有18个社团出现雷同，占社团总数的36.7%。

从社团的种类来看，体育类社团19个，占38.8%，是数量最多的一种社团。从社团与专业的相关程度来看，艺术部的10个社团与专业的匹配度最高，其次是信息部的16个社团。

（六）党建情况

学校高度重视并扎实开展“两学一做”主题学习教育活动，党建工作稳步推进，为学校发展保驾护航。开展“一支部一承诺”“支部书记项目”等活动；落实党员组织关系和“挂空”党员排查，建立学校党员信息管理台账和党费交纳管理台账；开展各支部换届选举，进一步充实支部组织力量；开展全校“精品党课”竞赛，张薇同志获区教育系统精品党课一等奖；各支部开展形式多样的党员志愿服务活动，其中规模性志愿活动11次，参与党员近300人次；慰问老党员和困难党员14人次。

学校广泛开展“党员先锋岗”和挂点帮扶活动，亮出党员身份，接受群众工作监督。区党代表胡龙同志到上合、海乐等挂点社区协助解决社区问题15次。各支部结合“好课堂、好教师、好作业”评价标准、教学“七认真”、技能大赛和高考备考等工作，广泛开展党员“传帮带”活动并取得实效，党员的先锋模范作用得到进一步发挥。

四、校企合作

（一）校企合作开展情况

学校近五年共聘请23所中高职及大学32名专家为办学顾问。现有区级实训实习基地（企业校区）7个，加入行业协会13个（国家6、省2、市5），聘请35家行业（企业）协会、38名专家为专业顾问。

2016年新增2家校级实训实习基地。开展6家企业“引企入校”挂牌仪式，入驻企业涵盖财务、科技、机电等多个领域。7家区级实训实习基地共接收学校190名学生实习，其中，有部分学生直接在这7家企业就业，企业对学校实习学生的满意度较高。

（二）集团化办学情况

1. 办学概况

2016年7月15日，区编委印发《关于成立深圳市宝安区职业教育集团的通知》（宝机编〔2016〕42号），决定成立深圳市宝安职业教育集团。9月9日，区委区政府在宝安职业技术学校举行集团揭牌仪式。集团成员包括深圳市宝安职业技术学校（加挂“深圳市宝安职业教育集团第一职业技术学校”“深圳广播电视大学宝安分校”牌子）、沙井职业高级中学（加挂“深圳市宝安职业教育集团第二职业技术学校”牌子）。

2. 主要工作

一是通过优质课程展示、校级技能节、毕业生作品展示会、大赛集训交流、集团大赛成果宣传等活动，加强集团成员之间的沟通，进一步共享资源。二是紧紧围绕宝安产业升级转型，进一步优化专业设置。成员单位紧扣宝安区产业发展的优势及特点，不断突出专业优势。宝安职校本学期停止物业管理专业招生，将资源配备转向物流服务与管理专业，做大做强数控、服装、动漫、计算机等专业；集团二职校进行专业重组，顺应新形势拟开设物联网专业，已报市教育局备案。三是推进龙川对口帮扶工作，进一步增强集团辐射力。根据区委部署和区教育局安排，宝安职校对口帮扶龙川县职教系统。学校深入龙川技校考察，制定帮扶方案，按照“精准帮扶，专业对接”原则，确定数控、信息作为主要对接专业，牵头组织德资企业深圳市银宝山新科技股份有限公司与龙川技校共同签署“银宝山新模具制造”现代学徒制订单班三方合作办学协议，招收的第一批学生（30 人）已于 2016 年 10 月开学。数控专业组织骨干师资力量赴龙川技校开展了师资对口帮扶，对数控实训室建设提出改进意见。四是探索中德职业教育合作，提高国际化水平。学校组织集团成员单位赴东莞德马吉机床公司广东点（德资企业）考察学习，与市教科院、区教育局赴江苏太仓有关学校考察中德合作办学经验；物流专业拟借鉴德国“双元制”，与北京络捷斯特科技发展股份有限公司合作，为本地企业培养高端物流技术技能人才探索新路。

五、服务贡献

（一）技术技能人才培养

1. 人才培养情况

2016 年，除数控技术应用，其他 9 个专业实际报到人数都超过计划招生人数。从某种程度上来说，社会各界已经在逐渐接受中职、认可中职。

学校 2016 年毕业生 1260 人，毕业率 100%。参加高考 898 人，考入高职升学 669 人，升学占参加高考总人数的 74.5%、占毕业生总数的 53%。升学当中，参加“3+ 证书”高职类高考的有 410 人，参加自主招生的有 120 人，免试入学的有 6 人，“三二”分段的有 133 人。“3+ 证书”高职类高考依然是学校学生升学的主要途径。

2. 资格证书获得情况

2016 级毕业生中获得中级及以上资格证书的人数为 1209 人，占毕业生总数（1260 人）的 96%。获证人数最多的是计算机网络技术专业，其次是数控、会计电算化专业。其中会计电算化为 2015 年新开专业。见表 2–114。

表 2–114　深圳市宝安职业技术学校 2016 年度各专业获得中级及以上资格证书情况

专业名称（代码）	资格证书名称	本专业在校生数	2016 年本专业毕业生获得证书人数	2016 年获得证书人数占本专业毕业生人数的百分比(%)
051400 数控技术应用	数控铣床操作工	382	145	90.6
051500 模具制造应用	数控铣床操作工	157	0	0
082500 汽车运用与维修	汽车维修工	417	87	74.4
	汽车营销师		0	0
090500 计算机网络技术	全国计算机信息高新技术考试高级证书	533	226	81.2
090800 软件与信息服务	全国计算机信息高新技术考试高级证书	246	70	/
120100 会计	会计从业资格证	534	118	48.6
120200 会计电算化	高级电算化员证	282	139	/
121900 物流服务与管理	物流员（职业能力等级证书）	560	130	78.3
142400 服装设计与工艺	服装设计定制工	362	97	86.6
141700 动漫游戏	全国计算机信息高新技术图形图像处理模块图像制作员	359	66	85.7
180700 物业管理	物业管理员	193	100	91.7
合计		4025	1209	25

（二）社会服务

我校承办了 2016 年宝安区、龙华新区退役士兵职业技能培训班 1 期、驻深部队官兵“新闻写作及摄影培训班”2 期。3 次培训涵盖 8 个驻深部队 146 名官兵。

学校每年都举办、承接该种类的培训，对于广大受训者来说是技能培训，对学校来说，是一种培训的文化传承。

（三）对口帮扶

1. 对口援疆

根据教育部、市教育局关于南疆职业教育对口支援的工作精神和有关要求，学校开展了与新疆喀什职校的对口支援工作。校领导及艺术部骨干教师先后赴新疆喀什职校调研，新疆喀什职校田新校长一行 5 人应邀来学校访问。

2. “宝安—龙川”结对帮扶

在区委区政府的部署下，学校积极探索与龙川对口帮扶工作，校长带队，先后 6 次前往龙川县技工学校、深圳市银宝山新科技股份有限公司（简称银宝山新）洽谈现代学徒制订单班的建设。6 月，学校与龙川技校、银宝山新在银宝山新总部签署合作办学协议，并召开校企座谈会。

10月，由学校牵头龙川技校与银宝山新，联合开办首个“现代学徒制—模具专业订单班”，在银宝山新石岩总部举行开班仪式。龙川技校师生30余人在开班仪式前参观了宝安职校模具专业实训实操车间。订单班采用德国“双元制”模式培养，课程由学校机电部、龙川技校和银宝山新三方共同研究开发。学生分别在龙川技校学习1年、银宝山新学习2年，毕业留企业工作。这既是学校帮扶龙川职业教育、拓宽校企合作渠道的新尝试，也是深化课程改革和人才培养模式改革的新探索。

六、举办者履职

（一）经费

1. 年度办学经费总收入及结构

2016年，学校办学经费总收入22116.24万元，主要来源于中央、地方财政专项投入，占60.9%；其次是财政经常性补助，占37.5%。生均拨款额为53700元，较去年（31005.52元）增长73.2%。见表2-115。

表2-115　2016年深圳市宝安职业技术学校办学经费总收入及其结构

单位：万元

学校总收入	财政经常性补助收入	中央、地方财政专项投入	学费收入	社会捐赠金额	其他收入总额	年生均财政拨款	其中：年生均财政专项经费
22116.24	8293.32	13465.43	6.54	0	350.95	5.37	3.32

2. 办学经费支出

2016年度，学校办学经费支出21966.63万元，主要包括日常教学经费支出，占总支出的81.4%；教学改革及研究经费支出，占总支出的0.6%；师资建设费支出，占总支出的0.7%；图书购置费支出，占总支出的0.3%。见表2-116。

表2-116　2016年深圳市宝安职业技术学校办学经费支出情况

单位：万元

学校总支出	征地支出	基础设施建设支出	日常教学经费总支出	其中，实训实习经费支出	日常教学经费生均支出	教学改革及研究费	设备采购费	其中，教学科研仪器设备值	师资建设费	图书购置费
21966.36	0	45.29	17877.14	518.44	4.41	125.36	3698.12	3126.24	150.45	70

表 2-117　2016 年深圳市宝安职业技术学校办学经费的总收入与支出比率

经费收入			经费支出		
项目	金额（万元）	所占比例（%）	项目	金额（万元）	所占比例（%）
学费收入	6.54	0.03	设备采购	3698.12	16.8
财政经常性补助收入	8293.32	37.5	日常教学经费	17877.14	81.4
中央、地方财政专项投入	13465.43	60.9	教学改革及研究	125.36	0.6
其他收入	350.95	1.57	师资建设	150.45	0.7
			图书资料购置费	70	0.3
总收入	22116.24		总支出	21966.36	
收支比率　1.007 ：1					

（二）政策措施

2016 年，学校制定了《深圳市宝安职业技术学校章程》，将学校的各项管理工作制度化，以制度为依据，在制度的规定下合理、有效地开展各项工作。

按照上级有关工作要求以及学校发展的实际需求，2016 年，通过招聘应届毕业生、引进优秀人才的方式，充实教师队伍。

学校根据《深圳市宝安职业技术学校引企入校》规定，引进 6 家企业、1 家协会。制定《关于教师职称评聘工作的实施方案》，完成高级评聘 25 人、中级 63 人、初级 21 人，现已完成面试、公示，并上报相关材料至区教育局审批。

七、问题与展望

（一）深化学校党建工作

学校党建工作都是依据要求开展有针对性的党建活动。根据学校实际需求自发开展党组织活动较少，学校党建工作及成效需要进一步加强。

（二）扩大学生活动场所

作为全寄宿学校，学生活动场所有限，图书馆是学生最重要的活动场所之一。目前，学校生均图书为 25.8 册，根据《中国儿童发展纲要（2011—2020）》生均图书不少于 30 册的要求，需加强购置适合中职学生心理发展特点的优秀书籍。

（三）加强德育团队建设

班主任在理念、知识经验、教育管理能力和素质等方面，离现代职业教育的要求还有一定差距，需进一步加强班主任系统化培训。

（深圳市宝安职业技术学校　冯　杰）

第十节　深圳市沙井职业高级中学2016年度教育教学质量报告

深圳市沙井职业高级中学成立于1997年，隶属于深圳市宝安区教育局，是一所公办全日制中等职业学校，为全民所有制的非营利性事业组织，依法独立履行办学职责，学制为3年。学校占地2.7万平方米。2013年学校高标准通过宝安区“双优”学校评估；2014年通过了宝安区规范化办学专项督导评估。

学校全面贯彻党的教育方针，努力办好人民满意的教育，始终把“立德树人”作为根本目标，培养全面发展的社会主义建设者和接班人。学校尊重教育教学规律，确立“明礼、尚艺、致用、和谐”的核心办学理念，坚持“以服务为宗旨、以就业为导向”的方针，秉承“鱼渔兼授”的教育使命，既注重学生基本知识、职业技能的养成，又突出学生自我规约、持续发展能力的教育，最大限度地满足社会、企业及学生、学生家长的需求。

一、学校情况

（一）学生规模

2016年全日制在校学生1441人，较去年增加171人，增长13.46%。2016年毕业生人数为392人，比去年减少15人。在校生学生结构，见表2–118。

表2–118　2016年深圳市沙井职业高级中学在校生学生结构

年级	人数		总计
	男	女	
2014	262	162	424
2015	293	139	432
2016	405	180	585

2016年，学校计划招生450人，实际录取566人，超计划招生116人，实际招生人数较上年增加86人。实际报到数526人，报到率92.93%。学校生源主体来自于宝安区，在满足宝安区人才需求的基础上，逐步扩大到区外。

（二）师资队伍

学校现有教职工 150 人，其中专任教师 129 人。专任教师中，“双师型”教师 75 人，占专任教师的 58.14%；在编教师 99 人，临聘教师 30 人；男（66 人）女（63 人）教师性别比为 1.05 ：1；研究生 29 人，占 22.49%，本科生 91 人，占 70.54%。

专任教师职称情况：中学高级 12 人，中学一级 35 人，中学二、三级 35 人，未定职级 47 人。年龄结构上，35 岁及以下的教师有 80 人，36—50 岁的教师有 36 人，51 岁及以上的有 13 人，教师的年龄结构不断优化。从专任教师的学历、职称、年龄等结构来看，本科、中级和初级职称、中青年教师是学校教育教学工作的主体。见表 2–119、表 2–120、表 2–121、表 2–122。

表 2–119　深圳市沙井职业高级中学专任教师职称情况表

高级		中级		初级		无职称	
数量(人)	比例(%)	数量(人)	比例(%)	数量(人)	比例(%)	数量(人)	比例(%)
12	9.3	35	27.13	35	27.13	47	36.43

表 2–120　深圳市沙井职业高级中学专任教师学历情况表

博士研究生		硕士研究生		本科		专科及以下	
数量(人)	比例(%)	数量(人)	比例(%)	数量(人)	比例(%)	数量(人)	比例(%)
1	0.78	28	21.71	91	70.54	9	6.98

表 2–121　深圳市沙井职业高级中学专任教师学位情况表

博士		硕士		学士	
数量（人）	比例（%）	数量（人）	比例（%）	数量（人）	比例（%）
1	0.78	28	21.71	64	49.61

表 2–122　深圳市沙井职业高级中学专任教师年龄情况表

35 岁及以下		36—50 岁		51 岁及以上	
数量（人）	比例（%）	数量（人）	比例（%）	数量（人）	比例（%）
80	62.02	36	27.91	13	10.08

（三）设备设施

学校办学条件良好，各项设备设施符合规定要求。2016 年度学校基本办学条件指标总量，见表 2–123。2016 年度学校基本办学条件指标生均数，见表 2–124。

表 2-123　2016 年度深圳市沙井职业高级中学基本办学条件指标总量

校园占地面积（平方米）	总建筑面积（平方米）	校外实习、实训基地数（个）	教学资源库（个）	藏书量				
				纸质		电子		
				生均图书（册）	生均期刊（份）	电子图书（种）	电子期刊（种）	数据库总数（个）
27000	14000	4	0	23	0	0	0	0

表 2-124　2016 年度深圳市沙井职业高级中学基本办学条件指标生均数

指标	生均数	
	2015 年	2016 年
生均占地面积（平方米 / 生）	200	191
生均教学行政用房面积（平方米 / 生）	1.41	1.41
生均实验室、实习场所面积（平方米 / 生）	1.39	1.39
生均图书（册 / 生）	16	23
百名学生配教学用计算机台数（台）	25	37
生师比	14 ∶ 1	11 ∶ 1

二、学生发展

（一）学生素质

中职学生处于青春期阶段，各方面还不够成熟，对基础文化课的学习缺乏主动性，职业生涯规划认识不够清晰。学校通过课程、校园文化活动努力改变学生的学习状态，不断提高其综合素质。

（二）在校体验

抽样调查发现，学生对学校生活的满意度达 82%，对校园安全的满意度达 98%，毕业生对母校的满意度为 88%，对校园文化和社团活动的满意度为 82%。总体而言，学生对学校的满意率都比较高，对学校高度认可。

学校开展学生评教活动。全校共有参评公共基础课 11 门，专业技能课 131 门。其中，公共基础课优秀率为 36.36%，专业技能课优秀率为 40.46%。公共基础课和专业技能课均没有差等。

（三）资助情况

2015—2016 学年第二学期助学金获得者有 328 人，免学费学生 1226 人；2016—2017 学年第一学期，助学金获得者有 322 人，免学费学生 1393 人。除极少数学生外，其他都能享受助学金、免学费政策。

（四）就业质量

1. 就业情况

2016 年学校全日制毕业生 392 人，其中，升学 93 人，就业 299 人，就业率达到 99.75%。毕业生平均专业对口就业率为 79.8%，其中，对口就业率最高的专业是中餐烹饪与营养膳食专业，达 100%。见表 2–125。

表 2–125　2016 年深圳市沙井职业高级中学学生就业情况

专业类名称	就业率（%）	对口率（%）
加工制造类	100	95.06
信息技术类	98.51	77.61
财经商贸类	100	40.86
旅游服务类	100	100

2. 收入情况

总体来看，除了旅游服务类以外各专业月均收入较去年都有所增加。2016 届毕业生月均收入 3520 元，较去年月平均收入增长 16.77%。

加工制造类的毕业生月平均收入最高，达 4000 元 / 月。而信息技术类毕业生月平均收入与 2015 年相比增长比例最大，为 27.85%。见表 2–126。

表 2–126　深圳市沙井职业高级中学 2015、2016 届各专业毕业生月收入情况表

毕业生月收入			
专业类名称	2015 年（元）	2016 年（元）	增长比例（%）
加工制造类	3500	4000	14.28
信息技术类	2800	3580	27.85
财经商贸类	3100	3500	12.9
旅游服务类	3000	3000	0
平均月收入	3100	3520	16.77

（五）职业发展

职校学生基础知识不够扎实，学习主动性欠佳。学校经过对学生三年的学习规划和实践，学生的动手能力、岗位适应能力得到加强，学生在校期间能迅速融入实习实训环节，了解熟悉岗位的要求，锻炼岗位能力，岗位迁移能力也得到了提升，但学生创新创业能力还需要加强。

三、质量保障措施

（一）专业动态调整

各专业根据市场的发展，及时调整专业人才培养方案，调整专业结构。各专业根据实际发展情况，在有关规定下，满足正常开课需要，及时调整专业核心课程、公共基础课程、实践课程等。

（二）教育教学改革

1. 技能大赛

2016 年，学校有 14 位学生、9 位教师参加市赛 5 个专业 6 个项目，获一等奖 2 个、二等奖 5 个、三等奖 2 个。15 位学生、11 位教师参加省赛 5 个专业 9 个项目，获一等奖 2 个、二等奖 4 个，三等奖 6 个。14 位学生、9 位教师参加全国职业院校技能大赛 6 个专业 6 个项目，获一等奖 1 项、二等奖 2 项，三等奖 5 项。总体赛事成绩在同类学校中表现突出。见表 2–127。

表 2–127　深圳市沙井职业高级中学 2016 年学校学生参加国家、省、市技能大赛获奖情况

获奖级别	奖项	获奖数量
国家级	一等奖	1
	二等奖	2
	三等奖	5
省级	一等奖	2
	二等奖	4
	三等奖	6
市级	一等奖	2
	二等奖	5
	三等奖	2

2. 专业设置

学校开设数字媒体技术应用、电子与信息技术、会计电算化、电子商务、中餐烹饪、数控技术应用、模具制造技术、机电设备安装与维修等 8 个专业，涉及信息技术类、财经商贸类、旅游服务类、加工制造类 4 个专业类别。其中 3 个专业面向第二产业，占 33.33%；6 个专业面向第三产业，占 66.67%。面向二、三产业专业数比是 1 ： 2。见表 2–128。

表 2-128 2016 年深圳市沙井职业高级中学各专业大类设置情况

专业类名称（代码）	专业名称（代码）
09 信息技术类	090200 数字媒体技术应用
	091200 电子与信息技术
12 财经商贸类	120200 会计电算化
	121100 电子商务
13 旅游服务类	120700 中餐烹饪
05 加工制造类	051400 数控技术应用
	051500 模具制造技术
	051600 机电设安装与维修

注：中等职业教育专业都是“无大类”。

3. 课程建设

（1）总体情况。2016 年度，学校开设课程 142 门，其中专业核心课程 55 门，占 38.73%；公共基础课程 11 门，占 7.75%；实践课程 76 门，占 53.52%；精品课程 2 门，占 1.4%。

（2）各专业情况。教育部办公厅《关于制订中等职业学校专业教学标准的意见》（教职成厅〔2012〕5 号）规定：“中等职业教育是高中阶段教育的重要组成部分，其课程设置分为公共基础课和专业技能课程两类，专业技能课包括专业核心课和专业（技能）方向课”，“专业技能课程内容要紧密联系生产劳动实际和社会实践，突出应用性和实践性”。从实际情况可以看出，学校按照教育部的有关规定开设相关课程，其中，公共基础课程基本达到各专业课程的三分之一。

从各专业来看，中餐烹饪专业开设的专业核心课最少（6 门）。

4. 实训基地

学校校外实训实习基地统计，见表 2-129。

表 2-129 深圳市沙井职业高级中学校外实训实习基地统计表

序号	专业部	专业	企业校区名称
1	服务部	会计电算化	天虹商场
2	服务部	会计电算化	深圳市岁宝百货有限公司
3	服务部	中餐烹饪	深圳市海上田园旅游发展有限公司
4	信息部	电子商务	华工中云信息技术有限公司
5	现代制造部	数控、模具	深圳市同辉精密有限公司

学校现有5家“校级校外实习实训基地”，校企双方开展多层次、多形式、多领域的合作。

5. 教材选用

按照国家、省、市等有关部门的规定选用教材，鼓励教师自主编写专业教材，通过正规出版社印刷，将这种适合学生实际情况的教材推广并用于教学，以提高教育教学效果。2016年度公开出版教材4部。

6. 国际合作

2016年，学校初步开展国际合作办学，与德国“F+U”集团共同启动“双元制”中德实验班办学，确定开设“双元制”中德实验班的专业为数控技术应用（智能制造方向），每年计划招收2个常规教学班，每班30—40名学生，计划一期投入1600多万元。

2016年，学校推荐1名学生前往韩国永进专门大学学习。

（三）教师培训情况

2016年，学校共组织教师169人次参加校内外各级各类培训，超额完成规定的培训任务。

教师继续教育培训开设2门课程36个学时。全校教师参加继续教育的有129人，总计1822学时。

（四）规范管理情况

1. 教学管理

学校严格执行课程计划，按照国家和省、市规定的课程方案和课程计划等组织教学活动，保证按规定开齐课程和开足课时。专业部每月进行教学常规检查，通过对教案本、作业本、听课记录本、考勤记录的检查，提高认识，加强管理，明确规范，加紧培训，切实从教学常规入手，提高教学质量和水平。

学校建立教学质量保障体系，定期检查教学工作，进行课程、实践、实习、毕业综合训练、专业教学等评价体系，分析年度教学工作，进行自我评价及质量改进，学生、企业积极参与评价。

2. 科研管理

学校有完善的课题管理和经费保障制度，并成立了学校学术委员会负责科研项目的评审。2016年立项校本课题11项，承担区级规划课题1项；出版教材4部，发表论文8篇。科研意识、科研质量进一步提升，科研成果更加丰富。

3. 财务管理

学校严格执行预算制度，严控超预算、无预算开支，落实国库集中采购，建立健全公共财政预算拨款、财政专户管理收入各项对应关系，理顺财政支出来源。落实国库集中采购，认真执行财政费用上线支付手续和结算工作。根据中央八项规定，制定并执行会议费管理和差旅费管理制度。

遵照上级新规定开展招标采购工作，严明纪律、保障供货质量。严格落实校产的登记与管理，借助信息技术加强耗材出入库、修缮管理，严控水电用量。

4. 安全管理

学校实行“以块为主，条块结合”的管理模式。强化“一岗双责”的安全责任，加强企业校区安防工作，加强安全档案建设，完善“人防、物防、技防”工作；制定安全管理预案，开展安全教育体验式活动，提高师生的应急处理能力。

5. 后勤管理

学校加强了人为损坏校产的监管和处理。依章对校内、外教育教学场所的校产进行盘点，确保账账相符、账物相符，确保财产及人员的安全。

（五）德育工作情况

学校发展中心统筹全校德育工作，各专业部设分管德育副主任，具体实施由发展中心、德育科组、校团委、分管德育副主任、班主任等部门或人员落实。

1. 课程开设情况

学校开设哲学与人生、经济政治与社会、职业道德与法律、职业生涯规划、心理健康教育等德育必修课程。并根据学生发展实际，每周一开设班会课，选取一个主题，让学生参与管理。通过每周一的升旗礼全校集会、学生国旗下演讲、行政干部总结、分专业部集会。让德育教育“贴近实际、贴近生活、贴近学生”。

德育团队配备情况：2016 年度，学校共配备德育教师 9 名（其中有 3 名教师有高级职称），占专任教师总数的 6.98%；配备专业心理咨询教师 3 名，开设专门的心理咨询室，帮助学生解决学习、生活中碰到的心理问题；全校配备班主任 33 名，负责每个班级日常的管理工作。

学校成立名班主任工作室，完善了工作室制度，制订了工作方案、培养计划，建立了工作台账，申报了校级德育课题，每个成员都制定了个人成长计划，使班主任工作水平提升到更高的台阶。同时，通过发挥学生会自治的作用，充分发挥学生的自主性。

2. “文明风采”活动开展

2016 年，学校学生参加国家、市“文明风采”活动获奖情况，见表 2–130。

表 2-130　深圳市沙井职业高级中学 2016 年学生参加国家、市“文明风采”活动获奖情况

获奖级别	奖项	获奖数量	参与学生数	指导教师数
国家级	一等奖	0	0	0
	二等奖	0	0	0
	三等奖	3	8	3
	优秀奖	4	4	4
市级	一等奖	2	2	2
	二等奖	6	6	14
	三等奖	17	20	17

2016 年，学校共有 18 名学生参加国家、深圳市中职学校“文明风采”征文演讲、职业规划、摄影、校园情景剧、微视频、才艺展示六大类别活动，获国家三等奖 3 项，深圳市一等奖 2 项、二等奖 6 项、三等奖 17 项。

3. 社团活动开展

全校共建社团 21 个，其中体育类社团 6 个、文艺类 9 个、专业类 5 个，社团成员总人数 741 人，平均社团经费 478 元。社团数量、成员人数、平均活动经费都在稳步增长，这得益于学校重视社团活动，在本年度开始实施“七彩社团”战略，充分发挥学生社团在提升学生核心素养方面的示范功能，建立有利于学生社团规范化、多元化和可持续发展的运行机制；依托下午“四点半活动”，强化传统文化教育和职业素养，推出一批有特色、有创新、有影响、有实效的精品社团课程，让学生在活动中健全人格、培养能力。

（六）党建情况

近一年来，学校党支部高举中国特色社会主义伟大旗帜，以马列主义、毛泽东思想、邓小平理论、“三个代表”重要思想、科学发展观为指导，深入贯彻习近平总书记系列重要讲话精神，全面贯彻党的十八大精神，落实“五位一体”总体布局和“四个全面”战略布局，以“创新、协调、绿色、开放、共享”的发展理念为引领，巩固党的群众路线教育实践活动成果，深化“两学一做”学习教育活动，全面提高学校党建水平，发挥党组织的战斗堡垒作用，团结带领广大教职工凝心聚力，努力完成学校各项工作计划和发展规划，全面提升了学校的办学水平和核心竞争力。

本年党建工作重点内容是完善校部二级管理体制下的党建工作。学校党支部以改革的精神统揽全局，开展“改革年”活动。进一步改革管理体制，强化“校部”二级管理，进一步明确职责；健全各项规章制度，改革人事管理工作，建立了具有本校特色、

符合职业教育办学规律的教师考评制度，为人事职称制度改革奠定基础。把党建工作落实到相应的负责人、责任人、执行人，为管理体制改革做出保障。

四、校企合作

（一）校企合作开展情况和效果

几年来，学校本着“无缝对接、互惠共赢”的合作原则，推进校企一体化办学，探索校企共建实训基地、合作培养师资、联合开发教材、组织顶岗实习、共建产品研发中心，实现了校企之间的深度融合，取得了显著的办学成绩。主要做法：

1. 组建专家指导委员会

学校组建各专业的专业指导委员会，成员由本专业领域内的行业、企事业单位的专业人员、管理人员、专业带头人和骨干教师组成。专家指导委员会每学期召开一次例会，对校企合作的理念、合作模式、权责义务等相关内容展开充分的讨论，在广泛征求意见的基础上，最大限度地整合相关主体的利益诉求，促使校企双方基于互惠双赢原则，开展具体合作。

2. 把教室搬进企业

2015 年，学校在同辉公司建立企业校区，大力开展企业校区文化建设，使学校文化和企业文化融合，形成校企合作的制度文化、环境文化、行为文化，确保企业校区各项工作正常运行。

3. 和企业一起开发课程

为确保人才培养与社会需求相吻合，学校主动邀请合作企业的管理干部和技术人员参与到专业教材改编、编写中来。几年来共编印了《Mastercam 实例教程》《数控车床编程与操作》《数控铣床华中系统编程与操作实训》等多种教材，其中，“数控车床编程与操作”于 2015 年被评为深圳市精品课程。

4. 建立专兼职相结合的师资队伍

为进一步提升学校教师专业技术水平，培养“双师型”教师，学校规定教师每年都要在企业一线顶岗，和企业技术人员开展交流，参与企业的产品研发和生产。同时，大胆选用企业优秀技能人才做兼职教师，为学生开展理论指导和技能培训，成为学生实习的师傅。

（二）学生实习情况

近年来学校考察了 40 多家企业，并在 2016 年对校外合作企业进行评估和选择，优选 8 家实力较强、合作意愿较好、合作质量较高的企业，签约为校企合作企业，其中有 4 家企业被评为区级实习实训基地；建立了一批相对稳定的学生实习和就业基地，部分专业的毕业生实现了规模就业。2016 年实习就业基地接受实习生 120 人。

（三）集团化办学

2016 年 7 月 15 日，区编委印发《关于成立深圳市宝安区职业教育集团的通知》（宝机编〔2016〕42 号），决定成立深圳市宝安职业教育集团。9 月 9 日，区委区政府在宝安职业技术学校举行集团揭牌仪式。深圳市宝安职业技术学校加挂“深圳市宝安职业教育集团第一职业技术学校”“深圳广播电视大学宝安分校”牌子。我校加挂“深圳市宝安职业教育集团第二职业技术学校”牌子。

集团主要开展了以下工作：一是通过优质课程展示、校级技能节、毕业生作品展示会、大赛集训交流、集团大赛成果宣传等活动，加强集团成员之间的沟通，进一步共享资源。二是紧紧围绕宝安产业升级转型，进一步优化专业设置。集团成员单位紧扣宝安区产业发展的优势及特点，不断突出专业优势。学校进行专业重组，顺应新形势拟开设物联网专业，已报市教育局备案并通过。三是探索中德职业教育合作，提高国际化水平。组织集团成员单位赴东莞德马吉机床公司广东点（德资企业）考察学习，与市教科院、区教育局赴江苏太仓有关学校考察中德合作办学经验；数控、模具专业与德国 F+U 集团合作，开设“双元制”班。

五、社会贡献

（一）人才培养情况

学校 2016 届毕业生共有 392 人，其中 93 人升入高职院校就读，299 人被企事业单位录用，就业率达到 99%，双证书率达到 39.8%。各专业对口就业率平均在 79.8% 以上，专业设置符合市场需求，毕业生专业技能水平有较大提高。2016 年学校参加高考的有 158 人，考入高职院校的有 110 人，升学人数占参加高考总人数的 69.62%、占毕业生总数的 28%。升学的学生当中，参加“3+ 证书”高职类高考的有 93 人，参加自主招生的有 17 人。“3+ 证书”高职类高考依然是学校学生升学的主要途径。

（二）资格证书获得情况

2016 年，学校学生中获得中级及以上资格证书的人数为 362 人，占毕业生总数（392 人）的 92.3%。获证人数最多的是计算机网络技术专业，其次是数控、会计电算化专业。

六、举办者履职

（一）经费

1. 年度办学经费总收入及结构

表 2-131　2016 年深圳市沙井职业高级中学办学经费总收入及其结构

单位：万元

学校总收入	财政经常性补助收入	中央、地方财政专项投入	学费收入	社会捐赠金额	其他收入总额	年生均财政拨款	其中：年生均财政专项经费
5425.34	4654.9	720.44	50	0	0	3.7781	0.5017

2016 年，学校办学经费总收入为 5425.34 万元，来源及比率为财政经常性补助收入，占 85.8%；中央、地方财政专项投入，占 13.3%；学费收入，占 0.9%。

2016 年生均拨款额为 37781 元，较去年（35285 元）增长 7.07%。

2. 办学经费支出

表 2-132　2016 年深圳市沙井职业高级中学办学经费支出情况

单位：万元

学校总支出	征地支出	基础设施建设支出	日常教学经费总支出	其中，实训实习经费	教学改革及研究费	设备采购费	其中，教学科研仪器设备值	师资建设费	图书购置费
5451.09	0	0	2432.77	2151.17	435	0	0	278.62	8.95

2016 年度，学校办学经费支出为 5451.09 万元，主要包括日常教学经费支出，占总支出的 44.63%；教学改革及研究经费，占总支出的 7.98%；师资建设费，占总支出的 5.11%；图书购置费，占总支出的 0.16%。见表 2-133。

表 2-133　2016 年深圳市沙井职业高级中学办学经费的总收入与支出比率

经费收入			经费支出		
项目	金额（万元）	所占比例（%）	项目	金额（万元）	所占比例（%）
学费收入	50	0.9	设备采购	0	0
财政经常性补助收入	4654.9	85.8	日常教学经费	2432.77	44.63
中央、地方财政专项投入	720.44	13.3	教学改革及研究	435	7.98
其他收入	0	0	师资建设	278.62	5.11
			图书资料购置费	8.95	0.16
总收入	5423.34		总支出	5451.09	
收支比率　0.99 ∶ 1					

（二）政策措施

2016 年，学校制定了《深圳市宝安第二职业技术学校章程》，将学校的各项管理工作制度化，以制度为依据，在制度的规定下合理、有效地开展各项工作。

按照上级有关工作要求以及学校发展的实际需求，2016 年，学校通过招聘应届毕业生、引进优秀人才的方式，充实教师队伍。在本年度共招聘新教师 10 人，其中本科学历 7 人、大专学历 2 人、中专学历 1 人，初级职称 3 人。

七、问题与展望

（一）存在问题

学校成立时间不长，经过近 20 年的发展，取得累累硕果，但与一流学校相比差距尚大，主要的问题有以下几方面。

1. 办学规模急需扩大

学校的占地和建筑面积严重不足，生均用地面积 22.3 平方米，低于国家标准（教育部《中等职业学校设置标准》规定“不少于 33 平方米”）；建筑面积 1.4 万平方米，加上外租用房，不足 1.7 万平方米，生均 14 平方米，也低于国家标准（教育部《中等职业学校设置标准》规定“不少于 20 平方米”）。教学场地、实训室、学生宿舍等得不到扩充，教学资源拓展严重受限，办学规模无法扩大。

2. 校企合作需要深化

学校校企合作层次水平不高，专业设置与产业需求对接、课程内容与职业标准对接、教学过程与生产过程对接方面均落后于发展需求。校外实训基地数量少、规模小，无法满足实训、实习、就业需求。校企合作模式单一，合作专业偏少，合作深度不足，专业服务产业能力还难以满足需要，教师企业实训制度也有待形成。

3. 特色亮点有待培育

基层基础建设相对滞后，教科研与新兴产业的结合不够紧密。同时，科学化、规范化、制度化管理与服务方面的特色不明显，信息化水平偏低，与同类学校相比，精品课程数量偏少，课程建设落后，与省重点学校标准差距较大。

（二）形势展望

1. 地方政府对职业教育发展更加重视

近几年，市、区对职业教育发展很重视。比如今年的教师节表彰，对职业学校有了倾斜，教育经费有了更为有力的保障。

（1）集团成立、学校更名。2016 年 7 月 14 日，区编委发文确定，成立宝安区职业教育集团。沙井职高更名为宝安区职业教育集团第二职业技术学校。第二职业技术学校为独立办学单位，具有法人资格，但又归属职业教育集团。这是我们学校新的定位，将为我们的发展带来新的契机。

（2）现代学校制度建设。现代学校制度是一种适应时代要求的学校制度安排，强调的是制度安排的“现时性”，它是一种“好的、先进的、能适应时代要求的”学校制度。根据市、区教育局的要求，各学校要根据时代发展的要求，设计和构建与各方面改革相适应的规则体系，制定学校章程，完善学校制度，整合和提升学校文化品位，形成学校鲜明特色。

2. 立足现实，紧跟时代，坚持走内涵式发展

学校根据新形势下办学定位和发展要求，溯本求真走内涵式发展道路，紧跟当地经济、社会发展的步伐调整专业，为区域经济发展和产业转型升级做好服务，围绕经济办教育，取得瞩目成绩，招生和就业质量逐年上升，社会认可度越来越高。

（深圳市沙井职业高级中学　张　岩）

第十一节　深圳市龙岗职业技术学校2016年度教育教学质量报告

2016年是深圳市龙岗职业技术学校（简称龙岗职校）创建国家中等职业教育改革发展示范学校的攻坚之年、收官之年。在这一年里，全校师生齐心协力、攻坚克难，以高标准通过国家示范学校的省级验收。根据省级验收专家的意见和建议，学校进行了严格的整改和提升，并于2016年7月将示范校建设成果提交教育部接受部委复核。整个学年，学校在教育教学改革、师资队伍建设、校企合作工学结合运行机制建设等方面取得了明显进步，具体情况如下。

一、基本情况

（一）规模和结构

龙岗职校创办于1994年，又名深圳市龙岗中等专业学校，是深圳市规模较大、设施先进的一所公办国家级重点职业技术学校，也是“国家中等职业教育改革发展示范学校”建设单位。学校开设有数控技术应用、汽车运用与维修、楼宇智能化设备安装与运

行、美术设计与制作、社会文化艺术、计算机应用、计算机网络技术、计算机动漫与游戏制作、物流服务与管理、会计电算化等10个专业，全日制在校生3111人，共有62个教学班。

学校位于龙岗中心城，占地面积7.86万平方米，建筑面积8.03万平方米，拥有各专业实训室80间，校外实习实训基地50个。

龙岗职校面向全市招生，每年计划招生1000人，户籍不限，统一划线录取。2016年录取分数线为271分，比2015年提高了15分，列全市中职类学校第四位。

（二）设施设备

2016年，学校各项基本办学条件不断完善。截至2016年12月，学校教学仪器设备总量达77888台（套），总值7732万元，生均教学仪器设备值由2015年的2.35万元增加至2.62万元，生均实训实习工位数由0.81个增加至0.82个，生均纸质图书由34.7本增加至35.1本，各项教育教学活动能正常有序地开展。

（三）教师队伍

深圳市龙岗职业技术学校以"国家中等职业教育改革发展示范学校"建设为契机，不断加强师资队伍建设。一年来，培养深圳市职业院校教育科研专家工作室主持人2人，技术能手6名，省赛、国赛裁判共3名，引进高端技能人才2名，面向社会公开招调考试引进在编教师22名，新聘劳务派遣教师20名。

截至2016年12月，龙岗职校拥有教师229人。其中，公共基础课教师76人，专任专业教师153人；"双师型"教师137人，兼职教师37人；本科及以上学历222人，其中硕士及以上学历44人；高级职称教师48人。生师比为20 ∶ 1，"双师型"比例为89.54%，兼职教师比例为16.16%，本科以上学历比例为96.94%。见表2–134。

表2–134 龙岗职校近两年师资队伍情况统计表

年份	文化基础课教师数	专业课、实习指导课教师数	专业教师"双师型"教师比例（%）	兼职教师比例（%）	本科及以上学历比例（%）
2015年	69	153	86.25	23.42	93.69
2016年	76	153	89.54	16.16	96.94

二、学生发展

（一）学生素质

1. 德育工作情况

2016年，学校继续施行以"一线一体四面"为主要特征的健康人格德育模式，即以成功教育为主线，以体验活动为载体，以四面管理为抓手。"四面"管理主要包括：

（1）用全面系统的主题教育转变观念。班级主题班会一月一主题、一年一循环。校级主题活动三年一循环，有三条活动主线，即："军训——迎新晚会——毕业典礼"三大仪式；"职业认知——德育沙龙——职业生涯规划——技能节——社会实践"五大活动；新生体育活动——"文明风采"——运动会三大赛事。

（2）以严格细致的操行管理规范行为。学校制定了一系列切合实际的管理办法，使用信息化手段量化评价学生的综合表现，开发并应用了集操行学分、考勤跟踪、课程学分、实习学分管理功能于一体的"龙岗职校学生学分制管理系统"。

（3）以开放多元的实践平台感悟成功。校内采取"社团化"活动策略，校外组织假期社会实践和义工服务活动。

（4）以和谐共进的班级生态创设情境。班级生态建设包括以"教室及宿舍美化和德育文化长廊布置"为主要任务的硬件建设，以创新的"班级成长团队管理模式"应用为软件建设，这两大建设使学生从同伴的良性积极互动中获得动力，从特定的体验场中感受人格教育的力量。

该德育模式为学校德育工作提供了系统的思路和具体的方法，操作性强，师生认可度高，得到了社会的广泛关注和好评，成为学校管理工作的亮点。

2. 思想政治状况

学校主要通过德育课程和活动体验来开展学生道德品质及人格的养成教育。学生通过德育课程基本树立了正确的价值观和人生观，确立了正确的政治思想和立场，有良好的参与意识和合作意识。学生在活动中表现出较好的表达能力和创新水平，但在职业素养和吃苦精神的培育方面仍有待加强。

3. 文化课合格率（见表 2-135）

表 2-135　龙岗职校 2015、2016 年文化课合格率对比统计表

年度	语文	数学	英语	平均合格率
2015 年	98.87%	98.56%	91.59%	96.34%
2016 年	97.67%	98.38%	98.84%	97.30%

4. 专业技能合格率。

学校 2013 级"双证书"汇总，见表 2-136。2013 级学生"双证书"获取情况统计，见表 2-137。

表 2-136 龙岗职校 2013 级“双证书”汇总一览表（2016 年 7 月统计）

<table>
<tr><td colspan="4">“双证书”专业占专业总数的比例</td><td colspan="2">100%</td></tr>
<tr><td colspan="4">“双证书”获取率</td><td colspan="2">82.4%</td></tr>
<tr><td colspan="4">人均获取证书数量</td><td colspan="2">1.92 个</td></tr>
<tr><th>专业部</th><th>班级名称</th><th>专业名称</th><th>是否双证书专业</th><th>双证书获取率（%）</th><th>人均获取证书数量（个）</th></tr>
<tr><td rowspan="3">汽车部</td><td>13 汽修 1 班</td><td>汽车运用与维修</td><td>是</td><td rowspan="3">80.7</td><td rowspan="3">1.23</td></tr>
<tr><td>13 汽修 2 班</td><td>汽车运用与维修</td><td>是</td></tr>
<tr><td>13 汽修 3 班</td><td>汽车运用与维修</td><td>是</td></tr>
<tr><td rowspan="4">机电部</td><td>13 数控 1 班</td><td>数控技术应用</td><td>是</td><td rowspan="4">82.9</td><td rowspan="4">1.56</td></tr>
<tr><td>13 数控 2 班</td><td>数控技术应用</td><td>是</td></tr>
<tr><td>13 数控 3 班</td><td>数控技术应用</td><td>是</td></tr>
<tr><td>13 楼宇班</td><td>楼宇智能化设备安装</td><td>是</td></tr>
<tr><td rowspan="4">计算机部</td><td>13 计算机班</td><td>计算机应用</td><td>是</td><td rowspan="4">97.5</td><td rowspan="4">3.22</td></tr>
<tr><td>13 动漫班</td><td>动漫与游戏制作</td><td>是</td></tr>
<tr><td>13 网络 1 班</td><td>计算机网络技术</td><td>是</td></tr>
<tr><td>13 网络 2 班</td><td>计算机网络技术</td><td>是</td></tr>
<tr><td rowspan="6">财经部</td><td>13 会计 1 班</td><td>会计电算化专业</td><td>是</td><td rowspan="6">68.5</td><td rowspan="6">1.52</td></tr>
<tr><td>13 会计 2 班</td><td>会计电算化专业</td><td>是</td></tr>
<tr><td>13 会计 3 班</td><td>会计电算化专业</td><td>是</td></tr>
<tr><td>13 会计 4 班</td><td>会计电算化专业</td><td>是</td></tr>
<tr><td>13 物流 1 班</td><td>物流服务与管理专业</td><td>是</td></tr>
<tr><td>13 物流 2 班</td><td>物流服务与管理专业</td><td>是</td></tr>
<tr><td rowspan="3">艺术部</td><td>13 文艺 1 班</td><td>社会文化艺术</td><td>是</td><td rowspan="3">98.7</td><td rowspan="3">2.27</td></tr>
<tr><td>13 文艺 2 班</td><td>社会文化艺术</td><td>是</td></tr>
<tr><td>13 美术班</td><td>美术设计与制作</td><td>是</td></tr>
</table>

表 2-137 龙岗职校 2013 级学生“双证书”获取情况统计表（2016 年 7 月统计）

证书名称	参考人数	通过人数	通过率(%)	专业实际人数
汽车维修中级工	136	82	60.3	136
计算机辅助设计 AutoCAD 中级	139	133	96	141
数控车、铣床操作工中级	136	59	43	141
楼宇智能管理员中级	41	28	68	53
全国计算机信息高新技术办公软件应用模块高级操作员级（国家职业资格三级）	154	118	76	156

续表

证书名称	参考人数	通过人数	通过率(%)	专业实际人数
全国计算机信息高新技术图形图像处理（Photoshop 平台）图像制作员级（国家职业资格四级）	205	183	88	207
高级网络管理员	102	102	100	102
物流员	89	57	64	89
会计从业资格证	142	86	61	205
普通话证书	82	82	100	95
舞蹈教师资格证	69	67	97	95
PS 证书	55	39	71	55
全国计算机等级证书（一级）	900	687	76.3	977
全国英语等级证书（一级）	531	316	59.5	977

5. 学生体质测评合格率

根据国家学生体质健康标准认定，2015 年学校参加测试的总人数为 3019 人，健康达标人数为 2606 人，达标率为 86.32%；2016 年参加测试的总人数为 3021 人，健康达标人数为 2798 人，达标率为 92.62%，比 2015 年提高了 6.3 个百分点。

（二）顶岗实习质量

1. 实习率

学校每年举办大型校园招聘会，每年均有近 4000 个实习就业岗位供毕业生选择。2016 年校园“双选会”共有 130 家用人单位进场招聘，提供了 3795 个顶岗实习岗位供毕业生选择。871 人成功录用为顶岗实习生，另有 123 人进入高校深造，就业率达 99.6%。见表 2–138。

表 2–138　龙岗职校 2015 年、2016 年学生顶岗实习情况统计表

年份	总人数	高考班人数	应实习就业人数	未实习就业人数	实际实习就业人数	就业率
2015	978	124	854	3	851	99.60%
2016	997	123	874	3	871	99.60%

2. 顶岗实习专业对口率

学校倡导学生在参加顶岗实习时应尽量选择专业对口的岗位。专业对口有利于学生学有所用，尽快把学到的知识化为工作本领，提高工作效率；有利于用人单位尽快招到适应本职工作的人才，省去不必要的培训和考核，节约人力、时间与经费。学校 2015、2016 年学生实习专业对口率统计，见表 2–139。

表 2-139　龙岗职校 2015、2016 年学生实习专业对口率统计表

年份	总人数	高考班人数	应实习就业人数	实际顶岗实习人数	未顶岗实习人数	专业对口人数	专业对口率
2015	978	124	854	851	3	640	75.20%
2016	997	123	874	871	3	744	85.41%

统计表明，2015 届学生的专业对口人数为 640 人，对口率为 75.20%；2016 届的学生专业对口人数为 744 人，对口率为 85.41%，比 2015 年提高了 10 多个百分点。

3. 初次顶岗实习月收入

2016 年，学校学生初次顶岗实习月收入达 2315 元，超过全市 2300 元的最低工资标准。见表 2-140。

表 2-140　龙岗职校近两年学生初次顶岗实习月收入情况统计表

年份	总人数	高考班人数	专业班人数	实习人数	未实习人数	实习人数总薪资（元）	平均薪资（元）
2015	978	124	854	851	3	1798834.00	2110.00
2016	997	123	874	871	3	2016600.00	2315.00

三、质量保障措施

（一）专业动态调整

1. 学校专业设置动态调整与结构优化情况

为培养适应企业需求的高质量技术技能人才，2016 年学校各专业分别召开专业建设研讨会，邀请企业、同行、高职专家及学校教师组成的教学指导委员会成员共同参与，就市场调研、人才培养方案、课程改革、教学方法改革、实习实训规划、校企合作等议题进行深入研讨。

2016 年 11 月，继 2015 年汽车运用与维修、数控技术应用、计算机网络技术 3 个专业建成深圳市中职学校首批品牌专业，“汽车发动机构造与维修”“数控加工技术”被评为深圳市中职学校精品课程之后，学校物流服务与管理、会计电算化 2 个专业顺利通过了市级品牌专业建设项目资格评审，“仓储管理基础”“网络设备配置技术”和“数控铣床操作与加工”等 3 门课程通过了市级精品课程建设项目资格评审，办学效益得到了社会的高度认可。

2. 专业与当地产业吻合度及贡献情况

数控专业通过创新人才培养模式和课程体系改革，促进专业发展，技能人才培养质量得到明显提高。2015、2016 届学生就业成绩喜人：从市场需求来看，2015、2016 两年，

深圳市机械行业协会分别组织了13家、33家企业前来招聘，市场需求旺盛；从专业对口率来看，2016年专业对口率由2015年的75.20%提高到85.41%，有284名毕业生服务于深圳市现代制造业，深受用人单位好评。

2016年度，汽车专业为社会输送人才136人，毕业生实习就业对口率达80.88%。专业部教师联合企业专家对外培训435人次，培训内容主要有新车知识、汽车安全与节油驾驶、汽车保养、质量检验、职业道德、汽车维修服务礼仪、6S管理等。该专业“核心驱动、六合辐射”的人才培养模式得到区内同类院校专家的认可，有关论述在《深圳信息职业技术学院学报》上发表，区域内一些院校如深圳携创技工学校、宝山技工学校受此启发，增设汽车营销、车身修复专业（或方向）。2016年该专业积极探索新能源汽车方面的研究，提升师资力量、加强师生培训；师生团队参加在深圳市举行的2016年“行云杯”新能源汽车比赛，表现突出，荣获二等奖佳绩。

计算机网络技术专业构建了“一条主线、二种强化、三个结合”的人才培养新模式。通过完善课程体系、提升教学软硬件条件、提升师资队伍实力实现了“目标明、证书硬、能力强”的培养目标。2015、2016两届毕业生双证获取率分别为95.5%、100%，就业率100%，专业对口率83%，受到企业和社会的认可。

会计电算化专业近两年累计为社会输送会计实用型技能人才400余人。2016年，该专业在校内建成了VBSE实训室、企业模拟经营等4个实训室，为学生提供优质的实训场地和资源。

物流专业以“一主线、两对接、三阶段、四进出”为落脚点，不断探索与实践具有专业特色的“实用型”人才培养模式，保障了学生“双证书”的获取率。同时，该专业借助校外实训基地开展实境课程教学及专业技能训练，安排学生到校企合作基地开展轮岗实训与顶岗实习，提高了学生的职业素养，受到用人单位的好评。

3. 服务区域产业转型与社会经济发展情况

龙岗职校各专业的设置及人才的培养，为区域经济的发展和产业转型作出了重要的贡献。主要体现为区域经济发展输送了大量技能型人才。示范校建设立项以来，学校每年均超额完成招生任务，生源质量持续提升，全日制学历教育在校生规模稳中有升。2015、2016两年，学校向社会输送优秀毕业生共计1975人。其中，1382人进入行业企业技术工作岗位，占毕业生总数的69.97%；593人进入高等院校继续深造，占毕业生总数的30.03%；用人单位对学校毕业生的满意率高达95%以上。

（二）质量保障

1. 质量监控体系建设情况

2016年，学校围绕章程建设，全面修改完善了各项内部管理制度，涵盖教学管理、学生管理、资产与财务管理、校园安全管理等各方面。建立并完善了师德规范、校务公开制度和干部竞争上岗机制，规范招生和考试制度、教师考核评价制度等。同时，建立了规范的学生操行学分和课程学分评价标准、学生电子档案及学籍管理系统，保证学生信息的全面准确。不断提高学校管理的规范化、现代化和信息化水平。

学校认真落实有关教育教学的规章制度，加强对老师的引导和教育，增强其敬业精神和责任心，使全体教师在教学工作上能基本做到思想上、规范上、行动上统一、协调。

学校特别重视常规教学管理工作，严格按学校《教学管理工作规程》要求每位老师，规范教学行为。要求任课教师做到教学有序、教书育人、敢于管理，合理布置并认真批改作业，在学习方法上积极给学生指导，以爱心教育和有效的教学方法提高学生的学习兴趣和积极性；坚持端正的考风考纪，认真组织好学生平时测验、期考以及各级各类考试。

2016 年，学校率先试行国家、省、市部署的教学诊断与改进工作，严格按照指标体系诊断学校办学质量现状，积极寻求改进的方法，推出相关举措，不断提高教育教学质量。

2. 国家示范校建设情况

2016 年是龙岗职校国家中等职业教育改革发展示范学校建设的收官之年。在示范校建设期间，学校重点建设数控技术应用、汽车运用与维修、计算机网络技术、物流服务与管理 4 个品牌专业和数字化专业教学资源中心、健康人格德育模式 2 个特色项目，着力内涵发展、注重质量提升，实现了基础能力、办学效益、社会贡献和示范辐射的全面提高。

示范校的建设得到了市区两级政府和教育主管部门的全力支持。学校成立了示范校项目建设领导小组、示范校建设办公室、专项工作组等专门机构，项目建设实行逐层负责制，对照《任务书》验收要点，全员参与、责任到人、落实到位、持续推进，确保了任务的圆满完成。学校出台了《示范校建设项目实施管理办法》《示范校建设项目经费管理实施细则》等 20 余项规章制度，为示范校建设提供了制度保障。学校每周定期召开建设工作推进会、协调会，定期发布工作简报，加强信息交流，强化质量监控，确保项目顺利推进。

2016 年，学校按照示范校《建设方案》和《任务书》要求，圆满完成各项建设任务，任务完成率为 100%，部分指标超额完成，取得了六大方面的丰硕成果，实现了预期目标：一是办学条件明显改善，办学实力显著增强；二是形成了“职业素养 + 技能特长”的总体人才培养方案，构建了各具专业特质的人才培养模式；三是形成了一整套课程标准，各专业课程体系日趋完善；四是促进了教师的专业成长，师资队伍持续壮大；五是育人质量显著提高，助推学生职业发展；六是典型特色铸就品牌，贡献示范引领同行。

3. 参与技能竞赛成绩

学校 2015、2016 年各级各类技能竞赛成绩，见表 2–141、表 2–142、表 2–143。

表 2–141　龙岗职校 2015、2016 年各级各类技能竞赛市赛成绩统计表

时间		2015 年	2016 年
参赛项目数		28	16
获得第一名项目数	数量	4	3
	比例	14.3%	18.8%
获得省赛资格数	数量	10	8
	比例	35.7%	50%

表 2–142　龙岗职校 2015 年、2016 年各级各类技能竞赛省赛成绩统计表

年度	参赛项目数	通过市赛出线项目数	一等奖	二等奖	三等奖
2015	18	10	2	5	3
2016	12	8	0	4	6

表 2–143　龙岗职校 2015 年、2016 年各级各类技能竞赛国赛成绩统计表

年度	参赛项目数	参赛选手（组）数	一等奖	二等奖	三等奖
2015	6	6	0	3	2
2016	9	13	0	1	8

（三）教师编制、培训情况

1. 落实教师编制

根据深圳市龙岗区机构编制委员会办公室《2015—2016 学年度龙岗区原直属学校核定教职工编制安排表》以及《龙岗区直属学校新增教职工编制安排表》（深龙编办〔2016〕27 号文），2015—2016 学年度龙岗职校财政全额拨款编制为 210 人，聘用教师 61 人，宿管员 26 人；2016—2017 学年度龙岗职校财政全额拨款编制为 251 人，聘用教师 20 人，宿管员 26 人。

截至 2016 年 12 月，学校财政全额拨款编制为 178 人，聘用教师 44 人，宿管员 20 人，不存在超编进人、超职数配备干部、“吃空饷”等情况。此外，学校按照区人力资源和社会保障局、区教育局要求，联系本校实际按需上报教师数，并积极鼓励临聘教师参加公招入编等考试。

2. 教师培养培训情况

学校一直注重选派教师参加国家级、省级职教协会举办的各类培训学习和参加国内职教名师培训基地的专业培训，以此来推动校内教学改革和教师的专业提升。2016 年，学校共有教师 676 人次参加了各级各类专业培训。其中，海外培训 2 人，国家级培训 35 人次，省级培训 42 人次，市级培训 551 人次。此外，学校每年还在校内举办大型的全体教师专业培训，开展青年教师系列培训讲座以及新教师培训等。

学校在立足教师整体优化的基础上，按照“面向未来，重点选拔，梯次培养，合理分布”的原则，通过多种培训方式，加快了骨干教师培养力度，培养和造就了一批高水平的学科带头人和教育专家。截至 2016 年 12 月，学校拥有市级名师 2 人、区骨干教师 11 人、区优才 2 人、区教坛新秀 11 人，校级专业带头人 13 人、校级骨干教师 21 人，区名师工作室 2 个。

四、校企合作

（一）校企合作开展情况和效果

学校借助深圳市龙岗职教集团牵头校的优势，通过“引企入校、引校入企”等方式安排学生到企业实训和顶岗实习，教师下企业实践；聘请企业专家和能手担任兼职教师，参加学校各专业教学指导委员会；校企共建实训基地（室）、共同开发教材；促进校企文化紧密结合，企业深度参与人才培养过程，真正实现了产教融合、互利共赢，保证了校企合作的可持续发展；构建政、校、行、企多方共同参与的评价机制和以能力为核心的学生评价模式，推动教、学、做的统一，促进了学生的全面发展。2016 年，集团新增加盟企业 20 家。

（二）学生顶岗实习情况

近两年学校学生顶岗实习成效突出，学生顶岗实习率均达 99% 以上，专业对口率均达 80% 以上。一是从产业布局来看，学生大部分集中在第二、三产业，占 92%；二是从地域分布来看，大部分学生都在深圳参加顶岗实习，只有小部分的学生到惠州、广州等地方顶岗实习；三是从顶岗实习渠道来看，选择在校企合作企业顶岗实习的学生逐年增加，2016 年，学生在校企合作企业中顶岗实习的人数占总人数的 72.8%。

五、服务贡献

（一）技术技能人才培养

近年来，学校每年均超额完成招生任务，生源质量持续提升，全日制学历教育在校生规模稳中有升。2015 年、2016 年学校向社会输送优秀毕业生共计 1975 人。其中，1382 人进入行业企业技术工作岗位，占毕业生总数的 69.97%；593 人进入高等院校继续深造，占毕业生总数的 30.03%。用人单位对学校毕业生的满意率高达 95% 以上。学校为区域经济的发展培养和输送了合格的技术技能人才。

（二）社会服务

1. 培训服务

2016 年，学校主动对接行业需求，采取上门服务和集中培训等方式开展社会培训；积极参与“深圳市全民素质提升计划”试点工作、深圳市全民终身教育活动周，并联合龙岗区职业训练中心培训学员累计 3562 人次。

2. 技术服务

学校各专业利用自身优势和特色，定期走进社区为居民提供技术服务，如机电部为社区居民进行家电的检测和维修、汽车部开展“汽车保养维护特色服务”活动、财经部开展“财经知识与理财服务进社区”活动、计算机部开展“电脑维修及使用咨询服务进社区”活动，受到社区群众的欢迎和好评。学校《技术服务进社区，打造职业教育服务发展新品牌》案例被评为深圳市社区教育服务社会民生创新工作优秀案例。

3. 牵头职教集团，实现产教融合多方共赢

学校牵头成立深圳市龙岗职业教育集团，定期召开集团年会和理事会议，共同推进校企深度合作。2016 年，集团新增加盟企业 20 家。依托职教集团，学生到企业见习、实训和顶岗实习，行业企业专家来校指导专业建设、参与教学，专业教师下企业锻炼、参与产品研发，政、校、行、企通力协作，形成了产教融合、多方共赢的良好运行机制。

（三）对口支援

为贯彻落实国家、省、市关于大力发展现代职业教育的精神，学校积极主动承担结对帮扶任务。2016 年，学校进一步加强了对口帮扶工作，从学校管理、专业建设、师资培养、教育科研、资源共享等方面全方位帮扶广东省河源市紫金县职业技术学校和四川省资阳市雁江区职业技术学校，引领带动了他们的办学质量和学校等级的双提升。

六、政府履职

（一）经费

龙岗区人民政府切实履行发展中等职业教育的政府职责，不断加大对我校的教育经费投入，促进学校健康发展。2016 年学校总收入 10641.74 万元，生均拨款 3.24 万元。

2016 年学校总支出 10859.97 万元，其中实训实习经费 177 万元；教学改革及研究经费 358.11 万元；日常教学经费支出 2571.63 万元，日常教学经费生均支出 0.87 万元。

（二）政策措施

在区委、区政府的大力支持下，深圳市龙岗职业教育集团定期召开集团年会和理事会议，共同推进校企深度合作。截至 2016 年 12 月，加盟集团的学校、行业、企业单位已达 166 家。依托职教集团，学生到企业见习、实训和顶岗实习，行业企业专家来校指导专业建设、参与教学，专业教师下企业锻炼、参与产品研发，政、校、行、企通力协作，形成了产教融合、多方共赢的机制，极大地促进了区域内中等职业教育的发展。

七、特色创新

（一）推进专业建设信息化，打造优质教学资源库

学校根据信息化教学发展现状和师生实际需要，以专业建设为基础，通过校企联合共同开发数字化教学资源、引进国家共建共享精品课程资源、建设专业教学仿真平台“三大举措”，全力建设数字化专业教学资源中心特色项目，实现了教学资源的归类、整理、存放和使用的“四个统一”。

截至 2016 年 12 月，学校建成校级精品课程 11 门（其中 2 门已成为深圳市级精品课程，3 门获得市级精品课程建设项目资格），国家共建共享精品课程 31 门，资源总容量达 2.9TB，微课 35 门，既可满足全校师生学习、考试、教学、课程建设的需要，也是示范校建设成果的重要展示平台，为进一步实施信息化校园建设奠定了坚实基础。

（二）创新德育模式，引领区域职校德育实践

作为全国最早开展生态体验式德育实践的中职学校，学校探索形成了具有鲜明校本特色的“健康人格”德育模式。基于该模式所构建的主题班会教育、学生寒暑假社会实践活动、学生职业生涯规划教育、操行学分实施办法、学生自主管理模式、特色校园文化建设、德育团队建设等已形成较为成熟的工作体系，其内容和形式已成为市内外兄弟职校学习借鉴的范本。

（三）“幸福家长工作坊”与“梦想番茄100行动”的开展

“幸福家长工作坊”采取“现场交流与家长读书会”相结合的形式，每周带领家长阅读与家庭教育相关的书籍、定期开展萨提亚家庭治疗活动，计划两年为一个循环。萨提亚模式是一种体验性的转化治疗模式，是当代极负盛名的家庭治疗和心理治疗流派，在国际心理治疗界具有广泛深远的影响。中国教育报等专业报刊、杂志在谈及学校及家庭教育时，多次引用到萨提亚模式的相关理念。该项目自 2016 年上半年启动至今，已经帮助少部分有需求的家长与孩子，并获得了明显的成效。

“梦想番茄 100 行动”旨在帮助孩子从行动上进行改变，通过行动养成良好的行为习惯。参与这一行动的学生从自身的成长中获得成功与自信，极大地提升了学生的自我价值感。目前该项行动已经有越来越多的学生参与。

八、学校党建工作情况

2016 年，根据上级党委的要求，学校围绕全面从严治党、党风廉政建设“两个责任”，抓好“两学一做”学习教育，抓好党风廉政建设责任制的落实，全面实施素质教育，依法治校，规范办学，推进学校内涵发展。主要体现在以下四个方面：

（一）认真做好校党总支换届工作

根据区教育局党委统一部署，学校党总支于 7 月 7 日召开了新一届总支委员换届选举大会。王世豪、孙自扬、闫建军、刘宇红、彭小朋、曾文仪、舒安洲（按姓名笔画为序排列）等 7 名同志当选为学校党总支新一届委员会委员。彭小朋校长当选为新一届党总支委员会书记，王世豪、孙自扬同志当选为副书记。

（二）认真开展“两学一做”学习教育

根据区教育局党委的部署要求，结合学校实际，在全校党员中扎实开展“两学一做”学习教育，为加快龙岗职校的建设发展提供坚强的政治保证和组织保证。

学校“两学一做”学习教育主要突出经常性教育的特点，坚持以党支部为基本单位，以“三会一课”等党的组织生活为基本形式，以落实党员教育管理制度为基本依托，把学习教育抓在日常、严在经常。

（三）进一步加强党员教育管理

加强党员教育管理是学校常抓不懈的一项党建工作。2016 年，学校党总支借助“两学一做”学习教育、庆祝建党 95 周年等契机，进一步加强党员教师队伍的管理。主要活动包括优秀党员评选、党员学唱《党员廉洁自律歌》、观看中共党史题材影片、参加龙岗区“‘两学一做’学习教育‘旗帜·光辉’主题摄影比赛”、党员志愿者服务等系列活动。

（四）落实局党委“关爱学生成长·党员导师制”书记项目

为全面贯彻学校“培养人格健康、技能较强、自主发展的实用人才”的培养目标，学校开展了“关爱学生成长导师制”书记项目。学校领导及中层干部积极带头，党员教师全体参与。活动开展以来，学校在职在岗的 89 名党员切实贯彻活动宗旨，认真落实导师职责。一年来，在党员教师的带动下，各专业部共有 37 名教师参与到导师活动中来，一对一帮扶了 256 名学生。据不完全统计，导师制实施以来共开展了 760 次帮扶活动。

九、主要问题和改进措施

（一）存在问题

中职和高职“三二”分段衔接培养是一种中高职双方互惠互利的举措，是受中职学生和家长欢迎的一种衔接形式。但是，目前与学校合作的部分高职院校却因为其招生策略的调整而不再延续。

相关专业人才培养规格与区域产业人才需求对接方面有待进一步细化，课程与岗位能力需更加有效对接。

师资队伍整体能力与新的人才培养体系尚有差距，需要进一步提升；校企合作深度及广度有待进一步加强。

（二）改进措施

进一步加强与高职院校的合作，合理划分课程内容，优化课程结构，开拓并深化中高职衔接渠道与内涵。

在巩固现有阶段性成果的基础上，继续优化人才培养方案，深化课程体系及教学内容改革。

加大师资队伍能力建设力度，建立一支专兼职结合的高素质教师团队，为专业改革建设提供最坚实的保障；依托职教集团合作企业，进一步加大校企合作力度，全面推行工学结合教学机制。

（深圳市龙岗职业技术学校　王世豪　闫建军）

Part 3

第三部分

职业教育年度热点观察

第一节　高层观点

一、中央

（一）李克强：切实把职业教育摆在更加突出的位置

推进职业教育现代化座谈会于 2016 年 12 月 2 日在北京召开，中共中央政治局常委、国务院总理李克强作出重要批示。批示指出：加快发展现代职业教育，对于发挥我国人力和人才资源巨大优势、提升实体经济综合竞争力具有重要意义。

在各方面共同努力下，近年来职业教育改革发展取得了显著成就，应予充分肯定。“十三五”时期，希望围绕贯彻党中央、国务院重大战略部署，落实新发展理念，切实把职业教育摆在更加突出的位置，加快构建现代职业教育体系。坚持面向市场、服务发展、促进就业的办学方向，进一步深化改革创新，强化产教融合、校企合作，积极鼓励和支持社会力量参与，努力建成一批高水平的职业学校和骨干专业，加快培育大批具有专业技能与工匠精神的高素质劳动者和人才，深度融入大众创业、万众创新和“中国制造 2025”的实践之中，促进新动能发展和产业升级，带动扩大就业和脱贫攻坚，为推动经济保持中高速增长、迈向中高端水平作出新贡献。

中共中央政治局委员、国务院副总理刘延东出席会议并讲话。她强调，要深入贯彻党中央、国务院决策部署，认真落实李克强总理的重要批示，加快推进职业教育现代化，使职业教育在决胜全面小康进程中发挥更加突出的作用。①

（二）刘延东：弘扬工匠精神 打造技能强国

2016 年 5 月 8 日，刘延东在 2016 年职业教育活动周启动仪式暨全国职业院校技能大赛开幕式上发表讲话。

刘延东认为，自 2008 年以来，教育部联合天津市政府、国家有关部委、社会团体和行业组织，已经连续成功举办八届全国职业院校技能大赛，大力弘扬工匠精神，充分展示了职业教育的创新成果，有力推动了产教融合、校企合作，显著增强了职业教育的

① 李克强：切实把职业教育摆在更加突出的位置[EB/OL]. 中华人民共和国教育部政府门户网站 http://www.moe.edu.cn/jyb_xwfb/s6052/moe_838/201612/t20161203_290740.html.2017-11-25.

影响力和吸引力。去年，国务院决定将每年5月的第二周设为“职业教育活动周”，李克强总理还专门为首届职业教育活动周作出重要批示，进一步彰显了党中央、国务院对职业教育的高度重视。今年是《职业教育法》颁布实施20周年，适逢中国近现代职业教育产生150周年，在这样一个重要历史节点上，我们把职业教育活动周与职业院校技能大赛两项活动放在一起共同举办，具有特别重要的意义。

刘延东指出，我国正处在全面建成小康社会的决胜阶段，既面临重要战略机遇，也面临诸多严峻挑战。历史和国际经验表明，无论是抢占科技革命和产业革命的先机、提高经济发展的质量和效益，还是让改革成果惠及全体人民、增强人民群众的获得感，都需要重视技术技能人才、重视发展职业教育。我们把今年的职业教育活动周主题定为“弘扬工匠精神，打造技能强国”，这是国家的需求，也是时代的呼唤。弘扬工匠精神，打造技能强国，就是要培育劳动光荣、技能宝贵、创造伟大的时代风尚，培养崇尚劳动、敬业守信、精益求精、敢于创新的技术技能人才，办好中国特色、世界水平的现代职业教育，释放出巨大的人才红利，为国家富强、民族振兴、人民幸福打下坚实基础。

她指出，走过150年不平凡历程的职业教育，正站在新的历史起点上。“十三五”时期，职业教育要按照“四个全面”战略布局，以五大发展理念为引领，瞄准现代化建设的目标，坚持服务发展、促进就业的办学方向，紧扣提高质量、促进公平两大主题，着眼供给侧改革的需求，着力深化改革、加快发展、加强建设，不断提升发展质量、服务能力和现代化水平，为全面建成小康社会提供充足优秀的技术技能人才支撑。为此，要特别抓好四方面工作。

一要把职业教育摆在更加突出的位置。习近平总书记指出，“学一技之长才能有更好保障”，强调要“上下共同努力进一步办好职业教育”。李克强总理也提出要“推动职业教育发展实现新跨越”。各级政府要依法履责，立足经济社会发展和人民群众期盼谋篇布局，加强组织领导和统筹规划，把中央关于加快发展现代职业教育的决策部署落到实处，推动职业教育与经济社会同步规划、同步发展，与经济新常态下产业结构升级、技术更新换代和大众创业万众创新的时代需求更加契合。要把职业教育作为实现教育现代化的重要突破口，加大支持力度，确保到2020年建成中国特色、世界水平的现代职业教育体系。要强化督导评估，把发展职业教育作为政府工作业绩考核指标，狠抓贯彻落实，建立问责机制，确保中央决策部署落地生根。要重视营造全社会关心和支持的良好氛围，大力宣传职业教育方针政策，大力宣传技术技能人才的先进事迹和重要贡献，消除社会的误解和偏见，消除对职业院校毕业生的歧视，使全社会了解职教、体验职教、参与职教、共享职教改革发展成果，让职业教育受到尊重，让劳动者受到尊重！

二要进一步服务好国家战略。当前，我国经济进入新常态，发展新经济、培育新动能势头良好，中国制造2025、“一带一路”建设、京津冀协同发展、长江经济带发展等重大战略正在实施。要紧跟科技和产业发展新趋势，促进职业教育的规模、结构、层次、布局与经济社会发展的要求协调互动，加快培养发展高端制造业、现代服务业、战略性新兴产业急需的高质量技术技能人才，抢占国际产业链和价值链的制高点。要进一步完善资助政策体系，落实好逐步分类推进中等职业教育免除学杂费等政策，统筹办好各级各类职业教育和培训，实行国家基本职业培训包制度，为阻断贫困代际传递，实施精准扶贫、精准脱贫做出更大贡献。

三要进一步深化改革创新。要更加解放思想，加大体制机制创新力度，抓住修订《职业教育法》的契机，推进教育政策、产业政策、用人政策的衔接配套，协调好教育、经济、劳动、就业等领域联动改革的关系，健全体现职教规律和特色的各类办学标准，打好改革的“组合拳”。要适应新技术革命和产业发展的潮流，适应产业结构调整的需要，适应广大人民群众生产生活的需求，创造和提供优质的教育供给。要用好政府和市场“两只手”，深化产教融合、校企合作，推动形成企业主导的实践教学模式，构建教育和产业、学校和企业多元参与的治理结构，使办好职业教育成为教育界和产业界的共同行动。要积极推进试点试验，鼓励有条件的地区因地制宜、定向施策、率先突破，探索行业企业参与、“双师型”教师队伍建设、技术技能人才待遇提升的有效形式。

四要进一步提高技术技能人才培养质量。职业教育仍然是教育体系中的薄弱环节，与教育现代化的要求相比仍有差距。要增强工作的紧迫感和主动性，把提高职业技能和培养职业精神高度融合，形成具有职业教育特点的培养模式、管理制度和育人文化，特别是结合产业特点强化创新创业教育，让我们的学生走好迈向社会的第一步。要坚持立德树人，培养学生坚定理想信念、坚守社会道德，实现德智体美劳全面发展，成为中国特色社会主义事业的优秀建设者。要提高实践教学水平和技术服务能力，推广现代学徒制和企业新型学徒制，强化实习实训环节，加强职业能力和岗位适应训练。要教育学生崇尚劳动，让学生在劳动中体现价值、展现风采、感受快乐。要教育学生敬业守信，让学生学会做人做事，实现可持续发展。要教育学生精益求精，掌握中高端技术技能，成长为支撑“中国制造”走向“优质制造”“精品制造”的生力军。要教育学生敢于创新，提升创新思维和创造能力、实践能力、解决复杂问题等能力，将大量创新成果转化为现实生产力，推进大众创业、万众创新。要为学生成长成才搭建更广阔的平台，建好职业教育与高等教育衔接的立交桥，助力有志成才的孩子们创造美好人生。①

---

① 《中国教育报》.刘延东在2016年职业教育活动周启动仪式暨全国职业院校技能大赛开幕式上的讲话[EB/OL].中华人民共和国教育部政府门户网站 http://www.moe.edu.cnxwfb/moe_176/201605/t20160510_242660.html.2017-11-25.

（三）袁贵仁：职业教育发展下一步重点做5件事

2月份，袁贵仁在向全国人大常委会汇报落实职业教育法执法检查报告和审议意见情况的报告中指出，党中央一系列举措为进一步凝聚共识、汇聚合力、深入推进职业教育改革发展提供了强大动力。

他针对执法检查报告和审议意见指出的职业教育存在的问题，从观念、定位、规划、机制、投入、师资、领导六个方面提出了改进方向，以期达到营造有利于职业教育发展的良好氛围，大力提高职业教育人才培养质量，建设现代职业教育体系，提高职业教育经费保障水平，建设“双师型”教师队伍，促进西部地区、民族地区和农村地区职业教育协调发展的目标。

袁贵仁指出，尽管职业教育工作取得了明显进展，但我们清醒地看到，职业教育仍是教育领域的薄弱环节，总体发展水平与经济社会发展的需求还很不适应，与人民群众的期盼还有较大差距。对照执法检查报告和审议意见提出的问题，在以下几个方面进展仍然较慢、成效还不明显。

一是对职业教育的认识还不到位。二是职业教育与经济社会需求存在脱节现象。三是多渠道筹资机制尚不够完善。四是职业院校教师队伍整体素质不高。五是行业企业参与的内生动力不足。六是部门沟通协调的有效机制有待完善。

解决这些问题，归根结底要靠改革创新，重在破解体制机制难题。他提出，要着力运用法治思维和法治方式推动职业教育改革发展，今后重点推进如下工作：

一是积极做好职业教育法修订工作。根据各方面反馈意见，抓紧修改完善职业教育法修订草案，进一步明确职业教育的法律地位、体系架构、基本制度、条件保障、统筹协调等关键问题，尽早提请全国人大审议。

二是增强服务国家战略的主动性。服务“中国制造2025”，编制《制造业人才发展规划（2016—2020年）》，同步推进人才培养。服务京津冀协同发展、长江经济带等战略，通过结对合作、集团化办学等方式，推动职业教育与区域产业转型升级、新型城镇化建设融合发展。服务大众创业、万众创新，加强学生创新创业教育，广泛开展职业技能培训，提升社会成员就业创业能力。服务“一带一路”建设和国际产能合作，积极推动职业教育与企业共同“走出去”，实现我国产业和职业教育在国际竞争中的协同布局、相互支撑。

三是继续出台配套政策。尽快颁布职业教育校企合作促进办法，推动一批深度参与职业教育的“教育型企业”发展，深化产教融合、校企合作。推动各地落实职业院校生均拨款制度，积极吸引社会投入，健全多渠道筹资机制。推动各地依法依规核定教师编制，根据教育教学需要配备师资；健全教师招用制度等，吸引优秀人才从教。推动完善就业政策和用人机制，提升职业院校毕业生就业的比较优势，提高技术技能人才的地位和待遇。

四是积极开展改革试点。深入推进现代学徒制试点，创新职业教育人才培养模式。探索开展委托管理、购买服务试点，激发社会力量举办和参与举办职业教育的活力。开展县级职教中心综合改革试点，培养新型职业农民。

五是强化联动工作机制。发挥好职业教育工作部门联席会议制度的作用，定期会商、推动和督促，加强协调配合和政策衔接。发挥好行业和社会组织的作用，加强政策评估、试点跟进和经验总结，及时解决改革中遇到的新问题，在法治轨道上推动现代职业教育发展。①

（四）陈宝生：六大关键词谈职业教育发展

为纪念职业教育法公布实施 20 周年暨中国近现代职业教育发轫 150 周年，教育部与福建省人民政府于 2016 年 12 月 12 日在福州联合召开现代职业教育发展推进会。教育部党组书记、部长陈宝生出席会议并讲话。福建省委副书记、省长于伟国在会上致辞。

陈宝生指出，职业教育为经济升级铺路，为脱贫攻坚助力，为人的成长筑基，不仅是生产，也是生活，关系到国家发展的大局，与每个人都息息相关，需要政府、行业、企业、学校、社会心往一处想，劲往一处使，齐心协力打好迈向现代化的攻坚战。我们要深入贯彻落实中央治国理政新理念新思想新战略，增强工作的主动性、积极性、协调性，一端要瞄准产业，一端要瞄准学生，深化体制机制改革，坚决啃下硬骨头，为打造技术技能强国、全面建成小康社会做出应有贡献。

陈宝生在讲话中用六个关键词对职业教育发展提出了明确要求。

一是要让职业教育香起来。香不香，看思想。要持续不断地宣传职业教育对经济社会发展的特殊地位，对培养多元化人才的重要作用，积极转变成才观念，为职业教育发展提供思想前提，创造良好环境。

二是要让职业教育亮起来。亮不亮，看质量。要牢固树立质量意识，将质量意识贯穿教学、管理和人才培养中，让高质量的毕业生成为职业教育的品牌和代言人。

三是要让职业教育忙起来。忙不忙，看市场。有市场就门庭若市，没市场就门可罗雀，要抓住经济转型升级和供给侧结构性改革契机，积极调整专业结构，对接产业链需要，适应市场需求。

四是要让职业教育强起来。强不强，看成长。要把学校建在开发区里，把学科建在

① 教育部长袁贵仁：职业教育发展下一步重点做5件事[EB/OL].–河北教育网–河北省教育厅官方业务网站 http://hee.cn/news/detail/12705/10.html.2017–11–18.

产业链上，下功夫培育职业教育发展后劲，不为升格、不图虚名，实现职业院校在专业、管理、特色上的全面成长。

五是要让职业教育活起来。活不活，看政策。贯彻好《职业教育法》和《民办教育促进法》，推进放管服改革，落实省级统筹权和职业院校办学自主权，为职业教育提供更大政策支持。

六是要让职业教育特起来。特不特，看工作。要把职业教育打造成“名优土特产品”，培养一批名师，提供优质教学，服务区域经济社会发展，实现专业、技能、教学方法各方面发展，推进产学结合，把职业教育打造成闪光品牌。①

（五）朱之文：推进全民终身学习 加快学习型社会建设

10月14日，在党的十八届六中全会即将召开之际，朱之文在深圳举行的2016年全民终身学习活动周全国总开幕式上发表以“推进全民继续教育，建设学习型社会”为主题的讲话，并就新形势下推进全民终身学习、加快学习型社会建设谈了几点意见。

1. 深刻认识我国学习型社会建设面临的新形势新要求

积极发展继续教育，完善终身教育体系，建设学习型社会，是党的十八大提出的战略任务。《国家中长期教育改革和发展规划纲要（2010—2020年）》明确提出的三大战略目标之一，就是到2020年“基本形成学习型社会”。我们要站在全面建成小康社会的高度，深刻认识推进全民终身学习的重大意义，全面把握加快学习型社会建设面临的新形势新要求。

第一，建设学习型社会，是服务和推动我国在新的历史起点上持续发展的必然要求。在不久前召开的G20峰会上，习近平总书记指出，今天的中国，已经站在新的历史起点上。这个新起点，是增加经济社会发展新动力的新起点，是适应经济发展新常态、转变经济发展方式的新起点。在新的历史起点上，推进我国经济社会可持续发展，必须大力提升人力资源开发水平，深入挖掘人口红利；必须全面提高国民素质，培养大批有文化修养、有人文关怀、有责任担当的人。

第二，建设学习型社会，是落实创新驱动发展战略的重大举措。党的十八大将创新摆在国家发展全局的核心位置，强调要坚持走中国特色自主创新道路、实施创新驱动发展战略。这是适应和引领我国经济发展新常态的关键之举，对于实现“两个百年”目标至关重要。创新不是无源之水、无本之木，创新成果不是凭空产生的，需要以坚持不懈地学习作为重要基础和保障。

第三，建设学习型社会，是实施积极老龄化战略的内在要求。目前，我国已进入世

---

① 教育部部长六大关键词谈职业教育发展[EB/OL]. 中国教育 http://www.edu.cn/edu/jiao_yu_bu/jiang/201612/t20161213_1475329.shtml.2017-11-29.

界人口老龄化国家行列（据统计，2015 年底，我国 60 岁以上老年人口达 2.22 亿人，占总人口的 16.1%。其中，65 岁以上老年人口达 1.43 亿人，占总人口的 10.1%。预计到 2020 年，我国老年人口将达到 2.43 亿）。可以说，我国老年人口数量之多、老龄化发展速度之快，前所未有，应对人口老龄化挑战的任务十分繁重。在今后的一个时期，我国人口老龄化程度还将进一步加深。面对老龄化的严峻形势，中央提出了“积极应对人口老龄化，大力发展老龄服务事业和产业”的方针。

2. 进一步明确“十三五”期间学习型社会建设的基本思路和主要任务

国家“十三五”规划明确提出了“加快学习型社会建设”的总体要求。为落实这一要求，在即将出台的教育事业发展“十三五”规划中，将对加快学习型社会建设作出系统部署，努力实现《教育规划纲要》提出的“到 2020 年基本形成学习型社会”的战略目标，切实增强人民群众的获得感、幸福感。具体任务主要涉及以下 4 个大的方面：

以终身学习理念引领教育改革，着力为社会成员提供多样化的教育选择；加快发展继续教育，建立健全终身教育的制度体系；推动教育资源开放共享，扩大继续教育有效供给；加强终身学习法规建设，为学习型社会建设提供法治保障。

3. 当前推进学习型社会建设要重点抓好的几项工作

当前推进学习型社会建设，要重点抓好以下几项工作。

统筹推进城乡社区教育发展。2016 年 6 月，教育部等九部门联合印发《关于进一步推进社区教育发展的意见》，这是当前和今后一个时期指导社区教育发展的纲领性文件。《意见》明确了社区教育在促进全民终身学习、形成学习型社会中的基础作用，提出了社区教育发展的目标和任务。

大力发展老年教育。日前，国务院办公厅印发了我国首个《老年教育发展规划（2016—2020 年）》，就当前和今后一个时期老年教育工作做出了部署。我们要认真学习贯彻《规划》精神，努力开创老年教育工作新局面。

深入开展行业企业职工继续教育。2015 年，教育部联合人社部印发了《关于推进职业院校服务经济转型面向行业企业开展职工继续教育的意见》。贯彻落实好《意见》，当前要重点做好几个方面的工作：一是要充分发挥职业院校主体作用；二是实施职业院校职工继续教育品牌创建计划，在全国建成一批行业企业职工继续教育品牌职业院校；三是要出台有关激励和约束措施，引导行业企业更加重视职工继续教育。

促进高校继续教育规范发展、提升质量。一是要稳步推进普通高校学历继续教育改革发展，加强内涵建设，规范办学行为，进一步完善质量保障体系，不断提升办学质量和声誉。二是要积极推进高校结合自身优势，瞄准社会需求，大力发展非学历继续教育，面向社会提供多形式的培训服务。

扎实推进学习型城市建设。要按照《教育部等七部门关于推进学习型城市建设的意见》的要求，抓紧抓好落实工作。

努力营造全民终身学习的社会氛围。推动全民终身学习、加快学习型社会建设，需要积极的、良好的社会氛围。全民终身学习活动周已经成为营造这一氛围的重要平台。①

二、地方

（一）马兴瑞：大力推动高等教育职业教育供给侧结构性改革

12 月初，省委副书记、市委书记马兴瑞调研香港中文大学（深圳）和深圳信息职业技术学院，强调要紧密结合深圳经济社会发展需求，大力推进教育的供给侧结构性改革，落实好《关于加快高等教育发展的若干意见》，加快研究职业教育改革发展举措，大力建设一流学科、培养一流人才，为加快建设现代化国际化创新型城市提供强有力的人才和智力支撑。

在港中大（深圳）校区，马兴瑞详细了解了校园规划、学科建设、师资队伍、人才培养等方面情况，并参观校区图书馆。港中大（深圳）目前在校学生 2000 多人，前期已开设理科、工科、经济管理类和人文社科类专业，远期办学规模为国内外学生 1.1 万人，其中本科生 7500 人，硕士及博士研究生 3500 人。

马兴瑞表示，市委市政府高度重视补齐高等教育等城市可持续发展的短板，将大力支持港中大（深圳）校园和学科建设，希望学校紧密结合深圳经济社会发展实际，加大体制机制创新力度，培养更多具有国际视野的创新型高层次人才。

在深圳信息职业技术学院，马兴瑞走进软件学院项目体验点、机电学院实训工厂，与师生面对面交流。他要求学院坚持问题导向，紧密对接深圳产业优势和企业需求，坚持教学和实践相结合，充分借鉴先进国家职业教育的成功经验，加大校企合作力度，大力培养工匠级的职业技能人才，不断提高深圳职业教育层次与水平。②

（二）许勤：以国际标准构建现代职业教育体系

2016 年 1 月 31 日，许勤市长在深圳市政府工作报告中提出：

我们要始终坚持人民主体地位，加快建设更高质量的民生幸福城市。持续加大民生投入，增加优质公共产品和多元化服务供给，完善公共服务体系，有序推进基本公共服务均等化，率先全面建成更高水平的小康社会。推动教育有质量全面发展，以开放合作

---

① 推进全民终身学习 加快学习型社会建设——教育部副部长朱之文在2016年全民终身学习活动周全国总开幕式上的讲话 [EB/OL]. 中华人民共和国教育部政府门户网站 http://www.moe.edu.cn/jyb_xwfb/moe_176/201610/t20161020_285772.html.2017-11-26.

② 大力推动高等教育职业教育供给侧结构性改革[EB/OL].凤凰资讯 http://news.ifeng.com/a/20161210/50394931_0.shtml,2017-12-23.

提升高等教育，以优质特色强化基础教育，以政策扶持优化民办教育，以国际标准构建现代职业教育体系。[①]

（三）许勤：深圳将构建第一流国际化职业教育体系

人才是深圳建设国际化创新型城市的重要力量，近年来，深圳陆续出台了千人计划、孔雀计划等吸引高端人才。在正在举行的深圳“两会”上，有人大代表提出，深圳不仅需要高大上的“顶级人才”，也需要技工等职业人才。对此，深圳市长许勤回应，职业教育是深圳“十二五”期间的工作重点之一，“十三五”期间，深圳要进一步打造国际化的职业教育体系，同时进一步推动中小学教育的优质发展。

在深圳，有许多行业不仅需要统筹全局的“领头羊”，更需要大量能把工作具体落地的“执行者”。技工和中级人才在其中占据了极大部分，而深圳目前的人才补贴计划、人才引进计划都无法辐射到这个人群，造成行业人才大量流失。

市人大代表提出，希望市政府能出台相关政策，让企业可以和有实力的教育机构联合办学，并为技工和中级技术人才提供相关的补贴和专业资格证明，“这样一来可以缓解企业压力，还能让技术人才得到提升，工作也更有动力”。

对代表的建议，许勤当即做出回应：“深圳的职业教育体系是国内做得最好的城市之一，但和国际水平相比，和“中国制造 2025”以及深圳瞄准高端制造、精密制造、智能制造的要求来比，还远远不够。”许勤说，“十三五”期间市委市政府会以德国、瑞士等职业技术教育特别发达的国家为参照，构建一流的国际化职业教育体系，还会继续推动高等教育、特色学院的建设。

许勤表示，推动职业教育国际化的同时，深圳还会推动中小学的进一步优质发展。他透露，深圳将引进北京的人大附中和史家胡同小学来深办学。“这仅仅是开端，如果我们能把全国最优秀的中小学教育引进来，深圳会得到很大的飞跃，希望通过五到十年的努力，深圳的教育体系能够成为先进的体系，而不是现在的短板。”[②]

（四）蓝佛安：全面推进广东教育现代化，为实现“三个定位两个率先”提供支撑

2016 年 2 月 26 日，2016 年全省教育工作会议在广州召开。会议总结“十二五”时期全省教育工作，研究部署“十三五”时期和 2016 年的教育重点工作，提出全面推进教育现代化，为实现“三个定位，两个率先”提供有力支撑。副省长蓝佛安出席会议并讲话。

---

① 深圳市政府工作报告 (2016年1月31日 许勤)[EB/OL].中国经济网——国家经济门户 http://district.ce.cn/newarea/roll/201602/06/t20160206_8796244_1.shtml,2016-12-10.

② 许勤：深圳将构建第一流国际化职业教育体系[EB./OL].深圳新闻_南方网 http://sz.southcn.com/content/2016-02/03/content_141966402.htm,2017-12-08.

蓝佛安要求，要以率先基本实现教育现代化统揽教育全局。要实施深化教育综合领域改革、全面推进依法治教、加强和改进教育系统党的建设三大举措，推进教育治理体系和治理能力现代化。要着力抓好教育发展优质化、均衡化、多样化、信息化、国际化五个重点工作，努力提高教育质量。

（五）罗伟其：共同做好职业院校中高职一体化改革五项重点工作

2016年1月19日下午，省教育厅召开厅属职业院校中高职一体化改革工作推进会。罗伟其厅长出席会议并作重要讲话。魏中林副厅长主持会议，并通报了一体化改革工作的进展情况。厅有关处室、20所职业院校主要负责人等共约60人参加会议。

罗伟其强调，各院校要提高认识、统一思想，切实贯彻落实好厅党组的决策部署。实施一体化改革，是构建现代职业教育体系、培养产业转型升级急需人才的需要，是中职学校实现可持续发展、高职院校发挥引领职业教育发展作用的需要，是深化事权财权改革、优化教育管理的需要。

罗伟其指出，各组院校要积极稳妥、依法依规，共同做好一体化改革五项重点工作。一是做好事业一体化发展规划，要在“五不变”（即：中职学校的校名和独立法人地位不变，发展中职教育办学定位不变，人员编制和干部人事管理不变，资产产权隶属关系不变，现有财政投入政策不变）的基础上，先易后难，处理好稳定与发展的关系。二是进一步优化专业结构，做好“加法”和“减法”。三是推进硬件、师资、专业成果、课程资源等方面的共建共享，提高各种资源的使用效益。四是关心中职学校师资和管理队伍，解决好岗位、待遇、职称和专业发展等问题，保证他们有更好的发展空间。五是有效促进组内院校的文化融合，尊重彼此差异，加强交流和沟通，逐步形成各组独特的校园文化。

罗伟其要求，有关院校要切实做好实施一体化改革的保障工作，确保改革工作有序推进。一要做好政治和组织保障工作。校领导尤其是主要领导要有担当，要成立一体化改革领导小组，并有效发挥作用。二要做好制度保障工作。学校层面进行顶层设计，制定相应的实施方案、工作制度，校内各部门、各院系抓好落实。三要做好财力物力保障工作。对纳入一体化规划方案的项目，给予充分、必要的财力物力保障，确保项目按计划有序推进。①

（六）罗伟其：创强争先建高地，打造现代化教育强劲引擎

2016年全省教育工作会议召开，省教育厅厅长罗伟其作工作报告，通报了“十二五”期间全省教育“创强争先建高地”工作情况。罗伟其指出，广东教育

① 共同做好职业院校中高职一体化改革五项重点工作[EB/OL].广东省教育厅 http://www.gdhed.edu.cn/publicfiles/business/htmlfiles/gdjyt/gadjyu/201601/495441.html.2017-12-10.

“十二五”规划主要目标任务圆满完成，教育普及程度达到新高度。

罗伟其指出，“十三五”时期是全面建成小康社会决胜阶段，必须牢固树立、全面贯彻创新、协调、绿色、开放、共享五大发展理念，以教育现代化为总目标，以教育“创强争先建高地”为总抓手，以“全面深化教育领域综合改革，全面推进依法治教，切实保障教育公平，不断提高教育质量”为主线，确保到2018年率先基本实现教育现代化，力争到2020年全面实现教育现代化。

罗伟其强调，2016年是“十三五”规划开局之年，要做好以下九个方面重点工作。

一是深入学习贯彻习近平总书记系列重要讲话精神，深入开展“两学一做”学习教育活动，进一步落实基层党建责任制，从严管理干部队伍，切实加强教育系统党的领导。二是科学制定教育发展的“十三五”规划，贯穿新的发展理念、改革精神和质量提高，抓好教育改革发展顶层设计。三是坚决落实立德树人根本任务，坚定不移地加强理想信念教育，想方设法促进学生健康快乐成长，千方百计提高学生创新精神和实践能力，促进学生全面发展。四是不断优化教育结构，大力发展普惠性学前教育，深入推进义务教育均衡优质标准化发展，高水平高质量普及高中阶段教育，深入开展现代职业教育综合改革试点省建设。五是坚持深化改革与依法治教双轮驱动，推进教育管办评分离和“放管服”改革，不断深化考试招生制度改革，强化教育督导，完善依法治教体系，加快推进教育对外开放交流合作，加快推进教育治理体系和治理能力现代化。六是提升办学要素水平，统筹推进“强师工程”，切实提高教育经费保障能力和水平，深入推进广东新型教育智库建设，促进教育质量提高。七是落实教育民生实事，完善学生资助体系，保障随迁子女教育权利，促进民办教育规范提升，促进特殊教育、民族教育和教育对口支援工作健康发展，大力保障教育公平。八是加快推进教育信息化，提升信息化服务教育治理现代化的能力，加快推进“三通”工程，实施“优质数字教育资源共享工程”，加强信息技术在教育教学中的应用，打造教育现代化的强劲引擎。①

（七）吴以环：希望中德职业教育合作向纵深发展

2016年10月21日上午，深圳市副市长吴以环在市民中心会见了来深磋商中德职业教育合作的德国巴伐利亚州文教、科学与艺术部职教与体育事业司司长German Denneborg先生、汉斯·赛德尔基金会（Hanns Seidel Stiftung）项目负责人Bernd Seuling博士一行。

吴以环代表市政府热烈欢迎德国专家的来访，并与German Denneborg、Bernd Seuling一行进行了亲切交流。吴以环说，深圳与巴伐利亚州的合作非常有意义，深圳市委市政

---

① 2016年全省教育工作会议召开[EB/OL].广东省教育厅 http://www.gdhed.edu.cn/publicfiles/business/htmlfiles/gdjyt/btxx/201602/495779.html,2017-11-30.

府高度重视与德国巴伐利亚州在职业教育方面的合作，市长许勤9月10日率深圳市政府代表团访问德国，考察德国职业教育，9月12日亲自出席见证深圳市教育局与巴伐利亚州文教部，深圳技术大学筹备办公室与巴伐利亚州文教部，以及其他单位与德国合作项目的签约仪式，建议成立“中国深圳与德国巴伐利亚州职业教育合作委员会”，并表示愿意亲自担任合作委员会主任，为职业教育领域合作提供政策指导及人财物等方面的强有力支撑，促进职业院校之间的重点项目合作，推进中德学院的建设，实现德国“双元制”职业教育模式在深圳的落地。

吴以环指出，广东省已经同意把深圳中德职业教育合作项目纳入巴伐利亚州与广东省的合作框架中。深圳是一座充满活力的年轻城市，具有强大的改革精神和创新基因，拥有国内最丰富的产业链，有开放包容的文化氛围和开阔的国际视野，而德国科技创新、工程技术、环境保护、智能制造等都同职业教育一样享誉世界，深圳与巴伐利亚州在很多领域有着巨大的合作潜力与发展空间，希望今后双方合作领域不断向纵深发展。①

（八）魏中林：要切实做好省级职业技术教育示范基地建设和办学工作

2016年2月28日上午，省级职业技术教育示范基地启动仪式在清远举行。省教育厅副厅长魏中林出席仪式并作讲话。省发改委、财政厅、环保厅和清远市委、市政府有关领导，拟进驻基地的5所高职院校及其他有关单位代表共100多人出席启动仪式。

魏中林首先对省直有关部门、清远市和社会各界的关心支持表示衷心感谢，同时指出，建设省级职业技术教育示范基地，既是落实“珠三角发展规划纲要”，完善我省职业教育基地网络的需要；也是集约发展职业教育，在区域内系统培养中职、高职、应用型本科人才的需要；还是5所院校有效拓展办学空间，实现更好更快发展的需要。

魏中林要求，各院校要切实做好基地建设和办学工作。一要做好规划，包括事业发展规划、校园建设规划和师资队伍建设规划等；二要真抓实干，依法依规开展工作，控制好工程质量、投资和进度；三要深化改革，在学校管理、办学模式、人才培养模式等方面进行改革创新，更好地适应多校区管理，更好地提高人才培养质量。②

---

① 吴以环会见德国职业教育专家[EB/OL]. 深圳第一职业教育集团 http://www.szdyzjjt.com/index.php?_a=article_content&_m=mod_article&article_id=2250,2017-12-09.

② 省级职业教育示范基地（清远）启动建设[EB/OL]. 南方快报_南方网 http://kb.southcn.com/content/2016-02/28/content_143133545.htm,2017-12-06.

第二节　政策法规

一、开展中等职业教育质量年度报告工作

根据《国务院关于加快发展现代职业教育的决定》（国发〔2014〕19 号）关于“实施职业教育质量年度报告制度”和《教育部关于印发〈职业院校管理水平提升行动计划（2015—2018 年）〉的通知》（教职成〔2015〕7 号）关于“建立中职学校质量年度报告制度”的要求，为促进中等职业学校强化内涵发展，全面提高人才培养质量，教育部办公厅就开展中等职业教育质量年度报告工作有关事项作了相关规定。

（一）重要意义

开展中等职业教育质量年度报告工作，是完善中等职业教育质量评价制度、促进中等职业学校加强教育教学诊断与改进、加强和改进德育工作、全面提高人才培养质量的重要举措；是各地各中等职业学校向社会宣传办学理念和办学成果、展示学校风采风貌和办学特色的重要途径；是促进中等职业学校加强信息公开、回应社会关切、接受社会监督的重要体现；对于促进中等职业学校与社会沟通、强化校企协同育人、推动中等职业学校加强学校管理和育人、全面提高人才培养质量具有重要意义。各地各中等职业学校要充分认识开展教育质量年度报告工作的重要意义。

（二）基本原则

分级负责。教育质量年度报告工作由教育部统筹实施，各省级、地市级教育行政部门分级负责。各地教育行政部门要细化实施方案，指导和推动本地区中等职业学校编制并向社会公布教育质量年度报告。

分步实施。教育质量年度报告工作分步骤开展。原则上，已验收通过的国家中等职业教育改革发展示范学校率先公布学校质量年度报告，其他学校及省市教育行政部门逐步公布本校、本地区中等职业教育质量年度报告。

持续改进。教育质量年度报告工作，重在促进中等职业学校改进教育教学和德育工作。各级教育行政部门和各学校要通过教育质量报告总结经验、查找问题、持续诊断和改进，不断提高人才培养质量。

（三）具体要求

1. 明确报告的主体和责任。各中等职业学校是中等职业教育质量年度报告的主体，各省级教育行政部门应组织、指导和推动辖区内地市级教育行政部门、各学校开展质量年度报告编制工作。省级、地市级教育行政部门要在2017年底前完成本区域中等职业教育质量年度报告首次发布工作。已验收通过的国家中等职业教育改革发展示范学校、国家级重点中等职业学校自2016年起，其他中等职业学校自2017年起发布质量年度报告。我部将适时发布全国中等职业教育质量报告。

2. 把握报告的内容要点。各地教育行政部门编制的区域中等职业教育质量年度报告应反映本地区推进中等职业教育改革发展和党建工作的政策措施、经验做法、取得的成就、存在的困难和问题以及改进工作的措施和办法。参考提纲见附件。中等职业学校教育质量年度报告要紧扣人才培养工作，全面展示人才培养状况、教育教学、学生德育、学校党建等情况，总结提炼教育教学改革的经验做法、分析存在的困难和问题、提出改进的措施和办法。

3. 及时面向社会公开发布。教育质量年度报告可采取新闻发布会、网络公开等方式及时向全社会发布，接受社会监督。省级教育行政部门应在教育厅（教委、教育局）网页上设置教育质量年度报告专栏，公布本辖区内各学校和地市中等职业教育质量年度报告。教育部将在部网页上设立专栏，公布各省（区、市）教育质量年度报告。

4. 加强报告的抽查和监督。教育部将对各地的质量报告进行抽查，并对抽查情况进行通报。省级教育行政部门应对地市教育行政部门及学校编制的质量年度报告进行抽查，发现问题，及时责令整改。要引入第三方参与年度报告的编制工作，增强报告的客观性和可信度。

5. 强化组织保障。地方各级教育行政部门要高度重视质量年度报告工作，要成立工作班子，明确专人负责；要加强对学校撰写发布质量报告的指导和监督，确保报告全面、系统、客观、真实地反映人才培养质量状况。

6. 加大宣传力度。要加强宣传，营造良好的舆论氛围，通过教育质量年度报告向社会展示中等职业教育改革发展成果，促进学校与社会的交流，提高中等职业教育的社会影响力。①

二、教育部关于办好开放大学的意见

为全面贯彻党的十八大和十八届三中、四中、五中全会精神，深入落实《国家中长

① 教育部.教育部办公厅关于开展中等职业教育质量年度报告工作的通知[EB/OL].中华人民共和国教育部政府门户网站 http://www.moe.edu.cn/srcsite/A07/s7055/201601/t20160126_228908.html.2017-12-01.

期教育改革和发展规划纲要（2010—2020年）》，切实办好开放大学，推动建设学习型社会，教育部提出如下意见。

（一）总体要求

1. 指导思想

高举中国特色社会主义伟大旗帜，以邓小平理论、“三个代表”重要思想、科学发展观为指导，深入学习贯彻习近平总书记系列重要讲话精神，按照“四个全面”战略布局，落实创新、协调、绿色、开放、共享发展理念，适应经济社会发展新需求，运用现代信息技术发展新成果，聚集优质教育资源，丰富教育教学手段，创新人才培养模式，改革管理体制和运行机制，探索具有中国特色、体现时代特征的开放大学办学模式，满足全民学习、终身学习需要，建设学习型社会。

2. 基本原则

坚持中国特色，提升办学水平。立足基本国情和现实需求，认真总结实践经验，遵循开放远程教育规律，借鉴国际先进做法，努力提升开放大学办学水平。

坚持开放办学，服务全民学习。顺应全民学习、终身学习需求，向社会最大程度开放教育资源，提供形式多样的教育服务，广泛开展学历教育和非学历教育，满足不同类型不同层次学习需要。

坚持质量第一，实现“宽进严出”。着眼全面提升学习者素质和能力，夯实办学基础，提高办学水平，完善质量保障体系，为学习者提供优质、低成本、有竞争力的教育服务。

坚持深化改革，创新发展模式。更新理念，加快高等教育、职业教育、继续教育与远程开放教育有机结合，加强信息技术与教育教学深度融合，创新教学环境和学习制度，创新学校运行模式和保障机制，创建新型高等学校。

3. 主要目标

到2020年，中国特色开放大学体系初步建成，现代信息技术应用更加成熟，优质教育资源更加丰富，学习条件更加先进，学习制度更加灵活，办学体系不断完善，基本满足多样化学习需求，为学习型社会提供重要支撑，为人力资源开发提供重要保障。

（二）主要任务

1. 明确功能定位，创建新型高校

开放大学要以终身教育思想为引领，树立开放、灵活、优质、便捷的办学理念，充分运用现代信息技术，创新办学形式、组织模式和运行机制，努力办成服务全民终身学习的新型高等学校。要依据区域经济社会发展水平、高等教育状况、教育普及程度等因素，确定学校在构建区域终身教育体系和建设学习型社会中的功能作用。根据自身办学基础和社会需求，科学编制学校中长期发展规划。凝练办学宗旨，明确学校发展目标、办学层次、人才培养类型和规格。发挥教育资源整合集成、现代信息技术与教育教学深度融合、人才成长通道转换衔接等方面的优势，开展人才培养模式创新。细化学校服务面向，针对区域、行业、企业等不同人群提供相适应的教育服务，坚持面向基层、面向行业、面向社区、面向农村，广泛开展职工教育、社区教育、老年教育、新型农民教育和各类培训，突出人才培养特色和学校办学特色。

2. 完善办学基础设施，营造数字化学习环境

适应“互联网 +”发展趋势，重点加强信息化基础设施建设。学校占地、教学和行政办公用房等满足基本需要，确保学校正常运转。完善数据中心，合理配置计算机、服务器、网络、存储等关键设备，提供适合的存放环境，确保运行正常、安全可靠，满足大规模数据处理需要。建设课程开发中心，为课程设计、制作、测试、评估提供必要的场所、设备和辅助设施。建设远程学习服务中心，配备与在线学习学生规模相适应的场所和设备，满足咨询、答疑等即时服务需要。建设“云教室”，实现网络条件下的远程双向高清视频和互动教学。建设可供多种终端访问的数字图书馆，扩充教育资源。建设虚拟实验室、实训室，形成可供学习者多样化选择的虚拟实验、实习和实践环境。

3. 强化信息技术应用，提高在线教育水平

利用计算机技术、通信技术和网络技术，搭建开放性、可扩展的信息技术系统平台，实现教学、管理、服务一体化。完善学校信息平台，及时发布课程开设、专业设置、学习方式、评价标准、招生信息等内容。完善学生学习平台，优化功能模块，实现学生注册、学习、交流、答疑、测验、考试等一站式在线服务。完善学校管理平台，强化对课程资源、学生信息、教师信息、教学运行、质量评价、行政办公等管理，实现学校日常运转和师生教育、学习活动可监测、可分析、可调控，提高服务水平，提升管理效率。

4. 完善办学系统，提升线下支持能力

针对区域信息化基础条件不平衡和学习者学习需求、学习形式多样化的实际情况，充分利用各类教育资源，完善分级办学系统，创新学习服务支持机制。加强学习中心建设，调整办学模式，完善服务功能，承担线下教学、组织学生讨论、提供考试服务、反馈学生信息、开展人才需求调研等任务。开放大学与学习中心要实现高速、安全的现代远程教育网络全覆盖，统一课程资源、统一教学管理、统一在线平台、统一考核评价，保证教育教学质量。完善学习中心布局，根据不同学习对象及办学特点，有针对性地与区域、行业、企业、学校开展合作，形成遍布城乡的学习中心网络，满足不同学习者多样化、个性化的学习需要。

5. 建设优质课程，满足学习需求

通过吸收引进、借鉴利用、自主开发等多种途径，建成满足多样化学习需求的优质课程资源。加快完善课程建设的标准和流程，规范课程规划、设计、制作、测试、试学、评审和更新等环节。充分吸收高等学校、研究咨询机构、行业企业、用人单位参与课程建设，保证内容的科学性和专业性，提高课程的实用性和针对性。适应远程教育规律和学生自主学习特点，优化课程内容呈现方式和教学活动设计环节，加强课程交互性，确保有效支持学生自主学习。要根据学科、行业、产业的新进展和新变化，及时吸收新成果，实时更新课程内容。吸收引进国内外各类在线课程、视频课件等优质资源，按照学科门类、学历层次、资源类型等进行分类整合，向社会开放。强化课程资源的遴选、管理与监督，确保课程内容符合党和国家的路线、方针、政策和法律、法规。

6. 完善专业建设制度，提高专业建设质量

根据经济社会发展、产业升级和学校发展规划，制订专业建设规划，重点建设实用、新型、交叉专业。注重专业建设，制定专业建设方案、工作流程、团队组建、专业评估等方面的具体办法。合理确定专业知识结构，确保专业的科学性和系统性。明确专业组建原则，细化学生专业学习的课程组合要求，满足学生灵活选课需要。建立健全专业优化和更新机制，合理调整专业设置，确保专业的应用性和实效性。建立专业定期评估制度，强化开放大学专业建设监测，确保专业建设质量。

7. 创新学习组织模式，提高教育教学效果

适应现代信息技术条件下在线学习特点，完善以学习者为中心、基于网络自主学习、远程支持服务与面授相结合的教学方式。完善注册学习制度，保证每一位学习者可随时注册入学。加快推进学分制改革，完善自主选课制度，满足学生个性化学习需求。完善学习服务机制，保障学生能够自主灵活安排学习时间。丰富学习媒介，满足学生使用电视、计算机、平板电脑、移动通信设备等多种终端进行学习的需求。健全网上自主学习规则，明确学生学习内容、时长、方式、评价等方面的要求，确保学生网络自主学习严格、规范、可监测、可评价。转变教师角色，从主要是授课者转变为学生学习的咨询者、引导者、组织者，重点支持学生自主学习、组织学生交互讨论、提供在线辅导答疑等，使“以教为主”变成“以学为主”。加强线下交流与讨论，强化学生体验学习，提高教学效率，确保学习质量。

8. 强化质量保障，确保“宽进严出”

建立学校教学质量评估制度，加强对教学全过程和学生学习效果的监测与评价。强化课程学习监控制度，实时记录学生在线自主学习、网上交互讨论、课程测验考试等信息，作为课程学习评价的重要依据。完善课程学习考试制度，建设数字化题库、学习

测评系统、电子试题保密机制、远程监控系统等，确保考试科学、安全。推行开卷与闭卷、形成性考核与终结性考试相结合的考核方式，加大形成性考核比重。探索以完成实际项目和解决实际问题作为考核的方式。推广在线考试和预约考试。严格课程、学历、学位等证书获得的标准和程序，向社会公布，确保证书的权威性。积极引进用人单位、专业评估机构对学校人才培养质量开展多种形式的评价。发布年度质量报告，接受社会评价和监督。

9. 建设“学分银行”，实现学习成果积累和转换

适应全民终身学习需求，不断拓展开放大学办学功能，为学习者学习成果转换提供便利服务。建立个人终身学习电子档案，主要存储个人信息、学习经历、学习成果及转换记录等信息。完善档案管理，一人一档、终身有效，经授权后可供用人单位、教育机构查询使用。加快学习成果认定，制定学分转换标准，对学习者在正规教育和非正规教育过程中获得的学分、证书、工作和生活经验及技能等进行认定，确定学分，实现学习成果转换。

10. 创新师资队伍建设，适应教学变革需要

围绕课程建设和学生自主学习，加快建成一支适应开放教育特点、擅长运用信息技术教学的专兼职结合教师队伍。通过招聘、引进、培养、培训等方式，重点在课程设计、资源开发、软件开发、学习咨询、教学组织、学习引导等方面，建设专职教师队伍。通过培训开放大学系统的教师，广泛聘请高水平教师、行业企业专家等措施，开展教学辅导，确保每门课程都有辅导教师，形成一大批提供远程学习导学、助学和促学的专兼职教师。为学生配备助学咨询教师，提供选课指导、制订个性化学习计划、学习方法引导、学业咨询与提醒、学习资源获取、心理咨询、职业生涯规划等服务。为学生配备专业学习辅导教师，为学习者提供在线辅导和答疑。①

三、职业教育与继续教育2016年工作要点

2016 年职业教育与继续教育工作的总体思路是：全面贯彻党的十八大和十八届三中、四中、五中全会精神，深入贯彻习近平总书记系列重要讲话精神，按照“五位一体”总体布局和“四个全面”战略布局，以五大发展理念为引领，围绕中心、服务大局，以对接结构性改革和固本强基为主线，着力深化改革、加强建设、提高质量、促进公平，推动现代职业教育体系建设和继续教育体制机制创新取得新进展，为实现“十三五”时期改革发展目标布好局、起好步。

① 教育部关于办好开放大学的意见[EB/OL]. 中华人民共和国教育部政府门户网站 http://www.moe.edu.cn/srcsite/A07/zcs_cxsh/201602/t20160202_229322.html.2017-11-28.

（一）对接国家需求，增强职业教育与继续教育工作的针对性

1. 深入学习贯彻习近平总书记系列重要讲话精神。开展形式多样、内容丰富的学习宣传活动，把习近平总书记系列重要讲话精神和五中全会决策部署落实到职业教育与继续教育改革创新的具体行动上。加强党建工作，增强政治意识、大局意识、核心意识、看齐意识。按照中央统一部署，开展好“两学一做”学习教育，推动展现党内教育从“关键少数”向广大党员拓展、从集中性教育向经常性教育延伸，真正把党的思想政治建设抓在日常、严在经常。全面落实中央巡视组专项巡视工作要求。

2. 规划新时期职业教育与继续教育改革发展。围绕教育“十三五”规划、中国教育现代化 2030 等编制工作，加强职业教育与继续教育改革发展的前瞻性、全局性、战略性研究，明确今后一个时期改革发展的总体思路、目标任务和重大政策举措。加强职业教育与继续教育科研工作。

3. 提升职业教育服务国家重大战略的能力。编制《制造业人才发展规划（2016—2020 年）》，为实施中国制造 2025 培养多样化人才。组织职业学校、行业企业联合开展跨境、跨区合作，助推“一带一路”建设、京津冀协同发展和长江经济带发展。加强创新创业教育，服务大众创业、万众创新。瞄准精准扶贫、精准脱贫，推动县级职教中心盘活资源、拓展功能，组织开展对口支援，推行职教特色扶贫模式。

4. 加快建设现代职业教育体系。联合印发《关于做好 2016 年高中阶段教育招生工作的通知》，统筹做好招生工作，大力发展现代职业教育，落实职普招生大体相当要求。实施《高等职业教育创新发展行动计划（2015—2018 年）》。推动各地健全“文化素质 + 职业技能”、单独招生、综合评价招生和技能拔尖人才免试等考试招生办法，为学生接受不同层次高等职业教育提供多种机会。坚持职业学校教育和职业培训并举，支持职业学校提升培训能力。召开 2016 年度职业教育与继续教育工作会议。

（二）全面深化改革，提高职业教育人才培养质量

1. 创新职业教育体制机制。积极推进《职业教育法》修订工作。出台促进校企合作的激励政策。深入推进现代学徒制试点。加强紧密型职教集团建设。研究制订中等职业学校布局结构调整指导意见。发挥职业教育改革试验区先行先试作用，形成一批改革创新成果。

2. 加强和改进德育工作。贯彻落实《中等职业学校德育大纲（2014 年修订）》，深入开展爱国主义教育和社会主义核心价值观教育。推进德育课程改革，研究制定中等职业学校德育课课程标准。深化活动育人，开展中等职业学校“文明风采”竞赛活动、学雷锋志愿服务活动等，利用各类仪式、典礼、纪念日开展主题教育活动，强化学生职业道德和工匠精神培养。加强学校社团建设。开展文明校园评选活动。

3. 深化教育教学改革。推动专业设置、课程内容、教学方式与生产实践对接。印发指导意见，科学规范职业学校课程设置和教学实施等工作。启动中等职业学校专业目录修订工作。实施新修订的《普通高等学校高等职业教育（专科）专业设置管理办法》，印发专业简介，做好国控专业设置年度审批。发布新修订的中职语文、历史、体育与健康、公共艺术等课程标准，修订中职数学、英语、计算机、物理、化学等其他公共基础课课程标准。修（制）定高职专业教学标准。研究制定中高职衔接专业教学标准。

4. 深化产教融合、校企合作。制定行指委章程、教指委工作规则，做好教指委换届工作。继续举办职业教育与行业对话活动，召开邮政、文化、旅游等行业职业教育工作会议，推进制定交通运输等行业职业教育指导政策。以增强有效性为重点实施校企合作项目。开发 35 个专业（类）企业生产实际教学案例库。成立 2016—2020 年全国职业院校技能大赛组织机构，发布大赛实施规划，办好 2016 年大赛。召开职业教育校企合作座谈会。

5. 加强职业学校管理。实施《职业院校管理水平提升行动计划（2015—2018 年）》。推进职业学校章程建设。印发职业学校学生实习管理规定。推动各地健全职业学校实习责任保险制度。全面实施职业学校教学诊断与改进工作。推动中等职业教育质量年度报告编制工作。提高高等职业学校质量报告水平。

6. 推动职业教育信息化发展。贯彻教育信息化“十三五”规划，提出职业教育信息化建设的目标任务和重点措施。推动落实《职业院校数字校园建设规范》。实施信息惠民工程职业教育数字资源试点专项。继续实施职业教育专业教学资源库项目、国家示范性职业学校数字化资源共建共享计划。全面应用中职学生管理信息系统，推进学校管理信息系统建设。推动高职人才培养工作状态数据管理系统建设与应用。举办 2016 年全国职业院校信息化教学大赛。建立职业教育信息化发展水平监测机制。

7. 扩大职业教育对外交流与合作。贯彻中央关于做好新时期教育对外开放工作的精神，推动制订职业教育国际交流与合作发展规划，坚持“引进来”“走出去”并举，增强对外合作的针对性。深化和拓展政策对话与项目合作，完善项目实施机制，推出一批示范项目。服务“一带一路”建设和国际产能合作，积极落实职业教育对外援助承诺，开展职业教育与企业合作“走出去”试点。开发与国际先进水平相对接的专业教学标准和课程体系。继续实施高职院校领导海外培训项目。

（三）持续加大投入，充分发挥职业教育促进公平的作用

1. 不断改善学校办学条件。配合制定实施中等和高等职业学校建设标准。加强对现代职业教育质量提升计划的投入引导和绩效评价。启动职业教育产教融合工程。完成第三批国家中职示范校验收工作。实施职业教育专业能力建设专项。

2. 完善经费投入和学生资助政策。推动各地落实中等和高等职业学校生均拨款制度。会同有关部门研究逐步分类推进中等职业教育免除学杂费，推动扩大职业学校助学金覆盖面。

3. 加强农村、西部和民族地区职业教育。推动创建国家级农村职业教育和成人教育示范县，开展县级职教中心综合改革试点。探索培养新型职业农民的多种途径。协调推动东西部合作办学。推进南疆职业教育对口支援全覆盖。加强职教集团对口支援滇西、西藏和四省藏区工作。配合办好内地新疆、西藏中职班。做好定点扶贫县和对口支援县有关工作。继续实施华夏基金会职教项目。

（四）创新体制机制，推进全民继续教育

1. 深化继续教育改革创新。大力发展继续教育，推进继续教育基本制度建设，印发高等学历继续教育专业设置管理办法，出台普通高校继续教育改革发展相关政策文件，加强学历继续教育统筹管理。推动开放大学建设，指导国家开放大学开展继续教育学习成果认证、积累和转换试点。做好高等教育自学考试相关工作。启动农民工学历与能力提升行动计划。发挥好高等学校继续教育数字化资源开放和在线教育联盟、大学与企业继续教育联盟的作用。

2. 积极促进学习型社会建设。发布《老年教育发展规划（2016—2020 年）》，推动高校第三年龄大学联盟和老年大学建设。印发《关于进一步推进社区教育发展的意见》，开展社区教育实验区、示范区遴选和建设。推动职业学校广泛开展职工继续教育，建设一批职工继续教育基地。开展学习型城市建设测评工作，扩大学习型城市建设覆盖面。推动各类学习型组织建设。

（五）提升工作水平，营造积极向上的发展环境

1. 切实加强自身建设。巩固深化“三严三实”专题教育成果，把践行“三严三实”要求制度化、常态化、长效化。进一步转变职能，注重发挥地方、院校、学会、协会等作用，形成改革发展合力。切实落实好党风廉政建设主体责任和监督责任，强化党团组织建设和反腐倡廉工作。加强政风行风学风建设。健全调查研究和联系基层制度，切实改进文风会风和工作作风。

2. 全方位强化宣传引导。办好职业教育活动周、全民终身学习活动周。组织开展《职业教育法》颁布实施 20 周年宣传活动。充分利用网络、电视、广播、纸媒、微信等媒体，宣传职业教育与继续教育方针政策、典型案例，展示院校风采和师生风貌，增强职业教育的影响力和吸引力。①

---

① 关于印发《职业教育与继续教育 2016 年工作要点》的函[EB/OL]. 中华人民共和国教育部政府门户网站 http://www.moe.edu.cn/s78/A07/A07_gggs/A07_sjhj/201603/t20160325_235210.html.2017-12-03.

四、教育部等九部门关于进一步推进社区教育发展的意见

社区教育是我国教育事业的重要组成部分，是社区建设的重要内容。近年来，我国社区教育蓬勃发展，探索了具有中国特色的社区教育发展方式和路径，形成了东部沿海发达地区广泛开展、中西部地区逐步推进的发展格局，建设了一大批全国和省级社区教育实验区、示范区，社区教育参与率和满意度逐步提高。为加快实现教育规划纲要关于基本形成学习型社会的目标，服务全面建成小康社会的战略要求，教育部等九部门就进一步推进社区教育发展提出如下意见。

（一）总体要求

1. 基本原则

坚持以人为本，需求导向。以学习者为中心，以学习需求为导向，为社区内不同年龄层次、不同文化程度、不同收入水平的居民提供多样化教育服务。体现社区教育的普惠性，促进社会公平。

坚持社区为根，特色发展。立足城乡社区，面向基层，办好居民家门口的社区教育。从东中西部区域发展的实际出发，推进社区教育特色发展。鼓励各地结合当地历史、人文资源和经济发展状况，因地制宜、因势利导开展社区教育活动。

坚持统筹协调，整合资源。发挥党委政府的推动引导作用，把社区教育切实纳入区域经济社会发展总体规划。以城带乡，统筹城乡社区教育协调发展，着力补足农村社区教育短板。整合学校教育资源和其他社会资源服务社区居民学习。

坚持改革引领，创新驱动。注重顶层设计与基层创新良性互动、有机结合。培育多元主体，引导各级各类学校和社会力量积极参与社区教育。充分运用现代信息技术手段，创新服务模式。推动社区教育融入社区治理，不断丰富社区建设的内容。

2. 总体目标

到 2020 年，社区教育治理体系初步形成，内容形式更加丰富，教育资源融通共享，服务能力显著提高，发展环境更加优化，居民参与率和满意度显著提高，基本形成具有中国特色的社区教育发展模式。建设全国社区教育实验区 600 个，建成全国社区教育示范区 200 个，全国开展社区教育的县（市、区）实现全覆盖。

（二）主要任务

1. 加强基础能力建设

建立健全社区教育网络。通过整合资源，建立健全城乡一体的社区教育县（市、区）、乡镇（街道）、村（社区）三级办学网络。各省、市（地）可依托开放大学、广播电视大学、农业广播电视学校、职业院校以及社区科普学校等设立社区教育指导机

构，统筹指导本区域社区教育工作的开展。研究制定社区教育办学机构指导性要求。

明确社区教育机构职责定位。县（市、区）社区教育学院（中心）负责课程开发、教育示范、业务指导、理论研究等。乡镇（街道）社区学校负责组织实施社区教育活动，指导村（社区）教学站（点）的工作。村（社区）教学站（点）为居民提供灵活便捷的教育服务。

推动各类学习型组织与学习共同体建设。广泛开展学习型乡镇（街道）、学习型社区、学习型家庭等各类学习型组织创建活动，推动学习型城市建设。鼓励和引导社区居民自发组建形式多样的学习团队、活动小组等学习共同体，实现自我组织、自我教育、自我管理、自我服务，不断增强各类组织的凝聚力和创新力。

加强社区教育实验区和示范区建设。继续推动社区教育实验区、示范区建设，充分发挥社区教育示范区在体系构建、资源共享、投入机制、队伍建设、信息化应用、市民学分银行建设等方面的示范引领作用，进一步提升社区教育服务能力和水平。各地要建立和完善相应工作机制，提出建设目标。

2. 整合社区教育资源

开放共享学校资源。鼓励各级各类学校充分利用场地设施、课程资源、师资、教学实训设备等积极筹办和参与社区教育。充分发挥县级职业教育中心、开放大学、广播电视学校、科普学校在农村社区教育中的骨干和引领作用。加快乡镇成人文化技术学校的转型发展，鼓励其成为农村社区教育的重要载体。推动普通中小学有序向社区居民提供适宜的教育服务。

统筹共享社区资源。注重社区教育机构与城乡社区综合服务中心（站）、社区文化中心等机构的资源共享，拓展社区综合服务中心（站）的社区教育功能，推动社区教育机构与社区综合服务中心（站）设施统筹、信息共享、服务联动。充分利用社区文化、科学普及、体育健身等各类资源，发掘教育内涵，组织开展社区教育活动，实现一个场所、多种功能，促进基层公共服务资源效益最大化。

充分利用社会资源。提高图书馆、科技馆、文化馆、博物馆和体育场馆等各类公共设施面向社区居民的开放水平。鼓励相关行业企业参与社区教育。引导一批培训质量高、社会效益好的社会培训机构参与社区教育。探索开放、可持续发展的资源共享模式，不断扩大社区学习资源供给。

（三）丰富内容和形式

丰富社区教育内容。广泛开展公民素养、诚信教育、人文艺术、科学技术、职业技能、早期教育、运动健身、养生保健、生活休闲等教育活动，提升居民生活品质，推动生活方式向发展型、现代型、服务型转变。积极开展面向社区服务人员、社区志愿者、社区社会组织成员的教育培训，增强其组织和服务居民的能力。

创新社区教育形式。创新教育载体和学习形式，培育一批优质学习项目品牌。在组织课堂学习的基础上，积极开展才艺展示、参观游学、读书沙龙等多种形式的社区教育活动，探索团队学习、体验学习、远程学习等模式。通过开设学习超市、提供学习地图等形式方便社区居民灵活自主学习。推动各地建设方便快捷的居民学习服务圈。

推进社区教育信息化。结合实施“宽带中国”战略和“互联网＋城市”“互联网＋科普”计划，充分利用现代远程教育体系，结合或依托社区公共服务综合信息平台建设，建立覆盖城乡、开放便捷的社区数字化学习公共服务平台及体系。有条件的地方，鼓励形成网上学习圈。鼓励各级各类学校和社会教育培训机构向社区开放数字化学习资源及服务，推进各地网上学习平台互联互通和社区教育数字化学习资源的建设与共享，为居民提供线上线下多种形式的学习支持服务。

（四）提高服务重点人群的能力

大力发展老年教育。将老年教育作为社区教育的重点任务，结合多层次养老服务体系建设，改善基层社区老年人的学习环境，完善老年人社区学习网络。建设一批在本区域发挥示范作用的乡镇（街道）老年人学习场所和老年大学。努力提高老年教育的参与率和满意度。

积极开展青少年校外教育。推动实现社区教育与学校教育有效衔接和良性互动。社区教育机构要紧密联系普通中小学、青少年校外活动场所、社会组织等，充分利用社区内的各类教育、科普资源，开展校外教育及社会实践活动，为青少年健康成长提供良好的社区教育环境。开展形式多样的早期教育活动，有条件的中小学、幼儿园可派教师到社区教育机构提供志愿服务。充分发挥共青团、少先队组织在青少年校外和社区教育中的作用。

广泛开展各类教育培训。主动适应居民实际需求，有针对性地开展法治社会、科学生活、安全健康、就业再就业、创新创业、职业技能提升等教育培训活动。积极面向学生家长开展教育理念、教育方法等方面的家庭教育指导。重点面向城镇化进程中的失地农民和农民工，积极开展职业技能、思想道德、民主法治、文明礼仪、生活方式等方面的教育培训，通过社区学习与交流活动，增强社区归属感和认同感，加快其融入城镇社区生活的进程。重视弱势人群提高生存技能的培训，积极为社区各类残疾人提供学习服务。

重视农村居民的教育培训。各级各类学校教育资源要向周边农村居民开放，用好县级职教中心、乡（镇）成人文化技术学校、开放大学、广播电视学校、农村致富技术函授大学和农村社区教育教学点。结合新农村和农村社区建设，有效推进基层综合性文化服务中心、图书馆、文化馆、博物馆、农家书屋、农村中学科技馆等资源共享，提升农村社区教育服务供给水平。广泛开展农村实用技术培训和现代生活教育培训。大力开展新型职业农民培训。加强农村居民家庭教育指导，为农村留守妇女提供社会生活、权益保护、就业创业等方面的教育培训。重视开展农村留守儿童、老人和各类残疾人的培训服务。

（五）提升社区教育内涵

1. 加强课程资源建设。国家组织编写一批社区教育通用型课程大纲。鼓励各地开发、推荐、遴选、引进优质社区教育课程资源，推动课程建设规范化、特色化发展。鼓励引导社区组织、社区居民和社会各界共同参与课程开发，建设一批具有地域特色的本土化课程。课程设计应与居民需求、科学普及、文明素养、社区发展等紧密结合，促进课程设计与社区治理和服务实践有机融合。

2. 提高社区教育工作者队伍专业化水平。社区教育学院（中心）、社区学校应配备从事社区教育的专职管理人员与专兼职教师。省级教育行政部门应根据教育部《社区教育工作者岗位基本要求》制定实施细则，省级人社、教育行政部门共同制定社区教育专职教师职称（职务）评聘办法。加大社区教育工作者培训力度。发挥社会工作专业人才在社区教育中的作用，探索建立社区教育志愿服务制度。鼓励高等学校、职业学校开设社区教育相关专业，鼓励引导相关专业毕业生从事社区教育工作。①

五、教育部办公厅关于做好《高等职业学校专业教学标准》修（制）订工作的通知

首批 410 个《高等职业学校专业教学标准（试行）》（以下简称《标准》）自 2012 年发布实施以来，对于高等职业学校准确把握培养目标和规格，科学制定人才培养方案，深化教育教学改革，提高人才培养质量起到了重要的指导作用。随着经济社会快速发展，新职业、新技术、新工艺不断涌现，一些专业的内涵发生了较大变化，特别是 2015 年教育部印发了新修订的《普通高等学校高等职业学校（专科）专业目录》（以下简称《目录》），对专业划分和专业设置进行了较大调整，现行《标准》急需进行相应的修订和完善。为做好《标准》的修（制）订工作，教育部将有关事项通知如下：

（一）总体安排

全面贯彻党的教育方针，认真落实党中央、国务院决策部署，适应经济社会发展和产业转型升级新要求，以提高教育教学质量为中心，依据《目录》及专业简介，对现行

① 教育部等九部门关于进一步推进社区教育发展的意见[EB/OL]. 中华人民共和国教育部政府门户网站 http://www.moe.edu.cn/srcsite/A07/zcs_cxsh/201607/t20160725_272872.html.2017-12-05.

高等职业学校专业教学标准进行全面修订，研究制定《目录》新增设专业的教学标准，全面提升职业教育人才培养专业化、规范化水平。本次《标准》修（制）订工作计划分两批开展，拟于 2018 年完成。

（二）工作原则

1. 坚持立德树人，促进全面发展。遵循职业教育规律和学生身心发展规律，把培育和践行社会主义核心价值观融入教育教学全过程，合理确定公共基础课和专业课的结构比例，着力培养学生的职业道德、职业精神和创新创业能力。

2. 坚持就业导向，明确规格定位。参照职业岗位序列和技术等级，科学合理确定专业培养目标与规格。对接最新职业标准、岗位规范，以职业能力为主线构建课程体系，提升学生职业技能水平和就业能力。

3. 坚持工学结合，注重知行合一。以工作过程为导向创新教学模式，注重“做中学、做中教”，重视理论实践一体化教学，强调实训实习等教学环节，促进学以致用。积极吸收行业企业专家参与《标准》修（制）订工作。

4. 坚持科学性、可行性，突出先进性、引领性。对接产业发展中高端水平，遵循教学规律，注重吸收各地各院校职业教育专业建设、课程教学改革优秀成果，借鉴国外先进经验，推行现代信息技术条件下的教学模式。引领各地各院校结合实际灵活开发人才培养方案。

（三）工作步骤

1. 筹备启动部署。成立《标准》修（制）订工作综合组及各行业工作组，全面启动《标准》修（制）订工作。

2. 明确开发批次。各行业工作组对照《目录》，结合实际，自主申报拟承担的工作任务，综合组统筹安排开发计划。

3. 调研和文本起草。各行业工作组根据工作方案和调研要求，组织相关调研工作并形成调研报告，研究起草首批《标准》，并及时与综合组沟通工作进展情况，研究解决《标准》修（制）订工作中出现的有关问题。

4. 审议和发布。各行业工作组分别组织内审会，审议调研报告和首批《标准》文稿，形成送审稿。组织综合组及有关专家对各行业工作组提交的送审稿进行审议，提出修改意见。送审稿根据意见修改完善后，按程序审批后印发实施。

（四）组织分工

《标准》修（制）订工作由教育部统一领导，教育部职成司统筹负责，委托教育部行业职业教育教学指导委员会工作办公室（设在国家开放大学，以下简称行指委工作办）具体组织实施。

综合组由行指委工作办组织职业教育领域教学专家、行业专家等组成。主要负责研究确定《标准》修（制）订工作的总体方案，包括基本框架、有关规范性要求等；指导各行业工作组分期分批开展《标准》修（制）订工作；参与研究并解决制订工作中出现的有关问题；负责专业教学标准的汇总、审议等工作。综合组成员根据分工对口联系指导相应各行业工作组的工作。

行业工作组由各行业职业教育教学指导委员会、专业类教学指导委员会牵头成立。主要具体负责组织本行业（专业领域）所涉《标准》的修（制）订工作；组织开展企业、院校调研；组织召开论证会、研讨会等，按照总体要求有序推进相关工作。

《标准》修（制）订工作是深化职业教育教学改革，提高人才培养质量，创新发展高等职业教育的重要基础性工作。各行业职业教育教学指导委员会、专业类教学指导委员会要高度重视，切实加强组织领导，集中行业企业和有关院校的优势力量，严格按照规范要求，按时保质完成有关工作任务。各地教育行政部门、各职业院校要积极配合，为相关调研工作和本地区（单位）参与《标准》修（制）订工作的专家提供便利条件。行指委工作办要做好有关组织协调工作。[①]

第三节　热点事件

一、全国性热点事件

（一）2016年职业教育活动周启动

5 月 8 日上午，2016 年职业教育活动周全国启动仪式暨全国职业院校技能大赛在天津开幕。作为我国职业教育工作的一项重大制度设计与创新，全国职业院校技能大赛旨在推动产教融合、校企合作，促进人才培养和产业发展的结合。

今年是第九届全国职业院校技能大赛，大赛已经由最初天津市一个主办城市逐步扩大到以天津市为主赛区，全国十几个省市为分赛区共同举办。今年的大赛在天津市主赛区之外同时设立了 15 个分赛区，分别是北京市、山西省、吉林省、江苏省、浙江省、安徽省、山东省、河南省、湖北省、广东省、福建省、重庆市、甘肃省、宁波市、青岛

---

① 教育部办公厅关于做好《高等职业学校专业教学标准》修（制）订工作的通知[EB/OL]. 中华人民共和国教育部政府门户网站 http://www.moe.edu.cn/srcsite/A07/moe_737/s3876_qt/201611/t20161122_289651.html. 2017-12-05.

市。天津作为主赛区承办了75个大项中的25个项目，大赛期间将举行中华优秀文化传统艺术表演赛、高职院校国际化专业教学成果交流赛、2016年电脑鼠走迷宫巅峰对决国际邀请赛、第五届自动化生产线安装与调试国际挑战赛以及全国大赛参赛选手就业洽谈会。

全国职业院校技能大赛作为2016年职业教育活动周的一项重要活动，此次是两个活动首次同期合并举行。职业教育活动周是国家在教育领域设立的第一个国家层面的活动周，从2015年起，每年5月的第二周被设为“职业教育活动周”。本届职业教育活动周的主题是“弘扬工匠精神，打造技能强国”，共设置活动周开幕式、活动周体验、国际交流、区域产业对接、成果分享展示、主赛区赛项等六大板块，涵盖了48项大型活动。

中共中央政治局委员、国务院副总理刘延东在出席开幕式时强调，要把职业教育作为实现教育现代化的重要突破口，确保到2020年，建成中国特色、世界水平的现代职业教育体系。[①]

（二）中国已建成1200余个职业教育集团

教育部副部长朱之文表示，2016年全国共建成职业教育集团1200余个，覆盖60%的职业院校，合计3万余家企业参与。

联想职业教育集团在京成立。在成立大会上，朱之文表示，加快发展现代职业教育，培养更多高技能人才，比以往任何时候都更为紧迫。产教融合、校企合作是发展现代职业教育的必由之路，也是通过产业发展人才的重要途径。

近年来，国家采取了一系列举措发展职业教育，如成立行业指导委员会、加强“双师型”教师队伍建设、推进集团化办学、开展现代学徒制试点等。朱之文表示，实践证明集团化办学是深化产教融合、校企合作的一条有效途径。依托职业教育集团所建的深度合作平台，职业院校和行业企业在课程资源开发、人才标准制定、师训基地建设、学生实习和就业等方面开展合作，已取得丰硕成果。

“应当看到的是，推进职业院校集团化办学，牵扯到政府部门、行业企业、职业院校等多方主体，需要协调好各方面的利益和诉求，这是一项复杂的系统性工作。”朱之文说，必须看到许多职业教育集团还比较松散、参与各方的职责不够明晰、相关配套政策还不够完善、有的工作还停留在面上、还没有将各方面的办学资源真正转化为人才培养优势和行业企业竞争优势。

“可以说职业教育集团化办学发展到当前阶段，迫切需要进一步推进在促进产教融合、校企合作方面发挥更大作用。”朱之文表示，职业教育集团应该在以下几个方面进

① 2016年职业教育活动周今天启动打造现代职业教育体系[EB/OL]. 中华人民共和国教育部政府门户网站. http://www.moe.edu.cn/jyb_xwfb/xw_zt/moe_357/jyzt_2016nztzl/2016_zt06/16zt06_yw/201605/t20160509_242636.html.2017-12-06.

行深入探索：一是了解产业发展的现状和趋势，做好人才需求分析；二是深入推进校企合作供需结合，积极探索现代学徒制等多样化的人才培养模式；三是帮助解决行业企业发展中面临的技术难题，为企业员工接受继续教育广开渠道；四是实现职业院校人才培养与产业发展的协同并进，努力形成共赢多赢格局。①

（三）《2016中国高等职业教育质量年度报告》发布

《2016 中国高等职业教育质量年度报告》（以下简称《报告》）显示，高职毕业生发展潜力逐步提升，月收入连续 5 年增长，专业相关度稳中有升，就业满意度连续 5 年呈上升趋势。

《报告》显示，2011—2015 年，高职学生毕业 3 年后月收入与其毕业半年后月收入相比均有明显增长。以 2012 届为例，高职学生毕业半年后平均月收入为 2731 元，毕业 3 年后为 5020 元，增幅为 83.8%，增速明显高于城镇单位在岗职工的平均水平。

近 5 年，高职毕业生就业的专业相关度稳中有升，2015 届高等职业院校理工农医类专业毕业生中，65% 的毕业生所从事的工作与专业相关。高职毕业生的就业满意度连续 5 年呈上升趋势，2015 届毕业生的就业满意度已达到 61%，相对 5 年前上升了 17%。

《报告》显示，高等职业教育专业结构进一步优化，专业设置主动与产业发展对接，面向第三产业的专业增加到 2997 个，增幅为 104.3%。各地积极投入专项经费引导高职发展，全国公办高等职业院校财政专项受益面达 90%。

《报告》还显示，高等职业教育成为农村孩子接受高等教育的重要途径。2011—2015 届高等学校毕业生中家庭背景为“农民与农民工”所占比例已达 53%。对此，上海市教育科学研究院原副院长、高职研究中心主任马树超认为：“高等职业院校在培养农家子弟、通过各种形式服务三农方面很有成效。”

此外，马树超指出，通过《报告》可以看出中央财政专项的实施对高等职业教育改革发展发挥了重要的引导和辐射作用，“学校获得感强，成效明显”；部分地方结合实际积极探索高等职业教育质量监测和评价机制，学校人才培养质量主体责任得到进一步落实。

在“双创”背景下，高职毕业生自主创业群体不断扩大。《报告》显示，2015 届高职毕业生毕业半年后的自主创业比例为 3.9%，相对于 2011 届增长了 1.7 个百分点，创业存活的比例也不断提升。2015 年，毕业半年后自主创业的 2012 届高职毕业生中，有

---

① 中国已建成 1200 余个职业教育集团 [EB/OL]. 中新网. http://www.chinanews.com/gn/2016/05-31/7889731.shtml.2017-12-09.

47.5% 的人 3 年后还在自主创业，比 2008 届上升了 12.7 个百分点。[①]

（四）教育部发布高职2016年新增专业目录

根据《普通高等学校高等职业教育（专科）专业设置管理办法》，在相关学校和行业提交增补专业建议的基础上，教育部组织研究确定了 2016 年度增补专业共 13 个，现予公布（见表 3–1），自 2017 年起执行。[②]

表 3–1 《普通高等学校高等职业教育（专科）专业目录》2016 年增补专业

序号	专业大类	专业类	专业代码	专业名称
1	51 农林牧渔大类	5101 农业类	510120	食用菌生产与加工
2	52 资源环境与安全大类	5201 资源勘查类	520107	权籍信息化管理
3	53 能源动力与材料大类	5301 电力技术类	530113	机场电工技术
4	58 轻工纺织大类	5801 轻化工类	580112	珠宝首饰技术与管理
5	59 食品药品与粮食大类	5903 食品药品管理类	590305	食品药品监督管理
6	61 电子信息大类	6102 计算机类	610215	大数据技术与应用
7	62 医药卫生大类	6208 健康管理与促进类	620812	医疗器械经营与管理
8	63 财经商贸大类	6306 工商管理类	630607	中小企业创业与经营
9	63 财经商贸大类	6308 电子商务类	630804	商务数据分析与应用
10	65 文化艺术大类	6502 表演艺术类	650220	音乐传播
11	67 教育与体育大类	6704 体育类	670411	电子竞技运动与管理
12	69 公共管理与服务大类	6902 公共管理类	690209	公益慈善事业管理
13	69 公共管理与服务大类	6903 公共服务类	690306	幼儿发展与健康管理

（五）李克强力倡“工匠精神”，入选2016年十大流行语

2016 年 12 月 14 日，《咬文嚼字》杂志发布了“2016 年十大流行语”，其中“工匠精神”和“洪荒之力”“供给侧”“葛优躺”等从上百个候选语中脱颖而出，入选本年度十大流行语。

评委会还对“工匠精神”一词的流行做出如下分析：2016 年 3 月 5 日，李克强总理在《政府工作报告》中说，鼓励企业开展个性化定制、柔性化生产，培育精益求精的“工匠精神”。“工匠精神”一词迅速流行开来，成为制造行业的热词。不只是“两会”，梳理李克强总理这一年来的会议、考察和批示，你会发现，“工匠精神”已成为总理使用的高频词。

① 《2016 中国高等职业教育质量年度报告》发布 [EB/OL]. 新华网 http://news.xinhuanet.com/legal/2016-07/16/c_129150625.htm.2017-12-09.

② 教育部发布高职（专科）2016年新增专业目录[EB/OL]. 中国教育 http://www.edu.cn/edu/jiao_yu_bu/xin_wen_dong_tai/201609/t20160914_1448796.shtml.2017-12-26.

在历来被视为“政策风向标”的国务院常务会议上，李克强先后两次部署消费品标准和质量提升，强调培育和弘扬精益求精的工匠精神。在考察东风商用车重卡新工厂时，李克强说，“中国制造”的品质革命，要靠精益求精的工匠精神和工艺创新，其中关键是以客户为中心。在对推进职业教育现代化座谈会所作的批示中，李克强强调要加快培育大批具有专业技能与工匠精神的高素质劳动者和人才。

总理大力倡导“工匠精神”，旨在推动经济转型和消费升级。他强调：“要用消费品质量标准的提升，倒逼‘中国制造’全产业链升级。”在总理的力推下，“工匠精神”不仅成为红遍大江南北的热词，更带来老百姓看得见、摸得着的民生大礼包。2016年4月，国务院批准发布《贯彻实施质量发展纲要2016年行动计划》，要求深入开展质量提升行动，以空气净化器、电饭煲、智能马桶盖、儿童及婴幼儿服装等公众普遍关注的消费品为重点，开展改善消费品供给专项行动。9月中旬，国务院又批准发布了《消费品标准和质量提升规划（2016—2020年）》，部署以先进标准引领消费品质量提升，倒逼消费品装备制造业转型升级。

“我们不光要提升工业装备，做强重化工，同时要更加重视那些看起来很‘零碎’的小东西，推出更多适销对路的大众消费品，拉动‘消费’这个最终需求。”李克强总理的这番话透露出他大力倡导“工匠精神”的用心所在。①

二、广东省热点事件

（一）研制专业教学标准和课程标准，广东发展现代职业教育的先手棋

广东省最早提出构建与现代产业体系相适应的现代职业教育体系。2008年，广东省教育厅在全国率先探索开展“中高职衔接‘三二’分段对口自主招生”试点工作。在中高职衔接实践中发现，中等职业教育与高等职业教育在培养目标、专业设置、课程与教材、教学与评价等方面难以很好地实现衔接，根本原因在于中、高等职业教育在专业教学标准和课程标准上缺乏衔接。为了解决这个突出的问题，2012年省教育厅成立以厅领导为组长的中高职衔接专业教学标准和课程标准研制项目领导小组，决定开展中高职衔接专业教学标准和课程标准研制工作。

广东省自2013年启动标准研制项目以来，先后有74个专业开展现代职业教育标准研制工作，包括中高职衔接项目、高职本科衔接项目、中职—高职—本科衔接项目、现代学徒制标准研制项目、国际化标准研制项目、IHK证书本土化项目等。参与项目的各级各类职业院校和本科学校共137所，企业80家，行业协会20家，教师和行业企业专

① 杨芳.李克强力倡“工匠精神”，入选2016年十大流行语[EB/OL].中国政府网 http://www.gov.cn/xinwen/2016-12/15/content_5148609.htm,2017-12-20.

家超过 1000 人，项目投入研制经费近 2000 万元。

自 2013 年率先在全国开展中高职衔接专业教学标准和课程标准研制项目以来，广东省的经验做法得到了教育部的充分肯定。2015 年，教育部在《关于深化职业教育教学改革 全面提高人才培养质量的若干意见》中明确要求“完善教学标准体系，积极开发与国际先进标准对接的专业教学标准和课程标准”，同时启动了 15 个专业的中高职衔接专业教学标准研制工作，广东省承担其中的运动训练专业、市场营销专业中高职衔接专业教学标准研制工作。目前，在广东省教育厅领导下，各项目研制工作正在扎实顺利推进，将为建设现代职业教育体系结出更多硕果。①

（二）增加高中学业水平考试科目，积极推进高职院校分类招考改革

2016 年 5 月份，广东省教育厅发出《关于增加普通高中学业水平考试科目推进高职院校分类考试招生的通知》（下称《通知》），决定从 2017 年起，增加语文、数学和英语普通高中学业水平考试科目，由考生自愿选择报考，进一步推进高职院校分类考试招生改革。

为贯彻落实《国务院关于深化考试招生制度改革的实施意见》（国发〔2014〕35 号）和《广东省人民政府关于深化考试招生制度改革的实施意见》（粤府〔2016〕17 号），进一步深化高职院校分类考试招生制度改革，广东省教育厅决定从 2017 年开始，普通高中学业水平考试增加语文、数学、英语 3 门考试科目，高中阶段毕业生（含应届、往届和社会人员）自愿选择报考，并以此成绩作为高职院校分类考试招生录取的主要依据。

《通知》指出将语文、数学和英语列入普通高中学业水平考试科目，按照国家教育考试的标准和要求实行全省统一命题，统一考试，统一评卷。考试内容主要根据国家普通高中课程方案和课程标准规定的必修内容确定。考试以书面笔试形式进行，包括主观题和客观题，命题紧密联系社会实际与学生生活经验，在全面考核学生基础知识和基本技能的基础上，注重加强对综合运用能力的考查。

根据《国务院关于深化考试招生制度改革的实施意见》“高职院校考试招生与普通高校相对分开”的精神，《通知》要求，2017 年起，省内所有高职院校均将参加依据普通高中学业水平考试成绩录取等形式的分类考试招生改革，高职院校通过分类考试招生的招生计划数要占本校年度招生计划数的一半以上，其余招生计划可安排在普通高考中录取，以后逐年减少高职院校在普通高考录取中的比例，使分类考试录取成为高职院校招生录取的主渠道。鼓励有志报考高职院校的考生积极参加语文、数学和英语学业水平

① 研制专业教学标准和课程标准，广东发展现代职业教育的先手棋[EB/OL].广东省教育厅 http://www.gdhed.edu.cn/publicfiles/business/htmlfiles/gdjyt/s1015/201604/497453.html,2017-12-02.

考试和高职院校分类招生录取。语文、数学和英语科目成绩可以作为高职院校依据普通高中学业水平考试录取的“文化素质”成绩，也可以作为高职院校自主招生的“文化素质”成绩，成绩当年有效。高职院校的相关录取办法另行制订。语文、数学和英语考试成绩还可以作为普通高中学生毕业及同等学力认定的主要依据，成绩长期有效。①

（三）广东在全国率先启动一流高职院校建设

广东将重点建设 15 所左右全国一流、世界有影响的高职院校。这是继 2015 年提出创建“现代职业教育综合改革试点省”后，广东推进职业教育发展的又一次重大改革举措。

当前，广东经济社会发展正处在转型升级的重要时期，与本科院校相比，高职院校某种程度上更“接地气”，有丰富的校企合作资源、实训条件资源，可以更好地为企业提供应用技术服务和员工培训，可以更有效地服务企业转型升级，解决科技成果应用“最后一公里”问题。此次创建一流高职院校，将主动面向全省经济社会发展的重点领域，服务全省创新驱动发展战略，助力产业转型升级。同时，也将借助一流高职院校创建过程，全面增强我省高职教育的国内和国际竞争力。

此次一流高职院校建设，重点强调要服务发展、改革驱动。省教育厅一方面通过财政重点支持的方式，给予建设院校更多的资源支持；另外一方面将参照省对高水平大学、高水平理工科大学建设的支持，进一步下放办学自主权，支持建设院校创新发展。②

（四）省教育厅召开高职教育现代学徒制试点工作推进会

为贯彻落实《关于大力开展职业教育现代学徒制试点的实施意见》等文件精神，进一步推动我省高职教育现代学徒制试点工作，2016 年 7 月 8 日上午，省教育厅在广州城建职业学院召开高职教育现代学徒制试点工作推进会。80 所高职院校分管教学工作副校长、教务处长、试点专业负责人和企业代表，广东省高职教育现代学徒制工作指导委员会委员等 290 余人参加了会议。

受省教育厅委托，省高职教育现代学徒制工作指导委员会主任委员赵鹏飞教授对全省高职现代学徒制试点工作进行了全面的总结分析，介绍了成功的经验和做法，指出了存在的主要问题，并且有针对性地提出了对策和建议；广州番禺职业技术学院市场营销专业和清远职业技术学院机电一体化专业负责人，分别介绍了试点开展情况；《中国职业技术教育》杂志社社长赵伟研究员作了题为《结合美国职教要点谈我国职教热点问题》

---

① 增加高中学业水平考试科目，积极推进高职院校分类招考改革[EB/OL].广东省教育厅 http://www.gdhed.edu.cn/publicfiles/business/htmlfiles/gdjyt/zsks/201605/498028.html,2017-12-16.

② 广东在全国率先启动一流高职院校建设.新浪网 http://edu.sina.com.cn/gaokao/2016-07-04/ doc- ifxtsatn8038844.shtml

的报告。

会议强调，省教育厅高度重视高职教育现代学徒制试点工作，将其作为我省高职教育“十三五”时期的一项重大改革任务来加以推进，要求各高职院校积极试点，勇于探索，扎实推进，重点做好以下五个方面：一是学校领导要高度重视，支持专业开展试点；二是勇于改革探索，在试点中发现问题、解决问题，不断总结提升；三是深化现有试点改革，国家级试点院校要发挥示范引领作用；四是积极申报省级试点，早着手、早谋划；五是完善试点工作保障机制，出台支持专业和教师开展试点的政策措施，形成与现代学徒制相适应的教学管理与运行机制。①

（五）2017年高职院校分类考试招生工作热点问答

2016 年 11 月中旬，广东省教育厅印发《关于做好 2017 年高职院校分类考试招生工作的通知》，就加快推进我省高职院校分类考试招生工作提出明确要求。记者就我省高职院校分类考试招生工作的热点问题采访了省教育厅有关负责人。

问：为什么要试行以学考成绩为主要依据进行分类招生录取改革试点？

答：为贯彻国家和省考试招生改革实施意见的要求，从 2017 年起，我省高职院校在继续进行面向中职学生“3+ 技能课程证书”考试、自主招生、中高职衔接“三二”分段、五年一贯制等分类考试招生改革的基础上，试行以普通高中学业水平考试成绩（以下简称：学考）为主要依据进行分类招生录取改革试点，即增加语文、数学和英语 3 门学考科目，由考生自愿选择报考，考试成绩作为学生报考高职院校分类考试招生的主要依据。加快推进高职院校分类考试是深化考试招生制度改革的重要内容，试行以学考成绩为主要依据进行分类考试招生录取的改革试点，为学生接受高等教育提供多样的入学形式，有利于促进学生健康发展和高职院校科学选才，较好地满足学生多样化的学习选择和高校多元化的人才选拔要求。

问：高职院校分类招生的招生对象是什么？

答：高职院校分类招生的招生对象为同时符合下列条件的考生：

符合 2017 年广东省普通高考报考条件并参加高考报名的考生；参加了 2017 年广东省普通高中学业水平考试语文、数学、英语 3 门科目考试的考生；参加了广东省普通高中学业水平考试思想政治、历史、地理 3 门或物理、化学、生物 3 门科目考试且符合高职院校录取要求的考生，其中，文科类考生普通高中学业水平考试科目为物理、化学、生物 3 门学科，理科类考生普通高中学业水平考试科目为思想政治、历史、地理 3 门学科，此前未参加广东省普通高中学业水平考试思想政治、历史、地理 3 门或物理、化学、

① 省教育厅召开高职教育现代学徒制试点工作推进会[EB/OL].广东省教育厅 http://www.gdhed.edu.cn/publicfiles/business/htmlfiles/gdjyt/gadjyu/201607/499774.html,2017-12-08.

生物 3 门科目考试的考生（含中等职业学校应、往届毕业生和社会青年）要根据自身意愿及原有普通高中学业水平考试科目成绩情况选择报考；身体健康的考生。

问：考生如何报考高职院校分类考试招生？

答：报考高职院校自主招生的考生，要参加普通高考报名，同时要根据报考院校的要求，及时登录高职院校开设的本校自主招生报名系统进行报名并参加学校组织的考试。报考“3+ 专业技能课程证书考试”的考生，要参加普通高考报名，并参加与高考同时进行的全省统一考试。

问：普通高中学业水平考试时间怎样安排？

答：语文、数学和英语科目每年组织一次考试，2017 年安排在 1 月 8 日举行考试。思想政治、历史、地理、物理、化学和生物科目安排在 1 月 7 日考试。语文考试时长为 120 分钟，其他科目每门考试时长各为 90 分钟。

问：实行高职院校分类考试招生的院校有哪些？招生计划是如何安排？

答：省内所有高职院校（含高等专科院校）都必须参加依据普通高中学业水平考试成绩进行分类考试招生录取的改革试点。在招生计划的安排上，2017 年依据普通高中学业水平考试成绩录取的招生计划数要占本校年度招生计划的 30% 左右。各高职院校根据自身人才培养目标和要求，科学合理编制分类招生文、理科专业计划，由省招办汇总向社会公布。①

（六）广东高职院校“创新强校工程”方案出炉

《广东省高等职业教育“创新强校工程”（2016—2020 年）实施方案》（以下简称《方案》）提出，“十三五”期间，广东高职院校“创新强校工程”将进行 57 个建设项目，到 2020 年，广东将涌现一批全国领先、世界有影响的一流高职院校和品牌专业，形成产教融合、校企合作人才培养的“广东模式”。

《方案》提出要实现以下目标：到 2020 年，广东高职院校基本办学条件明显改善、人才培养质量全面提升、服务发展能力显著增强。其中，毕业生就业质量和就业满意度位居全国前列。

要实现目标，未来五年，高职院校建设有哪些新动作？《方案》指出，要深化办学体制改革，吸引社会力量以资本、知识、技术、管理等要素参与公办高职院校改革。深化产教融合、校企合作，试点建设混合所有制二级学院和以现代学徒制培养为主的特色学院。开展以推进院系二级管理、下放办学自主权为核心的试点二级学院改革。

在一流高职院校和品牌专业建设上，要争创在全国领先、世界有影响的一流高职院

① 2017 年高职院校分类考试招生工作热点问答[EB/OL]. 广东省教育厅 http://www.gdhed.edu.cn/publicfiles/business/htmlfiles/gdjyt/xwfb/201611/502953.html,2017-11-29.

校。同时面向广东经济社会发展的重点领域，重点建设若干全国领先、与国际接轨、在世界同领域具有影响力和竞争力的一类品牌专业，重点建设产教深度融合、特色鲜明、水平达到全省一流的二类品牌专业。①

第四节　研究动向

一、宏观职业教育政策研究

政策研究始终是职业教育研究的重点。有研究者对《高等职业教育创新发展行动计划（2015—2018 年）》（简称《行动计划》）2016 年执行情况进行了系统综述。2017 年 4 月，教育部印发《关于 2016 年〈高等职业教育创新发展行动计划（2015—2018 年）〉执行情况及有关工作完成情况的通报》（教职成司函〔2017〕33 号）（简称《通报》），对承接任务（项目）的 32 个省份和 47 个行指委的年度执行情况进行通报。《通报》显示，2016 年，只有内蒙古自治区和公安、食品药品、外经贸行指委尚未启动承接的《行动计划》任务（项目）；全国其他省份和有关行指委共启动承接任务 1329 项（启动率 80%），项目 501 个（启动率 70%），项目布点 12283 个（启动率 87%）；28 个省份和 25 个行指委投入专项资金 470561 万元。

《行动计划》启动之际，恰逢“十三五”规划编制之时，很多地方和院校科学规划承接任务，将落实《行动计划》与制定和实施“十三五”规划相融合，扎实推进。各地注重顶层设计，主动对接国家战略和区域经济发展，科学规划实施方案，积极将《行动计划》作为引导和推动地方及高职院校制定和执行“十三五”规划的重要行动指南，精准发力，制定地方版《行动计划》实施方案，加快推进现代职业教育体系建设。地方和行指委按照《行动计划》要求，以加快启动承接任务（项目）为重点，以建立健全任务推进机制为抓手，勇于担当，主动作为，有序推动高职战线提质增效。按照“进一步强化管理监督”“做好事中监督管理”的要求，教育部搭建了覆盖“国家—地方（行指委）—院校”三级体系的《行动计划》管理平台，完成了 2016 年执行绩效的采集工作，通报了地方和行指委承接任务（项目）执行情况；地方和行指委加强过程监督，建立动

① 成小珍 . 广东高职院校“创新强校工程”方案出炉 [EB/OL]. 网易财经 http://money.163.com/16/1206/02/C7IPIJCL002580S6.html.2017-12-28.

态调整机制。

2016 年以来，地方和行指委准确把握社会需求，主动服务国家战略，不断扩大优质教育资源，增强院校办学活力，加强技术技能积累，完善质量保障机制，提升思想政治教育质量，高职战线在创新发展的重点领域、关键环节推进有力。23 个省份启动 292 所优质专科高等职业院校建设，打造了一批办学定位准确、专业特色鲜明、社会服务能力强、综合办学水平领先、与地方经济社会发展需要契合度高、行业优势突出的优质专科高等职业院校。30 个省份启动 3159 个骨干专业建设，23 个行指委启动 298 个骨干专业建设，重点支持紧贴产业发展、校企深度合作、社会认可度高的专业优先发展，提升院校服务产业发展能力。22 个省份建立"双师型"教师培养培训基地 641 个，18 个行指委建立"双师型"教师培训基地 114 个，147 所国家示范（骨干）高职院校制定"双师型"教师标准，认定"双师型"教师 74564 人，不断完善专兼结合的教师培养培训制度，加快建成一支师德高尚、素质优良、技艺精湛、结构合理、专兼结合的高素质的"双师型"教师队伍。

地方和行指委对照产业发展需求，优化专业设置，加强创新创业教育，依托应用技术协同创新中心、技能大师工作室，丰富院校技术技能积累实践形式，将高职院校打造成技术技能积累聚集高地。23 个省份建立 362 个省级应用技术协同创新中心，7 个行指委建立 29 个应用技术协同创新中心，着力提升应用技术研发能力和社会服务水平，形成院校与行业企业共同推进技术技能积累的创新机制。26 个省份建设 549 个技能大师工作室，12 个行指委建设 174 个技能大赛工作室，发挥技艺大师、非物质文化遗产传承人在带徒传技、技术创新与交流、技能攻关、文化传承、工匠精神培养等方面的积极作用。地方和行指委加快落实创新驱动发展战略，将创新创业教育纳入人才培养全过程，将学生创新意识培养和创新思维养成融入教育教学全过程，设立专业化众创空间，打造一批"双创"示范基地，着力培养"大众创业、万众创新"生力军。

研究者提出，职业教育在以下几个方面尚需进一步改进：

首先，保障机制监督体系尚待健全。在创新发展取得初步突破的同时，地方和行指委在落实承接任务（项目）过程中的统筹指导作用还需进一步加强，项目实施进度还需整体推进，承诺投入资金需要进一步落实，监督管理有待继续加强。

其次，部分地方和行指委统筹指导作用需要进一步加强。少数地区（行指委）对行动计划认识不到位，仅作为承接的一个项目推动，未能和本地区、本行业的经济发展和行业发展需求相结合，承接的任务和项目在一定程度上存在内涵认识不清、定位不明，从而影响和制约承接任务（项目）的建设效果。部分地区（行指委）对《行动计划》研究深度不够，编制的实施方案地方特色不够鲜明；对各院校的承接任务（项目）缺乏统筹，部分地区（行指委）和职业院校承接的任务梯次推进效果不够明显。

再次，承接项目实施进度需整体推进。一是地区和行指委之间启动程度不均衡，承接任务中，各省份启动率为 87%，行指委启动率为 51%；承接项目中，各省份启动率为 80%，行指委启动率为 57%；承接项目布点中，各省份启动率为 92%，行指委启动率为 52%。省级承接任务（项目）启动情况总体良好，行指委承接任务（项目）需要加快推进。二是任务之间启动不平衡，大多数任务（项目）的承接地区和行指委启动情况良好，部分任务中，承接省份还需加快推进，如 RW–10、RW–29、RW–33，未启动省份占承接省份比例分别为 43%、75%、47%。

然后，资金投入需要进一步落实。根据地方和行指委承接任务（项目）统计，地区预估共投入经费 2057175 万元，行指委预估共投入经费 234128 万元，2016 年以来，经费投入差距较大。一是地区和行指委之间财政投入专项资金差距较大。二是项目和任务之间投入不均衡，部分省份存在重项目、轻任务的现象。

最后，任务落实监督管理需要加强。部分地方和行指委在一定程度上还存在管理督查力度不够、事中监督管理效率不高等现象。一是部分省份（行指委）未能按照要求填报和报送执行绩效数据，内蒙古及公安、食品药品、外经贸行指委等 4 家单位尚未完成数据填报，电子商务、环境保护、新闻出版、邮政、中医药、艺术设计等 6 个行指委尚未函报绩效数据采集汇总表和年度绩效总报告。二是绩效采集质量有待提高。

今后两年是全面落实《行动计划》的决定性阶段和关键时期，高职教育创新发展期待地方和行指委进一步落实主体责任，深化省级统筹作用，聚焦职教特色优势，建立常态化落实机制，强化过程监督，高标准、高质量完成承接任务。2016 年，地方和行指委凝心聚力、创新实干，实现了《行动计划》的良好开局，为推动高职战线创新发展打下良好基础。①

二、“一带一路”与职业教育发展研究

第一类是探讨“一带一路”与高等职业教育国际化人才培养。王超认为，在社会经济紧随全球化发展的新时期，我国教育事业被全社会赋予越来越高的关注，高等教育大众化背景下“一带一路”战略构想的提出，为我国高等教育事业的进一步发展提供了强劲动力，高等职业教育也势必将由此受到巨大影响而重新定位国际化人才培养的新方

① 高志研.《高等职业教育创新发展行动计划（2015—2018 年）》2016 年执行情况综述 [EB/OL]. 中华人民共和国教育部政府门户网站 http://www.moe.gov.cn/s78/A07/zcs_ztzl/ztzl_zcs1518/zcs1518_ zcjd/201706/t20170613_306783.html.2017-12-26.

向。①

第二类是探讨“一带一路”战略下我国职业教育国际化变革。黄正娟、杨挺认为，“一带一路”战略为我国职业教育发展带来了巨大机遇和全新挑战。为推进“一带一路”战略的顺利实施，我国职业教育需因势利导、科学发展，可通过升级办学目标和培养目标、转型办学模式、完善升学体系、改革专业课程体系等举措进行国际化变革，以期为“一带一路”战略提供智力支撑。应通过具体政策指导、多元经费保障、行业企业参与、社会团体扶助为我国职业教育的国际化变革提供必要的支撑。②

第三类是探讨“一带一路”战略下职业教育对外开放的思路架构。王屹、王忠昌认为，职业教育对外开放是我国”一带一路”战略下改革和发展的必然趋势。基于职业教育发展规律的必然性、发展历史的机遇期及国际化发展的现实基础，通过分析职业教育的目的、人才培养、学科发展、办学模式等应遵循的价值导向，厘定职业教育在办学主体、人才培养目标、功能定向、发展结构上的目标取向，提出我国“一带一路”战略下，职业教育在构建办学新机制、探索人才培养新模式、改革教学新方法、实施品牌建设、搭建对外开放交流平台等有效路径。③

三、中国高职教育如何面对工业4.0研究

研究者认为，技能人才培养数量不足且结构不合理是高职教育发展的内忧。目前，我国不仅缺乏高层次创新型科技人才，而且也缺乏高技能专业人才，无论在数量上还是在结构上，都难以适应经济社会发展需要，存在结构不合理、总量不足等严重问题。从总量上看，截止到 2015 年底，全国技能人才总量为 1.65 亿人，仅占就业人员的 20%，高技能人才总量为 4501 万人，占技能人才的 27.3%，而一些制造业强国则占到 40% 以上。从结构上看，技能人才分布存在着产业不均衡：传统机械加工类工种多，新型产业和现代制造业少；国企民企分布不均衡：国有大中型企业分布多，民企和中小企业少；年龄分布不均衡：四成以上的技师、高级技师年龄超过 46 岁，人才断档问题突出，年轻高技能人才严重短缺。从市场供需来看，近年来，我国技能人才的求人倍率一直在 1.5 以上，高级技工的求人倍率甚至达到 2 以上，供需矛盾十分突出。可见，技能人才的短缺和断层已成为职业教育发展的极大瓶颈和障碍。

而当前一些高职院校的专业群虽然基本涵盖当地重点产业，但重点专业和重点产业的对接却不是很完整，这种专业和产业倒挂现象，不利于产业结构升级与产教的深度融

① 王超．“一带一路”与高等职业教育国际化人才培养研究 [J]. 佳木斯职业学院学报，2016(05)

② 黄正娟、杨挺．“一带一路”战略下我国职业教育国际化变革 [J]. 当代职业教育，2016(04)

③ 王屹、王忠昌．“一带一路”战略下职业教育对外开放的思路架构 [J]. 中国职业技术教育 .2016(05)

合。同时，学校尚未建立针对“机器换人”、产业升级做出相应专业调整的动态机制，“结构性失业”在所难免。

同时，有人认为劳动力市场需求大量缩减是高职教育发展的外患。“机器换人”引发了制造业地理版图的剧变，日渐趋向中心化和一体化。由于技术的进步以及国外劳动力成本的上升，目前美国制造业正处于明显的“回流”趋势，这对于高职教育将造成巨大的冲击，一方面用人需求减少，尤其是与制造业相关的专业将会面临着萎缩的危险，另一方面专业与产业不匹配的矛盾将会更加凸显。如在机器人应用水平较高的山东省，从 2012 年开始，多数职业院校遭遇到订单培养人数下降的问题。校方认为，机器人上岗数量增加，企业自然减少了订单数量，此消彼长的趋势渐渐明显。但此时，不少并未拥有企业那般敏锐嗅觉的高职院校，则还没回过味来，高职教育在生源危机之后，是否会再遭新的就业危机，乃至人才培养危机？

“机器换人”时代已经来临。近年来，机器人技术和应用已成为各国未来竞争的制高点，各主要国家纷纷出台机器人相关的发展战略规划。如德国工业 4.0、日本机器人新战略、美国先进制造伙伴计划、国内《中国制造 2025》等国家级政策均涉及机器人产业发展规划。机器换人在给企业带来“效益”、带来产业转型升级积极效应的同时，也给技术技能领域劳动力市场带来了新的挑战。而以培养高素质劳动者和技术技能型人才为主要培养目标的职业教育，在这一进程中该如何应对，已成为当下必须关注的重要问题。有人提出以下措施：

第一，创新培养模式，打造复合型人才。未来的制造业需要大批能够实现智能化操作、适应工作岗位变化、具有高端的技术品格和负责任的职业态度、具有自主创新能力的人才。因此，职业教育要打破传统的学科体系，创新“专业 +”人才培养模式，培养一专多能的复合型人才。

第二，完善培养体系，搭建成长“立交桥”。首先，纵向上贯通各层级职业教育衔接渠道，提升职业教育整体层次。实践也证明，随着生产力发展水平的提高，我国职业教育的层次结构也出现了上移，发展本科及本科以上层次的职业教育也日渐提上议程并逐步开展。其次，横向上架构职业教育与普通教育的衔接通道，建立职业资格证书与学历证书的等值体系。以适应“机器换人”背景下不断变换的工作内容和工作性质，满足从业人员职业成长多样化和灵活性的选择。

第三，调整专业结构，优化专业布局。首先，依据产业动态调整专业结构。在生产与再生产的过程中，劳动密集型产业逐渐被知识密集型和技术密集型的产业所取代，使得经济发展对信息、服务、技术等“软要素”的依赖程度加深，“经济服务化”趋势明显。其次，依据区域经济发展特色优化专业布局。以“做强骨干专业、拓展新兴专业，改造传统专业”为思路，不断优化区域内同类及不同层次职业院校专业设置，既有利于差异化竞争，也为人才系统化培养创设良好条件。[①]

四、一流高职院校建设研究

教育部党组书记、部长袁贵仁在题为《推进教育现代化提升全民教育水平为全面建成小康社会发挥关键支撑作用》的报告中指出：“‘十三五’时期，要统筹推进世界一流大学和一流学科建设，提升我国高等学校综合实力和国际竞争力。”

有人认为，在我国，虽然有清华、北大等一大批国内品牌高校让人景仰，但与许多国际名校相比，我国高校的总体办学水平仍然不能满足人们对优质高等教育的期待，“钱学森之问”的长期无解，更是加剧了人们对建设世界一流高校的焦虑。袁贵仁部长的此番表述，不仅坦诚地承认了我国高等教育与世界的现实差距，而且还明确了以学科建设为抓手来推动世界一流高校建设的路径，这无疑让人们看到了国家层面的决心，看到了教育振兴的希望。然而，令人遗憾的是，在这一重大的国家战略中，占据我国高等教育“半壁江山”的高职院校却未被包括在“高等学校”和“大学”之中。至少有两点可以作为证明，一是“双一流”建设的落脚点是“学科”建设，体现了研究型本科高校的独有特征，与高职院校不属同一个话语体系；二是“统筹推进”的只是学校与学科，而非本科高校与高职院校齐头并进。这样的表述和决策，显然会让高职院校，尤其是那些响应国家号召正在积极准备转向技术应用型办学的本科院校比较受伤，而且很难理解。

当前，国家层面的中高职一体化建设、现代职业教育体系建设、现代学校制度建设等，都在如火如荼地有序开展。不久的将来，高职教育将会成为推动国家发展和社会进步的主力军，成为推动新一轮科技革命和产业革命的生力军，成为中国制造向“中国智造”和“中国质造”发展的发动机，成为引导我国跨越“中等收入陷阱”的重要引擎。在这样的大背景下，我们更需要将高职院校纳入一流“高等学校”和“大学”的范畴重点建设。而且，这样的“纳入”，不只是口头上的重视，而是行动上的优先发展，是对高职教育进行实实在在的精雕细琢，体现为战略上的重视和战术上的重视并存。因此，加快我国世界一流大学建设，高职院校显然不应缺席。

另一方面，加快我国世界一流大学建设，高职院校也可以充分发挥自己的主观能动性，凭借自身的独特优势助力“世界一流”建设。这几年，国家示范性高职院校建设项目的成功实施，中职教育“国示范”项目的快速跟进，以及各地“省示范”项目的同步开展，在很大程度上促成了一大批中高职优质、特色学校蓬勃崛起；同时，近几年各地

① “机器换人”时代来临，高职院校如何应对？[EB/OL]. 搜狐教育 _ 搜狐网 http://www.sohu.com/a/117679013_451178.2017-12-28.

相继推出“专本衔接”“专本联合”等改革项目，已经积累了许多职业教育与本科教育相互融合的经验，这都使得许多高职院校可以成为“世界一流”建设项目的战略盟友。①

五、职业教育课程与教学研究

职业教育课程与教学一直是研究的重要方向，近年来，职业教育教学改革持续推进，对相关领域教学方法的探讨越来越深入。

有研究者提出，职业教育教学成果应具备“五度”：选题的“精度”，既要符合国家教学成果之要义，更要瞄准职业教育教学改革实践之焦点；思维的“深度”，主要体现在研究概念框架的形成、教育理论的应用、“实践化”理论的产生和问题的提出及其解决方案等；实践的“长度”，表现为成果研究和应用的时间长短，其背后关涉的是研究者的科学态度、科学素养和科研方法；结果的“信度”，重在用事实和数据说话，强调客观、准确；成果的“效度”，集中反映为教育教学效用、教育理论效用和教育政策效用等。②

绿色技能开发在我国具有一定基础，但由于实践的缺乏、对绿色技能内涵了解的不完整，一些教师开发绿色技能属于无意识行为，绿色技能开发在我国职教界尚处于起步阶段。绿色技能开发是职业教育促进社会可持续发展的有效途径，有必要开展对绿色技能的深入研究以明确绿色技能内涵，以绿色技能为依据修订专业教学方案与课程，对职教教师进行绿色技能相关培训，建设绿色校园，进而绿化职业教育，以促进社会的可持续发展。③

长期以来，学生厌学和教学质量低下困扰着职业教育的课堂，迫切需要探索能有效克服学生厌学、提高教学质量的教学模式，“翻转课堂”因此进入了职教教改的视野。有教师自发地在职教中探索并实践这种模式，试图用其消解传统课堂的弊端。然而，目前“翻转课堂”在职教中的实践有较大的盲目性，未必能取得好的效果，也存在许多问题及争议。厘清“翻转课堂”的本质及特点，采取有效的实施策略，突破其在职教中应用的瓶颈，才能使“翻转课堂”在职教教改中发挥应有的作用。④

（深圳职业技术学院　袁　礼）

---

① 高职院校不能缺席“世界一流”创建[EB/OL]. 新华网 http://news.xinhuanet.com/legal/2016-05/23/c_129005884.htm .2017-11-23.

② 马成荣.职业教育教学成果之“五度”——以“职业学校技能大赛促进专业教学体系改革的研究与实践”为例[J]. 中国职业技术教育 .2016(2)

③ 刘育锋.职业教育绿色技能开发的现状、问题与建议——来自9个职业教育专业大类的调研报告[J]. 中国职业技术教育 . 2016.(30)

④ 董奇、黄芳 . 职教实施“翻转课堂”的意义、瓶颈及突破 [J]. 职教论坛，2016（4）

Part 4

第四部分

深圳职业教育事业改革发展典型案例

第一节 校企合作案例

案例一 深圳职业技术学院：协同北斗产业联盟，合作共建ATC平台

一、瞄准国家战略新兴产业布局，合力打造一体化产业联盟

2010 年，深圳职业技术学院汽车与交通学院瞄准国家、广东省和深圳市战略新兴产业布局，围绕汽车电子技术专业的核心技术和课程“汽车电子产品检测与鉴定”，与深圳市汽车电子行业协会合作共建深圳市科技创新公共技术服务平台——深圳市汽车电子产品检测中心（Automotive electronic product Testing Center，以下简称 ATC）。ATC 是在深圳市科技研发资金资助下组建的市级公共技术服务平台，是中国北斗车载应用业产联盟（BAIA）的核心成员单位，可为深圳市和珠三角地区汽车电子中小型企业提供检测服务和系统解决方案，开展定向高技能人才培养的公益性技术服务组织，详见表 4–1。

表 4–1 BAIA 北斗卫星导航应用产业化的测试任务、时间、内容和结果

任务	时间	内容	结果
导航模块性能模拟测试	2011 年 7 月	导航模块在开发板上的测试	解决漂移和灵敏度等基本性能问题
导航模块在车辆终端的性能测试	2011 年 8—10 月	1.B–MOUSE 和北斗车辆监控、车载导航终端整机研发 2. 导航模块在北斗车载终端产品的常规性能和道路测试	1. 解决模块与天线之间的相互干扰问题 2. 解决模块与车载终端之间的匹配性问题
导航模块在车辆终端的例行试验	2011 年 12 月	导航模块在车辆监控、车载导航终端产品的可靠性、安全性、电磁兼容性测试	解决在 –20℃低温工作、70℃高温工作、电源脉冲注入抗扰度、大电流注入抗扰度等环境下卫星信号无输出、输出异常、漂移大、多星、少星等问题
导航模块测试问题解决	2012 年 1—2 月	各导航模块研制单位利用车辆监控和车载导航终端整机集中分析、解决所有问题	1. 解决在 –20℃低温和 70℃高温工作中无卫星信号输出等问题 2. 解决漂移、多星、少星、无法定位、定位慢等实际使用问题
车辆终端整机例行试验	2012 年 3—4 月	北斗车辆监控和车载导航终端整机可靠性、安全性、电磁兼容性测试	北斗车载终端产品满足使用要求

中国北斗车载应用产业联盟（简称“北斗车载联盟”），英文名称为 Beidou Automotive Application Industry Alliance（以下简称 BAIA），直属中国卫星导航系统管理办公室领导，由国内北斗导航产业的产品与服务提供者、使用者、研究者、检验检测等领域的有关单位组成。现有会员单位涵盖北斗导航天线、芯片、模块、车辆、监控终端、车载导航终端、位置系统与服务、导航地图、检验检测等行业单位，是以技术创新、产品应用、服务推广、标准制定为主要目标，实现全国行业性的政、产、学、研、测、认、用一体化，具有法人资格，非营利性的北斗卫星导航产业联盟。BAIA 联盟核心成员单位，见表 4–2。

表 4–2　BAIA 联盟核心成员单位

浙江嘉兴佳利电子股份有限公司	深圳市众鸿科技有限公司
深圳市嘉铭仁科技有限公司	深圳市博实结科技有限公司
厦门雅驯网络股份有限公司	北京东方联星科技有限公司
北京和芯星通科技有限公司	杭州中科微电子有限公司
西安华讯微电子有限公司	东莞市泰斗微电子科技有限公司
深圳职业技术学院汽车与交通学院 ATC	深圳市凯立德科技股份有限公司

ATC 现与深圳市汽车电子行业、广东省及国家北斗卫星导航产业联盟 100 余家企业建立了长期紧密的产学研用合作关系。现建有 3 个科研团队，从事 5 个研究方向，主持了 30 余项横向技术研发项目，负责和参与了 2 项国家北斗标准的研制，参加了 2 项国家级技能大赛项目、多项企业订单式人才培养项目，开发了技能培训与认证项目 1 项，每年培训及鉴定人数达 1000 人次以上，兼具创新人才培养、应用技术研究、汽车电子产品检测服务和北斗产业应用服务四大功能。ATC 功能如图 4–1 所示。

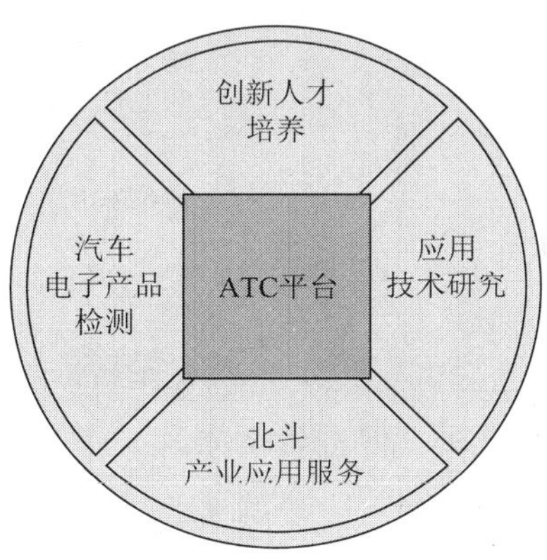

图 4–1　ATC 的功能

二、借鉴德国先进职教理念，构建协同式校企合作模式

ATC 借鉴德国应用科技大学研究与技术转移中心的“整体教学—项目开发—应用研究”运作模式与经验，分析深圳及珠三角地区汽车电子行业中小型企业在生产中的需求，结合深圳职业技术学院汽车与交通学院汽车电子专业学生培养的实际情况，利用平台本身具有“政府（深圳市科技创新委）——学校（深圳职业技术学院）——企业（专业合作企业）——行业（深圳市汽车电子行业协会）”四方共建的特点，依托国家、广东省和深圳市北斗卫星产业联盟，立体推进产学研用，实行“政校行企”的协同创新，合力打造政、产、学、研、测、认、用一体化的北斗卫星导航产业链。ATC 平台通过将德国应用科技大学研究与技术转移中心的运行模式与 ATC 运行模式进行对比分析，研究两者之间的异同点，探索与研究一种以公共技术服务平台为依托的政校行企联合互动的新体制和产学研用协同育人的新机制，真正实现以产促学、以学带研、以研为用的目标。ATC 社会需求分析，如图 4–2 所示。

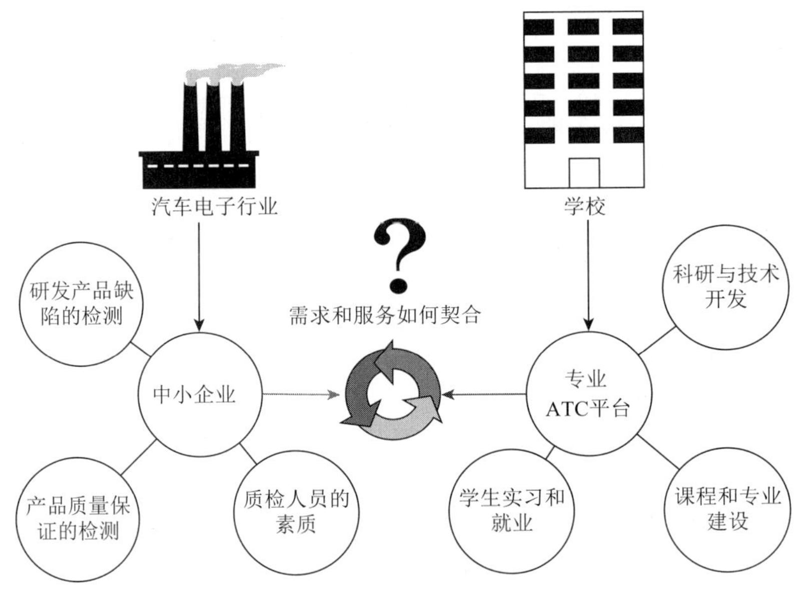

图 4–2　ATC 社会需求分析

具体而言，ATC 平台从以下方面进行了研究和探索：一是对平台“产”模块的研究。采用校企共建实践教学基地的方式，促进教学内容、研发项目与企业产品相结合，使其都来自于生产实践。二是对平台“学”模块的研究。采用建设创新型项目化课程和创新型毕业作品的方式，研究创新型项目化课程的设置，教师引导学生有目的的自主学习和探究学习。三是对平台“研”模块的研究。采用创新型产品研发和制作的方式，研究利用平台技术力量的优势研发新工艺、新产品，为企业提供可持续生产的能力。四是对平

台“用”模块的研究。采用学生自主创业设立公司的方式，研究技术成果的转让和学生学以致用、学以致新以及创业教育等问题。ATC 公共技术服务平台产学研用模式，如图 4–3 所示。

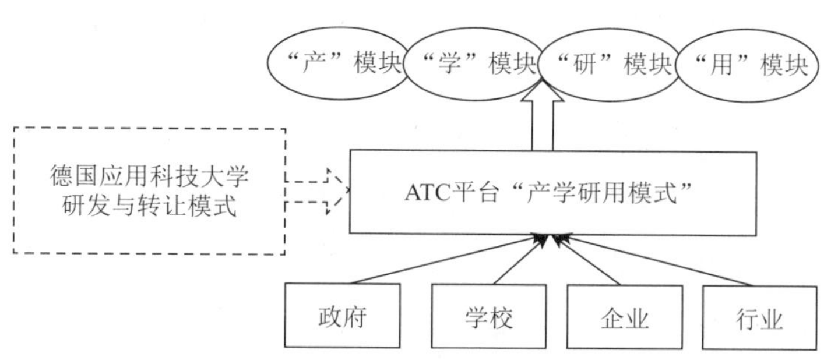

图 4–3　ATC 产学研用模式

ATC 通过政校行企的联合互动和产学研用一体化协同式校企合作，使学校与行业协会、企业在学生实习、员工培训、创新与创业人才培养、应用研究、产品检测、技术研发等方面可以进行深入的交流和合作，从而实现教学、科研和社会服务一体化，形成融“三创”（创意、创新、创业）教育与专业技术教育为一体的专业教育课程体系，培养出社会、家长和行业企业共同认可的复合式、创新型、高素质、高技能人才。ATC 产学研用协同育人的专业教育课程体系，见表 4–3。

表 4–3　ATC 产学研用协同育人的专业教育课程体系

项目名称	实施方式	建设内容和成果
“产”模块	平台与企业共建实践基地、共同实施实践教学	平台检测标准、检测项目全部来自企业，并拥有企业兼职教师。
“学”模块	创新型项目化课程、毕业作品	平台教学由十八个项目组成，全部来自企业真实工作项目，涵盖汽车电子安全性、可靠性和 EMC 检测三个方面。
“研”模块	创新产品研发与制作	研发北斗卫星信号采集与分析模块，应用于终端产品中，并申报获得国家、省市重大科技攻关和社科项目立项。
“用”模块	学生自主创业设立公司	进行“三创”人才培养，支持学生创业项目，支持学生对企业的技术服务和成果转让。

三、政校行企四方搭台，产学研用协同创新

ATC 推行“政校行企四方联动，产学研用立体推进”的协同创新机制和模式，联合相关政府主管部门、行业、企业，共同开展“产学研用”协同育人四个模块的研究，进行国家标准研究、技术研发、订单人才培养、教学体系改革、技能大赛、企业发展与转型研究等协同创新工作，共同推动北斗卫星导航及相关产业的发展。

（一）产：面向国家战略新兴产业，深入开展合作与服务

ATC 抓住国家战略新兴产业“北斗卫星车载导航产业化应用推广”的发展契机，在解放军总装北斗办机关的领导和研发中心的支持下，以车载导航和车载监控终端整机为平台，参照车载终端整机产品设计流程，利用完整方案，从常规测试、可靠性测试、电磁兼容性测试、安全性测试等方面，分样机研发设计、小批量试生产、批量生产三个阶段，制订了“十、百、千”试产样批投入计划，编制了《北斗车载导航终端试验规范（HJ/BD1227.02）》，并在国内首次进行了北斗卫星导航车载终端样机高低温、振动、电磁兼容的测试，共计 159 台模块和样机，及时论证北斗关键器件（组件）的研发情况和品质情况，解决了北斗导航天线和导航模块导入车载终端产品过程中近百个大大小小的技术和应用问题，为缩短北斗车载终端应用产业化推进时间、开发出符合市场需求的北斗终端产品打下了坚实基础，为北斗车载应用产业化推广，尤其是行业内示范项目的应用推广提供了基础数据和依据。

ATC 每年为深圳市、珠三角地区和全国汽车电子行业的中小企业提供技术服务，为香港（国际）川基科技有限公司的“车载显示屏”、深圳华强三洋科技有限公司的“车载黑匣子”、深圳赛盛科技有限公司的“车载收音机”、深圳安科智能视频技术有限公司、惠州华阳通用电子公司、广州运行星有限公司以及浙江嘉兴佳利电子股份有限公司、北京东方联星科技有限公司、西安华讯微电子有限公司、厦门雅驯网络股份有限公司等二十几家企业提供产品检测服务。ATC 在满足社会需求的同时，也提高了教育教学质量，为学院赢得了社会赞誉，赢得了市场。2013 年 9 月，北斗项目“北斗大众车载市场应用推广总体方案设计与实施”获国家卫星导航定位科学技术进步三等奖；2015 年 3 月，获深圳市汽车电子行业协会“汽车电子产业发展突出贡献人物奖”和“汽车电子产业发展优秀企业奖”；2015 年 11 月 2 日，参与制定北斗专项标准 BD420010–2015《北斗 / 全球卫星导航系统（GNSS）导航设备通用规范》；2016 年 3 月，“北斗卫星导航协同创新育人中心”荣获 2015 深圳“汽车电子科学技术创新优秀企业奖”。

（二）学：针对不同层次学生特点，强化课程建设与改革

汽车电子技术专业主干课程“汽车电子产品检测与鉴定”成为学校校级精品课程，并由清华大学出版社正式出版了教材。ATC 平台主要采用建设创新型项目化课程、毕业作品的方式，研究创新性项目化课程的设置，教师引导学生有目的的自主学习、探究学习，平台每年开设 2 门创新型项目化课程，开展创新制作活动。目前已开设了 3 期创新型项目化课程，并有 2 个联合培养研究生团队，形成了多层次协同的学生培养体系，专、兼职教师结合的创新教学团队以及产学研一体的科技创新平台。

在 2011—2014 级汽车电子技术专业的 693 名学生中，有 363 名学生参与了创新型

项目课程，占 52.4%；129 人次参与了深圳职业技术学院立项的创新工程项目制作，占 18.6%；50 人次在省级以上“挑战杯”和各项技能大赛中获奖共 15 项，占 7.2%。自 2013 年以来，汽车电子技术专业教师已连续 10 个学期承担 40 门次的创新型项目课程，并鼓励大三毕业生的毕业作品要“真题真做”，使来自于企业一线、社会调查或者是教师在研项目、教学建设和创新工程的真实项目一直维持在作品总数的 95% 以上，让毕业生用实际的作品或参与项目来代替传统的毕业论文、毕业设计，进行创新型毕业作品设计。同时，该专业教师指导学生在省级以上“挑战杯”和各项技能竞赛中，获得国家级一、二、三等奖各 1 次，省级特等奖 1 次、一等奖 1 次、二等奖 4 次、三等奖 6 次。在 127 所本科院校参加的 2015 年全国大学生“飞思卡尔”杯智能汽车竞赛中，深圳职业技术学院作为唯一的一所职业院校参赛，获得华南赛区二等奖 2 项、三等奖 1 项。

（三）研：纳入北斗卫星导航产业联盟，实现政校行企协同创新

ATC 已纳入国家、广东省和深圳市北斗卫星导航产业联盟，产业联盟涵盖了天线、芯片（模块）、整机、地图、试验等整个车载导航领域的上下游行业，ATC 作为其唯一检测试验单位，首次于 2011 年 12 月对北斗车载导航终端整机产品进行了可靠性测试、电磁兼容性测试，并牵头联合浙江嘉兴佳利电子股份有限公司等单位，编制了《北斗车载导航终端试验规范（HJ/BD1227.02）》，为北斗车载导航系统行业技术标准的制定奠定了坚实基础。

2012 年，ATC 获得了深圳市新一代信息技术产业发展专项资金产业应用示范项目“深圳市北斗车载应用标准体系建设”立项，同时还积极参与以惠州市德赛集团有限公司为牵头负责单位的 2012 年广东省部（院）产学研合作重大专项“基于北斗 /GPS 的智能车载信息终端关键技术研究与产业化”项目，与中国科学院微电子研究所、湖南大学、广东工业大学、惠州华阳通用电子有限公司等八个单位合作，从北斗卫星导航芯片、模块、终端、天线、地图、检测等整个产业链协同创新，进行关键技术研究和产业化攻关，项目经费总额 1000 万元。

2013 年 9 月，ATC 的《北斗大众车载市场应用推广总体方案设计与实施》项目斩获了 2013 年国家卫星导航定位科技进步奖三等奖。该项目创造了中国北斗车载应用的六个第一：中国第一款北斗导航模块的定型；中国第一款天线与 B-Mause 的定型；中国第一款车载监控终端和导航的定型；首台中国北斗车载终端测试和首次统一了中国北斗车载终端测试标准；提供了首份北斗车载应用推广可用性评测报告；首次建立起政、产、学、研、测、认、用一体化北斗卫星导航协同创新联盟，架起了北斗大众车载应用上下游企业间的思想、商业和技术桥梁。

（四）用：促进产学研的成果应用，培养复合式创新型技能人才

ATC 既是校企合作的载体、产学研用的平台，又是人才培养基地、社会培训的桥梁。针对深圳产业升级和经济新常态的需求，围绕深圳汽车与交通相关产业链，重构专业链，打造技术应用型人才链，提出专业产教融合、协同创新教学模式。在探索新模式的过程中，ATC 通过采用校企共建实践教学基地、设置创新型项目化课程教学、研发产品的创新制作以及自主创业设立公司等方法和方式，完善和提高平台的专业建设水平，使之成为既能满足行业企业的需求，又能真正培养“创新型人才”的“新平台”。通过协同创新实践平台，产生了以下成效：（1）拥有众多的行业、企业和事业单位教学资源；（2）具有真实的教学环境、丰富的项目载体、高水平的设备、“双师”结构的师资；（3）教师通过应用型科研项目训练，不断提高研究能力和教学水平；（4）围绕企业师资、项目资源，形成了众多学生学习型社团和自主创业公司。

平台借助创新制作和学生技能大赛提升创新水平，组织学生申报学校学生创意创业园的创业公司，进行“三创”人才培养。2011 年学生作品“全方位转向四轮驱动小型电动汽车”参加广东省第十一届“挑战杯”大学生课外学术科技作品竞赛获一等奖。2010 年 6 月和 2012 年 6 月参加全国职业院校技能大赛高职组——汽车维修与故障排除竞赛和汽车营销竞赛，获得一等奖。学生自主创业公司“北斗车载信息技术有限公司”于 2012 年 5 月立项成为学校学生创意创业园三期项目，2012 年 12 月获得深圳市高校创业大赛三等奖。

另据麦可思公司的毕业生数据报告，从 2010 届毕业生起，汽车电子技术专业毕业生平均就业率在 95% 以上，就业的平均专业对口率为 73%，学生毕业一年后月收入在人民币 3500 元以上，2015 年上升到 5239 元，位列全校 76 个招生专业第三名。其中 87.1% 的企业认为本专业的应届毕业生已为就业做好充分准备，毕业生的知识、能力与就业工作岗位相符。截至 2016 年 6 月，汽车与交通学院汽电专业 09 级、10 级、11 级、12 级和 13 级 8 个班共 340 多名学生，有 50% 的毕业生通过各类协同实践平台的“产学研用”学习找到相关企业、事业单位进行专业顶岗实习，30% 的毕业生在华为公司、比亚迪公司、国家数字电子产品检测中心、中检集团南方电子产品测试（深圳）有限公司、蛇口海关产品检验检疫局、深圳众鸿科技公司、飞音科技有限公司、路畅科技股份有限公司、凯立德公司研发部等相关企、事业单位就业，从事汽车电子产品检测和研发工作，成为深受企业、行业欢迎的复合式创新型技术技能人才。

（深圳职业技术学院汽车与交通学院　朱方来）

案例二　深圳职业技术学院：思科网络技术学院建设历程与成效

一、合作背景

思科系统公司（Cisco Systems，Inc.），简称思科，1984 年 12 月正式成立，是互联网解决方案的领先提供者，其设备和软件产品主要用于连接计算机网络系统，总部位于美国加利福尼亚州圣何塞。1986 年，思科第一台多协议路由器面市；1993 年，思科建成了世界上第一个由 1000 台路由器连接的网络，由此进入了一个迅猛发展的时期，是《商业周刊》"2008 年全球百强品牌" 第 17 名，2009 年在《财富》美国 500 强中排名第 57 位；思科 2011 财年收入 432 亿美元，全球员工超过 6 万人。思科网络技术学院自 1997 年面向全球推出以来，已经在 170 个国家拥有 9500 个学院，2 万多名教师。至今已有 600 万学生参与该项目，每年全球约有 100 多万学生同时在网络技术学院参加学习。在中国，思科公司携手政府和教育机构，于 1998 年 9 月在北京成立思科系统（中国）网络技术有限公司，并建立了网络技术实验室；同年，思科与复旦大学合作建立中国首家思科网络技术学院。该学院自创办以来已经与超过 800 所学校（含本科和专科院校、中高职院校）合作，培训教师近 3000 人，累计培养学生超过 27 万人。

深圳职业技术学院计算机网络技术专业是国家首批高职示范校重点建设专业和广东省双一流建设专业，师资力量雄厚。现有 13 名专业教师，拥有副教授及以上职称或取得高级工程师资格证书的人员 11 名，100% 为"双师型"教师。其中 2 名教师获得路由交换和网络安全 2 个领域的 CCIE 认证，1 名教师获得华为云计算领域 HCIE 认证，2 名教师拥有 CISP 认证，1 名教师获得红帽 RHCA 认证；2 名教师获得思科网络技术学院全球"金牌教师"称号，1 名教师获得 H3C 网络学院全国"优秀讲师"称号，1 名教师获得华为 ICT 学院"优秀教师"称号。深圳职业技术学院电信学院思科网络技术学院成立于 2002 年，2005 年成为思科网络技术学院理事会执委单位，是国内首批加入思科网络技术学院的高职院校，2012 年 8 月成为中国首批（全国仅 4 个）思科全球教师培训中心（ITC，Instructor Training Center）。

二、合作内容

（一）将思科课程融入网络专业课程体系

1998 年，思科网络技术学院项目在中国刚开始推广时，合作对象上注重的只是重点本科院校，这些院校也仅把思科课程作为培训项目来做。深圳职业技术学院作为全国第一个和思科合作的职业院校，2002 年创新性地把思科网络技术学院的课程融入网络专业课程体系，该做法后来成为思科网络技术学院项目和职业院校合作的基本模式。思科公司投入巨资开发和更新思科网络技术学院教程，并进行汉化。思科网络技术学院的职业认证课程内容先进实用，表达方式图文并茂，并配套丰富的动画和实验手册，浅显易懂，同时提供包括完整的章节练习、综合测试和实验测试的在线考试和分析系统。计算机网络技术专业引入思科相关课程后，课程体系得以完善、脉络清晰、重点突出。

（二）重点支持实验室和师资建设

深圳职业技术学院思科网络技术学院刚成立时，在实验室建设和教师师资培养上存在很大问题，思科公司积极为学院提供实验室建设方案，并进行免费师资培训。在中国大陆地区，思科公司成立了思科网络技术学院理事会，并申请 800 免费电话，聘用专职团队为高校师生提供日常服务和技术支持。而且，思科公司还为网络技术学院学生提供考取 CCNA 职业认证的折扣，大大降低了学生参加考试认证的成本。同时思科公司和网络学院理事会每年都会举办大学生网络技术大赛，为学生开阔视野和展示自我提供了舞台。另外，思科公司也会对学校的一些重要活动，比如市场宣传、重要庆典和重要赛事提供大力支持。

（三）促进思科网络技术学院项目的合作推广

深圳职业技术学院引入思科网络技术学院项目后实现了快速成长，几年内培养出拥有 CCIE 认证的教师团队，建立了规模最大、质量最好的实验室，开始批量培养 CCIE 认证的学生。学院利用自身优势促进思科公司推广网络学院项目，带动了一批职业院校加入思科网络技术学院，帮助思科公司明晰了和职业院校的合作模式，并为其他职业技术学院提供课程建设和实验室建设建议。学院的思科金牌教师积极参与思科网络技术学院的教师培训授课，为思科公司培养了大量的教师。

三、合作成效

多年来，我校计算机网络技术专业一直致力于与思科公司的校企深度合作，充分利用思科公司丰富的教学资源，将思科先进的 E-Learning 和 E-Doing 教学理念和实用的网络技术与高职教育紧密结合，注重学生创新能力和职业能力培养，取得了丰硕的成果。

（一）师资队伍建设

思科网络技术学院项目的引入促进了网络专业教师队伍建设，教师的教学理念、教学方法和网络技术知识得到了提升。目前，我校思科网络技术学院拥有 4 名教师，其中 2 名教师获得两个领域的 CCIE 认证；2006—2011 年梁广民和王隆杰两名教师连续被聘为全国思科网络技术学院金牌教师，2012 年至今梁广民和王隆杰两名教师被评为全球思科网络技术学院金牌教师，在全国高校的思科网络技术学院中有很大的影响力。同时学校是目前国内唯一具有 CCNP 教师培训资格和能力的学校。

（二）课程建设

网络专业教师对思科的职业认证体系和课程资源充分消化和吸收，并结合高职教育的特点，先后编写《网络设备互联技术》《思科网络实验室路由交换实验指南》《思科网络实验室 CCNA 实验指南》和《思科网络实验室 CCNP（路由技术）实验指南》等教材。2006 年，“网络互联技术”被评为国家精品课程。2012 年主持教育部国家高等职业教育网络技术专业教学资源库建设项目子项目“网络设备安装与调试”课程开发。2014 年，“网络互联技术”被评为国家资源共享课。

（三）实训室建设

思科网络技术学院强调学生操作能力和职业能力的培养，为此电信学院先后投入 500 多万元，建立涵盖路由、交换、安全、无线和语音等领域的 24 小时无人值守的开放性“思科网络技术实训室”。该实训室先后被确定为“国家和广东省高技能人才培训基地”，为学生提供一流的实训环境。

（四）人才培养

我校思科网络技术学院成立至今，已经培养 2000 多名 CCNA 毕业生，其中 230 多名学生经过努力奋斗，以在校生身份通过 CCIE 认证考试，数量居全国高校之首。思科认证证书的含金量很高，尤其是 CCIE 证书，得到企业的深度认可。学生在就业时深受企业欢迎，到企业后也很快成为技术骨干。目前这些学生在腾讯、锐捷、神州数码以及 AT&T（中国）、思科（中国）等单位工作，他们通过思科网络技术学院改变了自己的命运。例如，2004 级学生黄春生在校期间通过了路由交换、安全和语音三个领域的 CCIE 认证，目前就职于腾讯公司。

（五）技能竞赛

我校思科网络技术学院特别重视学生的实操能力训练，学生在各种级别的网络大赛中成绩斐然：2007 年，在首届大中华区海峡两岸四地大学生网络大赛中斩获冠军和亚军；2008 年，在首届亚太区大学生网络技术大赛上荣获冠军；2009 年，分别获得全国职业院校“3G 基站建设维护及数据网组建技能比赛”二等奖和数据网组建技能单项比赛全国第一名；2010—2013 年，连续 4 年蝉联“思科网院杯”大学生网络技术大赛高职组第一名；2016 年，获全国职业院校“计算机网络应用”广东省选拔赛一等奖。

（六）社会服务

借助思科网络技术学院这个平台，网络技术专业教师积极参与各种社会服务，用一颗感恩的心回馈社会。2005—2007 年，参与卫生部千人思科信息化培训项目（遍布全国 8 个省）；2007 年暑假，为来自内蒙古、云南和青海三所院校的 80 名学生提供 CCNA 技术培训 15 天；2010 年和 2011 年暑假，连续两届举办全国高职院校师资培训班，为 80 多位来自全国各地高职院校的骨干教师进行思科网络技术培训；2012 年，通过 Webex 系统为全国 100 多名学生免费培训 CCNP 课程；2012 年和深圳残友集团签署协议，免费为残疾人士提供思科课程培训。多年来，网络技术专业通过多种形式对其他兄弟院校思科网络技术学院实验室建设、师资培训和课程建设等诸多方面提供了大量支持帮助。在 2005—2017 年间，为全国 1000 多名思科网络技术学院教师进行 CCNA 和 CCNP 课程师资培训。

（七）社会效益

深圳职业技术学院思科网络技术学院 2005 年被评为“亚太区优秀网络学院”，2005—2016 年多次获得“全国十佳优秀网络技术学院”称号，2014—2016 年连续 3 年梁广民和王隆杰老师被评为“专家级优秀教师”，得到媒体、社会、同行以及学生家长的一致认可。深圳电视台、深圳特区报、深圳商报、深圳晚报、深圳新闻网等媒体多次报道了学校在 CCIE 认证人才培养和网络技术大赛中所取得的优异成绩，学院师生们曾经受邀参加深圳电视台“百姓故事”栏目的“20 岁，老师助我成大师”和中央教育电视台“少年工匠”等节目的录制工作。学校思科网络技术学院的运作模式、人才培养、课程建设在全国兄弟院校中也产生了很大的影响力，多所高校组织专门团队来学校考察学习和交流经验。

（深圳职业技术学院电子与通信工程学院　梁广民）

案例三　深圳职业技术学院：以“BIM工作室”为纽带，培养技术应用人才

一、合作缘由

BIM（Building Information Modeling）建筑信息模型是在计算机辅助设计（CAD）等技术基础上发展起来的多维模型信息集成技术，是对建筑工程物理特征和功能特性信息的数字化承载和可视化表达。较之金融、电信、制造等行业，我国建筑业信息化水平较低下。1975 年，建筑业信息化概念在美国首次被提出，受制于技术水平的局限性，当时未能实现，2000 年以后，BIM 在美国建筑业逐步得以广泛应用。2008 年，BIM 技术应

用于“水立方国家游泳中心”建设，开启了我国建筑业从自动化到信息化的转变。

2011 年，住房和城乡建设部印发《2011—2015 年建筑业信息化发展纲要》，高度重视信息化对建筑业发展的推动作用，提出加快 BIM 和基于网络的协同工作等新技术在工程中的应用，促进建筑业技术进步和管理水平提升。2014 年，住房和城乡建设部印发《关于推进建筑业发展和改革的若干意见》，要求推进 BIM 等信息技术在工程设计、施工和运行维护全过程的应用，提高综合效益。2015 年，住房和城乡建设部印发《关于推进建筑信息模型应用的指导意见》，进一步明确指出 BIM 在建筑领域应用的重要意义。

为此，BIM 应用作为建筑业信息化的重要组成部分，必将极大地促进建筑领域生产方式的变革。但是，BIM 在建筑领域的推广应用还存在着政策法规和标准不完善、发展不平衡、本土应用软件不成熟、技术人才不足等问题。为培养建筑业信息化 BIM 技术应用紧缺人才，使专业人才培养与建筑领域生产方式的变革同步，将 BIM 技术融入专业人才培养课程体系，深圳职业技术学院机电工程学院开展以 BIM 工作室为纽带的校企合作模式，探索“学徒制”人才培养，联合培养 BIM 技术应用人才。

二、合作模式

首先是学院在企业挂牌建立产学研合作基地，签订校企合作协议。其次，校企合作双方共同在学校建设 BIM 工作室和工作团队，以 BIM 工作室为校企合作的纽带，探索“学徒制”创新技术应用人才培养。其中，学校提供 BIM 工作室场地及相关软硬件与政策支持，企业发挥 BIM 技术应用优势，提供技术、信息和管理支持服务，并将 BIM 技术应用服务实际工程项目引入 BIM 工作室，派遣 BIM 技术部人员不定期驻场（工作室），指导工作室学生实战操作 BIM 技术应用工程项目。此外，学校积极争取建筑智能化工程技术专业广东省二类品牌专业建设经费，支持 BIM 工作室的稳定运转，形成校企合作的“共赢”模式。校企合作共建 BIM 工作室的方式，如图 4–4 所示。

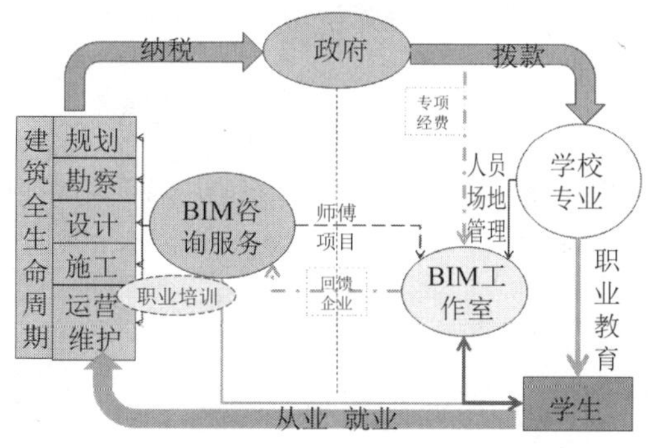

图 4–4　深职院校企合作共建 BIM 工作室

三、合作路径

以“BIM 工作室”为校企合作纽带，校企合作在学校建设 BIM 工作室，共同开发 BIM 工作室培训与实践指导工作手册。企业将 BIM 技术应用服务实际工程项目引入 BIM 工作室，并派遣 BIM 技术人员不定期驻场（工作室），指导工作室学生实战操作 BIM 技术应用工程项目。项目主要围绕以下方面展开：其一，基于互联网云平台 +“BIM 沟通宝”，实施项目提资、沟通和项目成果提交；其二，基于互联网 +“加密服务器”，实施项目工作站技术文件加密保密管理；其三，基于互联网 + 微信，实施 BIM 技术应用技术指导和沟通交流。BIM 工作室的功能与运行机制，如图 4–5 所示。

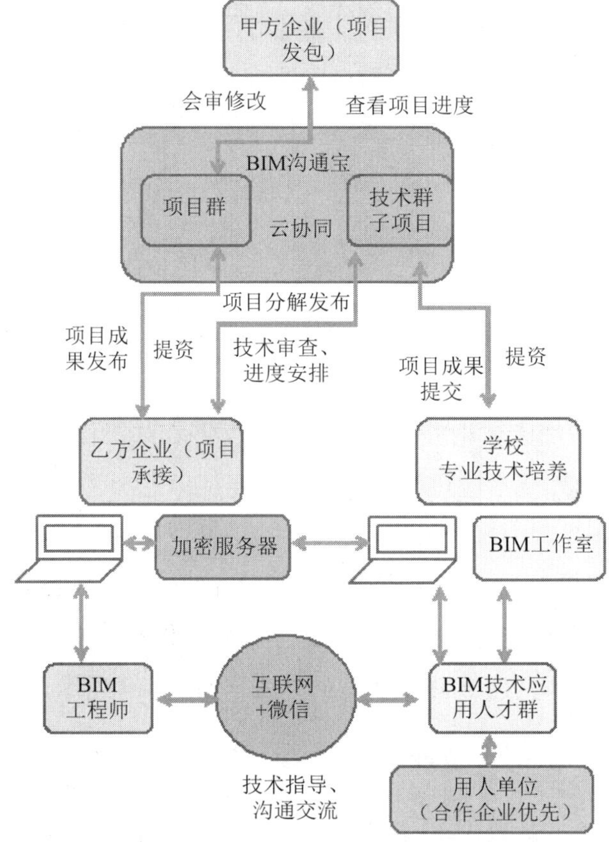

图 4–5　深职院 BIM 工作室的功能与运行机制

四、合作内容

一是学校在企业挂牌建立产学研合作基地。签订校企合作协议，企业在生产许可的情况下，承担学校师生的实习（实训）任务，并选派有一定实践经验和理论水平、责任心强的人员负责实习（实训）期间的指导与管理工作。

二是校企合作在学校建设 BIM 工作室。组建校企技术人员共同组成的工作室工作团队，合作建设 BIM 工作室。学校提供 BIM 工作室场地及相关软硬件，提供优惠的政策支持。企业发挥 BIM 技术应用优势，提供技术、信息和管理支持服务，共同开发 BIM 工作室培训与实践指导工作手册。

三是校企合作管理 BIM 工作室。企业将 BIM 技术应用服务实际工程项目引入 BIM 工作室，并派遣 BIM 技术人员不定期驻场（工作室），指导工作室学生实战操作 BIM 技术应用工程项目。学校负责 BIM 工作室设施设备的日常维护与管理，对进入 BIM 工作室学习与工作的学生进行管理。合作企业拥有 BIM 工作室优秀毕业生优先选择权。

四是校企合作开展 BIM 项目培训。项目合作过程中，学校主要负责提供培训场地及硬件设备等资源，企业则负责提供工程案例资源和工程师授课支持。

五是校企合作编写 Revit 机电综合设计、Revit 应用实战等相关教材与技术参考书，用于专业教学、培训和供工程技术人员参考。学校负责主编、出版发行等工作，企业负责技术支持，包括案例提供、教材的编写和校对等。

五、合作成效

1. 2015 年 4 月，签订校企合作协议，学校在企业挂牌建立产学研合作基地。

2. 2015 年 11 月，开展“BIM 夜训营”教师培训第 1 期的培训工作，企业派出 BIM 工程师任讲师，对 4 名专业教师进行培训。

3. 2016 年 4 月，“BIM 数据中心”挂牌。

4. 2016 年 4—6 月，8 名毕业班学生毕业前夕进入“BIM 工作室”，接受首期“BIM 管线综合”应用培训。随后，8 名毕业生全部被建筑设计和 BIM 咨询服务类企业录用，从事 BIM 技术应用岗位工作。

5. 2016 年 11 月，企业派出 BIM 工程师任讲师，开展第 2 期教师培训，此次共有 6 名师资接受培训。

6. 在合作过程中，校企双方合作编写了《Revit 机电综合设计应用》等技术应用教材。

（深圳职业技术学院　陈　红　齐向阳）

案例四　深圳技师学院："以企业为主体的新型学徒制"的实践探索

一、合作缘由

2015 年，国家人力资源和社会保障部出台《关于开展企业新型学徒制试点工作的通知》，提出在企业推行以"招工即招生、入企即入校、企校双师联合培养"为主要内容的新型学徒制模式。

学徒制是世界通行的技工培养模式，我国建国后的一段时间内，后备技术工人的主体培养模式也采用学徒制形式。20 世纪 90 年代以后，由于国有企业生产经营遇到困难，招工锐减，学徒制难以为继，政府随即出台"改招工为招生"的政策，开启了以院校培养后备技工为主的时期。经过 20 多年的发展，靠院校培养技工的模式虽然也取得很大的成就，但也存在诸多问题。

为充分发挥企业的作用，真正落实并体现企业在技能人才培养体系中的主体地位，构建政府、企业、院校等各方主体协调育人的机制，深圳技师学院与深圳市银宝山新科技股份有限公司合作开展"以企业为主体的新型学徒制"的探索与实践。

二、合作肇始

企业新型学徒制采取联合培养的方式进行，企业和学校双方互通有无，取长补短，充分利用双方各自的优势。学校以传授系统专业理论知识、基本技能训练及职业素养教育等为主，为学徒从事专门的岗位工作做好充分的准备。企业根据学徒学习情况、学徒特质，有针对性地进行岗位技能综合实战训练，培养其岗位综合能力。

2016 年 4 月，我院与深圳市银宝山新科技股份有限公司隆重举行"企业新型学徒制"培养高技能人才校企合作签约仪式。深圳市银宝山新科技股份有限公司创建于 1993 年，长期致力于精密制造技术水平的提升，现已发展成为集精密模具设计开发制造、制品加工和机械零件加工到成品装配一条龙配套服务的大型高科技制造企业，产品涉及汽车、通信、医疗、家用电器等行业，主要客户包括福特、宝马、奔驰、华为、思科等全球知名企业，现为广东省模具协会副会长企业及深圳机械行业协会副会长企业，是国家高新技术企业和重点骨干模具企业。深圳市银宝山新科技股份有限公司模具中心由德国管理团队负责管理，按照德国高端制造企业模式运营。2016 年 9 月学校与深圳市银宝山新科技股份有限公司签订校企合作协议开展深度合作，合作举办企业冠名班——"银宝山新模具班”，提出借鉴德国“双元制”职教理念，探索“企业新型学徒制”培养新模式。

三、合作路径

学生身份双重是企业新型学徒制的重要特征，招生即招工，进校即进厂。校企共同开展招生招工，学生入学成为学院全日制在册学生的同时，即与企业签订劳动合同，成为银宝山新科技股份有限公司的正式员工，企业每月按照不低于深圳市最低工资的标准给学生发放工资，并依法为学生办理社会保险。

2016 年 9 月 22 日上午，深圳市银宝山新科技股份有限公司培训部负责人与我校中德智造学院负责人，就与学生签订劳动合同等事宜，向“银宝山新模具班”学生做了宣讲，为同学们答疑解惑。

首先，双方负责人将《深圳市银宝山新科技股份有限公司、深圳技师学院共同培养模具制造专业学徒（学生）三方协议》和《劳动合同》分发到学生手上，并向同学们介绍协议主要内容。同学们认真聆听，并就自己关心的问题，向学校和企业负责人进行咨询，如实习期间的薪酬、毕业后的就业地点，以及企业的餐饮住宿情况等，负责人都一一做了详尽解答。企业负责人介绍，签订劳动合同后，公司每月会支付给学生 2030 元工资，并帮学生购买社会保险。学生完成在校学习任务后，根据安排可以到深圳市银宝山新科技股份有限公司总部或者惠州等地的分公司实习，对进入实习阶段的同学，公司会给予伙食补贴并解决住宿问题。最后，银宝山新模具班的 31 名学生郑重地在三方协议和劳动合同上签上了自己的名字。三方协议和劳动合同的签订，意味着学校银宝山新模具班的 31 名全日制在册学生，正式成为深圳市银宝山新科技股份有限公司的员工，在未来 3 年的时间里，他们将接受学校和企业的共同培养。

四、合作内容

一是校企双方根据企业人才需求共同研究制订人才培养方案和教学计划，从源头上解决学校教学内容与企业岗位需求脱节的问题。二是共同组建师资队伍，采取“校企双导师制”实施教学；三是建立“厂中校”和“校中厂”，在深圳市银宝山新科技股份有限公司挂牌建立深圳技师学院模具制造、数控编程专业实习基地，在深圳技师学院挂牌建立深圳市银宝山新科技股份有限公司培训基地。

培养过程实施“工学结合”模式，学生学习期间大部分时间将在企业从事技能训练和实际生产工作，学中做，做中学，做中教，实现了学校培养与用人需求的无缝对接，有效解决学校传统培养模式与企业用人需求脱节的问题。在这种新型培养模式下，学校、学生、企业三者的关系和权益将依法给予规范和保障，同时架设起学校与行业、企业之间的桥梁，使技工教育更具有社会性、实践性和操作性，也使得技工院校培养的人才更具有针对性、实用性和专业性。

五、合作成效

2016 年 11 月，德国纽伦堡市市长教育顾问布特纳博士、哥德曼纽伦堡 IHK 代表乌多先生、德国工商大会上海代表处职业培训部经理狄威海先生等德国专家一行，到我院校企合作企业深圳市银宝山新科技股份有限公司，考察中德职业教育合作和“企业新型学徒制”的实施等情况。德国客人对我院参照德国双元制模式，与企业合作积极开展企业新型学徒制试点工作表示赞赏。

在前期工作的基础上，学院未来将进一步完善配套支持政策，不断创新招生制度、管理制度和教学计划，完善人才培养模式，通过试点、总结、完善、推广等环节工作，争取形成符合中国国情、具有深圳特色的现代学徒制度，努力培养出具有国际一流水平的高技能型人才。

（深圳技师学院　吕利平）

案例五　深圳市宝安职业技术学校：数控专业“校企双主体·六层推进”模式的实施经验

深圳市宝安职业技术学校“数控专业‘校企双主体·六层推进’人才培养模式探索与实践”是校企深度融合、探索校企共同育人模式及实践的成果结晶。本项目 2009 年 3 月立项，由深圳市宝安职业技术学校（以下简称“宝安职校”）与深圳市金凯进光电仪器有限公司（以下简称“金凯进”）共建“企业校区”。目前，金凯进“企业校区”已成为学校数控技术应用专业（以下简称“数控专业”）重要的主体，并形成了“校企双主体·六层推进”的人才培养模式。

一、项目的源起与发展

本项目源自 2008 年的顶岗实习教学改革，2009 年开始系统研究。2009 年 3 月，宝安职校以“数控专业‘校企双主体·六层推进’人才培养模式探索与实践”为题，成功申报校级课题，研究校企深度合作的“企业校区”运行机制。2010 年校企双方开始共建企业校区，初步形成校企共同研制专业人才培养模式框架。经过不断改进和实践，形成了数控专业“校企双主体·六层推进”人才培养模式，共同制订了相应的人才培养方案、课程体系及实践教学体系等。

（一）建立合作关系（2008—2010年）

金凯进创办于1995年3月，是一家集研发、生产、销售、服务于一体的，具有独立法人资格的国家高新技术企业。公司具有数控设备200多台，年产20多万具高档运动用射击瞄准镜、80多万套枪瞄支架及配件。2010年5月，双方签订校企办学协议，接收师生企业实践，建立战略合作伙伴关系。企业实践提高了专业师生实践能力，毕业生成了同行业的“抢手货”。截至2014年，累计100多名毕业生在该公司就业，其中20人成为技术骨干。

（二）建设企业校区（2010—2011年）

2010年9月，经校企共同申报，金凯进成为宝安区教育局确定的“宝安区职业教育实习实训基地”。在区政府财政支持的基础上，校企双方投入1000万，建设金凯进企业校区。此校区拥有700m^{2}的独立教学楼和专业实习区、多媒体教室2个、计算机房1个、电子阅览室1个、教师办公室1个及会议室等教学场所，可容纳100—150名学生实训实习，形成设备先进、环境优美的金凯进企业校区。

（三）探索合作机制（2011—2012年）

针对最后一年顶岗实习的弊端和宝安区经济社会发展现状，通过“职业体验”“专业实习”“顶岗实习”三个企业实践层级与“职业认知”“基础学习”“岗位训练”三个学校教学层级的紧密结合，校企双方形成了工学结合“六层推进”的人才培养模式。金凯进公司热爱教育事业，并乐于参与学校的教育教学活动。在学生与学徒、车间与教室、教师与师傅、作品与产品、理论与实践、育人与创收合一的“六合一”培养管理过程中，金凯进全面介入专业人才培养全过程，形成“人才共育、过程共管、成果共享、责任共担”校区管理机制，成为专业人才培养的重要主体，促进了数控专业“校企双主体·六层推进”人才培养模式的形成和成熟。

（四）推广合作成果（2012—2013年）

2013年9月，在第一批国家示范校数控重点建设专业验收中，验收专家称本项目建设成果丰富，具有良好的示范作用。在海南省和福建省示范校专业建设研讨会上，数控专业展示了“数控专业人才培养模式”的成果，得到了50所示范建设院校和重点培育院校的高度肯定以及教育部专家的高度评价。通过两年的实践，2013年学校将人才培养方案、教材等校本教研成果正式出版，开始在全国推广应用。

二、项目的组织与实施

（一）开展企业调研，确定培养目标

2010 年 3 月，学院组织教师开展企业调研，问卷调查 120 个企业、走访调研 20 个企业、召开专家访谈会 1 次、调研学校 3 个，了解企业用人需求、职业岗位及职业能力要求；对毕业生跟踪调查，在专家指导下分析调研数据，形成调研报告并通过论证，确定符合实际的人才培养目标；按照岗位需求，确定高质量就业和中高职衔接升学两个方向的培养，实施“校企双主体・六层推进”人才培养模式，形成教学标准和实施性计划。

（二）构建“工作岗位导向”课程体系

以职业岗位能力需求为目标，以校企合作为主线，构建课程体系。聘请金凯进等企业专家参与开发基于企业岗位的典型工作流程，以工作过程系统化课程理论为基础，构建“工作岗位导向”的课程体系。按照企业岗位对应专业设置三个专门化方向，即数控操作、编程和检验岗位，设计工作过程系统化的岗位课程，最终形成以操作能力、编程能力、检验能力以及职业素质为核心的基础、技能和拓展模块课程，促进学生知识、技能水平有序提升。

（三）校企共同开发核心课程教材

根据工作岗位要求优化课程，以建设“核心课程教学资源库”为主线，开发专业核心精品课程和专业课程的教学资源。以工作岗位典型工作任务为载体，邀请相关企业技术专家共同设计课程，开发数控铣床零件加工等核心课程 3 门，其中建成精品课程 2 门，编写《数控铣操作与加工》等教材 11 本。通过项目驱动教学，提高学生岗位对接能力。

（四）实施“理实一体化”教学方法改革

为提高教学效果和完善职业技能认证资格体系，积极组织专业教师开展“理实一体化”教学方法改革，开发数控车、数控铣、加工中心中级工种的理论和实操训练题库，切实提高学生考证通过率，同时作为面向社会进行职业鉴定的培训资料。另外，完成 10 门专业课程的“理实一体化”教学模式改革，发表论文 5 篇，促进教学质量及效率的提高，促进学生技能水平的提升。

（五）建设“四位一体”的资源管理平台

结合当前教育信息化的突出特点，着眼未来教育信息化发展趋势，提高课程教学质量，培养满足社会需求的人才。为此，促进专业的规范化、数字化、信息化建设，具有重大意义和深远影响。数控专业因此建设数字化管理资源库、课程资源库、校企合作库、实训基地管理系统“四位一体”资源管理平台；开发基于工作过程、任务驱动、生

产案例等形式为导向的教学资源核心课程10门，由专业提供教材、课程标准、课程设计、电子教案等文本给企业，企业根据要求制作PPT、视频教学、试题库等可视化教学资源，便于学生学习理解和掌握。同时，建成专业信息化课程资源平台，集中专业教学资源，方便师生、员工查阅学习。

三、项目的经验与创新

（一）建设企业校区，凸显“三个服务中心”

根据《宝安区关于加快职业教育发展的实施办法》（深宝府办〔2007〕72号）及其《细则》（深宝教〔2009〕76号），结合实际，形成较为成熟的“企业校区”建设与管理机制，对“企业校区”的人、财、物等，特别是对学生进入企业实践实施规范管理。通过成立“企业校区”管理委员会，建立校区章程，规范了校企合作行为，解决了学生和教师进入企业实践的难题，推动了专业建设、教学内容和方法改革，为“校企双主体·六层推进”人才培养模式的合作探索提供了平台。

学校与金凯进合作投资近1000万共同建成金凯进企业校区，集教学科研、实训实习、鉴定比赛、生产培训等功能于一体，成立企业校区管委会，形成企业校区运行机制和管理制度，建设数字化管理平台，接受280名学生进行实习和8名教师进入企业实践煅炼，开展企业员工素质培训220人次，承办市级技能大赛3次，凸显教学、教师、社会三个服务中心，提升社会服务能力。

（二）探索“企业校区”实践教学模式，形成校企共育人才机制

校企双方形成了“人才共育、过程共管、成果共享、责任共担”深度合作机制，共同实施工学结合“六层推进”人才培养模式。数控专业将借助金凯进“企业校区”，将“职业体验、专业实习、顶岗实习”3个企业实践学习层级细化为“认知实训实习、观察实训实习、岗位模拟实训实习、初试生产实训实习、现场生产实训实习”5级实训实习，完善了企业实践教学体系，形成“企业校区”实践教学模式，推进了校企共育人才格局的形成。

（三）促进校企育人标准对接，构建双向监控的教学质量保障体系

以行业用人标准为依据，构建学校育人和企业用人的标准对接和双向监控教学的质量保障体系。以机械等专业为校内外教学载体，以机械产品生产过程为教学主线，共同设计课程教学方案，共同建设一体化教学环境，共同实施理论教学、专业实习、顶岗实习等教学环节，构建标准对接、双向监控、持续改进的教学质量保障体系。

（四）创新实训基地建设机制，创办“虚拟工厂”服务社会

校内实训基地建设围绕实训中心、生产中心、研发中心的“三大服务中心”建设目

标，实现融合企业化、教学化、数字化的“三化”功能。建设企业校区数控专业实训基地方案 1 个，管理制度汇编 1 册，与企业共同研发“实训基地管理系统”1 个，一体化实训室 5 个。同时，创办“虚拟工厂”承接企业产品加工，转化教学内容，支撑“理实一体化”教学模式的开展，为企业加工产品累计 6000 多件。

四、项目的成果与应用

（一）提升了学生的技能水平和就业质量

企业校区累计接收实习学生 560 人次，累计为企业输送 300 名高素质技术技能型人才。学生荣获国家、省、市技能大赛奖项 34 个，其中，国赛一等奖 3 个、二等奖 2 个、三等奖 2 个，学生就业率连续三年超过 99%。2010 年以来，金凯进企业校区 6 个试点班的 280 多名学生中，有 100 多名毕业生被金凯进及相关企业录用，近 100 名毕业生被深圳市华亚数控机床等名牌企业录用，成为生产骨干。2011—2013 年数控专业学生参加各类大赛教学成果统计，见表 4–4。

表 4–4　2011—2013 年深圳市宝安职业技术学校数控专业学生参加各类大赛教学成果统计表

竞赛组织单位	竞赛名称	时　间	奖项		
			一等奖	二等奖	三等奖
教育部、人力资源和社会保障部等部委	全国职业院校技能大赛	2011—2013 年	5 人	2 人	7 人
广东省教育厅、人力资源和社会保障厅	广东省职业院校技能大赛	2011—2013 年	2 人	10 人	7 人
深圳市教育局等	深圳市职业院校技能大赛	2011—2013 年	7 人	11 人	4 人
奖项累计：55 人次			14 人	23 人	18 人

（二）建成一支“多面手”的高素质教师团队

学校培养了专业带头人卓良福（全国模具教学指导委员会委员、全国职业院校技能大赛数控项目裁判），他成立了“深圳市名师工作室”，主持省级课题 1 项，出版教材 11 册，被多个企业聘为技术顾问，主持多系统数控机床研发项目，获国家专利 2 项，经常应邀到全国各地讲学；指导骨干教师张义武等 5 人，培养一批教学能手，辅导学生参加全国职业院校技能大赛并荣获 4 枚金牌。5 名骨干教师参与制定专业规划、精品课程开发、教材编写，还与深圳市和怡数控有限公司等企业合作研发“多系统数控机床”和“数控专业实训基地管理系统”，充分发挥专业带头人和骨干教师的示范辐射作用。数控专业教师各类大赛教学成果奖统计，见表 4–5；数控研发专利统计，见表 4–6。

表 4–5　深圳市宝安职业技术学校数控专业教师各类大赛教学成果奖统计表

竞赛组织单位	竞赛等级	时　间	数量
教育部、人力资源和社会保障部等部委、全国职业院校技能大赛组织委员会	国家级	2011—2013 年	7 项
广东省教育厅、人力资源和社会保障厅	省级	2008—2013 年	6 项
深圳市教育局等	市级	2009—2013 年	15 项
深圳市宝安区教育局等	区级	2010—2013 年	9 项
合计			37 项

表 4–6　深圳市宝安职业技术学校数控研发专利统计表

专利名称	类　型	授权时间
车床控制系统	实用新型	2013 年 3 月
铣床控制系统	实用新型	2013 年 3 月
一种可伸缩枪准镜遮光罩	实用新型	2013 年 7 月
一种改进瞄准镜的侧调焦结构	实用新型	2013 年 8 月
一种可拆卸电池结构	实用新型	2013 年 8 月
一种瞄准镜冲击测试台	实用新型	2013 年 10 月

（三）数控专业人才培养模式在校内外推广

2011 年 9 月开始，数控专业“校企双主体·六层推进”人才培养模式向校内模具专业推广，并应邀到海南省第二批省示范学校、福州市财贸学校等校外 10 多所学校的机械类专业进行讲学推广，接待了全国示范校高级研修班等 23 个学校、企业、团体来访取经，受益师生达 2800 人。数控专业人才培养方案与课程体系建设成果，见表 4–7。数控技术应用专业课程标准汇总，见表 4–8。数控专业教材编写情况，见表 4–9。

表 4–7　深圳市宝安职业技术学校数控专业人才培养方案与课程体系建设成果

建设项目	建设成果	数量
人才培养模式与课程体系改革	专业调研报告（模具制造杂志社发表）	1 篇
	专业工作任务与职业能力分析表（专家现场分析会）	1 份
	专业教学标准 16 门（华中科技大学出版社出版）	1 份
	专业课程标准 16 门（华中科技大学出版社出版）	1 份
	专业人才培养方案（华中科技大学出版社出版）	1 份
	2012、2013 年专业实施性教学计划	2 份
	专业人才培养模式研究报告	1 份
	专业数字化专业管理平台	1 个

续表

建设项目	建设成果	数量
人才培养模式与课程体系改革	专业数字化课程管理平台	1 个
	精品课程教学视频录制	2 个
	专业核心课程教学资源库（课程标准、设计、电子教案、课件 PPT、试题库、教学案例库、电子教材）	10 门

表 4-8 深圳市宝安职业技术学校数控技术应用专业课程标准汇总表

序号	课程名称	合作单位 / 参与制订人员
1	机械识图与零件测绘	深圳市和怡数控有限公司 陈克明主管
2	典型零件二维绘图与考证（CAXA）	
3	钳工零件制作	深圳市润品科技有限公司 谢力志总工程师
4	普通机床零件加工	
5	数控铣床零件加工	深圳市金凯进光电仪器有限公司 寒剑总监
6	数控车床零件加工（考证）	
7	典型零件三维造型（UG）	深圳市丹佛塑胶有限公司 张建杰厂长
8	典型零件自动编程加工与考证（UG）	
9	加工中心（多轴或复合）零件加工	广州里工实业有限公司 李庆光总经理
10	常规量具零件质量检测	
11	线切割机床零件加工	东江模具集团 黄辉经理
12	电火花机床零件加工	
13	数控加工岗位综合训练	深圳市华亚数控机床 代建东总工程师
14	产品质量检测岗位综合训练	
15	学习性工作岗位体验（专业实习）	深圳市金凯进光电仪器有限公司 寒剑总监
16	顶岗实习	

表 4-9 深圳市宝安职业技术学校数控专业教材编写情况

序号	教材名称	负责人	合作开发企业	出版社	出版时间
1	“现代制造技术技能竞赛”丛书 6 册	卓良福、邱道权、张义武、黄新宇	数控自创虚拟公司（校办工厂）	华中科技大学出版社	2012 年 4 月
2	《数控铣床操作与加工工作过程系统化教程》	卓良福、蓝天然	深圳市金凯进光电仪器有限公司	机械工业出版社	2012 年 7 月
3	《数控车床操作与加工工作过程系统化教程》	邱道权、王佳	深圳市金凯进光电仪器有限公司	华中科技大学出版社	
4	《数控加工岗位综合训练工作过程系统教程》	张义武、黄新宇	深圳市华亚数控机床有限公司		

续表

序号	教材名称	负责人	合作开发企业	出版社	出版时间
5	《数控专业课程教学案例库》	卓良福、林庆忠	深圳市金凯进光电仪器有限公司	华中科技大学出版社	2012 年 7 月
6	《数控专业人才培养方案》	卓良福、邱道权	深圳市金凯进光电仪器有限公司等企业		

（四）服务功能不断增强，形成示范和辐射作用

学校为企业员工培训 220 人次，承办技能大赛 3 次，为企业提供技术服务 30 多次，加工产品累计 6000 多件；校企共同成立多系统数控机床研发中心，解决技术难题 5 项，获得国家专利 6 项。中国教育报、深圳特区报、南方教育报等 10 余家媒体对数控专业建设成果进行报道，专业带头人卓良福经常应邀至各地讲学，介绍专业建设经验，并担任全国职业院校技能大赛评委，出版数控技能大赛系列丛书多部。

（深圳市宝安职业技术学校　操柏松）

第二节　人才培养案例

案例一　深圳职业技术学院：成人业余大专网络化教学改革的探索

为落实国家有关教育信息化改革的要求，适应“互联网 +”的发展趋势，结合成人学生学习时间碎片化、学习方式移动化、学习组织群体化的新特点，2016 年以来学校进行了业余大专教学模式的改革探索，逐步建设网络课程，积极开发网络学习平台，采用混合式的教学方式实施教学，取得了良好的效果。

一、改革的必要性

（一）适应教育信息化的发展进程

《国家中长期教育改革和发展规划纲要（2010—2020 年）》明确指出，为“加快教育信息化进程”，应充分利用现代化管理手段加强对继续教育的管理，并采用远程教育手段开展继续教育活动，创建各类成人教育的优质资源共享机制，实现各类成人优质资源共享，转变传统的教育教学模式，确立起开放的学习观念，掌握利用现代化手段进行继续学习的能力，这为成人教育教学模式改革指明了方向。成人教育传统课堂面授的教学模式已不适应时代发展的要求，作为教育主体，必须改变传统教学模式，紧跟“互联网 +”发展动向，促进成人教育和网络教育的融合是高校继续教育的发展大趋势。

（二）顺应在线学习的发展趋势

随着社会的进步和信息技术的发展，平板电脑、手机等移动终端设备日益普及，特别是 4G 牌照的发放，这使得通过数字技术为学生提供 24 小时随时随地自由学习的教育服务成为可能。可见，社会的发展进步，信息技术的广泛应用，不仅能够促进成人教育的发展，也必然成为成人教育发展的主要方向。

（三）满足成人学习的个性化需求

一般来说，成人学习者呈现出以下特点：一是成人学生的工学矛盾突出，经常因为工作时间与学习时间相冲突等客观原因，导致无法按时到校上课学习，甚至考试都无法参加。二是成人学生知识掌握程度差异性大。成人学生基本上都是社会在职从业人员，其组成复杂，存在着年龄的差别、职业的不同、学习能力的高低，差异性很大。由于职业背景不同，学习能力不同，成人学生对知识的接受掌握程度不同。三是成人学生时间碎片化。成人学生的时间被工作和家庭生活所占用，学习时间碎片化且存在不确定性，学习空间同样存在不确定性。

通过分析成人学习者的自身特点，不难看出传统的纯面授教学形式已经不能完全满足成人学习者的需要，提供教育服务的机构和院校必须改革传统教学模式，选用更加灵活的成人教育学习方式，拓展课堂时空，满足成人学生个性化自主学习需求。

二、改革的目标

（一）以混合式教学为改革方向

所谓“混合式教学”，就是要把传统纯面授的教学方式的优势和 E-learning 的优势结合起来，是在线教学（ On-line ）与面对面学习（ Face To Face ）的混合。混合式教学，是教师主导活动和学生主体参与活动的混合，课堂教学与在线学习不同学习环境的混合，不同教学媒体和教学资源的混合，自主学习和协作学习不同学习方式的混合，课堂讲授和虚拟教室的混合等。其核心是强调教师通过启发、引导、评价起到教学主导作用，学生通过参与、交流、反思发挥学习主体作用，二者有机统一，并充分发挥两者的自主性和创造性。业余大专教学模式的改革旨在调整教学方式，逐步调整面授教学与网络教学比例，最终业余大专面授教学与网络教学比例达到 1 ： 2，有 2/3 的教学在线上进行。

（二）以网络课程建设为主要任务

业余大专教学模式的改革旨在能给成人学生提供一系列不受时空限制的有效学习资源，营造自主学习、网上辅导、师生互动的良好学习环境。学院计划通过自我开发建设和采购引进相结合的方式，逐步积累优质的网络课程资源，用3—4年左右的时间开设相关课程门数达30门以上。

三、改革的途径

（一）调整专业教学计划

为进一步适应成人在职学习的特点，不断提升学校成人教育的人才培养质量和水平，学校在编制2016级业余大专教学计划时做了改革和调整。

1. 指导思想：遵循成人教育教学规律，构建符合岗位需求的知识结构；把握互联网教育发展趋势，运用现代信息技术，创新符合在职学习特点的学习方式；落实学校“三育人”系统改革，培养符合深圳社会需求的应用型人才。

2. 调整内容：减少“大学英语”总课时，由以往144学时减少至108学时；删除“应用文写作”“经济数学”及“高等数学”课程，增加“交际与礼仪”“文化与人生”“趣谈新材料”等三门通识课；专业课由以往的第二学期开始开设改为第一学期开始开设；新开设面授与网络教学相结合课程（以下简称“网络课程”），初步定为“毛泽东思想和中国特色社会主义理论体系概论”“交际与礼仪”“文化与人生”“趣谈新材料”等通识课及部分专业课，采用混合式教学形式；平均周学时改为9学时，由原来全部是面授形式调整为“面授6学时＋网络学习3学时”。

（二）建设网络教育课程

1. 制订网络课程建设标准

为落实国家有关成人学历教育的改革要求，适应“互联网＋”的发展趋势，针对成人学历教育学生学习时间碎片化、学习方式移动化、学习组织群体化的新特点，以建设学习知识系统化、学习资源颗粒化的网络课程为目标，突出学校业余大专的高职特色，学校制订了业余大专网络课程建设标准。课程开发标准从教学和技术两个方面对网络课程的建设做出要求。

学生可通过网络课程的学习，自主学习课程内容，掌握教学大纲要求的知识和技能，完成相关的练习和实践，达到考核的标准。教师可通过引导、监控学生的网上学习情况，把握学生的学习进度和知识掌握程度，开展期末考核（形成性考核或终结性考核）。

2. 明确网络课程建设内容

网络课程建设的资源应包含教学大纲（含教学进度表）、授课 PPT、授课视频、单元测验、单元学习资料、题库等，相关内容须遵守国家法律法规。网络课程的功能要求授课 PPT、授课视频、作业、单元测验、学习资料等应符合教学大纲的要求和教学进度表的进度，形成一个完整的、有机的知识体系。每章每节均有授课 PPT 及授课视频。每节的授课视频在 15 分钟左右，以 5—10 分钟为 1 小节，每节分为 2—4 个小节，视频应突出学习的重难点。

单元测验考核考查单元重点需要掌握的内容；单元学习资料可有效支撑本单元教学内容；单元测验以客观题为主，主观题为辅，题型包括选择题、判断题、填空题、问答题等。每单元的单元测验不少于 20 个题，单元测验题总量在 300 个以上。每学习完一个章节，完成本章节的测试后，才能进入下一个章节的学习。完成所有章节的测试后，才能进入期末考核环节。

教学设计要符合在线教学的设计理念，课程视频依照教学大纲，划分知识点，在课程知识点碎片化的同时还需保证教学内容的系统化，根据教学内容和目标选择合适的在线授课形式。

此外，课程应具有在线咨询和奖励的功能，通过课程学习论坛等方式由任课教师或者其他同学提供回答，并对回答同学提问的同学进行积分奖励。

3. 汇聚网络课程教学资源

2016 年期间，学校通过依托相关二级学院立项建设了“趣谈新材料”“文化与人生”“市场营销”“管理学基础”“人力资源管理”等 5 门网络课程，通过对外采购的方式引进了“毛泽东思想和中国特色社会主义理论体系概论”和“交际与礼仪”2 门网络课程，共建成 7 门成人高等教育网络课程，并组织专家对上述课程评审验收。目前，上述课程已植入学校网络教学平台，并在教学中使用，在学生中反响良好。

（三）构筑远程教育平台

远程教育平台是网络教学过程中的支撑环节，具有基础、核心和战略性地位，是业余大专教学模式改革的重要保证。2016 年，经充分调研、论证并申报，“继续教育远程教育平台建设”成功立项列入学校 2017 年度设备采购计划。为确保远程教育平台招标、建设、验收等各项工作的顺利开展，学校成立了项目专家组、办公室及工作小组，对远程教育平台项目的方案和关键技术进行论证，对供应商解决方案进行论证和评审，落实远程教育平台的组织、协调和推进工作。通过深圳市政府采购招标确定北京奥鹏远程教育中心有限公司（以下简称“奥鹏”）为学校继培学院远程教育平台项目（以下简称“平台”）中标单位。目前，该平台正在建设阶段。

1. 平台概述

正在建设的远程教育平台是一个国内领先、操作简便、界面友好、交流便捷，兼具先进性、人性化、个性化特点的平台。该平台基于开放、合作、共享、创新的教育理念，能体现目前国内继续教育办学的主流思想和功能，能全面整合高等学历继续教育资源，适应混合式教学模式，为学校高等学历继续教育提供强大、可靠、稳定的技术保障。

2. 平台功能

整个远程教育平台分为教务综合管理、教学辅助、在线学习、移动教学等子平台，包括招生管理、学籍管理、教师管理、教务管理、考务管理、成绩管理、在线学习管理、教师网上教学及学生在线学习等强大功能，赋予管理人员、班主任、二级学院、教学点、教师、学生等众多角色不同的操作权限。

3. 平台性能

平台除了功能强大，性能也很领先。可支持 2000 个用户外网同时访问，在线学习观看高清教学视频不卡顿，网页显示无明显顿挫感，零等待；支持 2000 个用户外网同时在线考试，顺利提交数据，支持多机负载均衡；不限制注册用户，硬件系统数据库容量支持学校未来十年发展，注册用户可不低于 50 万；系统采用 BS 架构，支持当前主流浏览器（如 IE、谷歌等）。

四、项目的特色

（一）高职特色

网络课程的建设突出了高职的特色，一是教学设计强调理实结合，二是教学内容结合岗位应用。教学内容紧密结合岗位需求，根据专业和课程对应企业岗位的实际情况，以企业的场景、企业的案例来开展教学，以岗位的需求来组织教学内容。

（二）成人特色

成人学习者学习碎片化，他们希望所学习的页面简捷，学习内容一目了然，可以灵活地安排学习时间。在网络课程建设和平台建设中，都突出体现了成人的特色。网络课程的资源建设，包括授课视频、课堂作业、课后作业、单元测验、单元学习资料、期末仿真试题等，均按照颗粒化的目标进行分解。例如，将一个较长的视频剪切成为 2—3 个 8—10 分钟的短视频；将一个需要花费较长时间的作业或者测试，分解成为 2—3 个 5 分钟左右的小作业或小测试，来适应成人学习时间碎片化的特点。学习平台建设中，特别建设了移动学习子平台，学生可以在平板电脑、手机等移动终端随时随地学习，随时记录学习进度，可以从中断点继续前面的学习。

（三）文化特色

大学教育的目标是培养适应社会发展的人才，大学教育是对人才综合素质的培养，当然也包括了对学生文化素质的培养与提升。因此，在新调整的 2016 级教学计划中引入了“文化与人生”“社交与礼仪”等文化素质类教育网络课程，在丰富成人大专网络教育课程体系的同时，更重要的是通过课程的教学和学习，实现成人学员自身文化综合素养的提升。

（深圳职业技术学院　张　娴）

案例二　深圳市第一职业技术学校：现代学徒制试点工作的经验与成效

2015 年 8 月，深圳市第一职业技术学校被教育部批复为“现代学徒制”试点中职学校，试点专业为物流与服务管理和电气技术应用。2016 年，信息通信技术增加为试点专业，并和中兴通讯公司合作开办了深圳一职—中兴通信学院。学校作为广东省唯一的现代学徒制试点中职学校，从校领导到合作企业、专业教师都高度重视这一重点工作的建设与发展。历经近一年多的推进，现代学徒制试点实施工作已进入全方位实施阶段。

一、工作进展情况

作为教育部首批现代学徒制试点学校，学校成立了现代学徒制领导小组，并多次召开专题会议，研究学习教育部、省厅文件精神，部署现代学徒制试点工作。根据本校试点专业建设实际情况，学校领导带领教务科和专业科组走访企业，最后确定深圳市深南电路、深圳市中兴通讯、深圳市志尚力合公司、深圳市远成物流作为现代学徒制合作企业。经过学校与合作企业通力合作，完成试点工作的相关资料准备工作。目前，学校现代学徒制试点工作按照《现代学徒制项目工作任务书》中“项目进度安排表”，正在有条不紊地推进。

（一）做好招生宣传工作

三个现代学徒制试点专业的招生情况是：电气技术应用专业 2015 年招生 51 人；物流与服务管理专业 2015 年招生 49 人；中兴学院现代通信技术专业 2016 年招生 114 人。

学校召开专业学生家长会，重点介绍教育部关于在中职学校中开展现代学徒制的重要意义，以及学校关于开展现代学徒制的思路及实施方案。今后学校将以此次现代学徒制联合招生、联合培养为契机，使三个专业招生招工实现一体化，并实现“三个对接”（专业设置与产业需求对接、课程内容与职业标准对接、教学过程与生产过程对接），以期更好地提高人才培养质量。

（二）制定完善管理制度

为了能够将现代学徒制落地并高效实施，学校根据相关行业及不同企业的市场需求制定完善相关的管理制度和实施方案。首先，制订了现代学徒制校企合作方案，方案明确了人才培养模式、培养内容，以及企业导师的选聘、学生管理、企业义务等具体内容。其次，制定了现代学徒制学生管理制度，签署了学生、企业、学校三方约束协议，并根据现代学徒制培养目标制定了学生考评方案。

（三）加强教师队伍培训

实施现代学徒制，教师必须具备较好的专业实践能力、职业教育教学能力、企业合作能力和项目管理能力等，教师要与企业师傅共同实施培养方案，不仅要组织学生在“做中学”，而且自己要善于在“做中教”。为此，学校加强了对相关导师的培训工作。

一是实施系列培训。学校给参与现代学徒制项目的导师安排了系列培训课程，要求导师要有针对性地开展学习，在新的项目中提高自身的教育教学水平。

二是开展师资引进。学校在人才招聘与引进中，根据现代学徒制对于教师能力结构的要求，有针对性地引进急需的专业技术技能人才或能工巧匠，并按照企业生产组织要求，对引进人员进行教育管理和教学能力的培训。

三是组织项目演练。学校与企业技术人员共同制定理实一体项目，在企业专家的指导下，专任教师组成项目团队，以完成项目的方式，先做先练，提高能力。在完成项目的过程中发现不足，及时安排“缺什么补什么”的学习。项目演练大大提高了教师的专业实践能力和项目管理能力。

二、主要做法和经验

（一）职业体验

首先，通过学校理论教学完成公共基础课程、专业基础课程的学习，使学生形成基础的专业认知。随后通过企业见习，让学生充分了解行业、认识企业、体验岗位，激发学生的职业兴趣。

（二）师徒结对

根据现代学徒制的工作实施方案，学校负责选拔校内指导教师，企业负责选拔企业师傅，学生完成专业方向的选择后，进入企业与企业师傅进行对接，每个师傅带3—5名学生，成为师徒关系。

（三）双重身份

通常，学生在第二学期以“学徒＋学生”的双重身份进入企业进行岗位实习和实际操作，主要是完成项目的实训课程。在此过程中，学生会在“双师”指导下，通过学校、企业双重环境进行学习。

（四）角色转换

学生在第二学期末，以“准员工”身份在工作岗位锻炼综合职业能力，学校与企业共同组织对学生综合能力的考核评价。学生的专业技术能力和职业道德水平均要达到企业的用人标准要求。经考核合格的学生，可按照相应标准领取薪资。

（五）稳定就业

参与现代学徒制试点的学生在“学徒期”结束后，他们的职业态度、专业技能、企业文化认同等方面若达到企业需求，可直接与试点企业签订用工协议。

三、阶段性成效

（一）完成了制度文本的准备工作

制订了《深圳市第一职业技术学校现代学徒制试点工作实施方案》，修改了电气技术应用、物流与服务管理、现代通信技术专业课程标准和教学计划，使之适应现代学徒制的管理要求。

（二）提升了学生的岗位综合素质

学校 2015 级两个专业与 2016 级一个专业的学生进行了为期两个月的现代学徒制实训，通过师傅手把手传授各种专业知识和技能，已能初步完成岗位日常工作。更为重要的是，学生通过实训工作，受到了企业文化的熏陶，他们的责任意识、标准意识和团队精神等综合素质都得到了不同程度的提升。

（三）初步形成了现代学徒制工作机制

学校组建现代学徒制管理办公室，负责现代学徒制试点工作规划指导；成立校企合作的工作小组，负责现代学徒制试点专业指导和教学工作；建立实训评价体系，通过学生个人、企业师傅和实习指导教师按实习初期、中期和终期三个阶段，从学生个人品格、工作态度、工作能力和纪律性等四个方面进行多方综合评价，并评价现代学徒制试点工作成效；启动财政专项资金，重点保障现代学徒制试点实施费用和师傅的劳务费及奖励经费，承诺参与试点企业可优先到校宣传，优先选聘员工，激励企业积极参与。

（四）夯实了现代学徒制试点工作基础

通过把好“企业关”“双师关”和“方案关”，夯实了试点工作基础。首先，慎重选择参与现代学徒制的试点企业，并签订校企双方现代学徒制试点项目实施协议；其次，学校与企业共同选拔师德高、技能优的企业师傅和学校教师参与学徒制试点；第三，组建专家团队，指导评估校企共同制订的现代学徒制培养方案，通过专业论证，系统推进现代学徒制试点工作。目前，企业与学校紧密合作，开发了教学资源库，完成了3门课程的数字化资源和5门课程的项目教学案例，完成了3本校本教材的编修工作。通过现代学徒制导师培训，打造了一支由专任教师和兼职教师组成的结构合理的教学团队。

四、存在的困难

（一）企业参与试点工作的积极性不高

作为营利性的组织，企业更加关注眼前利益。企业为学徒安排实习岗位、提供师傅进行辅导，耗费人力、物力、财力，增加了企业成本，更有可能影响企业的正常生产，而学校投入的经费，往往不足以弥补合作企业成本上的损失；另外，学徒合同到期后学生流失的可能性很大，企业储备员工的愿望得不到有效保障而无法实现，也影响了企业培养人才的积极性。

（二）受行业企业特点影响明显

比如物流专业试行现代学徒制，但物流企业存在着人员分散在各个网点和以传统物流运输为主的特点，无法集中提供较多的适合中职生的岗位，仅把学生当作“准员工”使用，不便进行有效的专业教学，影响试点工作效果。

（三）难以保障学徒的专业学习效果

试点发现，即使是同一专业，由于不同的企业文化和管理模式，不同师傅传授的内容和技能不一样，教材也不一样，难以实现学生到不同企业做学徒时专业学习效果的一致，而且也会影响对学徒的统一评价。

总之，推进现代学徒制试点工作的过程中，尽管存在着一些问题，且学校对学徒制条件下的师生管理、课程设置、考核评价、资源统筹等方面还需进行研究探索，但不可否认的是，学校也在上述方面同时取得了积极的成果，并积累了宝贵的经验，为推动现代学徒制试点工作深入持续开展奠定了基础。

（深圳市第一职业技术学校　张立新）

案例三　深圳市新鹏职业高级中学：工学交替育人才

深圳市新鹏职业高级中学是一所市属公办的中等职业技术学校。学校坐落在光明新区光明街道，占地500余亩，建筑面积7万多平方米，是一处自然环境优美、人文环境和谐的教育场所。校园内各项文体、生活配套设施齐全，教学条件优越，具有专业教学所需的各种现代化实训设备。学校酒店管理专业是深圳市品牌专业，2016 年 4 月获广东省教育厅批准，与顺德职业技术学院酒店管理专业开展“三加二”人才培养试点。为了提升学生职业素养、提高学生职业技能，学校探索了一条“工学交替”培养人才之路。

一、工学交替的教学模式

在保证完成教育部规定的中等职业学校公共基础课程的基础上，每学期校内、外教学时数按“教学 + 实训：0.5+0.5”的方式，制订以教学计划为基础的教育培养方案，充分体现以专业技能培养为目标的“做中学、学中做”的职业教育理念。实训教学由学校与合作企业根据学生所学专业特点，结合课程教学、专业技能培养目标协调安排。本校学生接受参加学校统一安排的面向岗位的实训教学，原则上由学校与合作企业统一安排实训岗位。为保证学生完成上级规定的德育教育教学课程及活动，学生必须按时参加实训期间学校统一安排的德育课程学习。

（一）原则要求

工学交替教学计划必须符合《教育部关于制定中等职业学校教学计划的原则意见》（教职成〔2009〕2 号）文件要求及附件规定的基本原则和公共基础课的教学要求。工学交替的实训岗位、工作内容的基本要求为：保障专业对口，具备专业性、综合性和面向实际工位岗位的特点。

（二）实施方式

工学交替采取校内教学、企业实训轮流进行的方式，一般按学制三年，每年两个学期，每个学期校内教学 10 周、校内或企业实训 10 周的方式安排教学进程。不同专业可以结合专业特点、年级特点采取分周、分月、分学期轮流工学交替的方式安排教学计划，但原则上每学期实训 10 周。

（三）课程设置

公共基础课教学按教育部相关规定进行。专业技能课按照相应职业岗位（群）的能力要求，采用基础平台加专门化方向的课程结构进行。基础平台由学校根据上级有关规定和本地区社会经济发展对本专业的要求制订，专门化方向的课程与合作企业设定的实训工作岗位要求由校企双方共同制订、实施。

（四）实习管理

学生实训期间，指导教师由二部分人员组成：一是由学校根据专业、实训岗位，安排具有丰富教学和实践经验的专业教师作为指导教师；二是企业指定的负责学生岗位技能指导的指导教师。所有指导教师是工学交替的学生职业成长的指导者，又是具体工作的组织者。实训企业应结合企业文化、企业制度，加强对实训学生的职业意识、纪律意识和安全意识等教育，增强学生安全意识，提高其自我防护能力，增强学生的就业能力和职业适应能力。

（五）教学方式

课堂教学根据“友善用脑”的教育理念，采用合作学习的教学方式。多年来，学校推进“友善教育”的教育理念，课堂教学全部采用合作学习的方式。结合学校各类各层次教育的性质、特点，制定各类各层次教育的工作目标、工作策略和评价标准，形成系统的、可操作性强且覆盖学校各类各层次教育的“友善教育”工作方案。

（六）过程监督

结合工学交替，出台了一系列的可操作性的教学制度与表格。具体如下：××专业教学计划、××专业20××级教学进程表、××专业20××级第×学期专门化课程安排表、××专业20××级第×学期实习（实训）安排计划、实习（实训）考核表、学生成绩评价表、学生学习过程评价表。

（七）考核评价

制定工学交替学生课程考核办法。首先，学科考核充分体现教学过程的情感态度与价值观、学习过程与方法、知识与技能三维目标。公共基础课按国家教育部教学大纲基础模块要求进行考核；基础平台由学校根据上级有关规定和本地区社会经济发展对本专业的要求，制定考核内容、方法及要求；专门化方向的课程，由校企双方共同制定考核内容、方法及要求。其次，根据工学交替办学的实际，课程教学不安排统一的期中考试、考查。各教研组根据教学三维目标，结合课程特点制订考试（考查）办法，突出以职业技能为重点的职业素养、职业能力教育目标。再次，在成绩考核评定方面，学科（学期）成绩评定按学科知识测试（测验）40%、学习过程评价成绩60%的分配比例进行学期、学科成绩评定。学习过程依据学习态度、学习能力、学习过程表现等方面综合评价，以100分制计；考试（考查）成绩为课程结束时的知识性、技能性的测试成绩，以100分制计。

二、工学交替的德育模式

以实施全方位育人为理念、以有序化管理为主线、以培养学生的职业素养为核心、以师德建设为保障，全面开展对学生在工学交替的时间段内的德育管理，最终把德育落到促进学生知识、技能、人文素养等全面协调发展上，深化活动德育的特色，进一步促进学校风气改善，使学生精神面貌良好，为学生走向职业人生做好准备。工学交替的学生德育内容包括了学生日常管理、德育活动、德育课程教学、综合实践活动课等内容。

（一）制度建设

在工学交替学生的日常管理工作方面，学校根据国家相关文件的规定，遵循学校与企业的管理要求，结合专业与学生的实际特点，制定了《新鹏职高学生实习管理规定》。

（二）职责分工

明确了学生教育管理队伍的工作职责，具体包括：

1. 班主任的职责。工学交替模式下的学生以班级方式进行管理和开展教学活动。班主任工作职责不仅要遵循学校的有关规定，按照《班主任工作考核及津贴发放办法》的具体内容进行考核，而且要根据工学交替的办学模式要求，扩大班级管理范围与职责。一是班主任负责与企业指导老师保持联系，发收《学生实习手册》《学生实习评价表》，了解学生情况，解决学生思想问题。二是班主任负责与管理老师保持密切联系，及时了解学生生活情况与思想动态，做好学生的思想工作。三是班主任负责与班级班委保持联系，向学生传达学校的相关教育教学内容，布置学生完成学校临时安排的相关工作。此外，班主任每周到企业一次，遇有突发事件必须及时了解和处理问题，不能解决的上报专业部。

2. 德育老师的职责。德育老师是学生德育工作队伍的组成部分，参与学生各项教育活动。需要按规定进行学生德育课的教学工作，完成德育课程教学计划；完成工学交替模式下德育课程的教育教研工作，要求每学期到企业不少于 4 次，做好企业调研。

3. 管理老师的职责。学生在校学习期间，管理老师工作职责按照《新鹏职高管理老师工作管理规定》执行。学生在企业实训期间，管理老师负责学生生活方面的问题。与企业联系，了解并记录学生每天上班与休假的情况。学生休假或请假，管理老师负责与企业和学生家长联系，按规定办理学生休假或请假手续。学生在企业工作期间，如有特殊情况，及时处理并告知班主任。

4. 企业的职责。一是企业有专门负责工学交替实习学生的人员及其相关的管理制度。企业负责向学生宣传企业文化和管理制度，组织学生积极参与实习期间企业举办的各种文娱活动。学生在企业实训期间，如果出现工作态度不端正等问题，应批评教育，并与班主任联系。二是学生实习的具体部门应加强对实训学生的职业意识、纪律意识和安全意识等教育，增强学生安全意识，提高其自我防护能力，增强学生的就业能力和职业适应能力。工学交替学习期满，实习部门（企业指导教师）应对学生做出书面鉴定，评定学生操行。

（三）考核评价

1. 考核原则

学生在工学交替期间接受学校和企业的双重指导，校企双方要加强对学生的工作过程控制、指导和考核，实行以企业为主、学校为辅的校企双方考核制度，双方共同填写实训鉴定表。

2. 考核方式

企业指导教师对学生的考核。在实训结束时，企业指导教师或负责人对学生实训做出评价并填写在实训手册中；依据工作态度、遵守企业规章制度情况、履行岗位职责情况、技能水平、工作质量、工作业绩等方面分等级制进行客观评价。

班主任对学生的考核。班主任依据班级学生量化考核表、管理老师日常管理工作记录、学生自评和互评情况来进行考核，考核包括有周考核、月统计以及学期考核等。此外，学校也会对学生进行考核，主要根据学生班主任及学生在日常管理中的表现给予评定相应的等级。

三、成效与反响

（一）学校办学规模和影响逐步扩大

由于历史等原因影响，我校发展初期办学规模相对较小。但是学校注重教学质量和学生的管理工作，工学交替模式实施以来，家长对学校的满意度逐渐提高，体现了对工学交替的办学模式的高度认可。近年来，报读学校的人数逐年增加，从最初一个年级仅有 80 人增加到现在的一个年级已达 220 人。

（二）企业对学生的认可度显著提升

目前为止，学校实训基地被评为深圳市职业教育校外公共实训基地的有：观澜高尔夫度假村、麒麟山庄、绿景锦江、宗正奥迪汽车贸易有限公司等。

学生在企业实训后，部分表现优秀的学生被企业直接录用，多人被评为企业的技能高手。2011 级学生钟芳芳毕业后，现在成了企业的讲师；2012 级学生徐嘉鑫、周文婷在观澜高尔夫度假村已经晋升为主管；2013 级陈静、杨利敏在绿景锦江担任主管，而且在企业的技能训练中获得了第一名的成绩。

（三）师资培养和学生竞赛成绩突出

学校师资队伍优良，30 多名教师先后获得广东省“优秀教师”“南粤教坛新秀”和深圳市“十佳青年教师”“十佳师德标兵”“优秀教师”“优秀班主任”等荣誉称号。有市级名班主任工作室主持人 1 名。学校荣获“全国优秀‘青少年维权岗’”“中国青少年社会教育银杏奖”“广东省职业道德建设百优单位”“深圳市高中教学先进单位”等国家、省、市级荣誉称号 80 多项。同时，学生参赛亦获得可喜成绩。在市赛中，高星级饭店管理专业学生和汽修专业学生分别获得第一名、第二名、第三名、第四名各 1 个，并代表深圳市参加比赛。在全国职业院校技能大赛（中职组）比赛中，汽修专业学生发挥出色，在72名参赛选手中排第24名，获三等奖。2015年，学校高星级饭店运营与管理专业被评为深圳市品牌专业。

（深圳市新鹏职业高级中学　王孟洋）

案例四　深圳市开放职业技术学校：打造工匠精神，成就出彩人生

深圳市开放职业技术学校（以下简称“开放职校”）是市属公办全日制中等职业技术学校，也是深圳广播电视大学（以下简称“深圳电大”）下属非法人教学单位。办学至今，开放职校已开设专业11个，在校生3500余人，2013—2016年共培养毕业生5161人，毕业生中80%的学生服务于本地企业，学生就业率达到98.5%，为深圳经济社会发展做出了应有贡献。近三年来，学校积极组织师生参加中职类各项大赛，并取得佳绩。通过比赛，带动了学校的专业建设、课程建设、实习实训室建设、师资队伍建设，教学水平也得到了显著提升。

一、实践锤炼——试行双位一体的“双元制”培养模式

职业实践是渗透“工匠精神”培养、提升职业教育人文价值的重要渠道。将工匠精神和实际工作环境与任务关联在一起，学生才能切身体会到工匠精神的实质，深切感受到它的价值，并将其作为自己的职业信仰和追求。构建仿真工作环境、进行专业实训虽然模拟了企业的工作环境和工作流程，但不能完全取代企业实习。所以，学校进行校企合作，把学生送入企业顶岗实习，了解并遵守企业各项规章制度，走进并融入企业经营文化，熟悉并掌握工作流程和考核标准，近距离地向岗位上那些优秀的具有“匠人精神”的“大师们”学习，知识、技能、素养和品质高度融合，“技皮”“术骨”“匠心”一一到位，真实地感受企业文化，通过长期工作实践积累和耳濡目染培养起“工匠精神”。

为此，开放职校在参考德国双元制基础上，2012年，与东部华侨城有限公司联合举办高星级饭店运营与管理专业，开始“双元制”培养实践。学生在企业、学校交叉学习，企业、学校一体化让学生进行真实职业体验。在该模式下，学生在东部华侨城内学习和吃住，每周3天学习、2天工作，毕业后直接入职东部华侨城有限公司。与普通毕业生相比，“双元制”模式下培养的学生在企业职业起点、薪资水平、岗位适应和发展前景方面都有较大优势，引起了社会的广泛关注，学校与东部华侨城合作培养企业所需

人才的“双元制”模式已经成为其他中职学校借鉴的校企合作典范。

二、兴趣引领——大力发展“专业+”的学生社团

兴趣是最好的老师，是保证一个人顺利完成各种学习任务和工作任务的最活跃的因素。兴趣牵引下的学习和工作是愉悦身心的活动，是实现个人精神满足的通道。天赋挖掘、兴趣培养是“工匠精神”培育的切入点，是确保“工匠精神”培育有效性的前提。试想，如果一个人对自己所从事的领域毫无兴趣可言，何谈“工匠精神”的闪耀？职业教育工作者要结合专业学习和实践活动，细心观察学生的特质，善于发现学生的潜力并巧于挖掘学生的天赋，培养他们在专业某一方向的兴趣，引领他们进行有创造性的探索，尽可能最大程度地发挥自己的潜能，在某个领域钻研打磨、精益求精，这样才能逐渐将“工匠精神”内化于心、外化于行。

为此，学校一直注重社团建设，将社团作为学生兴趣的培养基地，并将社团活动作为专业延伸培养的载体，构建了很多“专业 +”的特色社团。目前学校现有社团 25 个，包括学习类、实践类、综艺类等多样化社团形式。社团会定期举办文艺汇演、十大歌手比赛、校园技能大赛以及圣诞晚会等活动，校园文化十分丰富。在此背景下，学校也因此涌现出一批如《中国好声音》第二季学员刘雅婷、“亚洲先生”殿军李大卫等明星学生。社团最具特色的是它的精神内涵，就是让学生理解精雕细琢、精益求精的“工匠精神”，从小树立对学习和工作认真负责的态度，养成做事严谨踏实的习惯。

三、情怀培养——构建“三步螺旋上升”的职业素养培养机制

职业情怀是指个体对自己所从事的职业拥有的发自内心的、自然的情感和特有的真实的、稳定的态度。职业教育除了重视专业技能培养，还应该结合专业培养学生热爱专业、热爱职业的情怀。在学习、实习和实训的过程中引导学生以职业领域中的佼佼者为榜样，学习他们热爱工作、坚定执着、精益求精、追求卓越的职业情操。职业教育不能一味地追求技能大赛奖牌和就业率，而忽略学生的职业情怀的培养，否则学生在入职以后很难热爱自己的岗位、很难全身心地投入自己的工作，更别说追求完美和极致了。而这些正是现代企业在甄别人才时所看重的。“工匠精神”作为一种职业情怀在从业者的职业生涯中发挥着至关重要的作用。

为了打造学生的职业情怀，让学生树立精益求精的职业素养，开放职校构筑了“三步螺旋上升”的职业素养培养机制，具体包括三步：第一步是耐心地、踏实地发展，让学生从实践中接触“第一手知识”，逐步掌握产品（服务）操作流程；第二步是通过长

时间的打磨和推敲，积累经验知识，不断提高处理具体事务的能力；第三步是建立具体实践与理论知识之间的对话，并通过不断的重复训练和练习，夯实创新产生的基础条件。通过不断打磨，让学生心理上摆脱机器对人的“异化”，充分发挥创造精神，进行技术创新。

四、细节积累——把工匠精神融入生活教育

好品质形成于好习惯。“工匠精神”培育的关键是不放过任何细节，需要从生活、学习的点滴做起，体知躬行。学校的生活和学习中有很多可以利用的训练资源，如要求保持校内公共区域和校外公共场所的清洁和有序，注重个人形象和言行举止，衣着朴素、整洁，做人诚信、可靠，为人谦恭、友善；课堂上要求学生认真听课、吸收知识的养分；课后有规律地复习，温故知新；对待作业毫不含糊，一丝不苟、全力以赴地完成；遇到难题“穷追猛打”、刨根究底；面对困难和挑战，要有不认输的精神，斗志昂扬，拼搏到底；积极参与校园文化活动和社会实践活动，不敷衍、不苟且，力求以百分百的热情实现百分百的满意。“工匠精神”的养成是量变到质变的过程，注重细节、凡事全力以赴、如切如磋、如琢如磨，日积月累地将“工匠精神”逐渐内化成自身的内在品质。

五、系统传承——让“匠人文化”从无形到有形

德国、日本那么多好的公司之所以能存续上百年，正是因为他们能通过信息整合，将公司优秀的技术、经验和理念一代代传承下去。学校借鉴这样的模式，把一切有价值的东西以数据的形式忠实地记录下来，并整理成数据库便于随时查找，用于人才培养和学校的长期发展。系统传承是“工匠精神”培育长盛不衰的制度保证。学校在此方面的做法有：

一是培养教师的工匠精神。在职业教育体系中，教师好比是工匠，学生就是教师不断研磨、专心打造的产品。学校要求每位教师在德育上勇于担当、言传身教，在专业上抽丝剥茧、精益求精，像匠人一样追求育人工作的极致和完美。教师对专业知识的不懈追求、对授课模式的反复推敲、对育人方法的用心琢磨，无不时时刻刻地影响着学生对知识、对职业以及对人生的态度。教师用自己爱岗敬业、勤奋踏实、追求完美、坚守奉献的职业道德和职业习惯去潜移默化地影响每一位学生，引领学生成长，唤醒学生潜能，促进学生知识构建，探索教育教学艺术，将“技以载道”作为职业教育最核心的价值观，对学生进行触及灵魂的职业教育。

二是充分发挥各种媒体在校园文化建设中的重要作用，加强有效引导，确保校园文化的正确发展方向。发挥学校广播台的作用，面向广大学生，积极报道学校动态、师生中的先进人物和先进事迹，提高宣传的时效性和针对性；充分利用网站资源，建立了融思想性、知识性、趣味性、服务性于一体的校园网站，使网络成为校园文化建设的重要阵地；创办学校团刊、社团刊物、系刊等学生刊物。

三是优秀作品的保存。学校专门建立了工匠文化档案室，收集技能大赛获奖作品和论坛、专栏、讲座、演讲、表演、展览等等视频、实物材料，用于指导以后的教育教学实践。

（深圳市开放职业技术学校　古义权）

案例五　深圳市福田区华强职业技术学校：创建生态学校，拓展发展空间

如何在职业学校中开展生态文明教育，创建国际生态学校呢？深圳市福田区华强职业技术学校把生态文明教育作为实施素质教育的重要途径，针对中职生少了升学的压力、多了动手实践的特点，将环境教育和学校素质教育结合起来，通过开展丰富多彩的活动，发动全校师生广泛参与。学校因此被评为2016年度国际生态学校，成为深圳第一所获此殊荣的职业学校。

一、师生齐参与，共同营造良好氛围

2015年9月，在创建国际生态学校启动仪式上，学校校本部2000多名师生参与了启动仪式，1000多名师生在创建旗帜上签名，签上环保誓言与承诺，也签上责任与使命。

在环境评审中，学校设计了《华强职校校园环境评审问卷》，学生问卷发出2050份，回收1667份，回收率81.3%；教师问卷发出200份，回收172份，回收率86%。通过广泛的问卷调查，确定了学校创建国际生态学校的首个行动计划，主题为“改善学校的厕所环境”。

在制定生态章程中，学校采用了更加环保的问卷调查形式，请师生们登录网站或扫二维码答卷，广泛征求学校师生的意见。共有2160位师生参与了本次问卷调查，确定了学校生态规章，以口号形式呈现，即：“细微之处保护生态，举手之间彰显文明”。此生态规章告诫师生，养成良好的环保习惯，要从衣食住行的细节做起，节能环保，保护生

态，彰显文明。

2015 年 12 月，学生环保社团开展垃圾减量旧物募捐公益活动，倡议大家将不需要的衣物捐给有需要的农村贫困山区以及偏远地区的孩子们。这次活动得到了全校师生积极配合和热情参与，捐赠物品包括旧衣物、旧鞋、旧图书。此次活动共捐得图书上百本及近百袋衣物。

二、学生唱主角，演出创建精彩大戏

激发学生主观能动性，引导学生创造性开展各项工作，是我们创建生态学校的总原则。学校创建工作的每一个环节，学生都是绝对主角，问卷调查、数据采集和统计、落实行动计划、撰写调研报告、监测评估报告等工作，都是由生态委员会学生成员完成。组织师生参加各项环保实践活动，如参加世界环境日全市大型活动、参观华星光电等，都是由绿色记者站小记者采写稿件、宣传报道。

生态委员会成员由学生、教师、学校管理和维护人员、学生家长、地方政府代表等共同组成，共计 57 人，其中学生委员 32 人，占 56%。学生不仅积极参与环保实践活动，还认真参与环保教育和科研，编辑环保校本教材《垃圾减量分类》，该教材编委共 11 人，其中教师 3 人，学生 8 人。

在创建过程中，学生们积极参加各级各类环保比赛，并取得优异成绩，上演着一部部精彩好戏。在 2016 年福田区中小学生节能环保各项目比赛中，学校 12 位参赛同学荣获五个一等奖、五个二等奖；2015 年 12 月，学校 6 位同学在乔沐老师指导下，荣获“深圳市福田区中学生水科技发明比赛”一等奖；在国家环保部组织的 2016 年全国中学生水科技发明比赛中，学校詹玉燕、侯少珍同学凭借作品“180 度喷水花洒”获得全国三等奖；此前，邱晓月同学动画作品《珍惜健康 禁烟拒毒》参加全国 NOC 学生竞赛活动，荣获一等奖；罗启婵同学动画作品《保护环境——所有人的作文》参加全国 NOC 学生竞赛活动，荣获二等奖；韦玲同学动画作品《悬在城市上空的痛——高空抛物》参加全国职业院校学生“文明风采”比赛，荣获一等奖。

三、环保进课堂，根植绿色教育理念

2016 年 1 月，为了配合国际生态学校创建工作，学校生态学校委员会成员编写出版校本教材《垃圾减量分类》。和这本校本教材相配套开展相关实践活动，以这本教材为试点，开展循环使用教材活动，同学们使用该教材后，学期末由学校生态委员会成员登记回收教材，再发给下一届同学使用。

四、活动常态化，培养环保良好素养

把“创建国际生态学校”作为学校后示范校建设的重要工作，将环保教育和素质教育融为一体，将课内与课外、校内与校外环保教育融为一体。在创建国际生态学校过程中，学校组织师生开展了大量丰富多彩的活动，主要有：（1）邀请专家作环保讲座；（2）组织师生参观生态学校；（3）走进华星光电学习节能环保；（4）成立“绿色小记者站”；（5）举办第八届环保知识竞赛；（6）学生参加深圳市大型环保活动；（7）教师主持市环保科普讲座。这些活动引导师生从身边做起、从自己做起、从小事做起，强化师生低碳节能的环保意识，推动学校可持续发展教育工作迈上新台阶，陶冶学生情操，提升学生素质，谋求学校更加广阔的发展空间和展示舞台。

在创建国际生态学校的过程中，学校师生共同努力，取得了显著成效，收获了成功的喜悦。2015 年 12 月，学校被评为全国生态文明教育示范学校，并入选 2015 中国职业教育百强校，2016 年学校再度评为深圳市先进教育工作单位。《环境教育》杂志社、深圳晚报、福田教育等媒体多次宣传报道学校创建工作和成绩。

（深圳市福田区华强职业技术学校　李三平）

案例六　深圳市博伦职业技术学校：重视心理教育，把握职教灵魂

职业高中的学生，大多都经历过不同程度的学习挫折，他们或者在初中阶段因为成绩差经常受到老师的歧视，或者因为上不了普通高中而受到家长的责备，或者因为得不到别人的理解而自暴自弃，带着自卑的心态走进职校的大门。他们以这样的心态进入学校，自然容易产生逆反、敏感、自卑、厌学、依赖等不良心理，表现出学习没有目标、没有动力，纪律涣散等行为，而且有较强的破坏性和攻击性。有些同学甚至情感冷漠，受伤的心被厚厚的坚冰包裹。

现实告诉我们，如果不融化坚冰，使这些受伤的心灵得到慰藉和修复，我们的教育教学就无法顺利进行，甚至还会造成二次伤害。在心理健康教育实践中，我们又认识到，传统德育教育和蜻蜓点水式的心理讲座无法从根本上解决问题，系统专业的心理健康教育才是我们的不二选择，是实现教育目标的必由之路！

一、建立保障机制，心理教育规范化

（一）心育工作团队化

自 1997 年始，校领导就已经很重视学生心理健康教育，聘请东北师大教授来校做心理顾问。1998 年招聘心理学专业硕士开设心理健康课，并成立心理健康教育领导小组，设立心理咨询中心，咨询中心负责人同时担任学校中层正职。目前，学校已建成一个成熟的心理健康教育工作团队，由校领导、部分中层干部、年级长、班主任、校医和宿管老师共同组成。

（二）团队工作制度化

学校把心理健康教育工作制度化写入学校工作计划，并先后制定《深圳市博伦职校心育三预机制》《深圳市博伦职校心理健康教育工作管理制度》《深圳市博伦职校心理健康教育纲要》《心理咨询室岗位职责》《关于成立心理健康领导小组的决定》等制度文件。

（三）设施投入舍得花

学校完善各项软硬件设施建设，先后投入 13 万元购买心理软件、沙盘游戏和治疗器材，在学校图书馆建设近 100 平米的心理咨询室，按功能分成心理沙龙区、沙盘区、放松区、个别访谈区、小团体辅导区。

二、培养师资队伍，心理教育全员化

（一）专职教师做引领

学校拥有硕士学位的专业心理学教师有三名，他们均获得国家二级心理咨询师资格，其中一名为广东省心理健康教育 B 证教师、家庭教育指导师、职业生涯规划师。三名教师都具有相当丰富的教学经验和个案咨询技能，分别在学校担任不同年级心理健康课的老师，并负责与班主任保持沟通和联络，针对学生的问题向学校提供适当的教育教学策略和建议，及时对有问题的学生实施心理辅导和援助。

（二）班主任持证上岗

学校重视班主任心理健康教育理念的培训和引导，在班主任工作中渗透心理健康教育，班主任接受心理健康 C 证培训达 90% 以上。心理健康 C 证培训在继续教育学习培训中已列入相关的心理教育课程，学校每学期组织班主任培训会，将心理讲座和心理拓展培训作为重要的内容。班主任注意在学生教育中应用心理学的教育规律和方法，在班会课中渗透心理教育。由于班主任的重视和宣传，同学们普遍都能重视自己的心理健康，并在有心理问题和困扰时前来咨询室求助，教育效果良好。

（三）科任教师再教育

在学校，没有不育人的岗，也没有不育人的人。每一位任课老师都是心理健康教育的使者，随时注意倾听学生的声音，针对学生的特点和问题进行耐心教育，在帮助学生克服自卑、树立自信等方面形成了一套有效的方法和经验。

三、丰富教育手段，心理教育系统化

（一）入学教育提信心

学生刚入校，学校就展开为期三天的心理教育拓展活动。进入职校的学生，内心往往有较大的挫败感，厌学情绪、自卑心理严重，如何帮助他们重拾信心、更快接纳学校、融入新的环境是我们一直以来所探索的主题。从 2010 年开始，学校改变了以往学生坐在教室听报告的教育模式，让学生互动起来。心理拓展活动就为学生提供了一次迅速认识同学、适应环境、感受团队的平台，有合作有竞争，全体参与其乐融融。在心理拓展活动中，学生获得了快乐体验，收获了友谊，形成了归属感，增强了凝聚力，学生感言，“心理拓展活动让我体验到在新的集体中主动参与、积极沟通的重要性”，“拓展活动让我感受到在这个集体中自己很重要，我以后一定会努力的！”

（二）心理普查找病因

学校心理咨询室对高一新生进行心理普查，及时了解学生学习、情绪、人际、适应等方面的问题，制定相应的教育教学策略，协助班主任及时发现问题学生，主动介入，积极引导，让每一个需要特殊关注的学生都能得到及时的帮助和引导，不让一个学生掉队。

（三）系列讲座必对症

在学生三年在校期间，学校分别以讲座和班会课的形式进行自信、目标、生命、青春期等方面的专题教育。如高一年级主要针对适应、交往等问题进行《做最好的自己》《珍惜当下，和谐相处》的讲座；高二年级针对学生青春期异性交往的困惑进行《真爱需要等待》讲座，面对分流焦虑，进行《目标 希望 行动》的讲座；高三会进行《全力以赴，坦然应对》以及《我的未来不是梦》的人生设计讲座。

（四）课堂教学是重心

学校非常重视心理健康课程这个实施心理健康教育的主阵地的建设，常年在高三年级开设心理健康团体辅导课，平均每班级每周 2 课时。2014 年开始，高一每班级也开设心理健康课，每周两节。授课内容都是根据学生的阶段性需求以主题形式进行的。如高一年级主要引导学生认识自我、树立自信、适应环境、学习与人交往、安全度过青春期等；高三年级着重以备考前情绪、信心和备考策略、应试心理与技巧、疏解压力为主，陪伴学生一起度过需要信心与鼓励的考前时光。

（五）课程建设是保证

根据指定教材和学校开发、改编的校本教材体系，学校的心理健康课程体系归为以下几个栏目：

1. 理论坊。通过对心理健康基本知识的讲解、心理现象的分析，引起学生对维护自身心理健康的关注，以及对心理健康课程的重视以及兴趣。

2. 自我坊。通过心理测试软件以及一些自我认识的意象活动、自我描述的分析，对气质类型、血型、星座、多元智能、职业性格等等了解自我的途径进行解读，帮助学生认识自我、完善自我。

3. 情绪坊。通过案例分析、角色扮演、游戏活动、视频播放、讨论分享等形式，让学生学习认识情绪、学会表达情绪，了解一般的情绪调节方法，掌握理性情绪疗法（情绪 abc）的理论和应用。

4. 人际坊。通过心理测试、心理趣图、漫画视频、心理故事、心理拓展活动、职校人际交往案例分析等方式，启发学生对自己人际关系状况的探索，认识人际问题，解决人际问题，从而改善人际关系，学会与人相处。

5. 青春坊。通过知识讲解与案例分析，让学生了解青春期，接纳青春期的自己，正确看待和处理青春期的各种适应问题。

6. 学习坊。通过心理测试帮助学生了解自己的学习类型和学习风格，从而找到适合自己的学习方法、学习策略，指导学生学会制定学习目标，管理好时间，追寻梦想，学会应对学习考试的压力，掌握正确的备考策略和方法。

7. 社会坊。通过人生纵贯线了解人生不同阶段的任务，通过网上测试了解自己的职业类型，了解行业类型和特点，学会做好自己的人生规划。

（六）心育活动受欢迎

学校一直是深圳大学师范学院心理系毕业生的实习基地，在他们的支持与帮助下，从活动周或活动月的启动仪式到开展相关的主题班会、心理讲座、宣传画评比、心理影片展播、现场咨询、心灵寄语再到最后的总结颁奖活动，全体师生积极参与，扩大了影响，收到了很好的效果。

（七）个别辅导献爱心

由于学校重视对学生心理健康教育理念的宣传，因此学生都会在自己有困惑时前来求助。三位专职心理老师其中一位是年级长，学生都亲切地称她为慧姐，学生们不论遇到什么问题，都会主动寻求她的帮助；而另外两名老师分别蹲点其他年级，主要对有特殊需要关注的学生进行个别辅导，引导他们消除不合理信念，学会理性思维，坦然应对人际、分流、就业和高考等方面的困惑。

学校在每一学年都会招收到无校可收的脑瘫、自闭、智力发育迟滞和癫痫学生，所以学校很早就形成了一支由心理教师、年级长、班主任组成的特殊学生辅导团队，成功帮助这些学生适应在校生活，引导他们慢慢学习以及与别人相处。其中一位亚斯伯格综合征学生的家长不断写来感谢信，表达对学校的感恩。该学生高一入校时不跟任何人交流，很多时候叫他名字也不回应，不主动跟人说一句话，而心理老师的陪伴及一点一滴的带领帮他建立了信任关系，高二时他已经能够主动走向老师并祝节日快乐，给老师赠送自制祝福贺卡，能够主动表达自己的感受和需要，与更多老师自如交谈，改变之大令家长瞠目。此外，学校咨询室沙盘游戏治疗技术的引进，也帮助了很多性格内向、不善于表达情感的同学。

（深圳市博伦职业技术学校　张国顺　边昭彬）

案例七　深圳市宝安职业技术学校："数字化管理"推进家校协同教育

深圳市宝安职业技术学校开学不久，信息部王老师收到学生家长发来的短信："老师，我上星期查小孩的职业素养分是 127 分，怎么这星期变成 100 分了？"王老师告诉家长，选择学期查询，就可以查询到学生本学期累计的职业素养分。

这是宝安职校推行数字化管理后出现的一个场景。2014 年，学校信息部自主研发"云校通"教育教学管理平台，在信息部试运行两年，并不断完善功能，于 2016 年开始在全校推广。通过该平台，家长随时可以通过计算机及微信查询学生在校的表现情况。

一、云校通的理念

中职教育的功能就是培养具有现代职业理念和良好职业操守的高素质人才。在教育过程中，时刻进行职业素养教育对学生发展至关重要。

我国职业道德的一般规范要求为：爱岗敬业、诚实守信、办事公道、服务群众、奉献社会。将其转化为对中职学生的学习要求，即：爱岗敬业就是在课堂上认真听讲，课后完成作业；诚实守信则为上课不迟到、不早退，在宿舍遵守宿舍制度，不滞留、不晚归；办事公道表现为担任班级干部、学生会干部等受到学生合格的评价；服务群众要求学生做好教室和宿舍的值日；奉献社会理解为捡到物品要归还，积极参加各类竞赛，为班级、为学校做贡献。

在学校教育中进行职业素养教育，就需要将学生在学校的行为和未来的岗位职责统一起来，让学生转变观念：学习是一种责任，是自觉的履责行为。

二、云校通功能简介

结合“云校通”的设计理念，我们根据需求在平台中研发了考勤管理、作业管理、宿舍管理、学生档案、家长登录等模块。

（一）考勤系统

老师上课后，需要对学生的出勤和课堂纪律表现情况在电脑上进行登记。由于系统默认所有学生表现正常，所以，只要几秒钟就可以登记好学生考勤情况。至此，教师才完成上课的任务。

功能：系统自动统计当日各种违纪的学生名单，能按周、月、学期对班级、学生的出勤和课堂违纪情况进行汇总统计。

（二）作业管理

有作业时，教师先在系统设立作业，标明作业的班级、作业时长、作业形式（书面还是作品）等。学生上交作业后，教师在系统中登记未交作业学生名单。由于系统默认学生全部提交，所以，作业情况的登记也很方便。

功能：按时间查询学生已交作业和未交作业的情况；查询教师作业布置的情况；查询班级在一定时间内的作业量。

（三）宿舍管理

和课堂考勤一样，每天早、中、晚共登记 3 次。

功能：系统自动统计当日各种违纪的学生名单，能按周、月、学期对班级、学生的出勤和进出宿舍情况进行汇总统计。

（四）学生档案

该模块主要包括学期评语、学期报告、专业证书、学分制等几个部分。

功能：学期评语包括每学期学生自评、家长评语及班主任评语；学期报告包含学生基本信息、每学期学生的各项表现、各科成绩及评语等；专业证书为学生的各项考证及证书获得情况；学分制模块可查询到学生的当前学分情况。

（五）家长登录

该模块供学生家长使用。家长登录后，可查询到学生在学校的成绩及各项表现。

功能：家长通过查询，掌握学生在校的情况，及时和老师沟通，有利于家校联动，共同教育学生。

三、云校通的应用效果

从平台的运行情况及反馈来看，反响较好，受到老师和家长的欢迎和肯定。截至2016年底，全校各部学生家长通过微信端累计访问次数达67200次。主要的好处体现在以下方面：

（一）及时发现问题

各部门相关负责人每天上班后和下班前都会登录该系统，查看全校学生的各项表现，例如，某学生从10月20日开始请病假，连续两周，学校领导发现后，及时提醒班主任该名学生可能有问题。班主任立即安排家访进行了解，通过家访，发现学生家庭贫困，学生不愿意上学。随后班主任和学校一起跟进及时对问题进行了处理。

（二）化解师生矛盾

以前，班主任为了保持和学生相对密切的关系，往往会包庇学生。现在，学生行为都能通过系统查到，而且系统还会及时预警。这样，在处理个别问题学生时，班主任不会陷入两难的境地。

（三）加快信息沟通

学校领导能及时发现学生在学校的表现如何，也可以直接介入处理或及时通知班主任注意。而在以前，领导必须通过翻阅各班的班级日志才能发现问题。

（四）促进家校联系

目前，该系统已经对家长开放。家长可以随时登录系统，查阅自己子女在学校的上课、宿舍、考试成绩等情况。通过该系统，让家长参与到教育中来，也避免了以前班主任和家长联系被学生认为是告状，造成班主任两头难的情形。

四、结语

“云校通”平台的使用，将职业素养和学生的学习行为结合起来，进行数字化管理。同时，家长能够及时查看学生在校的平时表现，有效促进家校协同教育。

我们将继续推行平台的使用，并持续完善功能，促进学生的全面发展。

（深圳市宝安职业技术学校　王学成）

第三节　品德教育案例

案例一　深圳职业技术学院：告诫性谈话制度促学风建设

一、引言

美国诗人拉尔夫·沃尔多·爱默生（Ralph Waldo Emerson，1803—1882）有一句名言："人类的全部历史都告诫有智慧的人，不要笃信时运，而应坚信思想。""告诫"意味着警告和劝诫，即：规劝某人勿做某事，多用于上级对下级或长辈对晚辈。一般而言，自律性不强的人往往需要有长辈或老师时不时"警告"或"劝诫"一下，以便达到防患未然的目的。在国内许多高职院校，不少学生学习态度不够端正。上课铃响了，有些学生才刚刚从宿舍出发，有些学生则干脆赖在床上，连假也不请，对待平时作业也非常不严肃认真。课堂上，不少同学专注度不够，始终离不开手机，时不时要刷一下"朋友圈"或者抢个"微信红包"。作为老师，我们有责任向这些问题学生提出"告诫"，帮助他们端正学习态度，走好人生路上的每一步。

为加强我校学风建设，促进学生学习主动性和强化自律性，端正学习态度，根据深职院〔2009〕108 号文件《深圳职业技术学院学生学籍管理规定（修订）》和深职院〔2013〕37 号文件《深圳职业技术学院学生违纪处分条例（修订）》的相关内容，深圳职业技术学院应用外国语学院（以下简称"深职外语"）于 2016 年 7 月制定了《学风建设告诫性谈话制度》(以下简称《谈话制度》)，并于 2016 年 9 月在商务英语专业试点先行。

二、实施方案

实施《谈话制度》是深职外语为了端正学风而采取的一项重要举措。依据不同的谈话条件和参与对象，深职外语设定了绿色 V 级、蓝色 IV 级、黄色 III 级、橙色 II 级和红色 I 级共五个告诫性谈话等级（具体内容如表 4-10 所示）。

表 4-10　深职外语告诫性谈话等级一览表

谈话等级	谈话条件	谈话组织者	参与人	处理方式
绿色 V 级	普及学校相关管理文件：《深圳职业技术学院学生学籍管理规定》《深圳职业技术学院学生违纪处分条例》和本学风建设告诫性谈话实施方案	班主任	班主任 全班同学	签署《学业承诺书》
蓝色 IV 级	所任教的学生即将达到以下条件之一者：旷课学时累计超过该课程总学时的五分之一；因事、病假缺课累计超过该课程教学时数的三分之一；未交作业次数达到应交作业数量的三分之一以上；课程形成性考核不达标。	任课老师	任课老师 违规学生	学期末上报学院无资格考试名单
黄色 III 级	学生即将达到以下条件之一者：学生旷课总学时达到 10—19 学时；学生旷课总学时达到 20—29 学时；学生旷课总学时达到 30—39 学时；学生旷课总学时达到 40—49 学时；学生旷课总学时达到 50 学时（含 50 学时）。	辅导员	辅导员 违规学生	参照《深圳职业技术学院学生违纪处分条例》执行
橙色 II 级	一学期所修课程未获学分数达所修课程学分三分之二及以上者	班主任	班主任 辅导员 学生家长 违规学生	参照《深圳职业技术学院学生学籍管理规定（修订）》执行
红色 I 级	一学年所修课程未获学分数达所修课程学分三分之二及以上者	教学副院长	副院长 副书记 专业主任 班主任 辅导员 学生家长 违规学生	

除了设定谈话等级、谈话条件、谈话组织者、谈话参与人以及处理方式外，《谈话制度》还明确了告诫性谈话的具体实施方案。《谈话制度》实施方案的内容表述如下：

1. 开学第一周，由班主任召开主题班会，学习学校的学生学籍管理规定及学生违纪处分条例，端正学习风气，向全体同学发放深职外语《学业告知书》（如表 4-11 所示），并要求班上每一位同学签署深职外语《学业承诺书》（如表 4-12 所示）；

2. 任课老师于第 9 周统计学生课堂出勤及完成作业情况，对相关违规学生实施告诫性谈话并填写谈话记录表；

表 4–11 深职外语学业告知书

学业告知书

如有下列情况发生，学院将根据《深圳职业技术学院学生学籍管理规定（修订）》以及《深圳职业技术学院学生违纪处分条例（修订）》的相关规定，对违规学生做出相应的处分。

序号	处分条件	处分
1	累计旷课 10—19 学时	给予警告处分
2	累计旷课 20—29 学时	给予严重警告处分
3	累计旷课 30—39 学时	给予记过处分
4	累计旷课 40—49 学时	给予留校察看处分
5	累计旷课 50 学时以上者（含 50 学时）	给予开除学籍处分
6	累计旷课 50 学时以上者（含 50 学时）	在学校和家长共同教育下能深刻认识错误，决心悔改，经过一段时间考察后，可考虑给予留校察看处分
7	因旷课连续两次（含两次）以上受处分者	根据两次（含两次）以上累计旷课学时加重处理
8	对无故旷课虽未达 10 学时，但影响较坏、认错态度不好者	给予警告、严重警告、记过或留校察看处分
9	旷课学时累计超过该课程总学时的五分之一	取消该课程的考试资格，成绩计零分，必须重修
10	因事、病假缺课累计超过该课程教学时数的三分之一	取消该课程的期末考核，必须重修
11	未交作业次数达到应交作业数量的三分之一以上	取消该课程的期末考核，必须重修
12	未请假（含请假未经批准）离校连续两周未参加学校规定的教学活动	将根据不同情况处理
13	伪造医院诊断书、请假单，或通过不正当手段获得医院诊断书、请假单，欺骗学校者	给予记过、留校察看或开除学籍处分
14	未按时报到、注册，无特殊情况者，根据晚报到、注册的天数折合成学时数	给予相应的处分

应用外国语学院

表 4–12　深职外语《学业承诺书》

<table>
<tr><td>

学业承诺书

我承诺按照学校学籍管理规定履行学生的义务，在以后的学习过程中不出现下列情况：

（1）旷课学时累计超过该课程总学时的五分之一；

（2）因事、病假缺课累计超过该课程教学时数的三分之一；

（3）未交作业次数达到应交作业数量的三分之一以上。

如有上述情况发生，本人接受学院根据《深圳职业技术学院学生学籍管理规定（修订）》以及《深圳职业技术学院学生违纪处分条例（修订）》的相关规定，做出的相应处分决定。

家长签名：
手机：
年　　月　　日

学生签名：
手机：
年　　月　　日

</td></tr>
</table>

3. 辅导员根据学院统计的考勤数据，对达到相关谈话等级的违规学生实施告诫性谈话并填写谈话记录表；

4. 从第二学期开始每学期第 5 周，由学籍秘书反馈学生成绩统计，班主任召集达到相关谈话等级的违规学生谈话，并填写谈话记录表；

5. 从第三学期开始每学期第 5 周，由学籍秘书反馈学生成绩统计，主管教学副院长组织对达到相关谈话等级的违规学生谈话，并填写谈话记录表；

6. 教学秘书保存各类谈话记录表（如表 4–13 所示），学期末公布相关数据。

表 4–13　深职外语告诫性谈话记录表

<table>
<tr><td colspan="2">班级</td><td></td><td>学号</td><td></td><td>被谈话人</td><td></td></tr>
<tr><td colspan="2">谈话教师</td><td colspan="2"></td><td>谈话时长</td><td colspan="2"></td></tr>
<tr><td rowspan="5">谈话原因</td><td rowspan="2">蓝色
IV 级</td><td>课程名称</td><td colspan="4"></td></tr>
<tr><td colspan="5">☐ 旷课学时累计即将超过该课程总学时的五分之一
☐ 因事、病假缺课累计即将超过该课程教学时数的三分之一
☐ 未交作业次数即将达到应交作业数量的三分之一以上
☐ 课程形成性考核即将不达标
☐ 一学期所修课程未获学分数达所修课程学分三分之二及以上</td></tr>
<tr><td>黄色
III 级</td><td colspan="5">☐ 学生旷课总学时达到 10—19 学时
☐ 学生旷课总学时达到 20—29 学时
☐ 学生旷课总学时达到 30—39 学时
☐ 学生旷课总学时达到 40—49 学时
☐ 学生旷课总学时达到 50 学时（含 50）</td></tr>
<tr><td>橙色
II 级</td><td colspan="5">☐ 一学期所修课程未获学分数达所修课程学分三分之二及以上者</td></tr>
<tr><td>红色
I 级</td><td colspan="5">☐ 一学年所修课程未获学分数达所修课程学分三分之二及以上者</td></tr>
</table>

续表

谈话记录	
学生承诺	学生签名：　　年　月　日
执行情况	□ 完成既定目标 □ 课程无资格考试 □ 休学 □ 退学 □ 签署《学业承诺书》

三、实施效果

"这次我找你家长过来谈话，你个人有什么意见吗？" 2016 级深职外语商业英语班主任左亚辉老师问自己班上某名达到黄色 III 级谈话等级的同学。"当然有意见"，该同学大声说，"但是没成见——知道老师是为我好。"

以上一幕发生在 2017 年 4 月 26 日下午。这一天，深职外语再次启动高级别告诫性谈话，15 名同学因成绩下滑迅速，同其家长一起被邀来学院参加告诫性会谈。深职外语主管教学的李延玉副院长、商务英语专业刘建珠主任、年级辅导员周广老师以及相关班主任老师也一同参与了此次谈话。

学风建设告诫性谈话制度在应用外国语学院已经实施了两个学期了。在半年前（2016 年 10 月 13 日）的第一次黄色等级以上告诫性谈话中，有两名学习态度极不端正的同学被当场劝退，一时间在师生中引起巨大反响。半年以后（2017 年 4 月 26 日），我们欣喜地看到告诫性谈话确实发挥出警示与改进作用，无论是进入告诫性谈话的学生总数还是谈话等级都呈现下降趋势（如图 4–6 所示）。

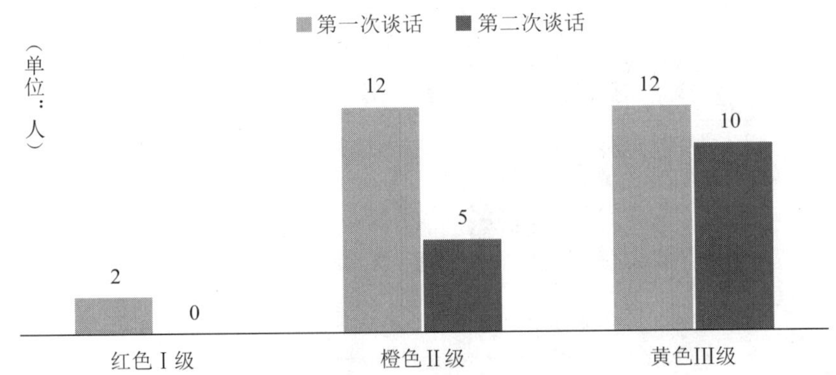

图 4–6　两次黄色等级以上告诫性谈话人数对比图

从图 4–6 所统计到的数据来看，在第一次告诫性谈话中，达到黄色 III 级谈话等级以上的学生总数为 26 人，这一数字在第二次谈话中下降为 15 人；第一次谈话中，有达到红色等级的 2 名学生被直接劝退，第二次谈话没有发现此类学生；12 名达到橙色级别的同学在谈话后，学习态度有了很大改变，学习成绩均有所上升，第二次告诫性谈话达到橙色等级的同学数下降为 5 人。

四、结语

在与家长的沟通中，学生家长对深职外语推行的这一告诫性谈话制度非常赞同，也非常支持。有的家长专门坐飞机赶回来参加谈话，有的同学父母双方都来到现场，足见学生家长的重视程度。

家长的配合让我们感动，他们的压力我们也感同深受。正如左亚辉老师说的那样：“我们都为人父母，哪个父母不是望子成龙，望女成凤？学校和家长的心愿是一样的，通过顺畅的沟通机制，我们希望能够实现这个愿望！”

（深圳职业技术学院　刘建珠）

案例二　深圳信息职业技术学院：构建科学评价模型，全面践行品德教育

习近平总书记在高校思想政治工作会议上指出，培养什么样的人、如何培养人以及为谁培养人是高校教育工作的根本性问题，要坚持把立德树人作为中心环节，让学生成为德才兼备、全面发展的人才。深圳信息职业技术学院在借鉴国内外高校素质教育相关理论的基础上，结合我国国情，提出了基于职业核心价值观、专业核心技能、职业核心能力的“三核”素质培养体系。其中，职业核心价值观在“三核”素质中起方向引领作用，是“三核”素质中最重要的一环。经过 5 年多的探索，我们对职业核心价值观的内涵进行了深入调研，为学校的品德教育培养体系的构建提供科学依据。

一、培养目标

学校注重学生职业核心价值观培养，力求通过多元化的培养体系建设，加强学生的社会主义核心价值观和工匠精神教育，解决高职学生存在的信仰缺失、使命感和责任感不强等问题，培养企业所需要的德才兼备、全面发展的人才。

二、培养内容

在学校校企合作素质教育指导委员会的统筹下，对学生职业核心价值观的内涵和外延进行了充分调研，构建科学的高职学生职业核心价值观素质评价模型，确定下述具体的培养内容：

1. 社会主义核心价值观教育：围绕社会主义核心价值观核心词汇“富强、民主、文明、和谐，自由、平等、公正、法治，爱国、敬业、诚信、友善”，开展系列教育活动。

2. 中国优秀传统文化教育：以《诗经》《论语》等国学经典著作为载体，让学生充分地体会传统文化的精髓和乐趣，完善人格，开辟一条通往真、善、美的康庄大道。

3. 责任感与诚信教育：加强大学生法律普及教育，培养诚实守信的优良品质，教育学生做个有担当的人，成就更好的自己。

4. 感恩教育：培养学生对父母、师长等长辈的感恩之心，以及对母校的感恩之情。

5. 工匠精神培养：培养学生专注严谨、精益求精的意识，积极的劳动态度，以及爱岗敬业的精神和追求卓越的情怀。

三、培养举措

在学校校企合作素质教育指导委员会的统领下，以三年为培养周期，进行学生职业核心价值观素养提升的顶层设计，通过“三个课堂”相互衔接的培养途径，发挥教师教学的主导作用和学生学习的主体作用，围绕社会主义核心价值观、优秀传统文化、法制教育、诚信教育、“志愿者之校”建设、感恩教育、工匠精神培育等重点内容实施，促进人文素养和职业素质相融合，促进职业技能培养与职业精神养成相结合，夯实学生的文化基础，切实提升学校学生的职业素养。

（一）“三个课堂”平台建设

1. 第一课堂

开展5门思政课程综合改革创新工作，构建思想政治教育协同创新工作机制。开设多门传统文化公选课程，帮助学生了解中国传统文化，培养民族精神，提高学生人文素质。

2. 第二课堂

一是自2009年以来，每年参与由深圳市委宣传部、盐田区政府主办的中英街“3·18”警示日活动，为广大群众呈现具有正能量的合唱、演讲等形式的表演，培养学生爱国情怀。

二是开展“立德树人，成人成才”主题教育活动，通过演讲辩论、知识竞赛、宣传宣讲、座谈会等活动，深入开展中国特色社会主义和“中国梦”宣传教育，加强社会主义核心价值观教育。

三是开展“感恩母校”原创赠言大赛、校友墙等感恩活动，表达对母校和老师的感恩之心、感激之情。

四是开展“国宝经典，你我传承”主题教育活动，每年举办一场“风雅颂”原创诗经音乐会、“国学沙龙”系列讲座和“大型校园成人礼”，制作“国学教育微课堂”，培养学生“仁、义、礼、智、信”的传统美德。

五是举办学生沙龙、“师生一席谈”等活动，围绕专业技能、职业发展、就业择业、学生成长等热点难点问题，培养学生专注严谨、精益求精的意识，培养学生爱岗敬业、精益求精、坚持不懈的工匠精神。

六是开展多场企业文化讲座，进行职业道德、职业思想、职业行为、职业作风等教育，提升学生职业精神。

七是开设“阳光法律工作室”，为学生提供法律咨询服务，培养良好的法律意识。

3. 第三课堂

一是建成 22 个校外素质培养实践基地，开展技术服务、志愿服务、社会实践等活动累计达 1030 次，培养学生的敬业精神、承压能力等素质；二是加强“志愿者之校”建设，共建有志愿服务实践基地 20 个，总数达到 30 个，特色义工项目 5 个。

（二）机构队伍建设

1. 成立校企合作素质教育指导委员会

学校于 2012 年成立校企合作素质教育指导委员会，设主任委员 1 人、副主任委员 6 人、秘书长 1 人、委员 22 人（其中行业企业委员 8 人）。委员会参与学生素质培养方案的制定和教育指导工作，在学生职业核心价值观教育中充分发挥引领与督导职能。

2. 组建专业的辅导员教师队伍

学校精心打造“双师素质”结构的辅导员队伍。学校现有行业企业辅导员 60 人，占辅导员人数的 47%，其中包括中兴、红旗等多家知名企业的专业人员，在学生职业素养和工匠精神培养上发挥着重要作用。目前，入职满 3 年的 52 名专职辅导员已全部取得心理咨询师证书或全球职业规划师资格，在学生思想政治教育中发挥着骨干作用。

（三）评价体系建设

1. 制订《职业能力发展手册》

本手册是学校基于“三全”教育理念开发的学生素质培育全过程监控工具，人手一册，记录学生从第一课堂、第二课堂到各种学习实践活动的第一手佐证资料，在指引学生职业核心价值观培养方面起到了“导航仪”“助推器”与“证据包”的作用。

2. 构建“三核”素质教育评价模型

在《职业能力发展手册》广泛应用的基础上，加强素质评价的信息化建设。经充分调研，运用粗糙集等先进算法，构建了科学的高职学生“三核”素质教育评价模型。该模型包括 3 个一级指标、19 个二级指标，每个二级指标均赋予一定权重，形成涵盖三个核心的量化评价体系。该模型已在学校学生管理信息系统中实现应用，使得“三核”培养体系及实践更加科学有效。其中，职业核心价值观二级指标权重如表 4–14 所示：

表 4–14　深圳信息职业技术学院职业核心价值观二级指标权重

“三核”	二级指标	权重
职业核心价值观	职业道德	0.1535
	职业精神	0.1413
	思想政治素养	0.2819
	法治纪律观念	0.2275
	人生价值观念	0.1958

四、特色和成效

（一）特色

1. 提出“三核”素质模型，创新学生培养理念

职业核心价值观是在社会主义核心价值观的基础上，围绕现代企业普遍认同的责任担当、工匠精神、团队协助等内容所形成的价值观；专业核心技能是以特定的专业知识、专业技术而形成的运用能力；职业核心能力侧重强调自我学习、独立思考、解决问题、技术运用、实践创新、跨职业、整合社会人脉关系等方面的能力。三者之间相辅相成，相互促进。

2. 建设“立体”评价体系，提升学生培养成效

基于学生“三核”素质模型，构建多维立体评价指标体系，实现以职业核心价值观为引导的“三核”素质评价的定量化和系统化；通过粗糙集方法，各评价指标权重客观获取智能化模型、精准获取学生能力评价结论，使高职院校认识到教育过程中存在的优势和不足，为有效控制、调整教育教学活动起到指引作用。

（二）成效

1. 育人效果显著

一是校园学风良好，上课平均出勤率达 98%；二是学生综合素质明显提升，两名学生入围广东大学生 2016 年度人物；三是学生就业率和企业满意度“双高”，毕业生总体

就业率达 98% 以上，很多毕业生被华为、腾讯、深圳地铁等知名企业录用，用人单位对毕业生总体满意度达 95%。

2. 应用单位反响良好

“三核”素质评价系统在学校学生素质测评中被采用，作为深圳市优秀教研成果推广项目中唯一的高职院校项目，其相关经验通过讲座、素质拓展训练等方式向深圳技师学院等多所职业院校推广。2016 年，学校在广东技术师范学院、顺德职业技术学院等多所院校开展“三核”素质成果讲座和培训，参加培训的教师达 600 多人，反响良好。

（深圳信息职业技术学院　李晓堂　吴文彬）

案例三　深圳市博伦职业技术学校：实施“乐心”德育，服务人才培养

党的十八大以来，深圳市博伦职业技术学校（以下简称博伦职校）积极响应习近平总书记提出的“立德树人，全面育人”的指示精神，以服务区域经济发展为使命，以“博伦梦”凝聚师生力量，以与时俱进的气魄不断深化内涵发展，结合学校人才培养实际，提出了博伦“乐心”德育模式，努力探索博伦德育的新境界。

一、理念解读：寓教于乐，塑造心灵

（一）“乐心”德育根植于中国传统文化“乐教”思想

“寓教于乐”是一个古老的教育命题。《尚书·尧典》云：“帝曰：夔！命汝典乐，教胄子：直而温，宽而栗，刚而无虐，简而无傲。”上古时代诗、乐、舞三位一体，故此“乐教”亦可谓“诗教”。孔子的“兴观群怨”说反映出他对诗歌社会作用的独特认识。儒家传统始终将“乐”置于和“礼”同样重要的地位，“乐”不仅是和美的音乐，更是在不知不觉间渗透着和谐秩序，让人感到充分的身心愉快。博伦职校德育工作围绕“乐”有序展开，旨在让师生通过“自我管理”“自我教育”“自我服务”的“三自”管理，践行从实际出发，在实践中体验，逐步实现怡然自“乐”的校园环境、“乐”在其中的学习态度、其“乐”融融的人际关系、不亦“乐”乎的精神追求，感到充分的精神愉快。

（二）“乐心”德育遵从了学生身心发展的教育规律

德育工作就是作用于人心的教育活动，内化于心，方可外化于行。因此，博伦职校将从“乐”出发，把“心”抵达作为德育工作的不懈追求，充分借鉴著名教育家斯宾塞

提出的“自治、独立”的教育思想，从而使得学生在教育中体会快乐的德育理念，强调学生的教育必须渗透体验活动方可打动人心。“心”即是真正地实现走入人心、打动人心、改变人心，内化于心、外化于行的德育。

（三）“乐心”德育满足了特区经济人才培养的需求

立足于南山区的区域经济发展，深圳大力发展创新科技企业，但技术工人缺口非常大，对外招聘成本高，因而迫切希望本土职业教育能提供大量合格的技能型人才。在这些技能人才中往往出现技术过硬而留岗率低的问题，究其原因是学生在工作中缺乏一定的职业素养与道德素质，无法从工作中收获奉献的快乐。“乐心”德育注重学生职业素养的培育与发展，强调从“乐中学”到“乐于学”的敬业精神，全面提高技能人才的综合素质，为深圳的经济建设作出博伦职校的贡献。

（四）“乐心”德育彰显了博伦精神内涵和发展特色

“敬业、乐学、德高、艺精”是博伦的校训，凝聚着博伦教师在中职人才培养中坚持以自身的敬业和品德的至善至美，致力于培养具有健全人格和技能素养的合格技能人才。学校教育的培养目标是不仅要使学生掌握熟练的现代技术技能，更重要的是培养其良好的道德品质和职业素养，锻造全面人格，培养社会需要、亲朋喜欢、父母放心，拥有合格专业技能和健全人格结构的时代“工匠”人才。2016 年 5 月，博伦职校被评为广东省心理健康教育特色学校；2016 年 12 月，博伦职校心理健康课程以优秀等级通过广东省第一批中职德育优质建设课程评审与验收，以生为本的“心育”模式也收到了良好的效果与广泛影响，全面诠释了博伦“乐心”德育的总体目标和精神内涵。

二、制度建设：构建“乐”“心”联动机制

多年来，在“乐心”德育模式的理论建构和实践探索中，博伦职校构建了践行“乐心”德育的四个机制和四大平台，形成了德育活动序列，打造了“周周有活动，月月有主题”的“乐”“心”联动机制。

（一）规范制度章程，优化管理机制

目前博伦职校德育工作已形成四个工作机制，包括班主任工作机制、住宿生管理机制、团委学生会机制、德育干事值班机制，分别在一天中不同的时段对学生进行管理。充分实现师生联动机制，防止一刀切或权责不明的情况，变“管”为“导”，确保德育工作规范有序展开。在制度建设方面，学校相继制定了《深圳市博伦职业技术学校在校生一日常规》《深圳市博伦技术学校学生日常行为规范》《深圳市博伦职校学生仪容仪表要求》《深圳市博伦职校学生考勤制度》《深圳市博伦职业技术学校学生管理处罚条例》《深圳市博伦职业技术学校住宿生管理制度文化课》等相关规章制度，努力营造依“法”

治校、以“德”育人的德育文化。

（二）建立有效平台，形成合力机制

博伦职校将德育拓展到更为广阔的生活中，为学生搭建四大平台。一是校内活动平台。校内德育活动，主要从三个维度来组织落实：文体社团类活动、自治管理类活动和教学自助类活动。二是校内技能平台。校内技能训练是学生实施德育管理的重要阵地，德育教师在技能训练中主要承担的德育任务就是培养学生良好的职业素养。三是家校共建平台。根据中职生普遍存在的家庭教育问题，以班主任为单位，积极建立微信群、QQ群，增强与家长的沟通交流。四是校企合作平台。博伦职校坐拥南山区职教集团的平台资源，便于充分利用企业资源，实现企业对学校的帮扶，让学生在实践中获得职业素养的提升。

（三）建设基础力量，创造协同机制

“乐心”德育的实践推进主要依靠两个方面的基础，一是德育活动队伍基础。在博伦职校，德育团队的基本组成包括德育科组专业教师、德育管理专业力量（德育干部、教官和班主任团队）、德育管理援助团队（专业专任教师、企业技师团队、社区家长队伍），健全的德育团队为“乐心”德育的开展奠定了力量基础。二是德育活动环境基础。学校对德育工作高度重视，每年召开德育工作专题会议，制订每学期德育工作计划，全面培育全员德育环境。

三、活动丰富：“乐”于行动，实践入“心”

学校整合现有德育工作活动，构建纵向成长序列、横向内化序列和动态体验序列三个体系，并组织全体学生积极参与其中。

（一）纵向成长序列

以高中三年为分段依据构建纵向序列活动，将内容不同、形式多样的德育活动安排在不同时间节点，并精心创设与之相配的场景，着力形成结构科学合理、内容丰富全面、形式活泼生动、学生喜闻乐见的德育活动序列，最终达成使博伦的每一个学生健康快乐发展的效果。纵向成长序列通过以下方式在实践中得到贯彻。

第一，以年度为单位铺排，务求月月有主题、周周有活动。第二，以学期和年级为单位铺排，务求创境激趣、实践导行，让学生逐步“乐”在其中。这体现在新生军训活动、职业生涯规划活动、社团活动、实训和技能大赛等不同的活动安排中，并以其中5项成长序列活动为抓手：一是新生入学教育活动，旨在培养学生环境适应能力的成长；二是社团活动，旨在培养学生自我管理能力的成长；三是心理拓展训练活动，旨在培养学生心理调适能力的成长；四是专业实习实训活动，旨在培养学生专业核心能力的成长；

五是“博字系列、四节并举”活动，旨在培养学生综合素质能力的成长。

学校在组织这一系列活动的时候，有意识地淡化学校和教师作为管理者和组织者的角色，让学生更深入地参与到活动的组织和管理的各个环节。使学生们在活动中既展现自我，又学会遵守社会规则，学会共同承担，学会礼貌谦让，学会发现美和欣赏美，使学校德育工作获得让学生快乐健康成长的幸福效果。

（二）横向内化序列

横向序列主题活动重点以 5 项内化序列活动为抓手。第一，职业生涯规划活动。旨在获得提高学生对职业教育的认同感和归属感，进而影响到他们人生的内化效果。第二，心理健康教育活动。旨在获得促进学生学业事业成功、形成良好品德、保证学生正常健康发展的内化效果。第三，主题班会活动。旨在通过形式多变的班会活动，获得德育工作“润物无声”的内化效果。第四，法制教育活动。旨在获得学生养成理性思维习惯的内化效果。第五，环保主题活动。旨在使学生获得从认识自然到建立保护环境意识，并自觉形成从我做起的内化效果。

（三）动态体验序列

结合时代发展，按照贴近社会、贴近生活、贴近学生的原则，走出去、请进来，学校组织学生积极参加富有情趣和时代气息的主题教育体验式活动，最终教会学生勇于承担社会责任，拥有一颗感恩的心，也使学校德育工作能获得用爱心构建和谐，用责任展现素质，用行动铸就文明的教育效果。为此，学校预设了 4 项序列活动：绿色交通志愿者活动、学生礼仪服务活动、社区宣传活动和绿色义卖活动。

重点以两项序列活动为抓手。一是绿色交通志愿者活动。学生服务队吸纳一大批学生志愿者，利用放学时间进行队形队列训练、交通知识培训、指挥手势训练等，周末在南山区各交通路口协助交警进行交通文明劝导活动。通过积极参加城市管理的体验式活动，希望学生们不仅学到了交通法规，更重要的是懂得秩序和责任的意义，树立“我为人人、人人为我”的服务思想。二是学生礼仪服务活动。礼仪不仅是德育工作的重要组成部分，也是学校精神文明建设的重要形式。学校成立礼仪队，就是为了适应现代社会发展的需要，展示学校学生的风采，同时以礼仪队为标杆，强化学生文明行为，营造良好的校园氛围。学校希望学生礼仪队员们不仅提高自身修养，在校内还能对其他同学也起到潜移默化的影响，形成彼此间和谐的人际关系。

四、成果突出：“乐”而有效，凝“心”聚力

（一）“乐学”

学校高职高考上线率高达 93.6%，其中有 6 个班 100% 上线，艺术联考上线率高

达 90%。高职院校自主招生方面，学校共有 8 位同学被高职院校提前录取，国际班有 7 名同学升入新西兰怀卡托理工学院。在就业方面，学校就业率连年上升，目前保持在 99.2% 的高位水平。

（二）“乐赛”

学校参加国家级、省市级技能大赛的学生中，累计有 68 名获得各级奖励。在全国职业院校技能大赛中，博伦职校以优异的比赛成绩位居前列，部分项目 100% 获奖，备赛经验获《蛇口消息报》整版刊载。教师队伍中，语文组肖娟老师在班主任技能大赛上一路凯歌，最终收获全国一等奖，成为深圳市唯一一位中职学校获奖教师。

（三）“乐展”

2016 年 12 月，博伦职校首次举办社团文艺展演与新年音乐会，艺术学子和社团积极分子为师生呈现了一场精彩绝伦的震撼表演，令社会各界啧啧称赞，充分诠释了“德高、艺精”的校训精神；其中有 1 名同学在国际音乐节获得金奖、3 名学生摘得银奖、5 名同学入选国家板球队，代表中国出征亚洲世锦赛，为国争光。

（四）“乐传”

博伦职校社会关注度、社会影响力不断提升，博伦的德育模式得到省教育厅德育处领导和同行的肯定。在以“四海八荒开学季，职校第一课竟可以这样”为主题组织的“全国职校开学第一课”评选活动中，博伦职校“开学第一课，感恩环卫工”活动在 6 所入选的职业院校中排名第二位。在网络投票环节中，博伦职校在很短的时间内票数就遥遥领先，扶摇直上，不仅博伦师生踊跃参与投票，更得到了社会和家长的广泛点赞。博伦职校吴泽平同学因长期义务维护校园秩序，对志愿活动无比热情，以《不是“巡警”的“巡警”》一文专稿刊载于中国新闻网，引起广泛讨论。

博伦职校心理健康教育课程已通过广东省中职德育优质建设课程评审与验收，并在全省中职德育优质课建设工作会议上介绍了以生为本的“心育”模式的经验。“以德育创新管理为基础的德育模式创新”由于受多种因素的囿限，还有很多不完备之处。但，虽不能及，心向往之。博伦的“乐心”德育实践虽然刚刚起步，我们却看到了明天的累累硕果。

以快“乐”的名义，达“心”灵之美境，博伦职校，在路上！

（深圳市博伦职业技术学校　边昭彬　陈　恒）

案例四　深圳市沙井职业高级中学：推行“全过程渗透”的心理健康教育

教育的主体是人，教育的核心是促进人的发展。站在新的起点上，如何在职业学校开展心理健康教育，让学生的心理得以成长、心智得以发展，是我们职业教育工作者需要研究解决的问题。深圳市沙井职业高级中学心理健康教育工作团队多年来始终围绕德育规划和育人目标，推行积极心理教育，构建和谐师生关系，打造学生阳光心态，成就学生幸福人生。经过多年摸索，形成了比较完善、规范、具有学校特色的心理健康教育体系。

一、主要做法

（一）全程渗透：一个抓手，三个阶段

中学阶段是青少年自我同一性发展的关键时期，他们特别希望知道自己未来适合做什么，经常思考未来的职业选择，进而开始思考自己的人生意义。而开展职业生涯教育，可以帮助他们正确认识自我、探索自我，确立未来的职业发展方向，从而发挥目标的激励作用，让他们学会自省，树立自信，实现自主发展。因此，我们选定的抓手就是对学生的职业生涯教育。

职业生涯教育共分为三个阶段实施，分年级渗透在学生在校学习的全过程。

一年级阶段：通过心理测试帮助学生认识自己，开发潜能，悦纳自己，完善自己；重点帮助学生在专业课和其他活动中了解未来要从事的职业，以及所学专业的培养目标和学习目标，培养职业兴趣。

二年级阶段：通过各种活动和专题教学引导学生了解自己的情绪、性格和能力特征，提高自我意识，重点是培养良好的职业意识，了解社会、认识社会，关注现实和未来职业选择的关系，树立正确的职业理想。

三年级阶段：帮助学生做好就业的心理准备，确立就业目标或继续学习的发展方向，引导学生利用顶岗实习熟悉社会、体验职业，重点是帮助学生树立正确的择业观、职业观、创业观，增强他们迎接职业挑战的信心，提高适应能力。

（二）全面展开：一个目标，三条途径

培养“技能型”人才是中等职业学校的育人目标。在此基础上，学校明确提出“成才先成人”，把具有良好的心理素质作为学生的基本素养，纳入到人才培养目标中。把“提高学生心理素质，充分开发学生潜能，促进学生人格的全面发展”作为教育追求。为此，我们采取了以下三条途径。

首先是活动体验。一是心理健康教育课和班会课一半以上采取活动课类型，让学生

在活动中体验、感悟、分享、生成。二是每学年心理健康教育开展“五个一”常规活动，即：一次大型户外心理团辅；一次心理健康教育讲座；一次主题家长会；一次心理普查；一次心理健康教育开放日活动。再辅之以个案辅导、小团体辅导与拓展活动。三是开展学生心理社团活动，展示心理手抄报，演出心理剧。四是结合实际，做好实习生就业心理辅导工作。五是连续十多年组织暑期“三同”（与山区群众同吃、同住、同劳动）活动，让学生们在活动中体验、反思并获得成长。

其次是成功激励。以“扬长”为主，开展不同层级、不同形式的表彰活动，让学生不时体验成功的快乐。因此，学校“技能节、艺术节、运动会、书香润人生成果汇演”成为学生们展示自我、张扬个性的平台。大力表彰在区以上各种比赛中获奖的学生，请家长到校传授育儿经验，请学生登台分享成功体会。学生参加全国比赛归来，学校领导班子成员都会和学生一起去机场迎接，向获奖学生献花。此类活动都起到了很好的激励作用，滋润着学生的内心。

第三是目标引导。学校从高一年级开始，开设职业生涯规划课程，使学生认识自己的职业兴趣、职业性格、职业能力潜质和职业价值观，结合所学专业，培养他们的兴趣特长，培养团队精神和责任意识，以“工匠”精神引导学生热爱专业、正确择业，树立职业目标。

（三）全线参与：一个基础，三支队伍

“人人都是心理健康教育工作者”，学校的心理健康教育工作，不能只靠心理教师，还要依靠全体教职工、家长、学生自己以及社会教育力量，学校将这些资源有效融合，形成了“统一”战线。

1. 以专职教师为基础力量

学校现有心理教育专职教师 3 人，其中全日制心理健康教育博士 1 人、硕士 1 人、本科 1 人。学校成立了心理健康教育教研组，还选聘了本校一名区家庭教育讲师团成员为心理健康教育兼职教师。心理健康教师杨海燕博士成立了工作室。学校多次组织教师前往北京、上海等地听取心理专家专题讲座。近几年来，杨海燕博士参加了国际后现代心理大师吴熙琄老师在上海举办的“叙事疗法”六阶全部课程的培训。其他教师每年保证培训一次。

2. 努力建设“三支队伍”

一是班主任及课任教师队伍。首先，班主任开展心理健康教育的主阵地是班会课，学校大力推进班会课改革，提倡班主任人人上好心理健康活动课。从 2010 年起，学校连续开展心理健康活动课比赛，每年都开展专项培训；编印《中等职业学校心理健康教育活动课指南》一书，收集了几十篇优秀案例，供班主任借鉴。其次，倡导各科教师掌握心理健康教育方法，做好学科渗透。重点推广“叙事疗法”的理念，通过老师们的学习实践，叙事疗法从一门心理咨询的技术转化为心理健康教育的方法；任课教师还自发成立“叙事”应用课题研究小组，2013 年申请了宝安区教育科研课题。再次，学校每年都聘请专家举行心理健康专题讲座。目前，学校共有 15 人考取了广东省心理健康教育 A 证，16 人考取了 B 证，班主任 C 证持证率 100%。

二是家长队伍。学校重视家庭教育的作用，开办了家长学校，请市、区家长学校心理健康教育讲师团为家长们讲授心理知识。开设了家庭教育工作坊，家校共读一本书，即《正面管教》；编印了《中职生生涯规划家庭辅导指南》校本教材，指导家庭教育行为。学校成立了校、专业部、班级三级家长委员会，开通了家长微信群，建立了心理健康教育“心馨桥”微信公众号，以优秀家长示范引领，扩大了家庭教育的有效资源。学校每年举办一次大型心智开发讲座和亲子活动。通过家校合作，营造和谐育人环境。

三是学生队伍。学校在各班设立了学生发展委员会，主要负责学生心理健康教育的朋辈辅导，宣传普及心理健康与职业指导知识，提高全班学生的心理健康意识、职业生涯规划意识。学生发展委员及时了解本班学生心理健康情况，对班级内学生可能出现或即将发生的心理危机事件，及时向班主任、心理咨询室报告。配合学校对有心理问题、心理障碍的学生进行追踪服务工作。此外，学校还成立了学生心理社团；每年开展心理健康教育周等活动，利用宣传栏、广播站、黑板报、网络等校园媒介，积极开展心理健康教育宣传活动。

二、工作效果

几年来，学校连续开展了新生心理普查工作，通过重点约谈、团体辅导、活动引导、学科渗透、筛查帮扶等措施，帮助很多学生克服了青春期和职业选择的迷茫，实现了学校提出的“在这里发现自己、发展自己”的愿景。体现了三个做到：

一是在自我发现中做到自省自尊。2010 级会计电算化专业的黄同学是一名“慢”性情的学生，在心理活动课中，她分享了自己个性中的“慢”，对自己的性格产生了不同的看法与思考。在接纳了自己后，她把“慢”与会计电算化专业“细”的要求结合起来，在感悟中得到成长，后来成为了学校首个学生公司的经理，考入了心仪的职业院校。很多学生都是通过职业生涯规划、职业体验活动，了解了自己的性格特点和兴趣所在，知道了自己的长处和发展路径，学会了时间管理，有了“有为”的冲动，产生了学习、成长的动力。

二是在自我体验中做到自信自爱。2013 级烹饪专业蔡同学，抱着改变自己内心“羞怯”“胆小”的想法走进学生心理社团，不仅学会了心理健康知识，更多的是得到了关爱。她找到了自己用“果蔬雕刻”去展现青春风采的途径，接连在市、省、全国技能大赛中获奖。2017 年 5 月，她当选“宝安区十大阳光少年”。另外一名谭同学的家长反映，孩子回到家喜欢做饭，而且还主动教妈妈，而孩子读初中的时候却常常说“学习很难”。在妈妈看来难度很大的技能，孩子却表现出专注和自信，妈妈的话语中充满欣慰和自豪。通过学校举办的各种活动，学生们体会到了自身价值，学会“爱自己”，感受同伴“关爱”、社会“大爱”。

三是在自我调适中做到自主自在。生命是一个逐步自我实现的过程。2014 级数控专业的李同学曾经对自己的生活感到困惑。他参加了集体项目的训练，如何和同学相处、发扬团队精神，是专业教练所费神的。学校专门请来北师大心理学教授为他们辅导，让他们学会如何自在表达、如何自主选择、如何应对危机。后来，他与其他两位选手参加全国技能比赛，获得了第一名的好成绩。像李同学一样，这些曾经产生困惑而又有着改变自己想法的学生，在经过咨询或团辅后，学会了自我调适，从而积极投入到学校各种活动中。

近年来，学校心理健康教育取得的成绩受到社会关注。2012 年 12 月 7 日，南方教育时报以《砥所以致于刃，学所以尽其才》为题进行了报道；2014 年 12 月 6 日，宝安教育以《让“小蟋蟀”歌唱的秘密》为题，对学校多途径促进学生成人成才的事迹进行了整版报道；2017 年中国教育报《为了折翅“雏燕”重返蓝天》为题，全面介绍了学校心理健康教育工作情况。

（深圳市沙井职业高级中学　汪大木）

案例五　深圳市龙岗职业技术学校：“幸福家长工作坊”的实践探索

家庭是一个生动的系统，一个有机的整体，某个成员产生的变化会进而对全家人产生影响。2015 年，教育部印发的《关于加强家庭教育工作的指导意见》(以下简称《指导意见》) 指出，一些家庭出现了重智轻德、重知轻能、过分宠爱、过高要求等现象，影响了孩子的健康成长和全面发展。近年来，越来越多的抑郁症学生、急性精神分裂学生或者大量的受处分学生的背后，常呈现出各种各样的家庭危机。实施家庭治疗，可以让青少年比以往更好地面对家庭危机，与他们的父母共同成长。为此，应发挥学校在家庭教育中的引导作用，强化学校对家庭教育工作的指导，通过家长委员会共同办好家长学校，把家长学校纳入学校工作的总体部署。

一、前期调研

针对中职学生普遍存在的问题，学校学生处一直在探索怎样让孩子变得身心更加健康。为更好地开展家校合作教育，了解家庭教育现实状况，学校分别对二年级和一年级的家长开展了两次家长问卷调查，也对一年级新生进行了问卷调查。结果显示，学生家长在参与学生教育方面主要存在以下问题。

（一）家长难以参与到学校德育工作中来

学校面对全市招生，虽然主要生源为龙岗区，但是生源的分布相对较为分散，因而80% 多的学生为寄宿生，家长只有周末才能见到孩子。那么，怎样在两天的周末里开展家庭教育？教什么？效果如何？这些问题都令我们困惑。

（二）家长普遍失去了对孩子的信心

中职学生大多是在初中就被教育边缘化了的学困生，普遍存在缺乏自尊与自信，或者欠缺良好的行为习惯的问题。此时，最好的教育时期其实已经过去，家长往往也随之失去对孩子教育的信心，只希望孩子在职校平安长大成年，然后找一份工作；或者把孩子教育的希望全部寄托在学校身上。那么，学生还可以“挽救”吗？怎样才能树立家长的信心成为我们德育工作中的重要环节。

（三）大多数家长能认识到自身问题且有改进意愿

作为学困生的家长，家长在孩子过往的成长中是怎样使自己的孩子成为一名学困生的？过往的家庭教育方法还适用吗？对此，我们从对一年级的家长和学生开展的“龙岗中专家长调查”和“龙岗中专学生调查”中分别抽取了对家长和孩子的部分调查结果进行分析。其中，相信自己是一位好家长的占比 89.55%，但经常陪伴孩子的比率只占 19.32%，过半数的家长表示每月陪伴孩子的次数不会超过 3 次。家长自己也意识到对孩子的教育方法欠妥当，大部分家长均有改进意愿，占比 63.18%，且他们相信家长课堂能够促进亲子关系。

家长对孩子的教育同家长的文化水平、职业压力息息相关，不正确的教育方式使得学生在心理上远离自己的父母、不愿意与自己的父母沟通。但是，我们在与家长交流的过程中也深刻地认识到，家长如果能及时改变自己，及时改变自己对待孩子的教育方式和交往方式，中职学生还是有很大的改进空间。作为源头的家长是“挽救”教育的关键部分。做好“挽救教育”，家长必须先“自救”。学校有责任为此搭建平台，教给家长“自救”的方法，共同服务学生的成长。

二、项目启动

以上述调查及数据分析为依据，我们认为，我校的德育工作应该尽快升级换代，即将过去家长的被动参与转变为家长的主动参与；从过去告诉家长做什么，转变为引导家长反思自己主动做什么。

根据这个思路，我们提出了开设“龙岗中专家长课堂”的想法。为此，我们于 2016 年 5 月至 6 月期间，积极与国内有关教育名家陈钱林、李秉康等进行咨询与沟通，他们对开设中职家长课堂给予充分肯定。2016 年上半年，我们把建立中职学校的家长课堂正式提上日程。

为了进一步确定中职家长课堂开设的可行性及家长课堂开设的内容，我们在 2016 年 6 月份对二年级的家长进行“关于家长对孩子的信任度及家长课堂开设的问卷调查”。结果显示，我们的家长与孩子间的“信任度”比较低；对自己“自信”的家长比例也只占到 33.8%；63.6% 的家长希望改变过去对孩子的教育方法；82.8% 的家长相信家长课堂能够促进亲子关系与孩子成长；大部分的家长在“希望开设哪些家长课堂的内容”中选择了“如何与孩子沟通”和“如何建立与孩子之间的信任”。因此，在学校领导的支持下，我们决定建立以“幸福家长工作坊”为名的家长课堂，制定了工作方案，并于 2016 年 10 月开始正式开展第一期的家长课堂活动。

三、组织运行

“幸福家长工作坊”建立的目标旨在帮助家长调解亲子关系、促进亲子沟通、缓解家长压力、提升自我价值、增进家庭幸福，共创家校合作育人新局面。为有效地开展工作，学校成立专门的组织机构，“龙岗家长课堂”由主管德育的校长担任组长、学生处主任为副组长，由有着心理学专业知识的老师担任讲师团专干，参与成员还包括各专业部德育部长、班主任、心理咨询老师和家长委员会委员。

鉴于家长分散的特点，家长课堂采取“报名自愿”与“要求参加”相结合的办法，即家长根据自身情况，根据家长课堂开设的内容，自由选择听大讲座或者参加小型工作坊，但是对于受处分学生的家长和心理测试有心理异常倾向的家长则“要求参加”。工作坊运行中，严格遵循隐私保护原则：对于小型家庭治疗式的家长工作坊（包括个案），要求参加家长遵循“三不”保密原则，即“不拍照、不录像、不传播”。

四、实施方式

到 2017 年 9 月为止，我们共开设 35 期家长课堂，采取的主要形式有：专题讲座、家长工作坊、个案处理与读书分享等。

（一）专题讲座

结合前面的调查，我们选择家长感兴趣、有需要的话题做大型主题讲座，相继举办了以“相信改变会发生”“掌握自己的情绪”与“赞美的艺术”等为主题的系列讲座或体验活动。

（二）家长工作坊

本工作坊运用萨提亚家庭治疗模式，计划两年为一个循环，每月一次活动。前七期主题计划如下。第一期：改变永远是可能的；第二期：冰山理论；第三期：培养孩子自尊自信；第四期：培养孩子自主自立；第五期：培养孩子的规则和界限；第六期：培养孩子的情绪管理能力；第七期：培养孩子的适应社会能力。

（三）个案处理

个案处理即汇聚一些共性的家庭问题做小型的体验式或叙事式家庭治疗；对于一些有精神分裂症、抑郁症等特殊问题的孩子，建立专门的档案跟踪其就医、休学与复学等情况。

（四）读书分享

从家长课堂运行开始，我们已经与家长共读了《相信改变会发生》《新家庭如何塑造人》等书，通过布置读书任务、微信群分享读书心得、分享读书后如何将书中的知识应用到孩子的教育上的经验等来开展。

（五）对班主任开展治疗知识培训

为了让家长课堂“日常化”，我们决定向全校班主任开设以治疗知识为主的培训活动。学生处聘请家长课堂讲师团和外聘专家，对学校班主任开展青少年心理健康与家庭治疗相关理论与操作的培训与交流，并由有着共同兴趣的老师组成读书会，形成全校的德育共识与行动，共育教师和学生的心理健康。

根据上述不同方式的要求，我们提出了几种策略，力图保证家长课堂的实施效果。策略一为线上读书答疑和线下讲座相结合，根据龙岗中专学生家庭普遍离学校较远的问题，我们引入了线上活动的方式，尤其是读书活动。策略二是体验治疗与个案咨询相结合，根据学校心理办排查的心理异常的学生名单，经过与学生逐个谈话后，确定需要定期咨询的学生，由家长工作坊邀请家长前来学校参加家庭治疗活动，运用萨提亚家庭治疗原理或叙事治疗模式进行家庭治疗；同时配以定期的心理咨询。策略三是学校学习与回家应用相结合，对于参加家庭治疗工作坊的家长，工作坊会布置每次活动的作业，要求家长回家完成。

五、实施效果

“幸福家长工作坊”自开办至今，已经有 300 人次的家长参与到家长课堂活动中来，主要效果如下。

（一）提升了家长的积极性与信心

家长普遍表现积极，对提升“自救”的能力和“挽救孩子”的能力产生了信心。活动受到了一些家长的热捧，每期必到，或者夫妻轮流来参加。

（二）改变了家长的教育观念

读书活动改变了很多家长的家庭教育观念，并且将所学所思用于改善亲子关系上。每周三、周六晚上的读书会也受到家长的好评。

（三）切实提升了学校德育效果

参加家庭治疗工作坊的家长中，有10多位家长了解了孩子的症状，并积极寻求老师的治疗；一些症状严重的孩子得到了治疗和改善。一年来，有8位孩子参与了治疗。这里举两个案例说明，为保护孩子的隐私，在此隐去姓名与性别。

案例一：得抑郁症的孩子。2016级某生，在军训中出现撞头、大哭等异常状况，跟家长联系沟通后得知，该生在初中时因抑郁症就诊，并一直用药，该生家庭为重组家庭。军训结束后，该生又因情绪紧张、呕吐、不与同学说话被班主任申报到学生处。该生妈妈与继父应家长课堂专干之约来校，进行了单独的体验式家庭治疗，并经常参加各种家长课堂。该生也应约定期做心理咨询。如今，该生不仅活跃在学校的摄影、播音、主持等场所，还参加了广东省举办的演讲比赛。

案例二：不与家长说话的孩子。有两位家长参加了一次以“相信改变会发生”为主题的萨提亚家庭治疗宣传讲座后，对于工作坊的活动，每期必到。其中一位家长在参加了第二次活动后，在学校门口接到放学的孩子，立即欣喜地给讲师团老师发来短信，说：“不知是巧合还是我的改变，总之孩子在多年的沉默后，第一次，而且是主动跟我说话了！谢谢你们！”

（深圳市龙岗职业技术学校　吴玲玲）

第四节　专业建设案例

案例一　深圳职业技术学院：物流营销专业课程建设标准与路径

物流营销是物流管理专业的核心课程，旨在把学生培养成为第三方物流企业营销员，能够按照现代物流企业营销管理“调研市场需求——选择目标客户——开发服务项目——接近目标客户——制订营销计划——控制服务质量——评估营销绩效”的真实工作过程和操作流程进行物流营销服务，系统掌握现代物流企业市场营销的基本原理、基本方法、基本工具和基本策略。

一、课程建设背景

（一）前期调研

我校物流管理专业在确定人才培养方案过程中，对深圳物流企业高管、兄弟院校教师和毕业生分别展开了深入的调研。调研结果显示，认为物流市场拓展能力“非常重要”和“比较重要”的企业高管近 85%，认为物流市场拓展能力“非常重要”和“比较重要”的高职院校教师近 87%。调研的高职院校专业教师和企业高管高度支持开设专业性强的物流营销课程。

从学生视角分析，物流管理专业约一半毕业生从事国际货代工作，必须熟练运用外语，掌握物流营销技能。而且对物流管理专业毕业生的调研也印证了营销技能是学生就业后最重要的专业技能之一，职业成长快的同学都将营销技能作为最重要的专业技能。因此，物流管理专业必须开设物流营销课程。

（二）准确定位

物流营销课程开始建设时，深职院已经有国家精品课程 80 多门，经管类国家精品课程也有 5 门。因此，物流营销课程建设的最终目标定位为国家级课程。

教育部、财政部《关于加快高等职业教育改革与发展的意见》（教高〔2006〕14 号）提出要“创建共享型专业教学资源库。对需求量大、覆盖面广的专业，中央财政安排经费支持研制共享型专业教学资源库，主要内容包括专业教学目标与标准、精品课程体系、教学内容、实验实训、教学指导、学习评价等要素，以规范专业教学基本要求，共享优质教学资源”。课程团队敏锐地意识到，资源库课程是今后替代精品课程的课程建设新形式。2009 年 11 月，宁波职业技术学院牵头组织建设物流管理专业国家教学资源库，课程负责人胡延华博士成为共同申报的团队成员。2010 年，教育部《关于开展高等职业教育专业教学资源库 2010 年度项目申报工作的通知》（教高司函〔2010〕129 号）批准立项物流管理等 10 个专业的项目申报，物流营销课程正式开启国家物流管理专业教学资源库的建设历程。

二、课程建设目标

按照顶层化设计、结构化课程、碎片化资源、系统化集成的思路，体现国家精品课程的总体框架、国家资源库课程的丰富资源和“能学辅教、技能鉴定、服务社会”功能，实现国家资源共享课程的平台化、开放化运行，建成全国最知名的物流营销课程，出版具有数字化特征的现代化、项目化教材。

三、课程建设标准

（一）课程内容标准

一是按照职业教学规律，改变以知识为主的本科压缩饼干式的教学内容，以实践教学带动必要的理论讲授，形成以实践教学、能力训练带动理论教学的新内容。二是按照能力导向的原则，引出必要、够用知识的思路，重组教学内容。本科院校和职业院校中理论教育与实践教学的关系，如图 4–7 所示。职业教育中知识、能力与项目的关系，如图 4–8 所示。

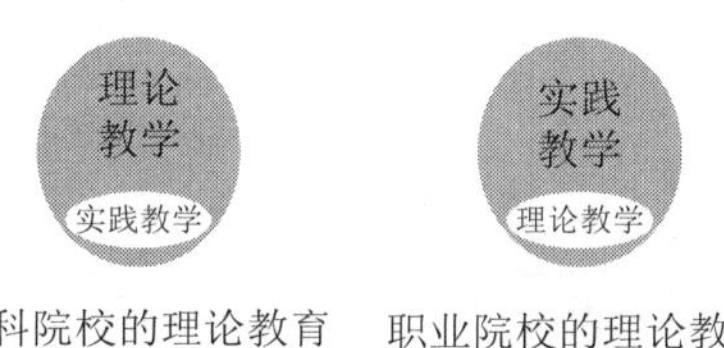

图 4–7　本科院校和职业院校中理论教育与实践教学的关系

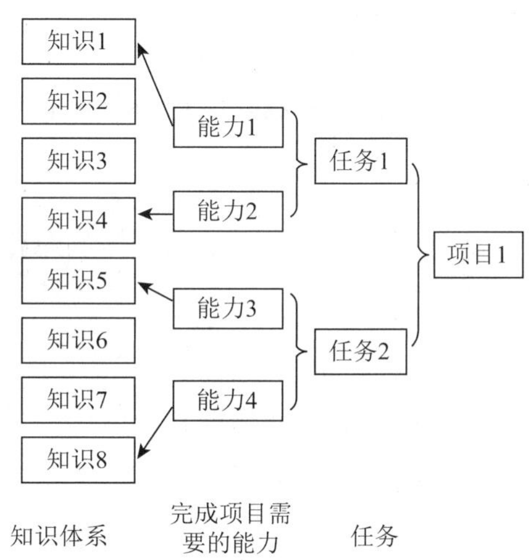

图 4–8　职业教育中知识、能力与项目的关系

（二）课程资源标准

按照资源库课程的建设标准，针对知识点，研制丰富的碎片化资源，让学生能够实现轻松学习。教学资源规划，见表 4–15。

表 4–15　深职院物流营销课程教学资源规划

资源种类	数　量	获取途径
案例	600	自己搜集
图片	1200	自己搜集
动画	200	公司开发
视频	200	公司开发
试题	1000	自己开发
软件	2	合作开发
网站	1	学校平台
教材	1	自己开发

在资源充足的情况下，编制知识树（见图 4–9），让学生对知识有系统的整体观和学习的路线图。

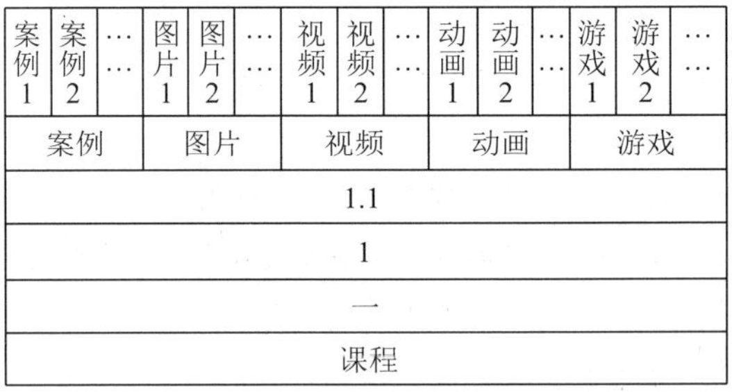

<table>
<tr><td>案例1</td><td>案例2</td><td>……</td><td>图片1</td><td>图片2</td><td>……</td><td>视频1</td><td>视频2</td><td>……</td><td>动画1</td><td>动画2</td><td>……</td><td>游戏1</td><td>游戏2</td><td>……</td></tr>
<tr><td colspan="3">案例</td><td colspan="3">图片</td><td colspan="3">视频</td><td colspan="3">动画</td><td colspan="3">游戏</td></tr>
<tr><td colspan="15">1.1</td></tr>
<tr><td colspan="15">1</td></tr>
<tr><td colspan="15">一</td></tr>
<tr><td colspan="15">课程</td></tr>
</table>

图 4–9　深职院物流营销课程知识树

（三）课程师资标准

按照专兼结合、政校行企兼顾、教学科研培训一体的思路和原则，建设课程教育的高水平师资团队。

（四）课程实训标准

按照“课程需要什么样的实训资源，我们就建设什么样的实训资源”以及“校内资源不够，就积极建设校外实训基地”的思路，完善课程建设所需要的技能实训条件。

（五）课程考核标准

按照“深圳物流行业企业对物流营销技能有什么标准，我们就按照这一标准考核学生”“深圳物流企业如何考核营销员，我们就按照同样方式来考核学生”的思路，制订完善的形成性考核方案并实施。

（六）课程教材标准

按照数字化教材标准，编写项目化教材。

（七）教学网站标准

课程教学网站既有单机版也有网络版，使教学网站成为学生全天候学习的充电桩和加油站。

三、课程建设路径

针对不同的建设内容，课程组在建设实践中探索了不同的建设路径。

（一）课程内容建设

一是按照工作过程系统化的思路，在充分调研企业的基础上，按照初识物流市场营销→分析物流营销环境→选择物流目标客户→推介物流服务项目→制定物流营销策略→监控物流营销过程→完成营销后续任务→建设物流营销团队的典型工作任务和工作过程开展教学。每个项目细分为典型工作任务，每个典型工作任务再具体细分为技能点（见表 4–16），重构教学内容。

表 4–16　深职院物流营销教学内容体现典型工作任务和工作过程

工作项目	典型工作任务	技　能
项目 1 初识物流市场营销	任务 1　概述物流营销工作岗位	技能 1　描述工作岗位 技能 2　描述工作职责 技能 3　描述工作任务 技能 4　描述考核要求
	任务 2　学习物流营销基本理论	技能 1　界定物流市场营销概念 技能 2　描述物流市场营销特征 技能 3　总结物流市场营销作用 技能 4　陈述物流市场营销原则 技能 5　绘制物流营销流程图
	任务 3　树立现代物流营销理念	技能 1　梳理物流营销观念变迁 技能 2　梳理物流营销理念变迁 技能 3　明确物流营销道德与责任
项目 2 分析物流营销环境	任务 1　建立物流信息渠道并获得信息	技能 1　通过市场调查获得一手信息 技能 2　通过资料搜集获得二手信息 技能 3　自建物流信息系统获得信息
	任务 2　整理物流营销环境信息	技能 1　物流市场信息分类 技能 2　物流市场信息审核 技能 3　物流市场信息存档 技能 4　物流市场信息制表 技能 5　制作物流市场信息数据库
	任务 3　分析物流营销环境信息	技能 1　分析环境 技能 2　分析市场 技能 3　分析竞争者 技能 4　分析消费者
	任务 4　撰写物流营销环境分析报告	技能 1　反映物流市场环境分析报告的形式要求 技能 2　体现物流市场环境分析报告的内容要求

续表

工作项目	典型工作任务	技　能
项目3 选择物流目标客户	任务1　物流市场细分	技能1　依据需求选定服务市场范围 技能2　列举各潜在顾客的基本需求 技能3　分析各潜在顾客的不同需求 技能4　剔除各潜在顾客的共同需求 技能5　以特殊需求细分市场并命名
	任务2　物流细分市场选择	技能1　进一步认识各细分市场的特点 技能2　评估细分市场的大小、潜力 技能3　选择获利机会大的目标市场
	任务3　目标市场定位	技能1　分析自身潜在的竞争优势 技能2　选择自身相对的竞争优势 技能3　显示自身独特的竞争优势
	任务4　目标客户开发	技能1　巩固老客户 技能2　拓展新客户 技能3　投标发展客户
项目4 推介物流服务项目	任务1　概述服务项目	技能1　介绍服务推出背景 技能2　介绍服务价格 技能3　介绍服务特色与质量 技能4　介绍结算条件与优惠 技能5　介绍保证条款
	任务2　寻找客户需要	技能1　探讨客户现存或面临的问题 技能2　用服务项目改善客户的问题 技能3　分析服务能为客户创造的价值
	任务3　处理客户异议	技能1　理解客户异议 技能2　区分客户异议种类 技能3　分析客户异议原因 技能4　运用客户异议应答语处理客户异议
	任务4　运用物流营销方法	技能1　运用传统营销方法开展营销 技能2　运用新兴营销方法开展营销
	任务5　促使客户购买	技能1　识别成交信号 技能2　营造成交环境 技能3　提出交易请求
项目5 制定物流营销策略	任务1　制定物流服务产品策略	技能1　制定物流服务产品组合策略 技能2　制定物流服务产品包装策略 技能3　制定物流服务产品品牌策略 技能4　制定物流服务产品生命周期策略
	任务2　制定物流服务定价策略	技能1　制定物流新服务定价策略 技能2　制定物流服务区域定价策略 技能3　制定物流服务折扣折让定价策略 技能4　制定物流服务心理定价策略 技能5　制定物流服务刺激性定价策略 技能6　制定物流服务关系定价策略 技能7　制定物流服务调价策略

续表

工作项目	典型工作任务	技　能
项目 5 制定物流营销策略	任务 3　制定物流服务分销策略	技能 1　制定物流服务分销渠道设计策略 技能 2　制定物流服务分销渠道管理策略
	任务 4　制定物流服务促销策略	技能 1　制定物流服务人员推销策略 技能 2　制定物流服务广告促销策略 技能 3　制定物流服务营业推广策略 技能 4　制定物流服务公关促销策略 技能 5　制定物流促销组合策略
	任务 5　制定物流服务营销组合策略	技能 1　分析影响物流服务营销组合的因素 技能 2　剖析物流服务营销的可能组合 技能 3　形成物流服务营销组合策略
项目 6 监控物流营销过程	任务 1　制订营销计划	技能 1　描述营销背景与现状 技能 2　开展 SWOT 分析 技能 3　提出营销目标 技能 4　建立营销组织 技能 5　制定营销策略 技能 6　预防可能风险 技能 7　预测营销成本
	任务 2　实施营销计划	技能 1　制订行动方案 技能 2　调整组织结构 技能 3　编制规章制度 技能 4　协调各种关系
	任务 3　控制营销活动	技能 1　年度计划控制 技能 2　营利控制 技能 3　效率控制 技能 4　战略控制
	任务 4　评价营销绩效	技能 1　制订评估计划 技能 2　明确评估指标、标准与方法 技能 3　落实与培训评估主体 技能 4　收集绩效信息 技能 5　实施绩效评估 技能 6　撰写评估报告
项目 7 完成营销后续任务	任务 1　签约	技能 1　确认合同 技能 2　打印合同 技能 3　组织签约仪式
	任务 2　协调完成服务	技能 1　协调部门与人员 技能 2　协调进度 技能 3　协调保证服务质量
	任务 3　协助收款	技能 1　根据服务进度协调收款 技能 2　协调为客户出具发票
	任务 4　管理售后客户关系	技能 1　评价客户 技能 2　完善客户信息

续表

工作项目	典型工作任务	技　能
项目 8 建设物流营销团队	任务 1　设计物流营销团队	技能 1　设定团队目标 技能 2　设计团队结构 技能 3　确定团队规模 技能 4　明确成员任务 技能 5　设计取酬方式
	任务 2　管理物流营销团队	技能 1　业务管理 技能 2　用人管理 技能 3　绩效管理 技能 4　文化管理

（二）课程资源建设

按照规划的资源，通过购买、资源置换、合作开发、自制等方式进行建设（见图 4-10），在资源开发过程中，根据学生的媒体偏好，坚持“四个优先”（见图 4-11）：图片、音频资源优先于文本资源，实物资源优先于图片、音频资源，展示性的视频、动画资源优先于实物资源，能互动的视频、动画资源优先于展示性的视频、动画资源。

课程组目前建成的资源超过 4800 条，且每年以 10% 的比例新增和完善。以充足的碎片化资源为基础，课程组编制了物流营销知识树，指导学生开展多样化的学习。上课过程中，所有班级都能实现全程在网学习、讨论、提交作业和互相评论。

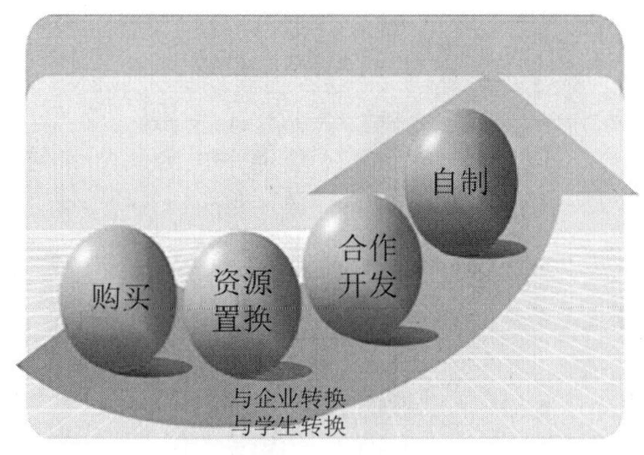

图 4-10　深职院物流营销课程资源建设路径

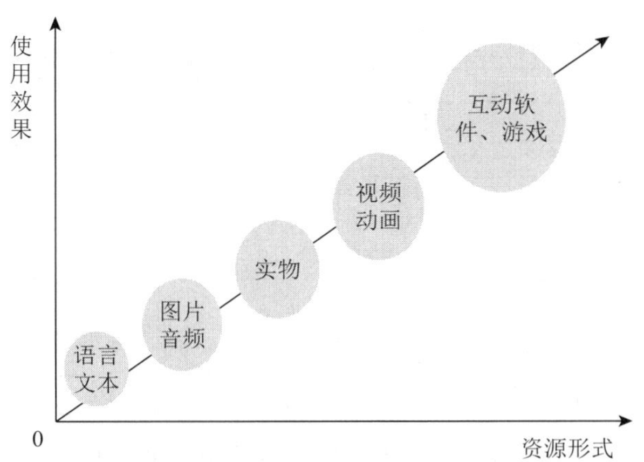

图 4–11　深职院物流营销教学资源开发的“四个优先”

（三）课程师资建设

按照专兼结合、政校行企兼顾、教学科研培训一体的思路，课程负责人通过联系专家、建立专家库、筛选专家的循环方式，打造了一支高水平的师资团队。

目前，课程组已经形成 22 人的稳定课程团队。其中来自学校的 11 人，来自政府的 2 人，来自行业协会的 5 人，来自企业的 4 人；博士 5 人，硕士 14 人，学士 3 人；教授 2 人，副教授 8 人，讲师 7 人；19 人次拥有高级职业资格证书，2 人次拥有中级职业资格证书，“双师率”达到 77.3%。

课程组团队的政府、行业、企业成员先后为学生上课、开设讲座 178 次，截至 2017 年 10 月，受益学生前后达到 9 届 2160 人次。课程团队合作完成了 12 项企业培训、28 项省培和国培项目培训，受益的企业员工近 1200 人，受益的职业院校教师超过 6000 人。

（四）实训条件建设

一是课程组根据校内实训场地、条件、资金，建设了模拟营销实训室，学生可以在实训室中完成建立销售网站、商品陈列与展示、模拟推销等实训环节。

二是课程组与跨境电子商务服务商中环运控股集团有限公司联合开设“中环运电商物流拓展班”，改造了原来的供应链与物流实训室，用于实训教学和学生实战。

三是与祥乐物流等 5 家企业合作，在企业建立实习基地（见图 4–12），满足不同物流营销的调研、体验、实习、实战需要。

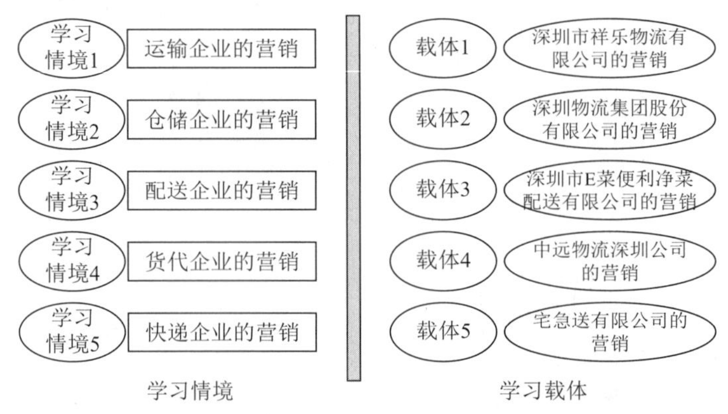

图 4–12　深职院物流营销专业按照不同的营销细分市场建立的校外实习基地

（五）考核方案建设

在充分调研物流企业对营销员考核内容、考核方式的基础上，基于配合合作企业参展深圳物流博览会的物流营销实战，学生分组全程参与参展过程，包括策展、布展、参展接待、撤展、展后服务、总结。企业导师重点考察学生物流营销实战情况，学校教师重点考察学生知识掌握情况。对于实战表现优异的学生，课程教师按照企业评选最佳销售员的方式，定期评选金牌销售员和优秀销售团队。课程考核方案，见表 4–17。

表 4–17　深职院物流营销课程考核方案

学习情境		自评	小组成员互评	各组互评	教师评分	比例
任一情境一做到底70分	调研市场需求 10 分	√	√		√	70% *
	选择目标客户 10 分	√	√		√	
	开发服务项目 10 分	√	√		√	
	接近目标客户 10 分	√	√		√	
	制订营销计划 10 分	√	√		√	
	评估营销绩效 10 分	√	√	√	√	
	控制服务质量 10 分	√	√		√	
总报告 30 分		√	√	√	√	
基础知识的人机对话考试					计算机自动计打分	30%
态度、精神、趋势加分		√	√		√	

＊其中考勤、课堂表现占 10%，分别由企业导师和学校教师考察学生到岗、到堂情况，各占 5%；企业导师根据学生的实际营销表现和成绩给分，占 30%；营销报告主要由学校导师根据报告水平给分，占 30%。

（六）课程教材建设

在与物流行业协会、物流企业营销专家共同商讨教材大纲的基础上，按照项目化教材的体例，由高职院校专家主编、企业主审，出版了教材。而且高职院校专家根据企业专家的建议，不断完善大纲、案例和数字化资源。大连理工大学出版社出版的物流营销专业教材是课程团队与广东物流行业协会合作组编。

目前教材已经由大连理工大学出版社、高等教育出版社、中国人民大学出版社三个出版社出版，且高等教育出版社的教材已经出版了第三版。大连理工大学出版社、高等教育出版社出版的教材先后被评为国家规划教材。

（七）教学网站建设

课程组与大连泽软信息技术有限公司合作，建设了单机版的教学网站。此后，课程组先后在学校得实平台、高教出版社的智慧职教平台、物流行指委的平台上搭建了网络课程，而且在高教出版社的智慧职教平台先后搭建了 1.0 和 2.0 版本的网络课程，课程教师已经实现了云课堂教学。

目前，在网络平台开课的学校达到 88 所，开课教师 122 人次，在线学生 3217 人，在线上学习的人员达 6200 多人。

四、课程建设成果

自 2009 年开设以来，物流营销课程按照项目化课程的思路，突破原有的《市场营销》知识体系，按照实际工作流程进行知识体系重构，真正实现了“工学结合”，在零起点的基础上先后于 2013 年立项建设学校精品资源共享课、2015 年立项建设广东省精品资源共享课、2015 年建成国家资源库课程，先后获得 65.8 万元建设经费，分别在大连理工大学出版社、高等教育出版社、中国人民大学出版社出版了 3 部教材。大连理工大学出版社出版的《物流营销》、高等教育出版社 2014 年出版的《物流营销》经全国职业教育教材审定委员会审定为“十二五”职业教育国家规划教材。

物流营销课程在建设过程中，能够根据职业教育的最新发展态势，探索运用最新的“工作过程系统化”、项目化课程、校企合作共育人才等方式，做到工学结合。物流营销课程能够在短短 6 年时间实现从校级课程、省级课程到国家级课程的跨越，教材实现 3 个出版社出版 5 个版本的不断更新，靠的是课程团队孜孜不倦，追求卓越，充分体现了职教人的工匠精神，也充分体现了通过实践教学带动理论教学，利用信息化手段实现课堂翻转、混合学习、以成果为导向等职业教育的特点。

（深圳职业技术学院 胡延华）

案例二　深圳信息职业技术学院：调整专业结构，打造专业品牌

深圳信息职业技术学院秉承“对接深圳支柱产业，打造信息技术特色”的办学定位，坚持以促进就业为导向的原则调整优化专业结构，建立以产业结构调整驱动专业结构改革的机制，适时调整改造办学层次、办学质量与需求不对接的专业，制定面向市场、优胜劣汰的专业调整策略；以高水平专业、品牌专业建设为龙头，以点带面，带动专业建设整体水平和学校办学能力的提高；以人才培养为目标，强化信息技术类优势特色专业，围绕主干专业衍生发展新兴专业，构建特色专业群。

一、专业建设的基础和依据

根据《国务院关于加快发展现代职业教育的决定》（国发〔2014〕19 号）、《普通高等学校高等职业教育（专科）专业设置管理办法》（教职成〔2015〕10 号）、《普通高等学校高等职业教育（专科）专业目录（2015 年）》《高等职业教育创新发展行动计划（2015—2018 年）》和《现代职业教育体系建设规划（2014—2020 年）》等文件精神，顺应深圳及珠三角地区的经济发展，满足区域产业结构调整对高素质技术技能人才的需要，结合学校实际，持续开展专业结构调整工作。

二、专业建设的思路和目标

学校紧紧围绕深圳市 4 大支柱产业创建专业，在强化专业建设水平的基础上，优化专业布局，打造品牌专业，初步构建了特色鲜明、优势突出的信息软件类专业体系。

（一）指导思想

以邓小平理论和“三个代表”重要思想为指导，全面贯彻落实科学发展观，贯彻落实《国务院关于加快发展现代职业教育的决定》，以服务为宗旨，以促进就业为导向，以重点（品牌）专业建设为龙头，以校企合作为依托，以提高人才培养质量为核心，以改革创新为动力，紧扣深圳及珠三角地区高新技术产业发展的主战场，把学校建设成为规划严谨、设置科学、布局合理、师资优秀、管理规范、信息特色鲜明的高等职业院校。

（二）总体目标

根据学校总体发展规划，结合学校的实际情况，以重点专业建设为龙头，带动学校整体办学水平和办学层次的提高；采取有重点、分层次、调整优化建设的办法，以人才

培养为目标，建设具有本校特色与优势的特色专业，构建专业集群，形成资源配置合理、专业特色鲜明的专业发展格局；构建与骨干高职院校相适应的，以信息技术为主导、数量适宜、结构合理、优势互补的专业体系。

“十三五”期间，专业数量在现有42个的基础上控制在50个以内，将重点放在专业内涵建设方面，对现有专业进行优化整合。至2020年，建成在国内有影响力的重点专业10个，建成在省内有影响有特色的重点（品牌）专业25个，建成校级特色优势专业10个左右，构建6个优势明显的信息技术类专业群。

三、专业建设的原则与内容

（一）基本原则

1. 契合区域产业发展的原则

坚持专业设置服务区域经济、顺应产业结构优化调整和发展方式转变的原则，根据产业结构的变化、新兴产业的出现、绿色低碳经济发展的趋势，构建专业体系，确立整体专业“控制总量，增添新创，提高水准”的原则，大力发展特色专业、品牌专业。把一些与市场需求较弱、专业软件和硬件建设严重滞后并逐渐失去市场青睐的专业，予以停办或淘汰。

2. 政校行企深度融合的原则

依据政府指导，学校和行业企业优势互补、共同受益的原则，实施政府、行业、企事业单位的技术和管理专家深层次地和有效地参与专业设置、课程开发、质量评估、人才质量标准的制定以及教学过程指导等。多方征求政企的意见，把市场的短周期性和经济的中长期发展与人才培养的长远性有效地结合起来，满足经济发展和社会需求的变化。

3. 以人才需求为导向的原则

面向市场人才需求，以市场的实际需要为导向，以职业岗位（群）为依据，针对一个行业岗位或一组相关职业岗位来设置专业。对市场人才供求情况进行深入的调查研究，掌握当前或今后一段时间内所需岗位工作的技术人才数量，将当地产业结构和社会人才需求的变化趋势作为确定专业体系主体框架的依据，及时发现潜在的人才需求。做到专业与社会职业相呼应，专业与企业需求相对接，专业与就业岗位相挂钩。

4. 办学特色重点突出的原则

在学校专业布局结构合理的前提下，突出学校的办学特色。强化信息技术类优势特色专业，紧跟科技进步与社会发展，围绕主干专业衍生发展新兴专业，不断优化专业群内涵。以重点（品牌、特色）专业建设为龙头，以点带面，带动专业建设整体水平的提高。

5. 强化专业群建设的原则

专业群建设是专业之间实现资源共享、人才共育、优势互补的一种有效途径，通过构建专业群，不断强化专业建设，专业之间相互交叉、渗透、融合。围绕专业群进行资源的配置与优化，有利于彰显高职院校专业的集群优势，有利于构建实践教学优势，有利于形成师资队伍优势，有利于形成学校专业品牌优势。

（二）建设内容

1. 优化调整专业结构

2016 年，学校对现有 45 个专业进行整合调整，部分专业更名，3 个专业被整合合并到其他专业中，最终形成以信息特色为主的 42 个专业。在确保优势专业与特色专业建设的基础上，根据深圳市地方经济转型升级的特征及专业岗位需求的调查，不断拓展新专业，增设了“特种加工技术”“光电技术应用”“工业机器人技术”等专业。同时，根据行业、企业的发展状况和毕业生的跟踪调查，合理定位，适时调整各专业的专业方向。结合深圳区域经济产业发展及学校生源的特点，未来新增专业考虑在云计算、大数据、智能制造技术等方向进行设置。

通过调整，学校形成了覆盖 8 个专业大类的专业结构。2015—2016 学年，在校生规模最大的专业为电子信息大类，占 42.44%，93.54% 的在校生所在专业对应深圳市四大支柱产业，其中 51.19% 的在校生所在专业对应高新技术产业。如图 4–13、图 4–14 所示。

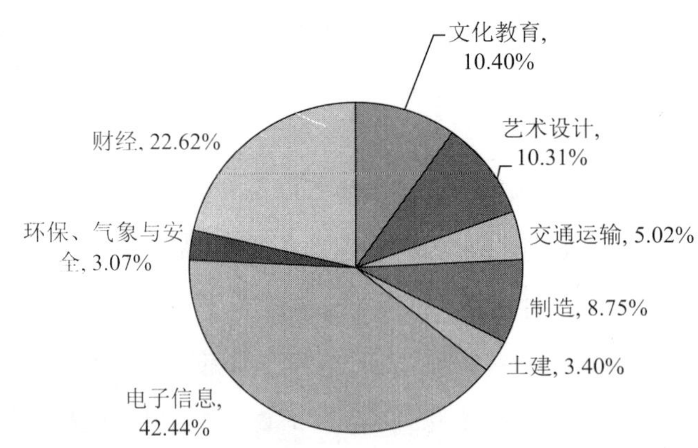

图 4–13　深圳信息职业技术学院各专业大类在校生人数所占比例

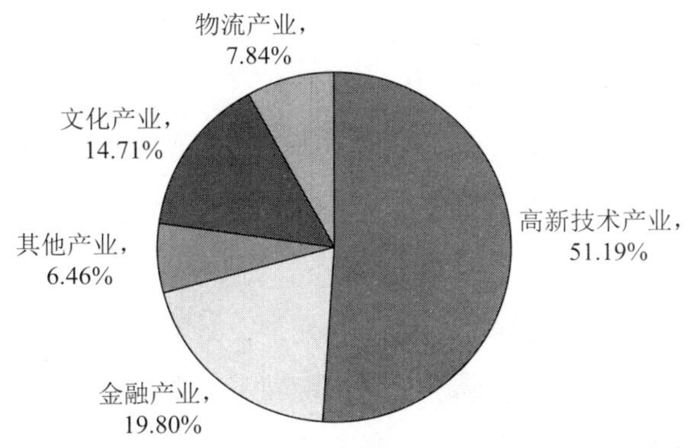

图 4-14 深圳信息职业技术学院专业对应产业在校生人数所占比例

2. 重点打造品牌专业

2016 年，学校立项 6 个省级高水平专业建设项目，以期建成全国领先、与国际接轨的高水平专业；立项 11 个品牌专业建设项目，以期建成综合实力强、人才培养质量优、社会认可度高的品牌专业；同时学校立项 3 个高水平培育专业，以期达到学校专业均衡发展、共同提升的目的。高水平、品牌专业建设，见表 4-18。

表 4-18 深圳信息职业技术学院高水平、品牌专业建设一览表

序号	专业名称	项目名称
1	软件技术	一类品牌专业
2	计算机信息管理	高水平专业
3	嵌入式技术与应用	二类品牌专业
4	微电子技术	二类品牌专业
5	光电技术应用	高水平培育专业
6	信息安全与管理	二类品牌专业 高水平专业
7	数字媒体应用技术	二类品牌专业 高水平专业
8	机械设计与制造	二类品牌专业 高水平专业
9	环境工程技术	二类品牌专业 高水平培育专业
10	环境艺术设计	二类品牌专业
11	物流管理	二类品牌专业 高水平专业
12	金融管理	高水平专业
13	投资与理财	二类品牌专业
14	会计	二类品牌专业
15	商务英语	高水平培育专业

3. 着力构建特色专业群

学校在国家骨干校建设的基础上，依托行业背景，利用区位优势，根据学校所具备的基本条件，围绕产业链和职业岗位群初步构建 11 个专业群，具体专业群为：软件开发与应用专业群、计算机网络技术与应用专业群、通讯技术专业群、电子技术专业群、数字媒体技术专业群、智能制造类专业群、环境专业群、交通类专业群、商贸类专业群、财经类专业群、跨文化应用语言专业群。其中，计算机网络技术与应用专业群完成了国家高等职业教育计算机网络专业教学资源库建设，数字媒体技术专业群完成了国家高等职业教育数字媒体技术专业群教学资源库建设，通讯技术专业群承担了广东省高等职业教育移动通信技术专业教学资源库建设，财经类专业群承担了广东省高等职业教育投资与理财专业教学资料库建设。

四、专业建设的方向和特色

（一）以促进就业为导向，适时拓展、优化和调整专业

按照就业导向原则，学校初步构建以信息类专业为龙头的专业架构。以信息技术和信息服务业作为内涵核心，突出专业特色。不断强化软件类、通信类和计算机类专业的特色与优势，构建以信息技术为重点的专业群。

为进一步增加服务发展的能力，学校适时优化专业结构，及时拓展新专业，近年增设了“移动互联应用技术”“环境工程技术”“财务信息管理”和“光电子技术”等专业。通过对行业、企业的发展状况和毕业生的跟踪调查，学校对专业进行合理定位，调整了“城市轨道交通运营管理”“室内检测与控制技术”“计算机多媒体技术”专业的学制。

（二）以省级示范专业为龙头，构建特色专业群

学校制订《关于加快我院专业建设的实施意见》，明确提出专业建设的目标：“在较短时间内，初步构建凸显学校办学特色的专业布局体系，全力做好各专业的规范化建设工作，创建专业特色，打造一批有影响力的品牌专业，实现国家级示范性专业的突破，全面完成学校六年发展规划中的专业建设目标”，并进一步明确专业规范化建设、专业特色建设的对策、具体要求及相应的配套措施。专业群布局如图 4–15 所示：

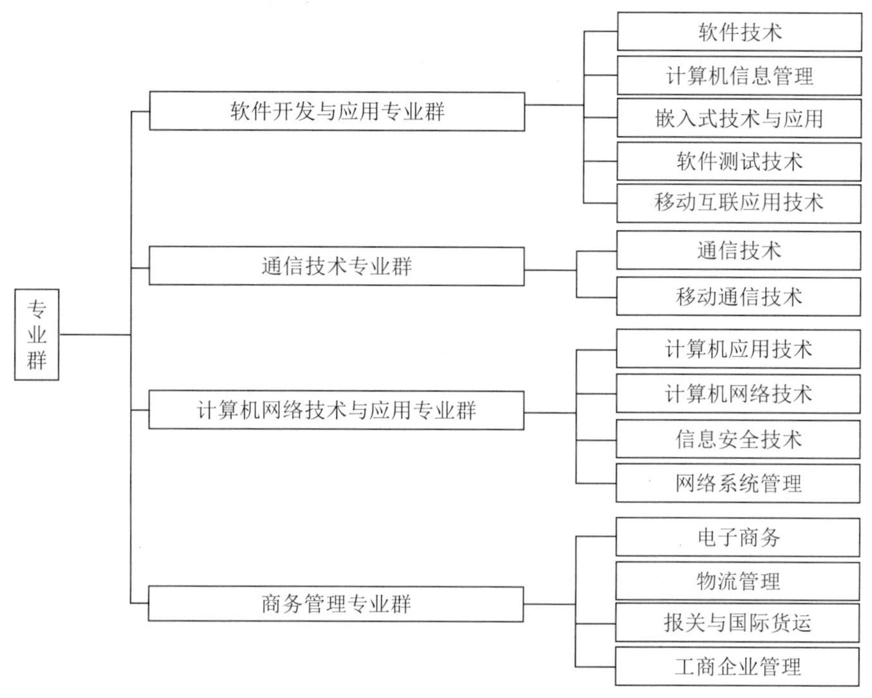

图 4–15　深圳信息职业技术学院骨干校建设专业群

（三）以试点项目改革为切入点，开展专业内涵建设

为了有力推动工学结合的教学改革工作，学校先后印发《关于全面启动工学结合教学改革的通知》《工学结合改革实施工作指引（试点班级与专业）》《工学结合改革实施工作指引（课程）》并制订专业教学设计的原则意见等文件，明确工学结合改革的具体要求，启动2个试点班、6个试点专业、30门试点课程的工学结合改革工作；并从专业教学设计入手，明确从“实施‘2+1’教学模式改革，强化‘教学做一体’的实践教学；实施‘双促’（以赛促学，以证促学）教学方式，提高‘双证’教学效率；实施‘双平台’教学手段，拓宽教与学的空间，提高自主学习效益；实施多形式订单培养，促进零距离就业，保持高就业率”等四个方面推进。

经过专业结构的调整优化，深圳信息职业技术学院逐步形成了以信息技术为主导、数量适宜、结构合理、优势互补的专业体系；形成资源配置合理、专业特色鲜明的专业发展格局。通过调整优化传统专业，积极扶植新兴专业，重点培育特色专业，着力打造品牌专业，全面构建特色专业群，为社会培养一批高素质技术技能人才。

（深圳信息职业技术学院　湛邵斌　丘　敏）

案例三　深圳市沙井职业高级中学：数控专业品牌建设探究

一、数控专业建设背景

从2007年起，学校启动了“数控技术应用”专业建设项目，以更好地顺应区域经济社会发展趋势，推动专业建设增量提质，实现育人目标的多元化。2011年，学校在连成旺五金制品公司建立专业基地，数控专业高二、高三年级学生搬进企业学习，形成了“一年在学校学习基础课程，一年在企业学习专业技能，一年在企业顶岗实习”的“1+1+1”教学模式。2015年，学校与深圳市同辉精工科技有限公司（简称同辉公司）建立了校企合作关系，共同推进专业建设；2016年1月，学校在同辉公司正式设立企业校区；同年9月，数控、模具专业高一、高二年级学生，全部在企业校区上课，实现专业部的整体搬迁。

同时，学校积极探索推动专业发展的国际化建设工作，与德国IB组织、Unternehmensgruppeg GmbH集团（以下简称“F+U集团”）进行合作探讨。目前，该专业有教学班6个，“双师型”教师11人，在读学生216人，学生对口就业率达99%。从2016年起，每年将有75名学生通过中高职衔接直接升入大专院校。

二、数控专业品牌建设的做法

为了推动现代学徒制建设，践行工匠精神，该专业建设以校企深度融合为着力点，打造办学新模式，以内涵发展彰显时代新特征，以校企文化构建新载体，围绕满足高端技能人才培养目标而展开，围绕区域经济、产业结构调整和就业需求而深化，成为符合产业升级要求，贴近教学实际的专业建设典范。

（一）建好校区，优化载体

1. 校企共建实训中心

学校按照市场导向、合理布局、分步投入的原则，进一步充实和完善相关设备设施，创新运行机制，完善管理模式，打造设备先进、技术超前、产学研于一体的实训中心。

2. 校企共建专业核心课程

学校与同辉企业共同制定专业人才培养方案，优化专业设置，制定课程标准，共同编制专业教学大纲，开发专业核心课程，编写专业精品教材。课程内容及时反映生产技术发展情况和规范要求，实现教学内容与生产实际相统一，同时兼顾职业资格、技术等级考试的要求，并建立教学内容及时更新的长效机制。

3. 校企共建“双师型”教师队伍

学校建设专、兼职结合的专业教学师资队伍，聘请企业专业技术人员、管理人员、能工巧匠到学校担任兼职教师。学校专业课教师每两年到企业或生产服务岗位实践不少于两个月。

4. 校企共同负责学生实习实训管理

同辉企业为学生提供实习实训场地、设备实施，安排指导人员，做好实习实训前的安全培训工作和实习实训期间的安全管理、劳动保护工作。实习实训期间实施“双辅导员”制，学校聘请同辉企业技术、管理人员担任学生实习实训指导教师，与学校专业教师（或管理教师）共同实施管理。校企双方教师对学生实习期间的学习、操行等情况进行记录，实习结束时，由校企双方根据操行表现和职业技能成绩，对学生进行综合评价，评价结果纳入学分制考核范围。学校对实习实训管理给予经费保障。

5. 校企共同开展企业员工继续教育

学校优先安排同辉公司及相关有需求的企业员工进校接受职业技能培训和继续教育，协助企业提升应用型管理岗位人员及职业技能人才的职业资格等级。企业依照国家有关规定，合理提取和使用职工教育经费，满足继续教育需求。

（二）深度融合，合作共赢

1. 坚持高起点构建、高品质推进

把数控技术应用作为省、市级高端品牌专业来抓，学校与企业双方通过共建实训基地、合作培养师资、联合开发课程、组织顶岗实习、共建研发中心，推进校企一体化办学，建设“理实一体”的专业教室和实训场所，实现学校与企业、专业设置与职业岗位、课程内容与职业标准的无缝对接和合作共赢。目前，该专业有专业教师13名，其中全国技术能手1名，高级教师1名，高级技师3名；共编印出版《数控车床加工与实训》《数控铣床编程与加工》两部校本教材，其中“数控车床编程与操作”被评为深圳市精品课程。

2. 强化协作交流，推进深度融合

学校与连成旺五金制品公司、同辉公司、生力机电等国内外知名企业集团、行业协会及人力资源公司建立良好的校企合作关系，合作企业达二十多家。承办世界综合机械与自动化项目国家集训队异地训练和晋级比赛，展示了专业建设实力与水平。

3. 引进国外优质教育资源，拓展国际化合作领域

为拓宽人才培养途径，不断完善、丰富职业教育“宝安模式”，向社会培养输送素

质优良的高技能人才，学校根据宝安经济发展特点以及未来规划定位，借鉴德国“双元制”经验，筹备开办“数控技术应用专业”中德双元制实验班。在上级教育主管部门的带领下，先后前往江苏太仓中专、苏州高等职业技术学校、苏州工业园区工业技术学校、武汉船舶职业技术学院、东莞技师学院、广东工贸职业技术学院等院校调研；同时，与德国 IB 组织、F+U 集团接触，探讨人才培养合作模式；安排专业教师实地走访、考察宝安区相关企业，撰写企业调研工作总结。同时，邀请高校、市区教科院专家来校指导。通过多途径、多渠道、全方位收集相关资料，为中德班的开班提供参考和借鉴。

（三）课程对接，对口升学

学校多次与广东工贸职业技术学院沟通，商议及制定“中高职衔接专业人才培养”实施性教学方案，确保中高职课程的高度衔接及融合，拓宽人才成长通道，促进高技能人才培养目标、学生专业能力和学历的同步提升。该专业计划从 2016 年开始，与广东省工贸职业技术学院实行“三二”对口升学，每年有 75 名学生可以搭乘中高职“直通车”。目前，该方案已获得广东省教育厅批准。

三、数控专业的品牌特色

（一）独特性

校企合作全能培养模式在数控专业的应用，由学校率先倡导并组织实施。学校与企业的教育资源得到了有效的整合，特色化办学和国际化教学等方面的专业优势得到进一步发挥，具有实践效果好、可操作性强、发展前景广、推广价值高的优势。南方日报和深圳特区报分别以《沙井职高与企业探索资源共享·共建高端加工制造中心——校企深度合作教学更讲“精度”》《宝安职教集团“国赛”喜获佳绩》为题，对学校专业建设特色进行了专题报道。

（二）先进性

专业建设以超常的教育理念、科学的评价机制、优良的互动载体、差异化的教学方式和有效的管理模式，引领未来职业教育发展趋势，促进了资源共享、阵地共建、优势互补和合作双赢。如在传统专业课程体系内大胆引入逆向建模和 3D 打印知识体系，使之成为开阔学生视野的“第二课堂”，深受业内认同。广州、东莞、顺德和海南等省内外同行纷纷前来观摩交流，并一致给予好评。

（三）发展性

该专业被列为学校重点建设专业，至 2016 年 9 月，历时 9 年，在培养目标、发展研究、成果推广等方面均取得可喜进展，特别是在各级技能大赛中彰显成效。近三年来，在全国职业院校技能大赛中，该专业学生累计获得一等奖 2 个，二等奖 3 个，三等奖 2 个；在广东省教师组技能大赛中，学校专业教师累计获得一等奖 1 个，二等奖 1 个；在全国机械职业院校“零部件测绘、三维数字建模与制图”技能大赛中，梁伟升、叶松浩两位老师分别获一等奖和二等奖。

（深圳市沙井职业高级中学　魏　忠　张　岩　叶松浩）

案例四　深圳市龙岗职业技术学校：引入质量体系，建立精细化实训管理新模式

为规范实训教学管理，提高实训教学质量，不断改革和探索实训教学的新模式，数控技术应用专业（以下简称本专业）根据企业生产要求，建立 ISO9001 质量管理体系，强化实训教学管理，毕业生的职业素养和技能水平明显提高，受到用人单位的广泛好评。

一、建设基础和依据

数控机床是制造业中的常用设备，从业人员的素质对产品质量影响重大。截至 2016 年底，学校数控技术应用专业建成数控铣床加工、机械综合加工、多轴加工、精密测量等 6 个实训室，实训室面积近 3000 平方米，实训室每学期使用量达到 15000 人次，管理难度日趋繁重。

借助示范校重点支持专业建设契机，本专业联合深圳市机械行业协会，深入企业进行数控专业人才需求调研。在调研过程中，企业反馈学生在顶岗实习时不遵守规章制度、纪律性差，工具工件乱丢乱放，需要用较长的时间进行岗前培训才能上岗。学生则反映上班约束多，管理太严格，双方都感觉很“痛苦”，顶岗很“不顺”。反思我们的实训教学，这是长期以来“重”职业技能“轻”职业素养的结果。而且，建立质量管理体系，实行实训车间精细化管理，规范学生实训教学，提升学生职业素养和岗位职业能力也是企业的内在需求。

二、建设目标

数控技术应用专业实施“三个对接、五个合一”人才培养模式，依托区域内生产技术和生产条件领先的企业，建立战略合作伙伴关系，建设硬件相对完备、制度比较完善的实训车间，探索精细化的实训管理模式，解决学生职业素养较低、品质意识较弱的问

题，实现教学环境与企业生产环境对接、评价标准与企业质量标准对接，提高中职学校数控专业人才培养质量，为深圳质量提供人才支撑。

三、建设路径与内容

（一）建立7S现场管理制度，完善实训车间硬件建设

本专业首先从实训车间现场管理入手，通过建立“整理、整顿、清洁、清扫、素养、安全、节约”的“7S”管理制度（以下简称 7S），实现管理规范化。参照企业生产环境建设实训车间，合理规划实训车间设备摆放位置。对工具、零件归类，按使用频率分别指定区域摆放；利用工具车、工具柜提高空间利用率，做到实训车间干净、整洁，过道畅通。校企合作编制《实训车间 7S 操作指引》，建立《工具管理制度》《实训车间 7S 检查报表》等操作指导书，实现教学环境企业化。

在具体实施过程中，固定学生工位，指定机床责任人每天检查实训车间 7S 实施情况，然后教师进行巡查、评比。通过 7S 现场管理活动规范实训教学，引导学生养成良好习惯。

（二）建立ISO9001质量管理体系，树立师生品质意识

本专业根据 ISO9001 质量管理要求，规划质量管理体系组织构架，成立实训中心，下设管理办公室、教学组、质量管理组、保障服务组，其中教学组由 7 个实训车间组成。重新拟定实训教学流程，制订质量管理体系的质量手册、程序文件、作业指导书和质量记录表格四级管理文件 40 余种，部分文件清单见表 4–19。

表 4–19　深圳市龙岗职业技术学校数控技术应用专业质量管理体系文件清单（部分）

序号	文件层级	文件名称	文件编号	文件版本
1	一级文件质量手册	实训中心质量手册	MEC–QM–01	A0
2	二级文件程序文件	文件控制程序	MEC–QP–01	A0
3	二级文件程序文件	记录控制程序	MEC–QP–02	A0
4	三级文件作业指导书	刀具检验规范	MEC–WI–QC–04	A0
5	三级文件作业指导书	实训工具管理和保养	MEC–WI–JX–02	A0
6	四级文件质量记录表格	不合格评审与对策表	MEC–QR–QC–05	A0
7	四级文件质量记录表格	文件发放登记表	MEC–QR–BG–07	A0

质量手册是质量体系一级文件，规定了实训教学质量管理体系，包括质量方针和质量目标。程序文件是实训教学质量体系二级文件，规定了教学活动所经的途径及步骤。作业指导书属实训教学体系三级文件，是为确保体系过程的有效运行和控制所需要的文件，它详细规定了某个具体操作的作业方法和要求。质量记录是体系文件的四级文件，

它是记录活动（过程）结果的载体，通过表格、报告等形式对质量控制过程做出详细的记录。

例如，本专业的质量手册描述实训教学质量管理体系，明确各管理组的职责和权限，各类资源的管理方法及教学实现和测量、分析、改进的要求，指导文件控制和流程控制，是整个体系的纲领性文件。程序文件《文件控制程序》规范了文件控制过程，确保实训中心质量体系文件得到有效控制；作业指导书《平面类零件的加工指引》用于实训零件加工品质异常的预防;《品质记录与分析表》用于对实训教学的过程数据记录和反馈。

在实训教学中使用四级管理文件，师生全面参与质量管理体系的运行，实现实训过程可管控、可追溯，培养师生的安全意识、责任意识和品质意识。

（三）形成精细化实训管理模式，提升专业软实力

数控技术应用专业通过建立 7S 管理制度完善硬件管理，构建质量管理体系，塑造学生品质意识，提升实训生产品质，最终达到提高学生职业素养的目标。7S 管理的完善和 ISO9001 质量管理体系的形成，促进了数控技术应用专业高效优质实训教学管理模式的形成并逐步趋向成熟。

2016 年 12 月，数控加工技术教学经北京中联天润认证中心复审认证，获 ISO9001 管理体系认证。数控技术应用专业实训教学精细化管理模式有效提升了学生技能水平和职业素养，受到企业广泛好评，进一步提升了专业实力和声誉。

（四）建立评审和改进机制，确保质量管理体系顺利运行

建立评审机制，通过定期的内部评审来促进实训教学管理体系的改进实施，对体系适时完善、更新和提高，以确保质量管理体系持续运行。

四、建设的特色和文化

（一）成立领导小组做好顶层设计

本专业成立推进精细化实训教学管理小组，专业部长、企业主管担任精细化实训教学管理小组正副组长，下设各实训车间管理小组，所有专业教师和实训教学人员均有参与，管理小组成员共同制定实施方案和管理文件。

（二）校企联动创新实训运行机制

校企双方共同制定实训车间精细化管理方案，将 7S 现场管理及 ISO9001 质量管理体系融入课程教学项目，组织实践教学活动。同时，对学生实行“共育”与“双管”：“共育”是学校、企业一起进行安全、职业素养、品质、专业技能等方面的教育；“双管”即企业和学校共同参与学生技能学习、岗位实训的管理。

（三）三方合力推进精细化实训管理

在实训教学中，学生、教师和企业工程技术人员三方合力推进精细化实训教学管理模式的实施。学生按企业品质管理要求为企业生产零件，掌握规范的流程，培养职业素养；教师作为实训车间管理人员，承担产品生产安排、品质监控的管理职责，学习企业管理方式；聘请企业资深技术人员担任兼职教师，为专业实训教学带来企业生产一线的新技术、新工艺以及新知识，促进实训教学质量的提升。

五、建设成效

精细化实训教学管理模式实施以来，校企双方进行人才培养、专业建设、实习就业、实训基地建设的深度合作，实现了学生、学校、企业三方共赢局面，取得显著成效。

（一）提升了学生技能水平

通过实施精细化实训教学管理模式，学生树立了品质意识，职业素养明显提高，技能水平显著提升。近年来，学生荣获国家、省、市技能大赛奖项 20 项，学生参加企业顶岗实习后能快速适应工作岗位要求，获得企业较高的评价。

（二）促进了教师专业成长

教师通过将企业质量理念、品质管理方法融入专业课程教学中，与企业共同开发了 3 门精品课程，出版了 3 本教材，发表教学改革论文 12 篇，10 人次在省、市级教学业务竞赛中获奖，促进了教师的专业成长。

（三）提升了专业服务能力

数控技术应用专业借力精细化实训教学模式培训企业员工 300 余人次，承办省级骨干教师培训 1 次，为企业加工产品 1000 余件，提供技术服务、解决技术难题 4 项，缓解了区域制造业技能人才和技术服务紧缺的局面，提升了专业服务区域经济社会发展的能力。

（四）创新了实训车间运行机制

通过成立精细化实训管理领导小组，建立了章程，引入企业质量管理体系，创新实训车间运行机制，为共同建设校内生产性实训车间、实施学生顶岗实习和教师企业实践、推动教学内容和方法改革、形成精细化实训教学管理模式积累了有益经验。

（五）形成了校企协同育人机制

通过校企双方“人才共育、过程共管、成果共享”的校企深度合作机制，形成校企协同育人实践教学体系，建立了适应“三个对接、五个合一”人才培养模式的实训教学管理机制，形成数控技术应用专业校企协同育人的格局。

六、体会与思考

一是数控技术应用专业精细化实训教学管理模式，有利于提高学生职业道德、职业能力和综合素质，为学生就业、发展奠定了坚实基础。

二是数控技术应用专业精细化实训教学管理模式，为校企协同育人提供了一种新的思路，促进了“工学一体化”，实现“企业与实训车间对接”，为进一步完善教学评价体系打下了较好的基础。

三是数控技术应用专业在推进企业成为职业教育主体方面进行了有益的探索，但还需要继续完善职业教育校企合作相关的法律法规，为校企合作的深入实施提供保障。

（深圳市龙岗职业技术学校　周燕峰）

第五节　国际合作案例

案例一　深圳职业技术学院：多渠道开展国际合作办学，建设国际青年交流品牌

一、国际合作办学与交流概况

学校紧扣国家发展战略，加快国际化办学步伐，充分利用区域与自身优势，深化国际教育交流与合作，迄今为止已与包括英国、德国、瑞士、法国、美国、澳大利亚、新西兰、日本、韩国、以色列等国家，以及中国香港和中国台湾等地区的 130 余所高校和教育机构建立了长期稳定的合作关系，在学生交换、课程合作、科研合作、短期研修等领域开展了全方位、多层次、形式多样的教师和学生国际交流活动，取得了丰硕成果，成为首批获得招收海外留学生资质的高职院校、首个获得面向中国港澳台自主招生的高职院校、首个在海外建立汉语语言文化中心的高职院校、首个获批教育部“港澳与内地高等学校师生交流计划（万人计划）”项目的高职院校（2015 年），同时也是联合国教科文组织国际职教全球联系中心之一（2006 年）、联合国教科文组织职业教育计划亚非研究与培训中心（2017 年）。

2016 年度，学校接待各类境外师生来访 101 批 770 余人次，师生赴境外访问、交

流等 45 批 600 余人次；开办了 5 个跨境合作办学专业。2016 年度在校生 711 人，其中招收外国留学生 78 人，来自 20 余个国家。学校聘请来自 12 个国家的 30 名外籍教师，承担 44 门课程 6591 学时的教学任务，并聘请诺贝尔经济学奖得主、“欧元之父”罗伯特·蒙代尔教授以及德国前国防部长鲁道夫·沙尔平先生为学校荣誉教授和高级校事顾问。

二、国际合作办学项目

（一）与马来西亚高等教育部合作，在马来西亚建设深圳职业技术学院马来西亚职业教育中心

2016 年 10 月，学校在马来西亚的第二个汉语语言文化中心——萨阿南技术学院汉语语言文化中心正式揭牌成立，马来西亚高等教育部副部长、职业教育司司长等出席揭牌仪式，这也为双方合作建立职业教育中心打下了坚实基础。

（二）开展高水平合作办学项目

深圳职业技术学院自 2006 年开始举办中外合作办学项目，迄今为止，已与澳大利亚联邦大学、新南威尔士州 TAFE 北悉尼学院、美国西雅图城市大学合作举办了金融管理、国际商务、软件技术、物流管理等 4 个中外合作办学项目；与中国香港专业教育学院黄克竞分校合办电气服务工程高级文凭合作课程，毕业生获得深港两地毕业资格，并可在深港两地就业。合作办学工作发展迅速，成果丰硕。

（三）积极参与教育部“港澳与内地高等学校师生交流计划（万人计划）”项目

2015 年，学校成为内地首个申请并获批教育部“港澳与内地高等学校师生交流计划（万人计划）”项目的高职院校；2016 年，学校 4 个申报项目全部获批，其中圆满完成 3 个项目，共有 140 名香港师生参与到项目中。

（四）为学生海外修读学分开辟渠道

学校与美国、德国、俄罗斯、加拿大等国家和地区的合作院校建立了常规性学生交换关系。2016 年度，派出 99 名学生赴境外合作院校交换学习，接收来自俄罗斯、德国、芬兰、韩国等国家和地区合作院校的交换学生 21 名。

（五）培育青年品牌交流项目

来自加拿大、澳大利亚、新西兰、新加坡、韩国、日本、马来西亚、中国香港、中国台湾等合作院校的学生团组来学校参加专业技术技能学习或语言文化研修活动，项目以其鲜明特色和丰富内容深受国外和境外学生的欢迎。2016 年度，来自新加坡、加拿大、韩国等国家及中国香港、中国台湾的 7 个团组共计 143 名学生来学校参加本项活动。

三、国际交流案例——国际青年交流品牌项目

国（境）外学生来深进行短期学习与研修已逐渐发展成为学校学生交流项目的一个特色品牌，内容包括中国文化讲座、深圳经济发展讲座、深圳企业参观、深圳文化观光、中国文化体验、与中国学生与家庭互动等内容，该项目以其鲜明特色和丰富内容深受国外学生的欢迎。

（一）项目发展

国际青年交流品牌项目这一名称正式提出是在2015年，但项目的实施最早可追溯至2003年。2003年1月，韩国技术大学（原名：韩国仁川技能大学）师生一行25人来学校参加为期一周的中国语言文化研修活动，活动圆满成功，得到双方高度好评。其后，澳大利亚、加拿大、新加坡、新西兰、日本、马来西亚、中国香港、中国台湾等国家和地区的合作院校纷纷加入，每年组织1—2批学生来深职院参加该项目，项目内容也从语言文化研修扩展到中国商务研修、专业交流研修、技术技能实践等方面。学生通过专业技术技能学习和语言文化研修的形式，不仅提高了专业技术水平，还了解了中国及深圳经济文化和社会发展的现状，成为双方交流的使者。

（二）项目特色

国际青年交流品牌项目特色鲜明，利用学校师资及教学资源的优势及深圳改革开放以来社会经济发展的优势，针对来校学生团组的需求，为其专门量身定制相应课程及活动，既富有深职院与深圳特色，又兼具国际化需求，使来校参加活动的学生能够学有所获，不虚一行。

（三）典型案例

1. 新加坡工艺教育学院

新加坡工艺教育学院自2012年组织学生来学校参加专业研修学习，涉及动画、游戏设计、机电以及华为认证等项目的学习。2016年3月，新加坡工艺教育学院Jason Tan师生一行在我校电信学院进行为期2周的研修活动；6月，该校师生代表团一行11人来我校在动画学院进行为期11天的研修活动。学生不仅与我校师生交流动画设计、机电、电信等专业知识，参加华为认证培训，双方学生还在交流过程中结下深厚友谊。该项目深受新加坡师生好评，得到各方面积极反馈。2017年，该校又派出2批次43名师生分别在我校动画、电信、机电学院学习。

2. 韩国东洋未来大学汉语研修团

我校2004年成为获得招收留学生资格的高职院校，拥有一支高水平的对外汉语教学团队。自2006年开始，韩国东洋未来大学每年组织学生来我校参加汉语语言文化研

修活动，每次研修为期 1 个月，迄今共计 7 批次 130 余名学生来校参加研修。

研修以汉语语言文化教学为主，辅以文化及经济社会发展体验，包括中国历史文化讲座、深圳改革开放发展讲座、传统民俗文化及现代企业参观等。有不少学生都是第一次来中国，第一次如此近距离地接触中国的社会与文化。结业典礼上，学生都纷纷表示在中国的汉语学习课程内容非常丰富，很有意思，他们不仅学会了汉语，还体验了中国的传统文化和历史文化，还通过参加深圳改革开放发展历史讲座、参观中国现代企业公司等，深刻地体会到了中国与深圳的飞速发展，这些都给他们留下了非常深刻的印象，希望有机会能再来中国。

该项目成为韩国青年学生了解中国、了解深圳的窗口，同时也为中韩两国青年搭建了交流的平台，加深了彼此的了解与友谊。

四、留学生项目情况

深圳职业技术学院自 2004 年起招收国际留学生，至今已有 13 年。刚开始，以合作院校的交换生为主，累计接收了德国、加拿大、澳大利亚、俄罗斯、韩国、西班牙长短期的交换生 300 余人。近年招收的留学生以自费为主，生源国发展到 30 余个。本学期共有来自 31 个国家的 98 位学生在深职院学习汉语语言和中国文化，学生的层次也越来越趋于多元化。目前有 16 位北京大学汇丰商学院在读或毕业的留学生在我校学习汉语，还有一些国际互惠生，结束在深圳的互惠生项目后在我校学习汉语。目前深职院共有 3 个层次 6 个班级的汉语言教学系统，并坚持每个班级不超过 25 人的小班教学。2016—2017 学年第二学期，我校推荐了 5 位在学校学习的留学生成功申请深圳市政府大运留学基金奖学金，每人奖励 10000 元人民币，这也是我校在校留学生获得的最高奖励。

（深圳职业技术学院　外事处）

案例二　深圳技师学院：中德智造学院项目的合作现状与成效

为贯彻落实深圳市委市政府建设国际一流职业教育体系的战略部署，深圳技师学院加强与国外职业教育机构的交流与合作，尤其是与德国客尼集团的合作取得了明显效果，通过引进德国“双元制”职教理念，促进了学校教育教学改革，拓展了高技能人才培养的国际视野。

一、合作引入

2016 年 3 月，学校与德国客尼职教集团以及具有德国背景的企业深圳市银宝山新科技有限公司签订合作协议开展深度合作，引进德国优质教育资源，合并光机电技术系、电气技术系，于 5 月 9 日组建成立深圳技师学院的二级学院——中德智造学院。学院聘请了德国专家 Horster 先生担任中德智造学院副院长，组织机构建设和人力资源整合高效顺利地完成，并已按照新的组织架构开始运作。中德智造学院顺利开展学习领域课程开发、师资培训等项目合作，按照德国“双元制”职业教育模式与理念开展技能人才培养。

二、合作内容

一是与德国客尼集团合作开展工业机器人专业及数控编程专业学习领域课程体系的开发；二是与德国蒂森电梯深圳分公司校企合作开展“蒂森订单班”；三是双方合作开展师资培训；四是在深圳技师学院成立德国客尼职业技术教育中心。

三、合作进展情况

（一）相关专业建设任务达标

与德国客尼集团合作开发的工业机器人应用与维护专业和数控编程专业，在德国专家的指导和专业教师全员参与、广泛调研、深入讨论的基础上，已完成专业课程体系的整体框架和相关学习领域的制定，达到了中德合作第一阶段开发任务的验收标准。

（二）企业新型学徒制试点顺利

学校与深圳市银宝山新科技有限公司开展深度合作（该公司管理团队由德国专家组成）。面向贫困地区招收 30 名全日制学生，入学即与企业签订用工合同，企业为学生发放深圳最低工资并缴纳社会保险，计入工龄，开创了国内第一家真正意义上的“双元制”教学模式企业新型学徒制班——“银宝山新模具班”。该专业以德国“双元制”职教理念为指导，聘请了德国专家舒马克担任指导教师，根据企业德国专家提供的资源，在多次与企业专家、校内专家交流研讨的基础上，确定了专业课程体系和学习领域，按照德国“双元制”教学模式已开展两个领域的教学实践，舒马克经常深入班级开展实践教学。我校目前正在开展教学领域的课程开发和相关资料的准备和学材的编制工作。

电梯技术专业继续加强与德国蒂森电梯公司的合作，在原有合作基础上，将企业新型学徒制落到实处，达成“2+1 企业新型学徒制”模式，并签订合作协议。与蒂森电梯公司合作建立蒂森校企合作实训室，成立德资公司蒂森电梯深圳分公司校企合作订单班，开展蒂森班日常教学工作。该专业参考德国“双元制”职业教学与三菱电梯公司签署了学徒（学生）校企合作协议，使学徒制教学在电梯专业落地生根。

（三）师资队伍建设工作稳步推进

2016 年 5 月和 8 月，近 50 名专业老师先后两次参加校内举行的中德双元制教师培训班，在 4 位德国专家的指导下完成了工业机器人应用与维护专业和数控编程专业学习领域的确定，以及金属切削与机电一体化等项目模块的学习培训任务。同年 8—9 月，14 位专业教师远赴德国培训，实地考察和学习德国双元制教育和现代学徒制，取得较大成果。

四、特色与成效

（一）特色

一是文化认同逐步深入。由于有德国专家常驻学校，学生与教师的交流逐步深入全面。除了专业方面的交流与合作外，更有课余业余的交流，双方习俗文化的了解逐步深入。二是合作范围逐步扩展。从开始的 1 个专业合作增加到 3 个专业的合作，从专业学习领域开发的合作拓展到建立地区职业技术教育中心，合作范围逐步扩展。

（二）成效

通过与德国客尼的合作，教师参与专业建设与开发工作，在工作中学习，统一了教学思想，明确了专业的培养目标，对德国双元制职业教育理念有了更深入的理解和认同，对教学模式、教学方法有更新的认识。

但是受因公出国指标限制，教师赴德国实地培训和考察的指标有限，无法满足专业教师培训的需求，“双元制”小班教学对实训场地与专业教师也提出了更多更高的需求。

（深圳技师学院　吕利平）

案例三　深圳市第三职业技术学校：借鉴德国“双元制”教育模式，服务职工教育

一、合作缘起：提升服务能力

当前，许多职业学校都在开展国际化合作，学习和推动“双元制”教育。作为“双元”中“一元”的职业学校很热衷，积极性很高，另“一元”企业却态度冷淡，表现为

对“双元制”缺乏内生动力，积极性调动不起来，校企合作既不深入，亦难持久，实际效果差强人意。其中的重要原因是职业学校只注重自身学生（即企业“未来职工”）的培养，而忽略企业在职在岗职工的能力培养和提升，普遍存在服务产业和企业的能力不足，开展职工教育能力不足的问题。深圳市第三职业技术学校（以下简称三职校）在开展中职教育的同时，通过国际合作和职工培训提升服务产业和企业能力，促进和推动了校企合作和“双元制”落地。

二、合作理念：服务职工教育

2010 年，三职校加挂“深圳市职工继续教育学院”校牌，实行“两块牌子、一套班子”的管理模式。学校职能为：开展全日制中等职业教育；面向深圳职工开展职业技能培训和学历教育；配合市总工会开展工会干部培训。因此，三职校成为深圳工会开展职业教育及职工教育的主阵地和专业机构。秉承服务职工、服务企业、服务社会的理念，坚持职业教育与职工教育并重、学历教育与非学历教育并举的办学方针，形成职业教育与职工教育互相促进、良性发展的局面。学校每年面向产业和企业的各类实名制培训人数超过 20000 人次，服务企业达到 1000 家，与近 200 家企业保持较紧密的合作关系，校企合作的互信度高。这使得在一般职业学校中较薄弱的职工教育成了三职校办学特色和发展优势。

三职校虽然在开展职工教育的数量上有规模、服务企业和职工的覆盖面较广，但也存在短板，优质化的培训项目和高端培训师队伍离现实中的企业和职工高品质、多样化的要求有差距，而开展国际化合作是较快解决这一问题的有效途径。三职校与德国莱茵 TÜV 集团合作开展深圳国际化质量人才培训成为双方合作的切入点。

三、合作目标：提高服务质量

深圳产业创新发展和国际化之路的实现须质量先行，无论是人才质量还是产品质量，比照国际质量标准，国际化质量人才培养和储备成为当务之急。学习德国的经验，借鉴“双元制”培养模式，锻造职工的工匠精神在深圳已形成共识。德国莱茵 TÜV 集团是世界著名的质量体系认证、职业培训的跨国企业。莱茵 TÜV 集团的宗旨是重视人、技术、环境的协调统一，专注产品质量，重视员工的职业健康、成长与职业发展。这与深圳工会开展的职工教育的目标相契合，因此双方的合作是优势互补，强强联合。

四、合作过程：建设“双元制”教育

莱茵 TÜV 集团在德国职业教育具有一定影响，在实施“双元制”教育方面具有丰富的实践经验和可借鉴的模式。学校在同莱茵合作开展国际质量人才培训的职工教育项目基础上，建立了合作“双元制”教育。通过与莱茵 TÜV 集团开展国际化合作，以国际质量人才培训为合作切入点，合作项目实实在在，合作关系逐步牢固，合作空间渐渐打开，为“双元制”模式的进一步推动提供了便利条件，合作取得了实质性的进展和效果。

（一）组织教师赴德培训

莱茵 TÜV 集团两年分两批在我校组织了 20 多人的专业教师团，赴德国进行“双元制”师资培训。通过集中培训、现场观摩、参观交流等形式，提升了学校教师实施“双元制”的教学能力，部分教师获得了德国 AHK 相应证书。

（二）促进专业和课程改造

与德国莱茵 TÜV 集团合作开展国际质量人才培训，是提升深圳工会职工教育层次和满足企业职工高品质培训内容的现实要求。在实践中以服务企业和职工需求为导向，重点引进莱茵 TÜV 集团国际化质量课程和培训师团队，课程内容再进行本土化改造。利用莱茵 TÜV 集团的专业优势，对学校机电一体化和 IT 网络安全进行“双元制”改造和相关课程建设。通过建设改造，学校已实质建立 3 个“双元制”教学班。学校引进了莱茵 TÜV 集团国际个人资格认证课程和质量管理系列课程共 25 门，包括质量体系、质量改进、精益生产、采购与供应商管理、管理实务、职业安全与企业社会责任等。这些课程正是企业所需、职工所求的高品质培训内容，深受企业和职工的青睐。

（三）推动“双元制”在企业落地

学校由于长期坚持做好职工教育，同企业建立了紧密和互信关系，服务能力得到企业和社会认可。通过职工教育同深圳创维公司建立的合作关系，同创维合作开展“双元制”培养班，通过校企合作推动“双元制”在企业的落地。

五、合作效果：深化教育内涵

学校承办的深圳国际化质量人才培训从 2015 年开始，3 年内培养国际化质量人才超过 7000 人。培训服务千人以上规模企业 480 家，中小企业超过 1000 家。学校建立了项目绩效评估机制，涉及项目实施的资源建设、培训质量、客户评价、覆盖面及项目改进等十多个方面，其中服务对象对项目整体满意率为 97.3%，对课程的综合满意率为 93.9%。项目实施获得了基层单位和广大会员职工的积极参与和高度认可，培训项目既满足了工会职工培训的品质优化需求，也体现了覆盖面广和普惠性等特点。

通过实施国际化质量人才培训，学校服务产业和企业能力得到提升，职工教育的内涵得到了深化，赢得了企业的认可和赞誉，为校企合作打下了坚实基础。

（深圳市第三职业技术学校　王成辽）

附　录

附录1　2016年深圳市职业教育改革发展政策文件与通知

附表 1　深圳市 2016 年职业教育相关文件

序号	文件名称	发文单位	文号	发文时间
1	《深圳市教育局 深圳市人力资源和社会保障局关于表扬深圳市第六届职业院校技能大赛（高职组）获奖集体和个人的通报》	深圳市教育局、深圳市人力资源和社会保障局	深教〔2016〕14 号	2016 年 1 月 8 日
2	《深圳市教育局关于印发〈深圳市职业院校管理水平提升行动计划实施方案（2015—2018 年）〉的通知》	深圳市教育局	深教〔2016〕63 号	2016 年 2 月 15 日
3	《深圳市教育局 深圳市人力资源和社会保障局关于举办深圳市第七届职业院校技能大赛（中职组）的通知》	深圳市教育局、深圳市人力资源和社会保障局	深教〔2016〕88 号	2016 年 2 月 25 日
4	《深圳市教育局 深圳市人力资源和社会保障局关于做好 2016 年职业教育活动周相关工作的通知》	深圳市教育局、深圳市人力资源和社会保障局	深教〔2016〕221 号	2016 年 4 月 27 日
5	《深圳市教育局关于举办 2016 年中等职业学校信息化教学大赛的通知》	深圳市教育局	深教〔2016〕341 号	2016 年 6 月 24 日
6	《深圳市教育局 深圳市人力资源和社会保障局关于公布 2016 年职业教育校外公共实训基地名单的通知》	深圳市教育局、深圳市人力资源和社会保障局	深教〔2016〕364 号	2016 年 7 月 5 日
7	《深圳市教育局 深圳市人力资源和社会保障局关于表彰深圳市第七届职业院校技能大赛（中职组）获奖集体和个人的通报》	深圳市教育局、深圳市人力资源和社会保障局	深教〔2016〕387 号	2016 年 7 月 14 日
8	《深圳市教育局 深圳市人力资源和社会保障局关于举办深圳市第七届职业院校技能大赛（高职组）的通知》	深圳市教育局、深圳市人力资源和社会保障局	深教〔2016〕389 号	2016 年 7 月 20 日
9	《深圳市教育局关于公布第十二届全国及深圳市中等职业学校“文明风采”竞赛活动获奖名单的通知》	深圳市教育局	深教〔2016〕401 号	2016 年 7 月 27 日
10	《深圳市教育局关于公布我市参加 2015 年全国及深圳市职业院校信息化教学大赛获奖名单的通知》	深圳市教育局	深教〔2016〕460 号	2016 年 9 月 1 日
11	《深圳市教育局关于开展第十三届深圳市中等职业学校“文明风采”竞赛活动的通知》	深圳市教育局	深教〔2016〕482 号	2016 年 9 月 9 日

续表

序号	文件名称	发文单位	文号	发文时间
12	《深圳市教育局关于制定推进职业教育国际化三年行动计划（2017—2019 年）等相关工作的通知	深圳市教育局		2016 年 9 月 28 日
13	《深圳市教育局关于表彰我市参加 2016 年全国和广东省职业院校技能大赛获奖选手及指导教师的通知》	深圳市教育局	深教〔2016〕611 号	2016 年 11 月 20 日
14	《深圳市教育局 深圳市人民政府教育督导室关于公布第五批深圳市学习型社区名单的通知》	深圳市教育局、深圳市人民政府教育督导室	深教〔2016〕668 号	2016 年 12 月 20 日

附录2　2016年深圳市职业院校学生和教师竞赛获奖情况

（一）2016年深圳市参加全国职业院校技能大赛获奖选手及指导教师情况

根据《教育部关于成立 2016—2020 年全国职业院校技能大赛组织委员会和执行委员会的通知》(教职成函〔2016〕4 号)，教育部和天津市人民政府联合有关部门（单位）于 2016 年 5 月至 6 月举办 2016 年全国职业院校技能大赛。深圳市参加全国职业院校技能大赛取得优异成绩，荣获全国职业院校技能大赛一等奖 16 个（高职 3 个、中职 13 个）。2016 年 11 月 20 日深圳市教育局发文对在 2016 年全国职业院校技能大赛中取得优异成绩的选手和指导教师予以通报表彰。见附表 2、附表 3。

附表 2　2016 年全国职业院校技能大赛（高职学生组）深圳市获一等奖名单

一等奖				
序号	学校名称	参赛选手	指导教师	参赛项目
1	深圳职业技术学院	林锐铭 杨学高	李昌斌 王苏南	4G 全网建设技术（团体）
2	深圳信息职业技术学院	林绿渠 陈瑞吉 温昌明	范金坪 王　健	电子产品设计及制作(团体)
3	深圳信息职业技术学院	刘杰鸿 赖怡聪 陈楚锐	段　虎 高月芳	信息安全管理与评估(团体)

附表 3　2016 年全国职业院校技能大赛（中职学生组）深圳市获一等奖名单

一等奖				
序号	学校名称	参赛选手	指导教师	参赛项目
1	深圳市福田区华强职业技术学校	林　展	孙　菲	数字影音后期制作技术
2	深圳市沙井职业高级中学	朱　谊	黄夏明	单片机控制装置安装与调试
3	深圳市第三职业技术学校	张若彬 蔡成飞	胡　洪 王继笃	机电一体化设备组装与调试（团体）
4	深圳市宝安职业技术学校	龙　跃	周文哲	计算机辅助设计（工业产品 CAD）
5	深圳市宝安职业技术学校	方钦源	黄春鼎	计算机辅助设计（工业产品 CAD）
6	深圳市第一职业技术学校	袁程前	潘　涛	计算机检测维修与数据恢复
7	深圳市第一职业技术学校	任竹阳	潘　涛	计算机检测维修与数据恢复
8	深圳市福田区华强职业技术学校	黄泽均	周　进	建筑 CAD
9	深圳市福田区华强职业技术学校	黄乐斯	陈　双	模特表演平面模特
10	深圳市福田区华强职业技术学校	高　升 詹英豪	李晓雯 李永剑	网络搭建与应用（团体）
11	深圳市第一职业技术学校	杨子睿	何伟宁	液压与气动系统装调与维护
12	深圳市福田区华强职业技术学校	张子佩 肖雯雯	许碧梅 姚雅迪	职业英语技能服务类（团体）
13	深圳市福田区华强职业技术学校	洪　佳 钟雅仪	许碧梅 姚雅迪	职业英语技能其他类（团体）

附表 4　2016 年全国职业院校信息化教学大赛深圳市获奖名单

序号	参赛学校	姓名	参赛赛项	教学内容	获奖等级
1	深圳市宝安职业技术学校	龙　雨	中职组信息化教学设计比赛	“物流我做主”系列之仓库库区平面规划	一等奖
2	深圳市第一职业技术学校	钱　君 林玉如 叶芷颐	中职组信息化教学设计比赛	爱的初体验—敏感的性心理话题	三等奖
3	深圳市第三职业技术学校	彭　维	中职组信息化教学设计比赛	Seeing a Doctor	三等奖
4	深圳市奋达职业技术学校	衣　鹏 夏杜鹃	中职组信息化教学设计比赛	What an Amazing Place	三等奖
5	深圳市第三职业技术学校	林子尧 骆丽花 胡　洪	中职组信息化教学设计比赛	冰箱压缩机电路的装调	三等奖
6	深圳市博伦职业技术学校	崔珊珊 曾　妮 冯益鸣	中职组信息化教学设计比赛	摄影图像的基本加工与处理——基于微课与微信公众号的翻转课堂教学	三等奖

（二）第十二届全国中等职业学校“文明风采”竞赛活动深圳市获奖情况

2016 年 5 月 15 日，由教育部、人力资源和社会保障部、中央文明办、共青团中央、全国妇联、中国关工委、中华职业教育社联合主办的第十二届全国中等职业学校“文明风采”竞赛活动总结座谈会暨优秀作品展演在宁波举行。深圳市教育局组织全市中职学校参加竞赛活动，荣获全国一等奖 9 项，二等奖 16 项，三等奖 32 项，优秀奖 90 项，47 位教师获得优秀指导教师奖。一等奖和优秀指导教师奖获奖名单见附表 5、附表 6。

附表 5　第十二届全国中等职业学校“文明风采”竞赛决赛深圳市一等奖获奖名单

<table>
<tr><th>项目</th><th>奖项</th><th>学校</th><th>作品名</th><th>作者</th></tr>
<tr><td>征文演讲类</td><td>一等奖</td><td>深圳市博伦职业技术学校</td><td>《梦系中国魂》</td><td>郑丽玲</td></tr>
<tr><td rowspan="3">微视频类</td><td rowspan="3">一等奖</td><td>深圳市龙岗区第二职业技术学校</td><td>《一往无前》</td><td>郭泽鸿</td></tr>
<tr><td>深圳市第一职业技术学校</td><td>《逆风飞翔》</td><td>莫佩佩</td></tr>
<tr><td>深圳市第二职业技术学校</td><td>《趾尖上的梦想》</td><td>凌晨翔</td></tr>
<tr><td rowspan="5">才艺展示类</td><td rowspan="5">一等奖</td><td>深圳市第二职业技术学校</td><td>《千字文》</td><td>朱云涛</td></tr>
<tr><td>深圳市龙岗区第二职业技术学校</td><td>《春雷一鸣现神龙》</td><td>深圳市龙岗区第二职业技术学校</td></tr>
<tr><td>深圳市龙岗区第二职业技术学校</td><td>《少女与花》</td><td>黄宇雪</td></tr>
<tr><td>深圳艺术学校</td><td>《小序曲》</td><td>黄子鸣、吴钰清、沈炜霖、马龙川、刘逸健</td></tr>
<tr><td>深圳市携创技工学校</td><td>《悟・我》</td><td>深圳市携创技工学校动漫 ACG 社成员</td></tr>
</table>

附表 6　第十二届全国中等职业学校“文明风采”竞赛决赛深圳获优秀指导教师奖名单

序号	优秀指导教师	所在学校
1	蔡茂洲	深圳市第一职业技术学校
2	欧阳文伟	深圳市第一职业技术学校
3	陈　丽	深圳市第一职业技术学校
4	陈莹莹	深圳市第一职业技术学校
5	王　帆	深圳市第一职业技术学校
6	黄安平	深圳市第一职业技术学校
7	刘浚敏	深圳市第二职业技术学校
8	王晓媚	深圳市第二职业技术学校
9	谢　辰	深圳市第二职业技术学校
10	傅华强	深圳艺术学校
11	连珊珊	深圳艺术学校

续表

序号	优秀指导教师	所在学校
12	廖慧娟	深圳艺术学校
13	刘　敏	深圳艺术学校
14	石　景	深圳艺术学校
15	彭伊丽	深圳艺术学校
16	欧阳旭	深圳艺术学校
17	李思瑶	深圳艺术学校
18	扎西才让	深圳艺术学校
19	钟　校	深圳艺术学校
20	武天歌	深圳市福田区华强职业技术学校
21	徐　行	深圳市福田区华强职业技术学校
22	孙　菲	深圳市福田区华强职业技术学校
23	曾秀果	深圳市博伦职业技术学校
24	冯楚乔	深圳市博伦职业技术学校
25	阳雪娟	深圳市宝安职业技术学校
26	黄大岳	深圳市博伦职业技术学校
27	周利沙	深圳市博伦职业技术学校
28	朱旭红	深圳市开放职业技术学校
29	王　波	深圳市沙井职业高级中学
30	张　岩	深圳市沙井职业高级中学
31	关智天	深圳市龙岗区第二职业技术学校
32	刘　婷	深圳市龙岗区第二职业技术学校
33	王彦博	深圳市龙岗区第二职业技术学校
34	徐　成	深圳市龙岗区第二职业技术学校
35	张秀红	深圳市龙岗区第二职业技术学校
36	朱学文	深圳市龙岗区第二职业技术学校
37	谢博洋	深圳市龙岗区第二职业技术学校
38	刘国萍	深圳市龙岗区第二职业技术学校
39	侯治坤	深圳市龙岗区第二职业技术学校
40	张　焱	深圳市龙岗区第二职业技术学校
41	罗慕京	深圳市龙岗区第二职业技术学校
42	肖建富	深圳市奋达职业技术学校
43	胡　航	深圳市奋达职业技术学校
44	徐善镛	深圳市奋达职业技术学校
45	孟凡涛	深圳第二高级技工学校

续表

序号	优秀指导教师	所在学校
46	邓志久	深圳市宝山技工学校
47	陈水为	深圳市携创技工学校

（三）深圳市参加2016年广东省职业院校技能大赛获奖情况

2016 年，深圳市参加广东省职业院校技能大赛取得优异成绩，荣获广东省职业院校技能大赛学生组一等奖 22 个（高职 13 个、中职 9 个）；荣获广东省中等职业学校技能大赛教师组一等奖 2 个。2016 年 11 月 20 日深圳市教育局发文对在 2016 年广东省职业院校技能大赛中取得优异成绩的选手和指导教师予以通报表彰。一等奖获奖名单见附表 7、附表 8、附表 9。

附表 7　2016 年广东省职业院校技能大赛（高职学生组）深圳市一等奖获奖名单

序号	学校名称	参赛选手	指导教师	参赛项目
1	深圳职业技术学院	曾培源	刘　寒 许　蕤	动漫制作
2	深圳职业技术学院	张星	汤琳晔 杨知君	动漫制作
3	深圳职业技术学院	陈钦威 刘广明 余广鸿	张喜生 张立涓	移动互联网应用软件开发（团体）
4	深圳职业技术学院	陈志恒 张学伟 彭敦亮	池瑞楠 蔡学军	云计算技术与应用（团体）
5	深圳职业技术学院	杨学高 林锐铭	李昌斌 王苏南	4G 全网建设技术（团体）
6	深圳职业技术学院	翟俊炜	吴娅妮	英语口语（非英语专业）
7	深圳职业技术学院	李创权 吴昌林 吴柏超	孙龙林 张永波	汽车故障诊断（团体）
8	深圳信息职业技术学院	林绿渠 陈瑞吉 温昌明	范金坪 王　健	电子产品设计及制作（团体）
9	深圳信息职业技术学院	蔡勇钊 林静伟 黄永伟	余柏林 贺敬凯	电子产品设计及制作（团体）
10	深圳信息职业技术学院	刘杰鸿 赖怡聪 吕伟城	段　虎 高月芳	信息安全管理与评估（团体）

续表

序号	学校名称	参赛选手	指导教师	参赛项目
11	深圳信息职业技术学院	陈楚锐 李泽群 苏文敏	邬可可 赵　静	信息安全管理与评估（团体）
12	深圳信息职业技术学院	陈斯伦 胡慧婷 钟文怡	黎　丽 陈苡晴	文秘速录（团体）
13	深圳信息职业技术学院	钟宇华 吴洪池 詹斯豪	李庆亮 邵庆龙	机械设备装调与控制技术（团体）

附表 8　2016 年广东省职业院校技能大赛（中职学生组）深圳市一等奖获奖名单

序号	学校名称	参赛选手	指导教师	参赛项目
1	深圳市沙井职业高级中学	阳　翔	陆书生	电子产品装配与调试
2	深圳市福田区华强职业技术学校	徐汶琪 彭中子 汪　洋	蒋辉辉 张娟娟	广告设计与制作（团体）
3	深圳市第一职业技术学校	曾芷珊	王　治	会计电算化
4	深圳市福田区华强职业技术学校	崔洪鑫	黄伟红	会计电算化
5	深圳市第二职业技术学校	王海阔 詹泽鑫 王映琴 安圣杰	施松涛 何倩梅	企业经营（沙盘模拟）（团体）
6	深圳市沙井职业高级中学	蔡梓坚	劳伟赞	数控车加工技术
7	深圳市福田区华强职业技术学校	李嘉润 田林斌	李晓雯 李永剑	网络搭建与应用（团体）
8	深圳市福田区华强职业技术学校	幸　力 徐家铭	李晓雯 李永剑	网络信息安全（团体）
9	深圳市福田区华强职业技术学校	张子佩 肖雯雯	许碧梅 姚雅迪	职业英语技能（服务类）（团体）

附表 9　2016 年广东省职业院校技能大赛（中职教师组）深圳市一等奖获奖名单

序号	学校名称	参赛选手	指导教师	参赛项目
1	深圳市宝安职业技术学校	陈子强 陈俊文 张义武	邱道权	数控综合加工技术（团体）
2	深圳市沙井职业高级中学	梁广发	周家兴	制冷与空调设备组装与调试

附录3 2016年深圳市职业教育发展大事记

1 月 8 日，深圳市教育局与深圳市人力资源和社会保障局印发《关于表扬深圳市第六届职业院校技能大赛（高职组）获奖集体和个人的通报》，对获奖选手和指导教师通报表彰，对 15 位获奖选手授予高级职业资格证书。

2 月 15 日，深圳市教育局发布《关于印发〈深圳市职业院校管理水平提升行动计划实施方案（2015—2018 年）〉的通知》，要求各职业院校按照方案的部署，结合学校实际认真实施。

2 月 17 日，深圳信息职业技术学院通过国家骨干校建设项目验收，被评为“优秀”等级。

2 月 19 日，深圳职业技术学院计算机工程学院的“IT 国际化人才培养协同育人平台”被广东省教育厅认定为省级协同育人平台。

3 月至 4 月，深圳市教育局与深圳市人力资源和社会保障局联合举办深圳市第七届职业院校技能大赛（中职组）。

3 月 19 日至 20 日，第三届中国职业教育创新发展大会在深圳信息职业技术学院举行。原全国人大常委会副委员长周铁农等有关领导及专家学者、各界代表约 700 人出席大会。

3 月 22 日，深圳技师学院与德国客尼公司签订合作协议，双方合作建设“中德特色学院”。

3 月 25 日，由深圳市教育局主办，深圳大学承办的“‘中国制造 2025’与职业教育发展论坛”在深圳大学举行。深圳市委教育工委副书记范志刚主持论坛并致辞。深圳大学党委副书记张基宏、深圳大学副校长阮双琛、坪山新区管委会副主任雷卫华出席论坛。

4月8日，经广东省教育厅批准，深圳市沙井职业高级中学与广东工贸职业技术学院、深圳市新鹏职业高级中学与顺德职业技术学院开展“中高职衔接‘三二’分段”试点。

4 月 13 日，深圳技师学院获得第十四届全国技工院校实验实训设备类优秀科研成果奖，包括 3 项一等奖和 2 项二等奖。

4 月 28 日，深圳市教育局参加市政府办公厅在“深圳政府在线”网站主办的 2016

年度第二期政府部门与企业对话的政企通活动。本期活动主题为“推动职业教育校企合作办学，为产业转型升级提供人才支持”。深圳市委教育工委副书记范志刚就职业教育校企合作、产教融合、“双师型”教师队伍建设、服务产业发展等方面问题回答了现场企业代表及网友的提问。

5 月 5 日至 12 日，深圳市教育局、深圳市人力资源和社会保障局联合举办 2016 年深圳市职业教育活动周。活动周主题是“弘扬工匠精神，打造技能强国”，启动仪式在深圳市第一职业技术学校举行。深圳市人民政府教育督导室副主任金依俚，深圳市人力资源和社会保障局副局长龚祖兵，原市政协副主席、市教育发展基金会理事长陈观光出席。

5 月 9 日，深圳首家中德合作培养高技能人才的特色学院——“中德智造学院”在深圳技师学院挂牌成立。

5 月 11 日至 16 日，深圳职业技术学院作为第十二届文博会创意中心分会场，成交总金额 4302.23 万元。

5 月 12 日，深圳职业技术学院数字创意与动画学院原创项目《糖果总动员》三维动画系列片与保加利亚国家电视台正式签约播出。

5 月 19 日，在第一届中国激光工程师创客大赛中，深圳技师学院“激光秀舞蹈创客工作室”项目获一等奖。

5 月 21 日，深圳信息职业技术学院获得第六届全国大学生计算机应用能力与信息素养大赛微软 Office 商务应用（BAP）赛项 1 个特等奖、3 个一等奖。

5 月 27 日，广东省教育厅公布第一批广东省高等职业教育品牌专业立项名单，深圳职业技术学院有 9 个专业入选，深圳信息职业技术学院有 8 个专业入选。其中，一类品牌专业深圳职业技术学院有 2 个立项，深圳信息职业技术学院有 1 个立项。

6 月 7 日，深圳技术大学筹备办主任阮双琛与德国汉斯·赛德尔基金会常驻代表邵贝德在深圳市民中心共同签署共建“中德技术合作中心”备忘录，德国驻广州总领事馆吕海慕、巴伐利亚州中国代表处（深圳）总代表王猛、深圳市副市长吴以环、深圳市教育局局长郭雨蓉、市委教育工委副书记范志刚、市人民政府外事办公室、坪山新区管委会有关负责人出席并见证签约。

6 月 12 日至 16 日，深圳市人民政府教育督导室副主任、深圳中华职教社副主任金依俚率队赴喀什市进行督导评估交流，为喀什全市 300 多名教育管理干部作了题为《创新教育督导，加快特区教育现代化进程》的专题报告。

6 月 14 日至 22 日，深圳市委教育工委副书记范志刚率团赴德国、瑞士考察职业教育。考察团与德国巴伐利亚州有关学校、教育研究机构就职业教育合作交流达成初步意向，与瑞士应用科技大学联盟签订合作备忘录，与瑞士伯尔尼应用科技大学签署合作协议。

6月15日，深圳技师学院与比利时钻石高层议会（HRD）签署合作办学框架协议。

6月30日，深圳大学和深圳职业技术学院联合培养的首届应用型本科生毕业，215名毕业生同时获得深圳大学本科毕业证书、学士学位证书和深圳职业技术学院专业拓展证书。

7月5日，深圳市教育局与深圳市人力资源和社会保障局联合发文认定深圳职业技术学院、深圳信息职业技术学院、深圳技师学院、深圳第二高级技工学校、深圳市第一职业技术学校、深圳市第二职业技术学校、深圳市第三职业技术学校、深圳市新鹏职业高级中学8所职业院校申报的30个校外实训基地为深圳市职业教育校外公共实训基地。

7月9日，深圳技师学院荣获中国职工教育和职业培训协会颁发的全国职工教育职业培训先进集体荣誉称号。

7月11日至12日，深圳市教育局在深圳市福田区华强职业技术学校举办2016年深圳市中等职业学校信息化教学大赛。

7月11日至13日，深圳职业技术学院承办由中国高等职业技术教育研究会主办的“供给侧改革与高等职业教育创新发展”专题研讨会。

7月15日，《2016中国高等职业教育质量年度报告》发布，深圳职业技术学院入选“2015年全国高等职业院校服务贡献50强”。

7月18日，教育部公布50所2016年度全国创新创业典型经验高校名单，深圳职业技术学院入选。

7月27日，深圳市教育局公布第十二届全国及深圳市中等职业学校“文明风采”竞赛活动获奖名单。深圳市获全国一等奖9项，47名教师荣获“优秀指导教师”称号。深圳市获得省级单位“组织贡献奖”，5所学校获“优秀组织奖”。

9月9日，深圳市教育局启动第十三届深圳市中等职业学校“文明风采”竞赛活动。

9月9日，深圳市宝安区职业教育集团揭牌成立。

9月10日至12日，许勤市长率深圳市政府代表团访问德国。9月11日，许勤市长与德国纽伦堡市长马利、纽伦堡工商会代表签署了三方职业教育合作协议，中德合作共建深圳第三高级技工学校。9月12日，许勤市长与德国巴伐利亚州职业教育专家召开座谈会，并见证深圳市教育局、深圳技术大学筹建办与德国巴伐利亚州文教部职业教育合作项目签约仪式。

9月24日，由深圳中华职教社主办的深港台“互联网+职业教育创新发展”研讨会在深圳举行。广东省中华职教社专职常务副主任李竟先和深圳市政协副主席、深圳中华职教社主任黄中伟出席并致辞。

9月28日，深圳市教育局印发《关于制订推进职业教育国际化三年行动计划（2017—2019年）等相关工作的通知》，组织深圳职业技术学院和深圳信息职业技术学院制订学校国际化三年行动计划。

9月28日，深圳市第三职业技术学校承办的深圳市总工会第九届“圆梦计划”开学典礼隆重举行，帮扶1000名职工圆大学梦。

10月14日，“2016年全民终身学习活动周”全国总开幕式在深圳举行，本届活动周以“推进全民继续教育，建设学习型社会”为主题，由教育部职业教育与成人教育司、中国成人教育协会、中国教科文全委会秘书处主办，广东省教育厅、深圳市人民政府、深圳市教育局承办。教育部副部长朱之文出席并讲话，广东省政府副秘书长林积、广东省教育厅厅长罗伟其、深圳市副市长吴以环出席开幕式大会。与会代表到宝安区西乡街道桃源社区参观，学习社区教育经验。

10月14日起，深圳市教育局组织开展深圳市终身学习活动周系列活动。活动包括举办终身学习成果展览；组织2016年深圳市“百姓学习之星”、终身学习品牌评选；为市民提供近百种免费课程和讲座；编印《深圳市社区教育服务民生创新工作案例》（第三辑）、《深圳市学习型城市建设画册（2005—2015年）》和《深圳市终身教育发展报告（2015年）》；制作《深圳因学习而美丽》宣传片。

10月14日，深圳信息职业技术学院“2188创客空间”被国家科学技术部认定为第三批国家级众创空间。

10月20日至22日，深圳市教育局与深圳市人力资源和社会保障局联合举办深圳市第七届职业院校技能大赛（高职组）。

10月22日，深圳信息职业技术学院学生在2016年全国大学生银行综合业务技能大赛中获综合业务团体一等奖。

10月28日至30日，第七届3DX（无人机）国际邀请赛暨科技创新嘉年华活动在深圳信息职业技术学院举行，来自16个国家和地区的130多名选手参赛。

11月10日至12日，在第六届全国校园文学研究高峰论坛暨全国校园文学成果展评交流会上，深圳职业技术学院教师李华基荣获“全国十佳教师作家”荣誉称号。

11月14日，广东省教育厅、广东省财政厅正式发文公布广东省一流高职院校建设计划立项建设单位，深圳职业技术学院、深圳信息职业技术学院分别以总分第一、第二名的成绩入选。

11月16日，深圳市被联合国教科文组织确认为学习型城市建设网络联盟成员城市。

11月20日，深圳市教育局发文表彰我市参加2016年全国和广东省职业院校技能大赛获奖选手及指导教师。2016 年，深圳市荣获全国职业院校技能大赛一等奖 16 个（高职 3 个、中职 13 个）；荣获广东省职业院校技能大赛学生组一等奖 22 个（高职 13 个、中职 9 个）；荣获广东省中等职业学校技能大赛教师组一等奖 2 个。

12 月 1 日，深圳职业技术学院在深圳市民中心举办“2006—2016 全国高职艺术设计教育成果展暨学术研讨会”。

12 月 1 日，深圳信息职业技术学院入选全国第二批“职业院校数字校园建设实验校”。

12 月 16 日，深圳职业技术学院入选“2016 高职院校创新创业示范校”。

（深圳职业技术学院　杨文明整理）